Oliver Schröm
Oliver Hollenstein
Die Akte Scholz

Oliver Schröm
Oliver Hollenstein

DIE AKTE SCHOLZ

Der Kanzler, das Geld
und die Macht

Ch.Links VERLAG

Mitarbeit: Dennis Barg (Faktencheck),
Wigbert Löer und Ulrich Thiele

Auch als e book erhältlich

Die Deutsche Nationalbibliothek verzeichnet diese Publikation
in der Deutschen Nationalbibliografie; detaillierte bibliografische Angaben
sind im Internet über www.dnb.de abrufbar.

Ch. Links Verlag ist eine Marke der Aufbau Verlage GmbH & Co. KG

2., durchgesehene Auflage
© Aufbau Verlage GmbH & Co. KG, Berlin 2022
www.christoph-links-verlag.de
Prinzenstraße 85, 10969 Berlin
Umschlaggestaltung: zero-media.net, München, unter Verwendung
eines Fotos von Getty Images/Pool/1231213944
Druck und Bindung: CPI books GmbH

ISBN 978-3-96289-177-0

INHALT

Prolog – 7 –

Teil I
Olaf Scholz und der Bankier
(2009 bis 2019)
– 17 –

Teil II
Olaf Scholz und der Schatten aus der Vergangenheit
(2020 bis 2022)
– 203 –

Epilog – 383 –

Nachwort – 390 –

PROLOG

Mittwoch, 7. September 2016

Die Pflicht beginnt für Olaf Scholz um 8:45 Uhr, und wie üblich hat sein Terminreferent ihm keine Verschnaufpausen im Kalender gelassen: morgens eine Rede bei einem Kongress, danach ein Grußwort bei einer Preisverleihung, nachmittags kommt die Bürgerschaft zusammen. Dazwischen Termine im Halbstundentakt. Für den Abend ist vor zwei Wochen auch noch ein Termin hinzugekommen. »18:45 bis 19:45 Uhr Gespräch mit Hr. Olearius und Hr. Warburg«, ist im Kalender notiert. Als Ort ist das »Bazi« genannt, das Bürgermeisteramtszimmer.

Seit mehr als fünf Jahren ist Scholz Erster Bürgermeister von Hamburg und die unangefochtene Nummer eins in der Stadt. Während die SPD vielerorts schwächelt, hat sie in Deutschlands zweitgrößter Stadt zweifelsfrei den Status einer Volkspartei. Bei der letzten Wahl vor anderthalb Jahren kam sie auf 45,6 Prozent der Stimmen, die CDU auf mickrige 15,9 Prozent.

Scholz ist kein begeisternder Redner, seine politische Karriere verdankt er nicht einem ungewöhnlichen Charisma, sondern seinem Fleiß und seiner unerschütterlichen Zielstrebigkeit. Scholz erarbeitet sich Macht. Er kennt alle Argumente zu den wichtigen Themen der Stadt, hat immer eine Antwort auf Gegenpositionen parat. Weil er die entscheidenden Akten gelesen hat. Weil er die entscheidenden Leute gesprochen hat. Er kann Positionen in prägnante Worte fassen. Und er ist penibel auf seine öffentliche Wirkung bedacht, macht nie etwas, ohne über die Folgen nachzudenken. Ein politischer Profi, seit Jahrzehnten im Geschäft.

Scholz lässt wenig Zweifel daran, dass ihm Hamburg als Spielfeld zu klein ist. Offiziell bestreitet er allerdings wie jeder Politikprofi höhere Ambitionen. Vor einigen Tagen war er mit dem Grünen-Politiker Robert Habeck bei einer Diskussion der *taz* zu Gast. Es wurde gescherzt, ob da nun der künftige Kanzler und sein Vize sitzen. Scholz ließ sich nicht aus der Reserve locken. »Ich bin Bürgermeister und völlig davon eingenommen«, sagte er. Und schmunzelte vieldeutig.

Auch wenn die CDU und Kanzlerin Angela Merkel in Umfragen uneinholbar weit vorn liegen: Scholz gibt sich überzeugt, dass seine bundesweit eher marode Partei wieder einen Kanzler stellen kann. »Wenn wir einen Kandidaten aufstellen, den die Bürgerinnen und Bürger als Kanzler wollen, wirkt sich das bei den Wahlen aus«, sagt er. Mehr als 30 Prozent sind drin, findet Scholz – mit dem richtigen Kandidaten. Wen er für den richtigen Kandidaten hält, ist ein offenes Geheimnis. Die Frage ist nur: Wann ist der richtige Zeitpunkt, zur Macht zu greifen?

Martin Kleine (Name geändert) überrascht es nicht, dass am Abend seine Anwesenheit im Amtszimmer des Bürgermeisters erwünscht ist. Seit 1985 arbeitet der Volkswirt in der Hamburger Verwaltung, inzwischen als Abteilungsleiter in der Wirtschaftsbehörde, zuständig für Wirtschafts- und Mittelstandspolitik. Als Behörde wird im Stadtstaat Hamburg bezeichnet, was in den Flächenbundesländern Landesministerien sind. Regierungschef ist kein Ministerpräsident, sondern der Erste Bürgermeister. Martin Kleine hat im Lauf der Jahre verschiedene Bürgermeister zu Treffen mit Unternehmen begleitet. Meist ging es um Kontaktpflege. Firmenbosse oder Banker wollten Ereignisse aus ihrem Haus vortragen, ihre Sicht der Dinge darstellen, unabhängig davon, was durch die Presse kolportiert wird.

Kleine hat eine Ahnung, worum es heute gehen könnte. Christian Olearius und Max Warburg sind Mitinhaber von M.M. Warburg & CO, einer der ältesten und größten Privatbanken Deutschlands. Kleine weiß aus der Zeitung, dass die Warburg-Bank ins Visier der Staatsanwaltschaft Köln geraten ist. Anfang des Jahres haben Ermittler die Zentrale des Geldinstituts durchsucht. Gegen eine Reihe von Managern wird wegen fragwürdigen Steuergeschäften ermittelt, auch gegen die beiden Mitinhaber.

Vorsichtshalber fragt Kleine im Büro des Bürgermeisters nach, ob es einen Anlass für das Treffen gibt oder ein spezielles Thema. »Nein«, lautet die Antwort. Kleine solle aber etwas vorbereiten und dem Bürgermeister rechtzeitig zukommen lassen. Der Abteilungsleiter ruft seine Referatsleiterin an. Sie soll ihm ein paar Informationen zusammenstellen.

Der Terminkalender von Christian Olearius ist an diesem Tag ebenso voll wie der von Olaf Scholz. Eigentlich hat der 74-Jährige vor zwei Jahren seinem Sohn Joachim die Geschäftsführung der Warburg-Bank übertragen, doch es fällt ihm schwer loszulassen.

Die Bank hat Hunderte Millionen in Schiffsfinanzierungen gesteckt, dann aber rutschte die ganze Branche in die Krise. Viel zu viele Schiffe befahren die Weltmeere, die Preise für Seefracht sind im Keller. Manche Frachter sind gerade noch die Masse an Stahl wert, der in ihnen verbaut ist. Olearius trifft das Problem gleich doppelt: Er hat persönlich in Schiffe investiert, seine Bank hat zudem vielen Investoren Kredite gegeben. Und dann ist da noch die Sache mit den Cum-ex-Geschäften.

Olearius' Arbeitstag beginnt an diesem Mittwoch mit einer Aufsichtsratssitzung. Er wird sich später daran erinnern, dass er dafür gelobt wurde, wie er mit den beiden großen Problemen der Bank umgeht. Anschließend besucht der Bankier eine Trauerfeier. Wilfried Weber, Mitinhaber der Traditionsbuchhandlung Felix Jud, ist überraschend verstorben. Weber war eine feste Größe in besseren Hamburger Kreisen, eine kulturelle Institution. Immer wieder versorgte er seine Kunden mit Empfehlungen, sogar für Karl Lagerfeld stellte er Leselisten zusammen, tauschte mit ihm in krakeliger Schrift kleine Nachrichten aus. Auch an Olearius schrieb Weber solche Nachrichten.

Viel Zeit hat der Banker heute allerdings nicht für den Abschied vom beliebten Buchhändler – Geschäftstermine warten. Der Bankier will Beteiligungen außerhalb der Bank verkaufen, um finanziell mehr Spielraum zu bekommen. Seit die Staatsanwaltschaft gegen ihn ermittelt, schläft er schlecht, hat immer wieder körperliche Beschwerden. Aus seiner Sicht hat die Bank vor fast zehn Jahren völlig legale Geschäfte betrieben, die auf einmal kriminalisiert werden. Und nun droht auch noch das Finanzamt, Millionen von der Bank zu fordern.

Das gilt es zu verhindern. Olearius hat in den vergangenen Monaten auf allen Ebenen eine Abwehrschlacht organisiert. Er hat seine Anwälte und Steuerberater mit Gutachten beauftragt, sein politisches Netzwerk aktiviert und Verteidigungsschreiben an wichtige Kontakte schicken lassen. Nun will er Bürgermeister Scholz seine Sicht der Dinge vortragen.

Wer einen Termin bei Scholz haben will, landet bei Andreas Eichhorn (Name geändert). Der 34-Jährige arbeitet als Terminreferent von Bgm1, wie der Erste Bürgermeisters im Rathaus genannt wird. Aus den Anfragen erstellt Eichhorn Listen, die Scholz am Wochenende mit nach Hause nimmt. Wer dann einen grünen Haken von Scholz bekommt, den puzzelt Eichhorn in den Kalender.

Olaf Scholz trägt an diesem Spätsommertag einen dunkelblauen Anzug, weißes Hemd und hellblaue Krawatte. Die Anzüge sind weiter geschnitten, sein Gesicht ist etwas rundlicher als das des späteren Kanzlerkandidaten und Kanzlers. Um 11 Uhr steht die Verleihung des »Hamburger Nobelpreises« an. So sagt es Scholz, das klingt schön prägnant. Eigentlich ist die Auszeichnung nach der Körber-Stiftung benannt, oder besser nach Stifter Kurt A. Körber, einem lange verstorbenen Hamburger Unternehmer. Der Körberpreis gilt als einer der wichtigen deutschen Wissenschaftspreise, geehrt wird einmal im Jahr ein internationaler Spitzenforscher. Manche Forscher haben danach auch den Nobelpreis bekommen, darauf ist man in Hamburg stolz.

Politisch hat Scholz für Wissenschaft nicht viel übrig. Während andere Bundesländer in den vergangenen Jahren die ungewöhnlich hohen Steuereinnahmen genutzt haben, um Forschung und Wissenschaft zu stärken und substanziell mehr Geld in die Universitäten zu stecken, hat Scholz das nicht für nötig gehalten. Nur das Saarland war in den letzten Jahren knauseriger als Hamburg, die lokalen Hochschulen stöhnen unter dem Spardiktat. Scholz hat andere Prioritäten: Die Wirtschaft muss laufen, die Kasse stimmen. »Pay as you go« hat er als Devise ausgegeben. Die Botschaft lautet: Bei jeder Ausgabe sollte klar sein, woher das Geld kommt.

Für die Verleihung des Körber-Preises stellt Scholz dennoch gerne das Rathaus zur Verfügung. Im sonst oft so protestantisch nüchternen

Hamburg gibt der prunkvolle Festsaal eine angemessene Kulisse ab für alles, was bedeutsam wirken soll. Bis zu 540 Gäste können in dem 46 Meter langen Saal unter prächtigen Kronleuchtern sitzen. Riesige Wandgemälde erzählen die Geschichte der Stadt: von der Urlandschaft vor der Besiedelung über die ersten Bauern und Fischer an Elbe und Alster und die Christianisierung bis schließlich zum Hamburger Hafen am Beginn des 20. Jahrhunderts.

Scholz darf die Veranstaltung mit einem Grußwort eröffnen, wieder spricht er vom »Hamburger Nobelpreis«. Das schmeichelt allen. Und er sagt, was für eine großartige Stadt der Wissenschaft Hamburg doch ist.

In der Wirtschaftsbehörde bekommt Martin Kleine ein Papier von seiner Referatsleiterin. Es ist sehr detailliert geraten, Kleine kürzt es auf eineinviertel Seiten. Gleich am Anfang des Briefings für Scholz schreibt er, ein »Ansprechpunkt« im Gespräch mit den Bankern könnten sogenannte Cum-ex-Geschäfte sein. Aktiendeals, bei denen Steuern erstattet wurden, die niemals gezahlt wurden.

Dann wird er konkret: »Nach einem Medienbericht der ›Süddeutschen Zeitung‹ Anfang 2016 soll die 1798 gegründete Privatbank in ›kriminelle Aktiengeschäfte‹ in Höhe von bis zu 150 Millionen Euro verwickelt sein.« Die Geschäfte seien wohl mit Fonds teilweise über Malta abgewickelt worden, die Staatsanwaltschaft gehe »im Fall Warburg aber auch Verbindungen in die Schweiz und Geldflüssen bis in die Karibik nach«; die Bank solle Drahtziehern der Geschäfte mit Scheinrechnungen geholfen haben, Millionen beiseitezuschaffen. »Fünf Manager der Traditionsbank« stünden laut dem Zeitungsbericht »unter Verdacht«, in diese kriminellen Geschäfte verwickelt zu sein.

Sein Papier schickt er in die Senatskanzlei zu Terminreferent Eichhorn. Der druckt es aus, legt es für Scholz in eine Mappe in seinem Büro. So läuft das immer, es ist ein eingespieltes System. Eichhorn ist darin gut, der Bürgermeister schätzt ihn, duzt ihn. Scholz vertraut wenigen Menschen, Loyalität ist ein hoher Wert für ihn. Es gilt das Prinzip: Wer loyal ist, erlebt Loyalität. Dann kann man Karriere machen mit Scholz. Terminreferent Eichhorn wird später ins Bundesfinanzministerium und noch später ins Bundeskanzleramt wechseln.

Am Nachmittag tagt die Hamburgische Bürgerschaft, die gleichzeitig Landtag und oberste Kommunalvertretung ist. Sie kommt nicht oft zusammen. Alle zwei Wochen, zwei Nachmittage, mittwochs und donnerstags ab 15 Uhr. Die Bürgerschaft ist ein Teilzeitparlament, die Abgeordneten gehen neben ihrem Mandat noch ihren normalen Jobs nach. Das soll die Nähe zu den Bürgern garantieren. Es führt aber auch dazu, dass viele Abgeordneten wenig Ahnung haben von dem, was der Senat und seine Fachbehörden treiben.

An diesem Mittwoch steht zunächst ein landespolitischer Klassiker auf der Tagesordnung: Wie gut geht es den Schulen? Gerade in Hamburg, wo eine gescheiterte Schulreform die schwarz-grüne Koalition 2010 aus dem Amt gekegelt und Scholz' Aufstieg mit ermöglicht hat, folgt diese Debatte einer festen Choreografie. Die SPD findet, es läuft alles prächtig. Die Opposition sieht das Schulsystem kurz vorm Zusammenbruch.

Scholz äußert sich nicht. Es gibt hier viel zu verlieren, wenig zu gewinnen. In solchen Debatten ist es klüger zu schweigen.

Danach geht es um eines von Scholz' Lieblingsthemen: den Haushalt. Scholz hat vor der Bürgerschaftswahl 2011 versprochen, in der Stadt aufzuräumen. Er holte damals die absolute Mehrheit mit dem simplen Versprechen, ordentlich zu regieren. Das war die richtige Idee zum richtigen Zeitpunkt. Der CDU-Politiker Ole von Beust hatte sich in den Nullerjahren erst mit dem Rechtspopulisten Ronald Schill eingelassen und dessen Partei sogar an der Regierung beteiligt, später wagte er das erste schwarz-grüne Bündnis Deutschlands, das mit großen Plänen startete, aber wenig davon umsetzte. Nach Jahren mit Politikhallodris und gescheiterten Visionen sehnten sich viele Hamburger schlicht nach Pragmatismus und Führung. Ein halb fertiges Konzerthaus galt es zu Ende zu bauen, die von der Wirtschaftskrise verursachten riesigen Löcher in der Landeskasse zu stopfen.

Nun ist der große Moment gekommen. Zufrieden präsentiert Finanzsenator Peter Tschentscher (SPD) den Haushaltsplan für die kommenden beiden Jahre. Auf 4141 Seiten hat seine Behörde die geplanten Ausgaben dargelegt. Das Wichtigste aus Tschentschers Sicht: Erstmals seit Jahrzehnten ist es der Stadt gelungen, einen Haushalt aufzustellen, der ohne neue Kredite auskommt. Darauf sind er und Scholz stolz.

Zur Wahrheit gehört, dass es dafür wenig Regierungsgeschick brauchte. Massiv gestiegene Steuereinnahmen und historisch niedrige Zinsen geben der Stadt neue Finanzspielräume und ermöglichen es Scholz und Tschentscher, sich als Sparkommissare zu geben und trotzdem Wohltaten zu verteilen. Und bei genauerer Betrachtung ist es auch mit den neuen Schulden nicht so weit her. Zahlreiche städtische Aufgaben wie den Bau und die Renovierung von Schulen haben Scholz und Tschentscher in Schattenhaushalte und städtische Beteiligungen verlagert, die nun statt der Stadt Kredite in Höhen von vielen Hundert Millionen Euro aufnehmen.

Doch all das ist fast nur für Experten zu durchschauen, für viele Bürger nicht. Die Botschaft an diesem Tag lautet, dass Sozialdemokraten doch mit Geld umgehen können. Ein Satz, den Scholz geprägt hat und der ihm wichtig ist.

Lob kommt sogar von der AfD. Der Haushalt mache einen »soliden Eindruck«, sagt Fraktionschef Jörn Kruse, ein ehemaliger VWL-Professor, und ergänzt: auch wenn er ihn aufgrund seiner Komplexität nicht durchschaut habe. Ihn sorge allerdings, dass zu wenig in Bereiche investiert werde, die sich erst in einigen Jahren entwickeln. Das verstehe er umso weniger, als für ihn klar sei, »dass die SPD vermutlich auch in fünf und zehn Jahren oder noch später den Bürgermeister stellen wird«.

Scholz sitzt auf der Senatsbank und lacht. Er muss hier nicht viel sagen. Es ist sein Spiel, seine Stadt. Er hat die Sache unter Kontrolle.

Martin Kleine beschließt, zu Fuß ins Rathaus zu gehen. Die Thermometer zeigen über 25 Grad Celsius an diesem Septembertag, die Stadt ist voller Menschen in T-Shirts und kurzen Hosen, mehrere Freibäder haben noch einmal geöffnet. Knapp zehn Minuten braucht man für den Weg von der Wirtschaftsbehörde, einem schnöden Funktionsgebäude in einer Seitenstraße, zum Rathausmarkt. Kleine geht zeitig los, so ist im Rathaus noch Zeit für einen Small Talk im Vorzimmer des Bürgermeisters.

Christian Olearius hat es ebenfalls nicht weit. Seine Bank residiert in der Ferdinandstraße, unweit des Jungfernstiegs und der Binnenalster – gerade einmal 400 Meter vom Rathaus entfernt. Die Bank selbst sitzt in einem monumentalen Eckgebäude, Olearius hat sein Büro im Nachbargebäude, das intern Weißes Haus genannt wird. Er belegt dort eine ganze Etage. Sein Büro hat einen offenen Kamin und Stuck an den Decken, ein Vorzimmer, einen Besprechungssaal, eine Küche.

Zu dem Termin im Rathaus begleitet ihn Max Warburg. Der Erbe des Familienunternehmens hatte Olearius 1986 in die Bank geholt. Eine weise Entscheidung: Olearius machte das Haus erfolgreich, drängte nach und nach andere Partner heraus, heute gehören beiden etwas über 40 Prozent der Anteile der Bank. Warburg ist Profiteur dieses Erfolgs, auch wenn er faktisch im eigenen Haus nicht mehr viel zu sagen hat – und Olearius sogar ein etwas größerer Anteil der Bank gehört.

In der Hamburgischen Bürgerschaft wird an diesem Abend noch weiter debattiert – über ein neues Gesetz zum Schutz von Prostituierten etwa und darüber, die städtischen Beteiligungen transparenter zu machen. Olaf Scholz verlässt die Sitzung am frühen Abend. Das Treffen mit den beiden Privatbankiers ist ihm wichtiger. Auch ohne das Vorbereitungspapier weiß er längst, um was es geht. Vor knapp fünf Wochen, am 4. August, hat Alfons Pawelczyk ihn im Büro aufgesucht.[1]

Pawelczyk war in den 1980er-Jahren Innensenator und unter Klaus von Dohnanyi zeitweise Zweiter Bürgermeister. Die meisten Hamburger können mit dem Namen heute wenig anfangen. In der hiesigen SPD ist Pawelczyk allerdings eine heimliche Institution, die graue Eminenz. »General« nennen sie den ehemaligen Polizisten und Offizier, halb bewundernd, halb ängstlich. Pawelczyk ist die Verkörperung der Hamburger SPD: in vielen Punkten fast konservativer als die CDU und ohne Scheu vor engen Kontakten zur Wirtschaft. Mit Ende 50 schied Pawelczyk aus der Politik aus, um als Lobbyist seine Kontakte zu Geld zu machen. In den 1990er-Jahren war er bei Daimler Benz, arbeitete später als Berater. Seine große Stärke: das Strippenziehen.

Christian Olearius schätzt Pawelczyk und seine Kontakte. Seit Jahren berät ihn der SPD-Mann, fädelt Deals ein und verlangt dafür auch

---

1 Alfons Pawelczyk hat auf Anfrage bestätigt, gelegentlich für Olearius und seine Bank tätig gewesen zu sein. Zu detaillierteren Fragen hat er sich nicht geäußert.

mal eine halbe Million Euro. Olearius zahlt zähneknirschend, aber er zahlt. Als sich die Großwetterlage der Bank vor Monaten verdüstert hat, konsultierte Olearius umgehend Pawelczyk. Der frühere Soldat gab die Parole aus, nicht einzuknicken. Und so sprach Pawelczyk, mit Unterlagen armiert, Anfang August eine halbe Stunde mit dem Bürgermeister. Anschließend berichtete er Olearius: Scholz gehe der Sache nach, die Eilbedürftigkeit sei bekannt.[2]

Scholz empfängt Max Warburg und Christian Olearius in seinem Amtszimmer. Die aufwendig gestalteten Fenster zeigen ehemalige Bürgermeister, in einem verschlossenen Pult liegt auf rotem Samt das »Goldene Buch«, in das sich Ehrengäste der Stadt eintragen. Die beiden Bankiers, der Bürgermeister und Martin Kleine setzen sich an einen schweren Holztisch, über dem ein Kronleuchter baumelt. Die Atmosphäre ist locker, es gibt hanseatisch zurückhaltend Mineralwasser und Kaffee. Clearius und Warburg äußern sich allgemein zur wirtschaftlichen Situation, sprechen über die Schiffsfinanzierungen, bevor sie zur speziellen Lage des Bankhauses kommen.

Nach etwa 20 Minuten geht es um Cum-ex. An den Vorwürfen sei nichts dran, sagt Olearius. Die Bank werde vollumfänglich mit den Behörden kooperieren, um alles aufzuklären.

Scholz ist ein charmanter Gastgeber. Er fragt allgemein nach, lässt sich Cum-ex erklären. In Anwesenheit von Kleine betont er, dass er Cum-ex für illegal halte. Er erkundigt sich, wie es zu den Vorwürfen kommen könne, wenn die Bank unschuldig sei. Ansonsten verhält sich Scholz, wie er sich oft verhält. Er hält sich zurück. Es ist seine Masche. Für die Gesprächspartner bleibt so unklar, welche Schlüsse er zieht und ob er aktiv werden wird. Am Ende verabschiedet man sich höflich.

Martin Kleine hält die Sache für wenig herausragend. Er sieht keine Notwendigkeit, einen Vermerk über das Treffen anzufertigen oder seinen Staatsrat zu informieren. Er erstellt auch kein Ergebnisprotokoll für die

---

2   Olaf Scholz wird später sagen, er könne sich an das Gespräch mit Alfons Pawelczyk nicht erinnern. Der Termin ist jedoch in seinem Kalender vermerkt. Ebenso verhält es sich mit dem Treffen von Scholz mit Christian Olearius und Max Warburg.

Kolleginnen und Kollegen in der Finanzbehörde. Mit Cum-ex wird er sich nie wieder befassen. Das Thema gehört weder in seine Zuständigkeit noch zu seiner Kompetenz. Lediglich den Entwurf seiner Referatsleiterin und seine Endversion gibt er zu den Akten. Scholz selbst macht sich ebenfalls keine Notizen. Das tut er nie. Er liest Akten, legt aber keine an.

Ganz anders verhält es sich bei Christian Olearius. Er schreibt Tagebuch, schon seit Jahrzehnten. Nahezu jeden Abend setzt sich der Bankier hin und hält in krakeliger Handschrift die Ereignisse des Tages fest. In den mit schwarzem Leder eingeschlagenen Kladden, deren Deckel die Initialen CO zieren, vermischt sich Privates mit Beruflichem. Akribisch führt er Buch über Treffen und Unterredungen mit seinen Mitarbeitern und den Mächtigen der Republik, bewertet Vermögen und Intellekt seiner Gesprächspartner und ob sie ihm oder der Bank etwas bringen oder behilflich sein können beim Geldverdienen.

An diesem Septemberabend schreibt Olearius über den Besuch: Scholz »hört aufmerksam unseren Schilderungen zu und stellt kluge Fragen. Wir bekommen nichts versprochen, erwarten, fordern das auch nicht. Jederzeit könne ich mich melden, er erwarte das auch in dieser Angelegenheit. Wir diskutieren noch Hamburger Themen, werden auch um Rat gefragt. Nach eineinhalbstündigem Gespräch freundschaftlichste Verabschiedung.« Scholz habe ihn spüren lassen, »dass er frühere Treffen mit mir in Erinnerung hat«, notiert Olearius noch.

I
OLAF SCHOLZ UND DER BANKIER
(2009 bis 2019)

1

Montag, 9. November 2009

Olaf Scholz ist zurück in Hamburg. Vor sechs Wochen hat die SPD bei der Bundestagswahl mit 23 Prozent der Stimmen ihr bisher schlechtestes Ergebnis eingefahren. Seit Kurzem gibt es ein neues Bundeskabinett: Bundeskanzlerin Merkel regiert nun mit der FDP, Scholz ist nicht mehr Bundesarbeitsminister, sondern einer von neun stellvertretenden Fraktionsvorsitzenden der SPD-Bundestagsfraktion. Doch der frischgebackene Bundesminister a. D. hat Pläne. Er will nicht weniger, als die SPD retten – und damit gilt es in Hamburg anzufangen.

Viele Jahrzehnte war die SPD an Elbe und Alster eine unangefochtene Macht. Doch nach acht Jahren in der Opposition ist die Partei schwächer denn je. Über Jahre hat sie sich selbst vernichtet, zuletzt durch einen dubiosen Stimmenklau, der den Altonaer Hausarzt Mathias Petersen um seine Kandidatur für den Parteivorsitz und damit seine Chancen auf das Bürgermeisteramt gebracht hat. Es herrscht Misstrauen, ja gegenseitige Verachtung in der Partei. »Olaf Scholz ist die letzte Hoffnung der Hamburger Genossen«, kommentiert die *taz*. Sollte es ihm gelingen, die Partei wieder zu einen, käme das »einer Wunderheilung nahe«.

55 Minuten lang spricht Scholz auf dem Landesparteitag zu seiner Partei. Schon zuvor hat er sich mit markigen Sprüchen positioniert: »Wer bei mir Führung bestellt, muss wissen, dass er sie auch bekommt.« Nun erklärt er seinen Parteifreunden: »Es geht nicht um Politiker, sondern um Politik.« Es müsse aufgeräumt werden, um anschließend das große Ziel anzugehen: Scholz will wieder regieren in Hamburg. 35 bis 40 Pro-

zent seien drin bei der nächsten Bürgerschaftswahl, verkündet er. »Da können wir doch nur lachen«, kommentiert die Boulevardzeitung *Hamburger Morgenpost*.

Doch die Hamburger Genossen glauben ihrem neuen, alten Hoffnungsträger: Mit 94 Prozent wählen sie Scholz wieder zu ihrem Landesvorsitzenden. Nachdem die SPD in seiner ersten Amtszeit zwischen 2000 und 2004 zwei Bürgerschaftswahlen verloren hat, muss er nun beweisen, dass er es besser kann.

Es ist ein Risiko, aber auch eine Chance. Wer einen SPD-Landesverband aus solch einer desolaten Lage befreit, der wird zum Kandidaten für Höheres. Hamburg ist der Zwischenschritt in der Machtplanung. Oder wie das *Hamburger Abendblatt* analysiert: »Hamburg ist für Olaf Scholz das Standbein seiner politischen Karriere – das festigt er von jetzt an. Das Spielbein bleibt jedoch auf der Berliner Bühne.«

Montag, 29. März 2010

Scholz kennt Hamburg sehr gut. Seine Eltern sind von Osnabrück nach Rahlstedt ganz im Nordosten der Stadt gezogen, als er noch ein Kleinkind war. Mit 17 trat er hier bei den Jusos ein, der Jugendorganisation der SPD, studierte später an der Universität Hamburg Jura, erhielt seine Anwaltszulassung und arbeitete bis zu seiner Wahl in den Bundestag 1998 als Arbeitsrechtler in einer eigenen Kanzlei im Stadtteil St. Georg. Scholz hat hier sein politisches Handwerk gelernt und weiß, worauf es in der Lokalpolitik ankommt. »In Hamburg ist gegen die Elbchaussee keine Wahl zu gewinnen«, sagte er einmal in vertrauter Runde.

Die Elbchaussee ist das Symbol für den Wohlstand in Deutschlands zweitgrößter Stadt. Gesäumt von Villen und Herrenhäusern, schlängelt die Straße sich 8,6 Kilometer von Altona, wo Scholz seit Studentenzeiten wohnt, stromabwärts hinaus in die noblen Elbvororte. Sie endet in Blankenese, einem der Millionärsviertel Hamburgs. Dort, inmitten einer riesigen Parkanlage, residiert der Privatbankier Christian Olearius.

Scholz will diesen Olearius kennenlernen. Olearius ist ein einflussreicher Mann, seine Bank eine Institution: Sie verwaltet die Milliarden der Vermögenden der Stadt. Gern weisen die Banker dezent darauf hin, dass ihr Unternehmen älter sei als das Rathaus. Beim 200. Jubiläum der Privatbank im Jahr 1998 bedankte sich Max Warburg höflich, dass man im 100 Jahre alten Rathaus feiern dürfe.

Ursprünglich aus Venedig stammend, nahmen die Vorfahren der Bankiers den Namen der westfälischen Hansestadt Warburg an. Doch zwischen Eggegebirge und Sauerland hielten sie es nicht lange aus. Ab 1798 bauten die Brüder Moses Marcus und Gerson Warburg in Hamburg das Bankhaus M.M. Warburg & Co. auf. Später stiegen die Warburgs zu einer der bedeutendsten Familien des jüdischen Bürgertums auf: Aby Warburg gilt als einer der bedeutendsten Kunsthistoriker des 20. Jahrhunderts; Paul Warburg zählte zu den Urvätern der US-Notenbank; Sir Siegmund George Warburg gründete das Investmenthaus S.G. Warburg & Co., das in der heutigen Schweizer Großbank UBS aufging. Und in New York findet sich noch heute die Investmentbank Warburg Pincus, gegründet von Eric Warburg, einem engen Freund des früheren SPD-Kanzlers Helmut Schmidt.

Nach wie vor ist das Anwesen der Warburgs in Blankenese ein Treffpunkt der besseren Gesellschaft. Auch Scholz wird hier später als Bürgermeister zu Gast sein.[3] Doch in der Bank ist inzwischen Olearius der Mächtige. Die Nationalsozialisten hatten den Warburgs ihr Institut entrissen, benannten es in Brinckmann, Wirtz & Co um. Nach dem Krieg durfte Eric Warburg wieder als Minderheitsgesellschafter einsteigen, die Bank wurde 1969 zur M.M. Warburg-Brinckmann, Wirtz & Co. – und fiel in einen Dornröschenschlaf. Als Erics Sohn Max die Geschäfte übernahm, bemerkte er schnell, dass die Bank sich nur noch auf ihrer Tradition ausruhte.

1986 holte Max Warburg Olearius in die Bank. Der Pfarrerssohn, 1942 in Schlesien geboren und in Ostfriesland groß geworden, hatte nach dem Jurastudium bei der Braunschweigischen Staatsbank und der Bremer Landesbank Karriere gemacht. Nun war er Vorstand bei der NordLB.

---

3   In seiner späteren Vernehmung vor dem Hamburger Untersuchungsausschuss wird Scholz sich an diesen Besuch allerdings nicht mehr erinnern.

Warburg war er aufgefallen, weil er unter anderem den Schreibgeräte-hersteller Pelikan saniert hatte. Auch bei der Warburg-Bank packte Olearius an. Er sortierte die Geschäfte neu, integrierte zahlreiche kleinere Banken. 1991 gaben Warburg und Olearius der Bank ihren alten Namen zurück, fast jedenfalls. Seither firmiert sie als M.M. Warburg & CO – aus dem Co. für Compagnie ist ein CO wie die Initialen von Christian Olearius geworden. Olearius führte die Bank zur alten Größe und darüber hinaus. In 20 Jahren verfünffachte er das Geschäftsvolumen.

Scholz hat bei Olearius um einen Termin gebeten, es soll eine Art Antrittsbesuch sein. Aber Olearius, von jeher ein unermüdlicher Arbeiter, hat an diesem Montag sogar für seine Verhältnisse einen hektischen Tag. Lesen, noch mehr lesen, Telefonate führen, interne Gespräche. Die Sachen gehen nicht voran. Für Olaf Scholz hat Olearius da keine Zeit. Stattdessen schickt er zu dem Treffen mit dem ambitionierten SPD-Mann seinen Sohn Joachim.

Joachim Olearius gilt als designierter Nachfolger seines Vaters, doch bisher hat er weniger durch seine Qualitäten in Gelddingen geglänzt als durch profundes Wissen über die Geschichte Preußens. In der ehemals preußischen Uckermark hat er nach der Wiedervereinigung für die Bank ein großes landwirtschaftliches Gut aufgebaut. Er macht kein Geheimnis daraus, dass er gerne Landwirt geblieben wäre. Nun muss er sich mit Scholz treffen, der in Berlin kein Ministeramt mehr hat und in Hamburg im Rathaus nichts zu sagen.

Sonntag, 18. Juli 2010

Dreieinhalb Monate nach dem Treffen mit Olearius junior passiert etwas, dass dem SPD-Landeschef Scholz nur gefallen kann. CDU-Bürgermeister Ole von Beust tritt im Rathaus vor die Fernsehkameras. »Die biblische Erkenntnis ›Alles hat seine Zeit‹ gilt auch für Politiker«, sagt er. Deswegen habe er entschieden, zurückzutreten. »Bürgermeister Bocklos« titelt die *Hamburger Morgenpost,* »Amtsmüder von Beust will mehr Freizeit«.

Nachfolger des beliebten von Beust wird Innensenator Christoph Ahlhaus, ein konservativer Hardliner, blass, uncharismatisch, dem grünen Koalitionspartner kaum vermittelbar. Die erste schwarz-grüne Regierung in einem deutschen Bundesland ist damit so gut wie am Ende. Denn auch ihr wichtigstes Projekt scheitert nur wenige Stunden nach dem Rücktritt des Bürgermeisters: eine Schulreform, die eine Verlängerung der Grundschulzeit auf sechs Jahre vorsieht. Fast 500 000 Bürgerinnen und Bürger haben darüber abgestimmt, am Ende sprechen sich 276 304 davon für den Erhalt der vierjährigen Grundschulen aus. Schwarz-Grün ist blamiert.

Die SPD und Olaf Scholz haben die Reform stets mitgetragen, seine Frau Britta Ernst ist die SPD-Schulpolitikerin in der Bürgerschaft. Aber nun bietet sich eine einmalige Chance. Scholz fordert Neuwahlen. »Man kann jetzt nicht im Hinterzimmer einen neuen Bürgermeister aussuchen«, sagt er. »Im Augenblick sieht es nach einem Regierungswechsel in Hamburg aus.«

Während es für Scholz nach Plan läuft, häufen sich bei Olearius die Probleme. In den vergangenen Monaten hat der Prüfungsverband deutscher Banken in die Bücher der Warburg-Bank geschaut. Eigentlich eine Routineangelegenheit, bei der kontrolliert wird, ob die Kundeneinlagen einer Bank ausreichend gesichert sind. Beim Blick in die Bücher von Warburg wundern sich die Experten allerdings, in welch gigantischem Umfang die Bank Aktien vor dem Dividendenstichtag kauft und sofort danach wieder verkauft. Später melden sie diese Cum-ex-Geschäfte der Bankenaufsicht BaFin.

Olearius spielt nach außen den Saubermann. Zum Rest seiner Branche, die gerade von der Finanzkrise erheblich getroffen wurde, geht er öffentlich auf Distanz. Warburg habe »Fehlentwicklungen und Auswüchse des Finanzmarktes bewusst nicht mitgemacht«, behauptet er. Und in einem Interview mit dem *Handelsblatt* erklärt er: »Ich würde meinen, dass wir in Norddeutschland grundsätzlich etwas verhaltener sind. Wir wissen, dass wir nicht so große Volumina stemmen können. Das zwingt uns zur Mäßigung, was ich nicht bedauere.«

In Hamburg glaubt man dieser Darstellung gerne – auch wenn man es besser wissen könnte. Warburg hat unter Olearius' Ägide bereits einen Skandal hinter sich. Um das Jahr 2000 half die Bank dem Clan des nigerianischen Militärdiktators Sani Abacha, 1,3 Milliarden Mark ins Ausland zu verschieben. Es gab große Berichterstattung darüber, die Bank bekam Ärger mit der Bankenaufsicht. Doch in Hamburg wurde ihm die Affäre schnell verziehen.

Trotz der markigen Worte gen Konkurrenz kämpft man auch an der Ferdinandstraße mit den Folgen der Finanzkrise. Die Verdienste im klassischen Bankgeschäft gehen zurück, das Geld verdient die Bank mit anderen Geschäften.

In der Branchenszene ist das Haus inzwischen für seine Sondergeschäfte bekannt, sogenannte Clubdeals, gemeinsame Investments mit privaten oder institutionellen Investoren. Olearius scheint kein Geschäft zu groß. Vor einigen Jahren hat die Bank mit einem Konsortium die deutlich größere Deutsche Hypothekenbank von der niederländischen Ing übernommen – und gut ein Jahr später an Olearius' alten Arbeitgeber NordLB verkauft. Mit deutlichem Aufschlag. Gerade ist Warburg bei einer der größten Übernahmeschlachten der deutschen Industriegeschichte dabei: Der Autozulieferer Schaeffler versucht, den Konkurrenten Continental zu übernehmen. Die kleine Warburg-Bank hält treuhänderisch 19,5 Prozent der Conti-Aktien, ein Paket im Milliardenwert.

Und die Bank spielt noch in einem anderen Geschäftsfeld mit: Cum-ex. Als die Bankenprüfer der Bundesbank die Geschäfte in den folgenden Monaten genauer anschauen, stellen sie erstaunt fest, dass Warburg die erwarteten Gewinne aus diesen Geschäften von etwa 20 Millionen Euro für das kommende Jahr für so sicher hält, dass sie diese sogar nutzt, um damit andere Risiken abzudecken. Das Fazit der Prüfer: Die Bank habe in wesentlichen Teilen keine ordnungsgemäße Geschäftsorganisation, schreiben sie. Es fehle zudem an Kapital.

Die BaFin ordnet später eine Sonderprüfung der Bankenbilanz an. Die damit beauftragten Wirtschaftsprüfer von Roever Broenner Susat (RBS) werden 2012 ebenfalls ein vernichtendes Urteil fällen. Sie werden rausfinden, dass Warburg und Olearius sich bei ihrer eigenen Bank eine Menge Geld für Investments gepumpt haben. Es gebe bedenkliche Verflechtungen, wird es in dem Prüfbericht heißen. Doch noch ist Warburg eine Macht in Hamburg.

Mittwoch, 6. Oktober 2010

Hamburg ist mit 1,8 Millionen Einwohnern die zweitgrößte Stadt Deutschlands, doch in wenigen Städten gibt eine so kleine Elite den Ton an wie hier. Sie trifft sich im Übersee-Club an der Binnenalster oder im Anglo-German Club in Harvestehude. Besonders in der Hamburger SPD gehörte es viele Jahrzehnte zur Überzeugung, dass politische Debatten hier gewonnen werden und nicht in der Bürgerschaft, im Fernsehen oder auf der Straße.

Diese Kultur hat eine noch längere Tradition. Historisch waren die Kaufleute immer die starken Stimmen in der Stadt. Seit dem 16. Jahrhundert gab es einen Kaufmannsrat, der »Ehrbare Kaufmann« verteidigte den freien Handel gegenüber dem »Ehrbaren Rat«. Bis heute wird der Bürgermeister zum Jahresende in die Handelskammer neben dem Rathaus eingeladen, um bei der »Versammlung Eines Ehrbaren Kaufmanns« von den Geschäftsleuten erklärt zu bekommen, was gut und was schlecht läuft in der Stadt. Rederecht hat der Bürgermeister dabei nicht. Genauso wenig wie einen Schlüssel für den Geheimgang zwischen Handelskammer und Rathaus. Nur der Präses der Handelskammer kann die Tür öffnen, so lautet die Tradition.

Christian Olearius ist vielleicht der letzte Meister in diesem System aus der Vergangenheit. Obwohl nicht in der Stadt aufgewachsen, wurde er über die Jahre zum vielleicht hanseatischsten aller heutigen Hamburger Kaufleute: wirtschaftlich erfolgreich, politisch und sozial engagiert. Er hat daraus ein Geschäftsmodell gemacht. Sein Kapital sind sorgsam geknüpfte Netze, auf die er im richtigen Moment zurückgreifen kann. Sein Sicherheitsnetz, nennt er das selbst. Michael Behrendt, den Chef von Hapag-Lloyd, der bald auch Präsident des Überseeclubs werden wird, zählt er zu seinen Freunden. Er ist im Kuratorium von Hamburgs größter Stiftung, der Joachim Herz Stiftung. Zu seinem ehemaligen Arbeitgeber, der NordLB, hat er immer noch gute Kontakte, ebenso zu einer privaten Krankenversicherung mit spendablem Chef. Und er hat zahlreiche politische Freunde bis hoch ins Kanzleramt.

Olearius vertraut nur wenigen. Aber auch Menschen, die er nicht mag, kann er ein gutes Gefühl geben. Im persönlichen Kontakt erleben ihn viele Gesprächspartner als klugen, belesenen Mann, der weniger über die schnöde Welt der Zahlen und mehr über die große Welt der Kultur redet. Als politischer Kopf spielt er mit Abhängigkeiten: Ein vorgeblich selbstloser Einsatz kann später wertvoll sein.

Über die Jahre hat Olearius sich zum gefragten Berater der Politik gemacht, der immer dort zur Stelle ist, wo es gerade hakt. Er verhandelte für die Stadt den Kauf von 40 000 Wohnungen aus dem gescheiterten Gewerkschaftsunternehmen Neue Heimat; er rettete das Hamburger Stahlwerk und manches mehr. Im System der Abhängigkeiten hat er eingezahlt. Und irgendwann wird der Zeitpunkt kommen, wo er eine Rückzahlung erwartet. Für Olearius gibt es keine Grenzen zwischen Geschäft und Mäzenatentum, zwischen Wirtschaft, Kultur und Politik. Bei ihm verschwimmt alles zu einer Melange aus Bekanntschaft, Gefälligkeit und Abhängigkeit.

Scholz ist sich offenbar bewusst, dass er auf seinem Weg ins Rathaus an Olearius nicht vorbeikommt. Er braucht die Unterstützung der Reichen und Mächtigen, benötigt Zugang zu den verborgenen Machtzirkeln der Stadt. Deshalb muss er den einflussreichen Privatbankier alsbald persönlich kennenlernen und nicht nur mit dessen Sohn plauschen. Scholz wendet sich an Alfons Pawelczyk. Sie kennen sich seit Jahrzehnten. Zu Juso-Zeiten hat sich Scholz an dem Strippenzieher gerieben. Damals trennten sie Welten. Auf der einen Seite Scholz, Kriegsdienstverweigerer und Unterstützer des marxistischen Flügels der Jusos. Auf der anderen Seite Pawelczyk, Oberst der Reserve und politisch streng konservativ. Aber die Ideologie ist schon lange dem politischen Pragmatismus gewichen. Im Jahr 2000 schrieb das *Hamburger Abendblatt,* Pawelczyk sei einer der »prominenten Mentoren« von Scholz. Nun bittet Scholz Pawelczyk, ihm bei Olearius die Tür aufzumachen.

Es ist bereits Nachmittag, als Scholz an diesem Mittwoch seine Audienz bei Olearius hat. Fast eineinhalb Stunden unterhält er sich mit »Deutschlands wichtigstem Privatbankier«, wie die *Frankfurter Allgemeine Sonntagszeitung* einmal schrieb. Und Scholz überzeugt und überrascht gleichermaßen. Der SPD-Mann sei zierlicher als gedacht, notiert Olearius später in seinem Tagebuch. Aber er sei konstruktiv und kundig, mache einen klugen Eindruck, urteilt der Banker über den Politiker und potenziellen Bürgermeister. Wenn der Besuch bei dem Unternehmer und Strippenzieher eine Eignungsprüfung war, hat Scholz sie wohl bestanden.

Sonntag, 28. November 2010

Wie erwartet, ist Schwarz-Grün nur wenige Monate nach dem Rücktritt Ole von Beusts gescheitert. Die Hamburger Grünen verlassen frustriert die Koalition. Die SPD begibt sich sofort in den Wahlkampfmodus. Wichtigster Mann für Olaf Scholz ist in diesen Tagen Wolfgang Schmidt.

Scholz und Schmidt haben sich in den 1990er-Jahren in der damaligen Wohngemeinschaft von Scholz im Stadtteil Altona kennengelernt. Scholz wohnte bereits in derselben Parallelstraße der Max-Brauer-Allee wie heute, gemeinsam mit Andreas Rieckhof, den er viele Jahre später in Hamburg zum Staatsrat machen sollte. Rieckhofs damalige Freundin wiederum kannte Schmidt, der gerade an seiner juristischen Dissertation arbeitete und Richter werden wollte. Auf einer Party kamen Schmidt und Scholz ins Gespräch. Einige Zeit später trafen sie sich im Zug von Hamburg nach Berlin, unterhielten sich blendend und vereinbarten, Kontakt zu halten. Als Scholz 2002 Generalsekretär der Bundes-SPD wurde, rief er Schmidt an, ob er als persönlicher Referent für ihn arbeiten wolle.

Seither verläuft Schmidts Karriere im Windschatten von Scholz. Als Scholz Parlamentarischer Geschäftsführer der Bundestagsfraktion wurde, machte er Schmidt zu seinem Büroleiter, als er Bundesarbeitsminister wurde, zum Leiter des Ministerbüros und des Planungsstabs. Seit der verlorenen Bundestagswahl ist Schmidt Direktor der Internationalen Arbeitsorganisation, einer Sonderorganisation der Vereinten Nationen, verantwortlich für die Entwicklung und Umsetzung internationaler Arbeits- und Sozialstandards. Aber er ist bereit für den nächsten Schritt.

Schmidt telefoniert nun regelmäßig mit dem Werber und erfahrenen Wahlkampf-Manager Frank Stauss. Gemeinsam entwickeln sie das, was Stauss im Nachhinein als »die perfekte Kampagne« bezeichnen wird. Der spröde Olaf Scholz, so ihre Analyse, ist genau der richtige Mann für die Situation. Sie sind überzeugt: Die Hamburger wollen nach den Chaosjahren wieder Ruhe und Professionalität. Sie arbeiten das Image von Scholz heraus, das auch viele Jahre später die wichtigste Botschaft im Bundestagswahlkampf werden wird. Scholz hat Erfahrung, ist seriös, verlässlich, vertrauenswürdig, schnörkellos. Kurz: hanseatisch. Schmidt und Stauss entwerfen eine Kampagne aus nur drei Worten, die jeweils ein Plakat füllen: Vernunft. Klarheit. Verantwortung.

Alle Wahlkampfveranstaltungen sind maximal nüchtern gehalten. Ohne Luftballons, Einmarschmusik, Videoinstallationen. Scholz präsentiert sich genau so, wie die Menschen ihn ohnehin sehen. Scholz kann – ganz der oft verspottete Scholzomat – viel reden, ohne irgendetwas zu sagen. Das wird von vielen politischen Beobachtern als Schwäche interpretiert. Das ist es nicht. Scholz weiß genau, wann es hilfreich ist, sich nicht festzulegen. Und er kontrolliert genau, wann er mit einem Satz im Gedächtnis bleiben will. Dann werden seine Formulierungen sehr prägnant. Auch im Wahlkampf hat er diese einfachen Botschaften dabei. Die SPD sei die »wirtschaftsfreundlichste Partei Hamburgs« verkündete er allerorten und holt wie zum Beweis den Präses der Handelskammer, Frank Horch, als Schattenwirtschaftssenator in sein Kabinett.

Gleichzeitig lässt Christoph Ahlhaus kaum einen Fehler aus. Die *Bunte* darf ihn und seine Frau Simone in Abendkleidung im feinen Hotel »Vier Jahreszeiten« an der Binnenalster fotografieren. Ironiefrei gesteht er dem Blatt, seine Frau neuerdings »Fila« zu nennen, für First Lady. Es ist nicht schwer für Scholz, im direkten Vergleich seriöser und bodenständig zu wirken. Die Strategie geht voll auf. Bei der Bürgerschaftswahl am 20. Februar erreicht die SPD mit dem Bürgermeisterkandidaten Scholz die absolute Mehrheit, Ahlhaus wird mit gerade einmal 21,9 Prozent aus dem Amt gejagt.

Montag, 7. März 2011

Am Tag der Wahl des neuen Bürgermeisters in der Bürgerschaft wird es noch einmal eng für Scholz. Ein SPD-Abgeordneter ist im Urlaub in Afrika – die Zwei-Stimmen-Mehrheit der SPD wackelt. Doch um 17:32 Uhr ist Scholz gewählt. Er erhält sogar eine Stimme der Opposition.

Scholz umarmt seine Frau Britta Ernst. Dann wird er mit 52 Jahren als Erster Bürgermeister der Freien und Hansestadt Hamburg vereidigt. Ganz allein sitzt er anschließend mit einem großen Blumenstrauß auf der Senatsbank im altehrwürdigen Plenarsaal der Bürgerschaft.

Scholz wird die Stadt nun zwei Wochen lang ohne Regierungsmannschaft führen. Er wolle sich Zeit lassen mit Auswahl der Senatoren, erklärt er. »Ich habe mir vorgenommen, mir jetzt viel Mühe zu geben, weil ich mich nicht vier Jahre ärgern will.« Das kommt nicht überall gut an. »Ein Ein-Mann-Senat ist keine demokratische Einrichtung«, erklärt der SPD-Abgeordnete Jan Ehlers, der Alterspräsident der Bürgerschaft. Viele in der Hamburger SPD ärgern sich darüber, dass sich Scholz bei seiner Auswahl nicht in die Karten schauen lässt. Er organisiert das Rathaus und seine Regierungsmannschaft vor allem mit seinem Senatskanzlei-Chef Christoph Krupp. Krupp gilt als Verwaltungsprofi und ist in der Hamburger SPD bestens vernetzt. Sein Vater war Ökonomieprofessor, Wirtschaftsweiser und ab 1991 in Hamburg Wirtschaftssenator und Zweiter Bürgermeister für die SPD. Krupp selbst ist promovierter Physiker und leitete zehn Jahre das Bezirksamt Hamburg-Bergedorf. Er wird in den nächsten Jahren neben Wolfgang Schmidt einer der engsten Vertrauten von Scholz werden. Während Schmidt Scholz' Bild nach außen prägt, sorgt Krupp dafür, dass die Verwaltung tut, was Scholz will.

Scholz kündigt an. Die Stadtkasse solle saniert werden. Er sei sicher, dass die Behörden zu groß seien. Nur dort, wo es um Service und Bürgernähe gehe, also Polizei, Feuerwehr, Instandhaltung von Straßen, sei zuletzt gespart worden. »Diesen Trend müssen wir umkehren.« Investiert werden solle auch in den Wohnungsbau. Und wie im Wahlkampf versprochen, solle die von Schwarz-Grün angekündigte Erhöhung der Kita-Gebühren zurückgenommen werden.

Die Bürgermeisterwahl ist gerade einmal fünf Tage her und der neue Senat noch nicht ernannt, als Christian Olearius sich an Alfons Pawelczyk wendet. Das SPD-Urgestein soll gleich einmal mit Scholz sprechen und ihn in bei einer Personalie der Hamburger Wirtschaft auf den richtigen Weg bringen. Für solche Vorstöße beim Bürgermeister ist Pawelczyk, der bei Scholz leichten Zugang genießt, genau der richtige Mann.

Der Warburg-Banker will verhindern, dass Karl Gernandt, Statthalter von Logistik-Multimilliardär Klaus-Michael Kühne, Vorsitzender des Aufsichtsrats von Hapag Lloyd wird. Vor zwei Jahren hatte die Stadt die Reederei gemeinsam mit einigen hanseatischen Investoren gerettet. Doch zwischen den beiden Großegos Olearius und Kühne herrscht schon länger dicke Luft, Olearius hält den Einfluss von Kühne auf Hapag Lloyd für schädlich. Er findet, dass Kühne richtige Entscheidungen verhindert oder verzögert.

Dabei war es Olearius, der Kühne als Investor zu Hapag Lloyd holte – und es war Kühne, der es Olearius ermöglichte, sich als Architekt der Rettung der Hamburger Reederei zu präsentieren. Ende 2007 hatten erste Gerüchte die Runde gemacht, dass TUI seine Containerschifffahrtstochter Hapag Lloyd abspalten oder verkaufen könnte. Im Februar 2008 wandte sich der damalige Hapag-Lloyd-Chef Michael Behrendt vertrauensvoll an Christian Olearius mit der Bitte, einen Investor zu finden. Behrendt befürchtete, die Reederei könnte verkauft und Hunderte Arbeitsplätze ins Ausland verlagert werden – mit massiven Folgen für den maritimen Standort Hamburg. Olearius aktivierte sein Netzwerk, holte den ehemaligen Finanzsenator Wolfgang Peiner (CDU) ins Boot und ging gemeinsam mit ihm auf Investorensuche.

Als wenige Wochen später die Abspaltung öffentlich wurde, präsentierten Olearius und Peiner stolz einen ersten Geldgeber: Klaus-Michael Kühne. Doch andere Investoren winkten ab. Schließlich stieg die Stadt ein, versprach einen dreistelligen Millionenbetrag, um 2000 Arbeitsplätze zu sichern.

Es kam zu einer Bieterschlacht mit der Logistikgruppe NOL aus Singapur. Am Ende zahlten die Hamburger Konsorten etwa 1,4 Milliarden Euro. »Der Preis war an der Obergrenze dessen, was man noch verantworten konnte«, sagte Klaus-Michael Kühne, der einen dreistelligen Millionen-Betrag investiert hatte. Olearius hatte die Stadt überredet, 484 Millionen Euro zu dem Geschäft beizusteuern. Die Warburg-Bank selbst investierte einen zweistelligen Millionenbetrag. Dennoch ging Olearius als Retter in die Geschichtsbücher ein.

Zwei Tage nach dem Verkauf traf in der Ferdinandstraße ein sperriges Paket von Hapag-Lloyd-Chef Michael Behrendt ein: ein riesiges zeitgenössisches Öl-Gemälde von Albert Ballin, dem legendären Reeder und Hapag-Lloyd-Manager. Aus dem Rathaus kam kein Paket. Doch in der Hamburger Politik weiß man seither, wessen Einfluss und Wirken die Rettung der Reederei zu verdanken ist. Obwohl Kühne ein Vielfaches von Olearius investiert hat, setzt sich der Bankier am Ende auch bei der Aufsichtsratspersonalie durch, wegen der Pawelczyk beim Neubürgermeister vorspricht. Gernandt wird nicht gewählt.

Mittwoch, 19. Oktober 2011

Olaf Scholz lädt Christian Olearius und weitere Hamburger Banker zum Gedankenaustausch, nun als Bürgermeister und nicht mehr als Bittsteller. Der Termin gerät zum Schaulaufen und zur Wichtigtuerei, zumindest empfindet es Olearius so. Scholz selbst ist in dem Gespräch mit den Bankern hellwach. Er sei listig und stark rechtsstaatlich ausgerichtet, notiert Olearius später in seinem Tagebuch.

Am 7. Dezember sind Scholz und Olearius erneut zu einem Gespräch verabredet. Diesmal um 15 Uhr und unter vier Augen. Es geht wieder um Hapag Lloyd. Die Reederei ist immer noch in Schwierigkeiten. Nun wird wieder frisches Geld benötigt. Zudem will die TUI auch ihre letzten Anteile verkaufen. Er plädiere für eine Einigung, sagt Olearius. Man müsse nach weiteren Investoren suchen. Später wird Hamburg weitere 420 Millionen Euro an Steuergeldern investieren, mit 36,9 Prozent größter Einzelaktionär von Hapag-Lloyd werden.

Scholz und Olearius haben an diesem Tag aber noch ein anderes Thema: die Elbphilharmonie. Die Kosten für den Bau des Konzerthauses explodieren. Mit 77 Millionen Euro solle sich die Stadt daran beteiligen, hieß es 2005. Die ursprüngliche Idee: Man baut in das Gebäude außer dem Konzertsaal noch ein Hotel und Eigentumswohnungen. Bei der Traumlage am Hafen würde man dadurch so viel verdienen, dass sich große Teile des Konzertsaals querfinanzieren ließen.

Doch die Kalkulation ist nicht aufgegangen. Unter CDU-Führung rechnete die Stadt das Projekt schön, das unter den Bürgern viele Fans hat. Der Bau begann, bevor die Planungen beendet waren. Der Baukonzern Hochtief nutzte das, um immer wieder Kostenerhöhungen durchzudrücken. Der Streit droht gerade zu eskalieren, ein Baustopp steht unmittelbar bevor.

Olearius sitzt im Vorstand der Stiftung Elbphilharmonie. Er hatte lange vor Scholz' Amtsantritt mit anderen reichen Hamburgern insgesamt knapp 70 Millionen Euro gesammelt. Zwölf vermögende Hamburger haben jeweils mehr als eine Million Euro gespendet. Sie werden dauerhaft als Mäzene in der Stifterliste der Elbphilharmonie geführt. Olearius hat einen geringeren Betrag gespendet, genießt aber auch hier den Ruf des Retters.

Doch das Geld der Gönner reicht auch bei Weitem nicht aus, um die Stadt aus der Bredouille zu bringen. Das Konzerthaus gerät regelmäßig in die Schlagzeilen mit neuen Kostensteigerungen. Scholz will das Projekt Elbphilharmonie abschließen und die Debatte endgültig beenden. Es ist ein wichtiger Schritt, um gutes Regieren zu demonstrieren. Monatelang wird er selbst mit dem Baukonzern Hochtief verhandeln.

In dem Vier-Augen-Gespräch macht Scholz einen konzentrierten Eindruck auf Olearius. Sie reden noch über die Schuldenkrise, vereinbaren, sich einmal länger darüber auszutauschen. Ansonsten sollen die Inhalte ihrer Unterhaltung vertraulich bleiben. Zumindest hält Olearius später in seinem Tagebuch fest, dass er das Gespräch mit Scholz für sich behalten wolle.

Freitag, 4. Mai 2012

Fünf Monate nach ihrem vertraulichen Gespräch sehen sich Scholz und Olearius wieder, diesmal nicht im Rathaus, sondern in der Bank. Olearius feiert seinen 70. Geburtstag. Der Bürgermeister soll die Festrede halten. Im Vorfeld ist Scholz unsicher, ob er an der Feier teilnehmen soll. Er erkundigt sich bei seinen Vorgängern Henning Voscherau und Ortwin Runde und bei seinem ehemaligen Senatorenkollegen Thomas Mirow, der als Berater für die Warburg-Bank gearbeitet hat. Sie raten zur Teilnahme. Natürlich erfährt auch Pawelczyk von diesen SPD-internen Beratungen – und damit auch Olearius.

In seiner Festrede zitiert Scholz Shakespeare und nennt Olearius, der Hamburg so oft aus der Patsche half, einen »Feuerwehrmann« der Stadt. Er freue sich, sagt Scholz, dass Olearius von einem »Geschäftsverständnis jenseits von mathematischen Modellen« spreche und die besondere Bedeutung der Banken für die Realwirtschaft betone. »Ob die Realwirtschaft funktioniert, steht und fällt an jedem Wirtschaftsstandort – also auch in Hamburg – mit ihren Finanzierungsbedingungen.« Ihm liege der Finanzplatz Hamburgs sehr am Herzen. »Die Weiterentwicklung und Stärkung des Finanzplatzes Hamburg ist nichts Abstraktes. Sie hängt zuallererst von den handelnden Personen ab. Ich sehe, Herr Dr. Olearius, Ihren künftigen Vorschlägen, Ideen und Unternehmungen mit Interesse entgegen.«

Olearius ist nach der freundlichen Rede nicht wirklich zufrieden. Scholz wisse wenig von seinen Diensten für Hamburg, schreibt er in sein Tagebuch. Der Bürgermeister habe ihm lediglich eine Uhr geschenkt. Mit einem Orden werde es wohl nichts mehr.

2

Sonntag, 29. November 2015

Olaf Scholz sieht müde aus, als er spätabends im Rathaus vor die Kameras tritt. »Es gibt eine klare Entscheidung«, sagt er. »Eine knappe Mehrheit zwar, aber eine Mehrheit der Hamburger, die sich festgelegt hat, dass wir uns nicht 2024 für Olympische Sommerspiele und Paralympische Spiele bewerben sollen.« Scholz' wichtigstes Zukunftsprojekt für Hamburg ist gescheitert. 314 468 Bürgerinnen und Bürger haben für Olympia gestimmt. 335 638 dagegen.

Das Ergebnis überrascht, haben doch fast alle Hamburger Medien und Prominente für die Spiele an der Elbe getrommelt, während die kleine, zerstrittene Gruppe der Olympia-Gegner kaum sichtbar war. Scholz selbst hat monatelang unermüdlich den Olympia-Lobbyisten gegeben. Die Spiele könnten eine riesige Chance für die Entwicklung der Stadt sein, warb er. Mitten in Hamburg sollte auf brachliegenden Hafenflächen ein neuer Stadtteil für Olympia entstehen, ein grünes Viertel am Wasser, das die Innenstadt gleichzeitig mit dem Süden und dem Osten der Stadt verbindet. Und nicht nur das: Olympische Spiele könnten Menschen für den Sport begeistern, erklärte Scholz. Er selbst habe erst mit vierzig die Liebe dazu entdeckt – auf Druck seiner Frau. Heute wolle er nicht mehr darauf verzichten. Er gehe einmal in der Woche rudern, zwei Mal laufen.

Nun weiß man, dass viele Hamburger den schönen Olympia-Versprechen nicht getraut haben. »Dieses ist die am besten durchgerechnete Bewerbung für Olympischen Spiele, nicht nur in Deutschland, sondern ever«, hatte der Bürgermeister selbst vollmundig behauptet. Doch viele Hamburger sind seit den großen Plänen der Elbphilharmonie skeptisch, was städtische Kalkulationen angeht.

Für Scholz ist es die bisher größte politische Schlappe seines Lebens. Mit der Olympia-Bewerbung wollte er seine Vision für die Stadt präsentieren, er wagte sich dafür heraus aus der Deckung des bloß ordentlichen Regierens. Doch er hat die Stimmung völlig falsch eingeschätzt. Fehler bei sich oder anderen mag der Bürgermeister dennoch öffentlich nicht festmachen. Große Ursachenforschung bringe nichts, der Souverän habe entschieden, sagt er. »Die Frage ›Was wäre, wenn‹ kann einem das Leben vergällen. Ich gehöre nicht zu jenen, die sich damit lange aufhalten.«

Die Opposition schäumt. Mit einer neuen Schärfe wird der Bürgermeister angegangen. Seine »Basta-Politik« sei gescheitert, heißt es bei der CDU, die FDP findet, Scholz habe das »Vertrauen der Hamburger in seine Seriosität zerstört«. Die autoritären Strukturen des Olaf Scholz hätten der Hamburger SPD zu einem kräftigen Aufschwung verholfen, erklärt der Linken-Abgeordnete Norbert Hackbusch. »Aber wie es mit autoritären Strukturen meistens so ist, tragen sie auf die Dauer nicht.«

Als die Bürgerschaft über den Ausgang des Referendums debattiert, hält Scholz es nicht für nötig, sich zu äußern. Er verlässt den Plenarsaal vor Ende der Debatte, schmunzelnd. Coolness zur Schau zu stellen, ist seine Methode. Im Büro seines ehemaligen Regierungssprechers hängt ein Zettel: »Das erste Scholz'sche Gesetz: Wir sind nie beleidigt – wir sind nie hysterisch«. Scholz selbst hat seine Methode einmal mit den Worten der englischen Queen beschrieben: »Never complain, never explain.« Niemals beschweren, niemals erklären.

Scholz kann Niederlagen an sich abperlen lassen, einfach weitermachen, das ist eine seiner großen Stärken. Er ruht in sich, weil er überzeugt ist, richtig zu handeln. Wenn Scholz bei einem Thema zu einer Einschätzung gekommen ist, lässt er sich davon kaum abbringen. Im Rathaus haben sie dafür sogar eine Abkürzung: OWD, Olaf will das. Es heißt so viel wie: Verschwende keine Energie, Gegenargumente zu finden – setz das um. Das Kürzel ist ebenso gefürchtet wie Scholz' längliche Vorträge zu Sachthemen. Er vermittelt dabei oft den Eindruck, sich für klüger zu halten als die versammelten Fachbeamten.

Nun schreiben die Hamburger Zeitungen, der Nimbus von König Olaf sei angekratzt. Scholz, dem bisher Unangefochtenen, der alles durchsetzte, dem alles gelang, ist etwas missglückt. Doch Scholz kennt das politische Spiel, er weiß genau, wie Medien funktionieren. Er muss den Sturm durchstehen, der jetzt ausbricht. In wenigen Wochen ist alles vergessen. Und dann befindet er sich weiterhin in einer komfortablen Lage.

Bei der Bürgerschaftswahl im Februar hat Scholz zwar die absolute Mehrheit verloren, aber immer noch 45,6 Prozent der Stimmen erreicht – ein Ergebnis, von dem die SPD andernorts nur träumen kann. »Es geht hier nicht um einen Umbau des SPD-Senats, dafür ist die Unterstützung zu groß. Es geht um einen Anbau«, hat er dem möglichen grünen Koalitionspartner nach der Wahl öffentlich erklärt. Ein Affront. Grünen-Spitzenkandidatin Katharina Fegebank beschwerte sich und bat Scholz, das Zitat nicht zu wiederholen. »Das muss ich jetzt ja gar nicht mehr«, antwortete Scholz cool. Ein knackiges Zitat, einmal in der Welt, entfaltet seine Macht auch ohne Wiederholung.

Mittwoch, 20. Januar 2016

Morgens um 8:30 Uhr betreten die Ermittler aus Nordrhein-Westfalen das Hauptgebäude der Warburg-Bank. Sie melden sich beim Pförtner, ein Mitarbeiter führt sie in einen Besprechungsraum und bittet sie, sich in eine Besucherliste einzutragen. Die Fahnder lehnen ab. Sie seien keine gewöhnlichen Besucher, erklären sie, und zeigen den Durchsuchungsbeschluss. Es geht um den Verdacht eines Betruges. Es geht um Cum-ex.

Viele Jahre waren die Geschäfte mit dem merkwürdigen Kürzel nur Insidern bekannt, doch langsam sickert der Begriff ins öffentliche Bewusstsein. Bei Cum-ex nutzten skrupellose Geschäftemacher die Regelung, dass Banken und andere institutionelle Investoren sich die 25 Prozent Kapitalertragssteuer zurückerstatten lassen können, die von den Finanzämtern automatisch bei der Ausschüttung von Dividenden auf Aktien einbehalten werden. Die Erstattung soll eigentlich verhindern, dass die Banken zwei Mal Steuern zahlen: einmal auf die Ausschüttung, das zweite Mal auf ihren Gewinn. Doch das System ist anfällig für Missbrauch. Bei den Cum-ex-Geschäften tauschen die Beteiligten Aktien um den Tag der Dividenden-Ausschüttung so im Kreis, dass die Finanzämter den Überblick verlieren, wem welche Aktie gehört und wer die Rückzahlung schon bekommen hat. Am Ende erstattet der Fiskus die einbehaltene Kapitalertragssteuer mehreren Investoren.

Es ist ein komplexes System mit zahlreichen Beteiligten, das sich am einfachsten mit einer Analogie verstehen lässt: Cum-ex ist, als würde man im Supermarkt den Pfandbon kopieren und sich dann an der Kasse für eine zurückgegebene Flasche mehrere Bons erstatten lassen. Im Kern: ein dreister Griff in die Staatskasse.

Seit zwei Monaten verdächtigen die Ermittler aus Nordrhein-Westfalen auch die Warburg-Bank, Teil dieser Betrugsindustrie gewesen zu sein. Am 25. November 2015 war der Schweizer Banker Eric Sarasin zusammen mit seinem Rechtsanwalt nach Düsseldorf gereist. Sarasin war selbst ins Visier der Cum-ex-Fahnder geraten. Die Staatsanwaltschaft warf ihm Beihilfe zur Steuerhinterziehung und zum gewerbsmäßigen Betrug vor. Der Banker hoffte, dass er glimpflich davonkommt, wenn er sein Insiderwissen zur Verfügung stellt.

Und so stieß die Kölner Staatsanwältin Anne Brorhilker auf eine neue Spur: Im Rahmen der Cum-ex-Geschäfte hat die Sarasin Bank der Warburg-Bank Rechnungen gestellt, die sich für den Zeitraum von 2006 bis 2010 auf etwa 23 Millionen Euro addieren. Die Rechnungen seien jedoch nicht »leistungsunterlegt« gewesen, erklärte Sarasin der Staatsanwältin. Die Rechnungsbeträge seien weitergeflossen zu einem Firmenkonto auf den Britischen Jungferninseln – und waren offenbar unter anderem für Hanno Berger gedacht, jenen Steueranwalt, der als der große Strippenzieher hinter Cum-ex-Geschäften gilt.

Die Ermittlungen rund um die Warburg-Bank werden Brorhilker später den Durchbruch bringen: die erste Anklage, die erste Verurteilung wegen Cum-ex. Sie wird eine gefeierte Staatsanwältin werden.

In der Warburg-Zentrale in Hamburg sprechen die von Brorhilker beauftragten Ermittler mit einer Prokuristin der Bank. Sie wollen sie wie üblich zuerst über ihre Rechte und Pflichten als Zeugin belehren, doch die Frau winkt ab. Sie sei selbst Rechtsanwältin und kenne das Prozedere, sagt sie und erweist sich nun als mitteilungsfreudige Quelle. Die Problematik bei Cum-ex-Geschäften sei ihr bekannt, lässt sie die Ermittler wissen. Außerdem berichtet sie, der ehemalige Leiter der Rechtsabteilung der Bank habe Cum-ex-Geschäfte für Betrug gehalten, weil die Steuer dabei »einmal zu viel« erstattet werde. Über solche Geschäfte werde aber nicht von Rechtsanwälten wie ihr entschieden, sondern auf Ebene der Inhaber-Partner.

Auf den Partner Christian Olearius müssen die Ermittler erst einmal warten. Im Nachbargebäude, dem »Weißen Haus«, wo sich das Reich des Mitinhabers befindet, erscheint er schließlich um zehn Uhr. Überrascht wirkt Olearius nicht, man hat ihm am Telefon von der Razzia berichtet. Er lässt sich auf ein Gespräch mit den Ermittlern ein. Der 73-Jährige bestätigt, dass die Partner der Warburg-Bank die Aktiengeschäfte, wie er sagt, »eingesegnet« hätten. Er gehe jedoch davon aus, dass weder er selbst noch die Bank illegal gehandelt hätten. An Details könne er sich nicht erinnern. Diese seien in den Protokollen der Partnertreffen festgehalten.

Die Fahnder machen sich auf die Suche. Über eine Wendeltreppe gelangen sie in den sogenannten Bunker, einen gesicherten Archivraum. Ein Mitarbeiter öffnet die Stahltür, in mehreren schweren Stahlschränken finden sich die Sitzungsprotokolle. Sie belegen nicht nur, dass Olearius und die anderen Partner die umstrittenen Transaktionen selbst genehmigt haben. Nach Auffassung der Ermittler zeigen sie auch, dass die Banker sich sehr genau mit den steuerlichen Auswirkungen der Geschäfte beschäftigt haben. Dass die Deals zulasten der Steuerzahler gehen, wird aus den Unterlagen deutlich erkennbar.

Die Anreise aus Köln und Düsseldorf hat sich für die Ermittler bereits hier gelohnt. Doch eine Mitarbeiterin der Bank macht sie noch auf weitere Ordner aufmerksam, die in ihrem Büro stünden. Bereitwillig führt sie die Ermittler dorthin. In den Ordnern geht es um eine Seriva Vermögensverwaltungs GmbH. Auch diese Gesellschaft hat sich für ihre Investoren an diversen Cum-ex-Geschäften beteiligt. Mit dabei war auch Christian Olearius selbst: Er hat über die »Christian Olearius Beteiligungsgesellschaft« 1,5 Millionen Euro investiert.

Freitag, 12. Februar 2016

Seit seiner Schlappe beim Referendum über die Olympia-Bewerbung taucht Olaf Scholz verstärkt mit Themen in den Medien auf, die wenig oder gar nichts mit der Politik Hamburgs zu tun haben. Vor knapp zwei Wochen hat er bereits die Aufmerksamkeit der bundesweiten Presse auf sich gezogen. Scholz, der bisher in Hamburg nicht durch übermäßiges Engagement in Sachen Umweltschutz aufgefallen ist, empfing im Rathaus hochrangige Vertreter der deutschen Automobilindustrie und zahlreiche Bürgermeister zum Autogipfel – just drei Tage vor dem Termin, zu dem Bundeskanzlerin Angela Merkel ebenfalls zu einem Autogipfel ins Kanzleramt eingeladen hatte. Und Scholz gab den Industriegrößen eine klare Ansage mit: »Wenn wir verhindern wollen, dass schon in diesem oder dem nächsten Jahr ein Teil der Pkw, Lkw und Busflotte nicht mehr durch unsere Städte fahren dürfen, dann muss ein großer Teil der Flotte ganz ohne oder fast ohne Emissionen betrieben werden, und zwar nicht irgendwann, sondern schnell.«

Nun will er einen ganz großen Coup landen: Zum traditionellen Matthiae-Mahl sind Merkel und der britischen Premierminister David Cameron als Ehrengäste eingeladen. Normalerweise findet das Festmahl am letzten Freitag des Februars statt. Im Spätmittelalter markierte der Matthias-Tag am 24. Februar nicht nur den Beginn des Frühlings, er war auch Auftakt des Geschäftsjahres. In Hamburg erhielten an diesem Tag die Senatoren ihre neuen Aufgaben und wählten den Ersten Bürgermeister. Daraus entwickelte sich der Brauch, dass der Bürgermeister zu diesem Anlass »Vertreter der Hamburg freundlich gesonnenen Mächte« zu einem feierlichen Essen einlädt. In diesem Jahr hat Olaf Scholz alles vorgezogen, das Matthiae-Mahl findet so früh statt wie noch nie in der Geschichte seit 1356.

Die langen Tafeln im altehrwürdigen Festsaal des Rathauses sind mit Aufsätzen, Vasen und Schalen aus dem Silberschatz des Rathauses dekoriert. Rund 400 Gäste kommen, darunter das gesamte Konsularische Korps, Vertreter aus Politik, Wirtschaft, Kultur und Wissenschaft, Repräsentanten der großen Religionsgemeinschaften, internationaler Organisationen und der Bundeswehr. Die Herren erscheinen in Smoking und

Fliege, die Damen im Abendkleid. Auf der Empore spielt das Kammerorchester der Musikhochschule.

Der Tradition folgend, empfängt Scholz die Kanzlerin und den britischen Premier an der obersten Stufe der Senatstreppe, geleitet sie zur Unterschrift ins Goldene Buch der Stadt und schließlich in den Festsaal. Am Tisch sitzt Scholz als Gastgeber in der Mitte, rechts von ihm David Cameron, links Angela Merkel. Eine perfekte Inszenierung: »Europa würde es sehr guttun, etwas britischer zu werden«, sagt Scholz zu Cameron. Und der gibt sich alles andere als britisch-reserviert: »Als Angela sagte, sie wolle mich zum Abendessen in ihre Geburtsstadt einladen, hatte ich keine Vorstellung davon, dass sie sich solche Mühe gibt.«

Hinter der großen Beschwörung der europäischen Einigkeit steckt Absicht – und auch hinter der Verlegung des Festmahls um zwei Wochen nach vorne. Dadurch liegt das Event vor dem EU-Gipfel in sieben Tagen, bei dem es um den drohenden Ausstieg der Briten aus der EU gehen wird. Scholz sieht die Chance, sich bei diesem Thema zu profilieren. Er hat Kompromissvorschläge erarbeitet, die den Brexit verhindern sollen. Scholz hat zwar kein Mandat, um dem EU-Gipfel Vorschläge zu machen. Aber er kann sich bundesweit als Politiker inszenieren, der das Große und Ganze im Blick hat.

An diesem Abend verkündet Merkel zudem eine Überraschung, die Scholz als Bürgermeister ins Blickfeld der Welt bringen wird: Der nächste G-20-Gipfel soll in Hamburg stattfinden. »Ich glaube, das trifft sich gut mit der Weltoffenheit Hamburgs«, sagt sie. Für Scholz ist es eine weitere Chance, seine Stadt und sich selbst bekannt zu machen.

Donnerstag, 25. Februar 2016

Bundestagspräsident Norbert Lammert (CDU) lässt es sich nicht nehmen, die konstituierende Sitzung des Parlamentarischen Untersuchungsausschusses (PUA) zu den Cum-ex-Geschäften zu eröffnen. Um 16 Uhr kommen die Mitglieder des Gremiums im Sitzungssaal E 400 des Paul-Löbe-Hauses zusammen. Die Politik in Berlin fängt an, sich eingehend mit dem milliardenschweren Steuerraub zu beschäftigen.

Gerhard Schick von den Grünen hat über Monate daran gearbeitet, genügend Stimmen für die Einsetzung des Ausschusses zusammenzubekommen. Schick weiß, dass er sich eine Mammutaufgabe aufgehalst hat. Der Ausschuss interessiert sich nicht nur für die Verantwortung der verschiedenen Bundesregierungen, er beschäftigt sich auch mit der Rolle einer Reihe von Banken und Verbänden.

Der Ausschuss bittet deswegen die betroffenen Bundesländer um Dokumente zu den Fällen. Aus anderen Ländern erhalten die Berliner Abgeordneten Unmengen von Akten – jedoch kaum etwas aus Hamburg, wo der Ausschuss nach Akten zur HSH Nordbank und zur Warburg-Bank gefragt hatte. Das hat Finanzsenators Peter Tschentscher (SPD) angeordnet. »Wir haben grundsätzlich Zweifel an der Herausgabebefugnis, weil keine hinreichenden Gründe erkennbar sind, die eine Weitergabe von steuerlichen Daten unter Beachtung des Grundsatzes der Verhältnismäßigkeit rechtfertigen könnten«, heißt es in der Begründung.

Die Warburg-Bank ist trotzdem in den Fokus des öffentlichen Interesses geraten. Die *Süddeutsche Zeitung* hat unter der Überschrift »Grenzen der Gier« über die Razzia bei der Hamburger Bank berichtet – und geschrieben, dass sich der Verdacht auch gegen Bankchef Olearius richtet. Die Bank bestreite alles.

Der Bericht wird in der Hamburger Finanzverwaltung registriert. In der Hansestadt gibt es anders als in anderen Bundesländern ein spezielles Finanzamt für Großunternehmen. Es wurde unter SPD-Ägide im Jahr 1998 aufgebaut und sollte die Steuerverfahren effizienter machen, indem die Veranlagung der Steuern und die Prüfung der Betriebe nicht mehr in getrennten Häusern stattfindet. Großunternehmen und Banken haben deswegen in Hamburg eine oberste Kundenbetreuerin: einen Sachgebietsleiter oder eine Sachgebietsleiterin, denen alle entscheidenden Mitarbeiter für einen Steuerfall unterstellt sind. »Service aus einer Hand«, das Finanzamt als »One-stop-Shop«, so nennt die Finanzbehörde das. Die Einrichtung macht die Bearbeitung tatsächlich effizienter, aber deshalb nicht automatisch strenger. In Steuerkanzleien gilt das Finanzamt für Großunternehmen als besonders kulant.

Den Beamten im Finanzamt für Großunternehmen ist der Fall Warburg schon bekannt. Bereits zweieinhalb Jahre vor der Durchsuchung der Privatbank, im August 2013, hat das Bundesfinanzministerium die Hamburger Finanzverwaltung erstmals darauf hingewiesen, dass ein Fonds einer Tochtergesellschaft der Bank möglicherweise in Cum-ex-Geschäfte verwickelt sei. In der Finanzbehörde, im Stadtstaat Hamburg sowohl das Finanzministerium als auch die Aufsichtsbehörde der Finanzämter, landete das Papier bei Kai Siegel-Röhn (Name geändert). Er war damals Leiter des Referats »Steuerpolitik, Bundesratskoordinierung, Fördergesetze, Kapitalertragsteuer, Beschwerdemanagement« und damit auch für Cum-ex zuständig. Der Jurist hat über Steuerbetrug promoviert und verfügte über beste Kontakte ins Bundesfinanzministerium. Obwohl Cum-ex damals noch kein großes Thema war, kannte er sich aus – und war hoch engagiert.

Das Schreiben aus dem Bundesfinanzministerium leitete er weiter an das Finanzamt für Großunternehmen, mehrfach hakte er nach, wies die Kollegen auf Parallelen zu einem anderen Fall hin. Im November 2014 hielten die Prüfer aus dem Finanzamt in einem Zwischenfazit fest, dass es um viel Geld gehe, einen mittleren zweistelligen Millionenbetrag. Ein zweifelsfreier Nachweis für Cum-ex sei aber nicht möglich. Bei den Fonds könne man zudem nichts zurückfordern, da sie bereits aufgelöst seien. Vor einer aufwendigen Prüfung müsse geklärt werden, ob es überhaupt möglich sei, die Millionen zurückzuholen.

Das Thema Cum-ex wurde in diesen Jahren immer präsenter. Andere Bundesländer bauten Sondereinheiten auf, spezialisierte Steuerfahnder durchleuchteten Bankbilanzen, verfolgten Geschäftsverläufe, prüften Steuererklärungen. Cum-ex-Geschäfte sind schwer aufzuklären, die Verwirrung der Finanzämter gehört zum Prinzip. Aber nun schlug der Staat zurück, scheute den Aufwand der Aufklärung nicht mehr. Auch in Hamburg setzten sich Beamte dafür ein, dass sich die Stadt stärker um den riesigen Steuerraub kümmerte. Doch die Chefin der Steuerverwaltung ließ sie abblitzen, dafür fehle es an Personal.

Anderswo ging die Aufklärung weiter. Im September 2014 wies die Cum-ex-Spezialeinheit der hessischen Steuerfahndung, die Ermittlungsgruppe Duplo, die Hamburger Finanzverwaltung auf den Cum-ex-Verdacht bei Warburg hin. In einem 22-seitigen Anhang erklärten die Ermittler, wie die Geschäfte funktionierten. Wenige Wochen später schickten die Fahnder aus Hessen mit einem weiteren Schreiben zusätzliche Unterlagen[4]: Auszüge aus internen Mails von Geschäftspartnern von Warburg. Daraus ging hervor, dass Vertreter von Warburg Kontakt mit einem der Masterminds hinter Cum-ex hatten: Hanno Berger. Der frühere Finanzbeamte hatte Ende der 1990er-Jahre die Seiten gewechselt, war zum Steueranwalt der Reichen und Prominenten aufgestiegen und ermöglichte ausgesuchten Klienten und Banken gewinnbringende Investments. Auch mit Christian Olearius und der Warburg-Bank arbeitete er eng zusammen.

Mit dem Bericht der *Süddeutschen* über die Razzia bei Warburg haben die Beamten nun also einen dritten Hinweis darauf, dass bei den Geschäften der Bank nicht alles sauber gelaufen sein könnte. Das Problem: Ein Teil der möglicherweise fälschlich ausgezahlten Millionen ist verloren. Für das Jahr 2008 sind die Forderungen gegen die Bank verjährt, stellen die Beamten fest. Vermutlich werde sich das Strafverfahren längere Zeit hinziehen. Das Finanzamt wird eigenständig über etwaige Rückforderungen entscheiden müssen, um nicht noch weitere Jahre verjähren zu lassen. Für die Zeit von 2009 bis 2011 gehe es um etwa 90 Millionen Euro. Sie entscheiden, erst mal abzuwarten, ob die Bank nicht möglicherweise freiwillig zurückzahlt.

Freitag, 4. März 2016

Olaf Scholz ist schon wieder bei einem Festessen im Rathaus, dieses Mal als Ehrengast beim »96. Ostasiatischen Liebesmahl«. Seit 1901 treffen sich einmal im Jahr wichtige Vertreter von Unternehmen, Verbänden und Politik in Abendgarderobe im Festsaal des Hamburger Rathauses, um festlich zu speisen und die deutsch-asiatischen Wirtschaftsbeziehungen zu pflegen.

---

4   Dieses Schreiben landete zunächst in Bremen, ob es im Finanzamt in Hamburg jemals angekommen ist, lässt sich nicht nachweisen.

Die feinen Abende im Glanze der Gesellschaft, sie sind maximal weit entfernt von dem Teil Hamburgs, in dem Olaf Scholz aufgewachsen ist – weit im Nordosten, im Stadtteil Rahlstedt. Scholz wurde am 14. Juni 1958 in Osnabrück geboren. Als er drei Jahre alt war, zogen die Eltern nach Hamburg. Damals entstand auf ehemaligen Kuhkoppeln die Siedlung Großlohe. Sie besteht überwiegend aus Sozialbauten, aus schlichten Mietskasernen und einigen Hochhäusern.

Am Rand der Siedlung biegt ein kleiner Weg ab und führt in die Natur. Er ist von Reihenhäusern gesäumt. Im letzten Haus, einem bescheidenen roten Klinkerbau mit Flachdach und kleinem Garten, wohnte die Familie Scholz, alles andere als protzig, im Viertel jedoch privilegiert. Vater Gerhard arbeitete als Handelsvertreter einer Textilfirma, Mutter Christel kümmerte sich um die drei Söhne. Olaf ist der älteste. Er ging auf die nahe gelegene Grundschule Großlohering. Ein guter Schüler, schüchtern, der Sport hasste und gerne las. Am Ende erhielt er als Einziger in seiner Klasse eine Gymnasialempfehlung. Auf dem Gymnasium wurde Scholz Schulsprecher. »Ich will Bundeskanzler werden«, erzählte er schon mit 12 Jahren seinem Vater.

»Helmut Schmidt war auch für mich eine prägende politische Persönlichkeit«, schreibt Scholz heute auf seiner Homepage und nennt den beliebten Altkanzler als Grund dafür, dass er mit 17 Jahren in die SPD eintrat. Wobei diese Prägung wohl anders aussah, als die Formulierung vermuten lässt. Scholz ging seinerzeit gegen Schmidt und den NATO-Doppelbeschluss auf die Straße. Es gibt ein Foto davon: Scholz mit Lockenkopf, Lederjacke, die Hände lässig in die Taschen gesteckt neben einem Transparent der Sozialistischen Internationale, das eine Faust zeigt, die eine Rose umschließt.

Scholz dachte als Jugendlicher und junger Mann links, sehr links. Seine radikalen Ansichten schrieb er nieder, etwa in Texten für die *Zeitschrift für sozialistische Politik und Wirtschaft.* Dort forderte er die Überwindung des Kapitalismus, wetterte gegen die »aggressiv-imperialistische Nato« und bezeichnete die Bundesrepublik als »europäische Hochburg des Großkapitals«.

Nach seinem Jurastudium machte er Zivildienst in einem Altenheim, ab 1985 arbeitete er als Anwalt. Er stieg auf bei den Jungsozialisten, der

Jugendorganisation der SPD, war von 1982 bis 1988 ihr stellvertretender Bundesvorsitzender. Scholz pflegte auch Kontakte in die DDR, mehrfach reiste er mit Delegationen der Jusos in den Osten. Einmal wurde Scholz sogar von Egon Krenz empfangen, war danach in der DDR-Nachrichtensendung »Aktuelle Kamera« zu sehen. Das Ministerium für Staatssicherheit beobachtete ihn. »Alter Politprofi, der in der Organisation großen Einfluss hat«, vermerkte ein Stasi-Beamter über ihn.

Als Arbeitsrechtler beriet Scholz nach der Wiedervereinigung Betriebsräte in Ostdeutschland bei Verhandlungen mit der Treuhand. Oft ging es darum, den Abbau von Arbeitsplätzen sozialverträglich zu gestalten. Von der Politik verabschiedete er sich für einige Jahre. In dieser Zeit, wird Scholz später sagen, habe er sich entgiftet. »Die Praxis wurde für mich wichtiger als die Rituale einer politischen Organisation«, erzählt er dem *Spiegel*. »Das, was ich damals geglaubt habe, halte ich heute überwiegend für falsch.«

Freitag, 18. März 2016

Die Wirtschaftsprüfer von KPMG sehen keinen Spielraum mehr. Seit Jahren prüfen sie die Bücher der Warburg-Bank. Die Zusammenarbeit ist gut, die Prüfer sind auch mal großzügig, wenn es etwa um die Risiken der vielen Schiffskredite geht. Doch dieses Mal ist keine Kulanz möglich. Der Chef des KPMG-Teams, Niels Madsen, bespricht die Lage am Abend mit Christian Olearius persönlich. Die Wirtschaftsprüfer raten den Bankern, wegen der Cum-ex-Geschäfte Kontakt zur Finanzbehörde aufzunehmen und Zugeständnisse zu machen – zu verdächtig sieht das alles aus, zu hoch ist das Risiko.

Die Wirtschaftsprüfer wissen: Sie müssen angesichts der Lage bald die Bankenaufsicht informieren. Die Aufseher sorgen sich schon länger wegen der dünnen Kapitaldecke der Bank. Immer wieder steht die Frage im Raum: Kann die Bank ihre Risiken tragen? Seit einigen Jahren ist Warburg keine Privatbank im klassischen Sinne mehr, anders als früher haften die Bankeigner nicht mehr direkt mit ihrem Vermögen. Die Bank muss für sich selbst einstehen. Kann sie das? Bei dieser Frage ist die

BaFin hochalarmiert, seit in der Finanzkrise die gesamte Bankenlandschaft in einer riesigen Kettenreaktion unterzugehen drohte.

Mit der ersten Reaktion von Warburg auf die Ermittlungen der Staatsanwaltschaft war die Aufsicht nicht zufrieden. Die Banker hatten der BaFin geschrieben, man erwarte eine maximale Steuerrückforderung von 7,4 Millionen Euro. Das halten die Aufseher angesichts der von der Staatsanwaltschaft angegebenen Beträge für wenig realistisch. Deswegen haben sie KPMG mit einer sogenannten Schwerpunktprüfung beauftragt. Die Fragestellung: Kann die Bank es verkraften, wenn das Finanzamt die Steuern aus den Cum-ex-Geschäften zurückfordert?

Das Ergebnis der Berechnung ist niederschmetternd und weit entfernt von den 7,4 Millionen Euro, die man in der Bank als Risiko nannte: 169 Millionen Euro an Steuern hat sich Warburg im Rahmen der Cum-ex-Geschäfte zwischen 2007 und 2011 vom Finanzamt auszahlen lassen. Als Nettoergebnis wurden bei der Bank 112 Millionen Euro verbucht. 44 Millionen Euro hat sie an Geschäftspartner ausgezahlt, unter anderem an Hanno Berger. 68 Millionen Euro hat Warburg als Gewinn einbehalten. Den Wirtschaftsprüfern ist nach dem Blick in die Bücher klar: Die klamme Bank wird es sich aus eigener Kraft nicht leisten können, die aus der Steuerkasse ergaunerten Millionen zurückzuzahlen.

Olearius und Warburg haben jetzt zwei Möglichkeiten. Sie können ihr Lebenswerk mit ungeahnten Folgen für andere Beteiligungen zerstören – oder mit ihrem Privatvermögen einspringen, das jeweils auf mehrere Hundert Millionen Euro geschätzt wird. Neben der Warburg-Bank selbst gehört ihnen ein weites Geflecht an Firmen, unter anderem die Degussa-Bank mit 760 Mitarbeitern sowie der Immobilienentwickler HIH Real Estate mit gut 400 Beschäftigten.

In der Bank diskutiert Christian Olearius mit seinen engsten Beratern den Vorschlag der Wirtschaftsprüfer. Andere Banker haben sich in der Cum-ex-Affäre herausgekauft, indem sie frühzeitig eine Einigung mit den Behörden suchten und fanden. Ein Deal ist für beide Seiten vorteilhaft: Für die Banken gibt es einen klaren Schnitt ohne weitere Risiken, der Staat spart sich ein kostspieliges Verfahren. Doch Olearius will sich nicht mit dem Finanzamt einigen. Stattdessen aktiviert er sein politisches Netzwerk.

Schon vor einigen Wochen hat er sich mit seinem alten Berater Alfons Pawelczyk ausgetauscht. Nun kommt ein weiterer hochrangiger SPD-Kontakt hinzu: Johannes Kahrs, haushaltspolitischer Sprecher der SPD im Bundestag, Vorsitzender des mächtigen Seeheimer Kreises, Chef des einflussreichsten Hamburger SPD-Bezirks. Kahrs hat Einfluss in der Fraktion im Bundestag in Berlin. In Hamburg geht in der Partei so gut wie nichts an ihm vorbei, er gilt als mächtigster Genosse neben Scholz.

Kahrs kennt Pawelczyk gut: Von 1989 bis 1991 war er sein Persönlicher Referent. In derselben Zeit war Kahrs auch Vorsitzender der Burschenschaft Wingolfsbund, deren Mitglied auch Olearius ist. Als Pawelczyk die beiden 2014 miteinander bekannt machte, notierte Olearius noch am selben Abend in sein Tagebuch: Kahrs sei Bundesbruder, könne vielleicht von Nutzen sein. Nun, zwei Jahre später, ist der Zeitpunkt offenbar gekommen: Der Banker will den Bundestagsabgeordneten benutzen. Olearius trifft sich mit Kahrs und mit Pawelczyk. Beide sagen ihre Hilfe zu.

3

Dienstag, 19. April 2016

Es ist kurz vor 10 Uhr, als Svenja Pannhusen (Name geändert) in der Ferdinandstraße durch die schwere Holztür tritt, über der in großen Lettern »M.M. WARBURG & CO« steht. Mit ihren beiden Kollegen vom Finanzamt für Großunternehmen passiert sie die Pförtnerloge, kurz dahinter geht es an einer riesigen Vase mit stets frischen Blumen ein paar Stufen hinauf zur Schalterhalle. Dort verkehren jene Hamburger, die es finanziell geschafft haben. Nur wer das nötige Kleingeld hat, kann hier ein Konto eröffnen.

Svenja Pannhusen passt mit ihrem feinen Hosenanzug gut in dieses Ambiente. Die oberste Kundenbetreuerin der Warburg-Bank im Finanzamt ist im feinen Stadtteil Blankenese aufgewachsen und hat dort das Gymnasium besucht, bevor sie Jura studierte. Ihr Vater war ein angesehener Notar. Pannhusen hat zahlreiche Freunde in den sogenannten besseren Kreisen. Bei einer Besprechung mit ihren Mitarbeitern ist ihr einmal herausgerutscht, dass sie zu einer Petersilienhochzeit eingeladen sei, bei der die Olearius-Tochter Katharina und deren Mann ebenfalls auf der Gästeliste stünden. Katharina Olearius ist Teilhaberin der Bank und sitzt im Aufsichtsrat, ihr Ehemann ist einer von drei Partnern bei Warburg.[5]

---

5   Katharina Olearius ist nach Angaben der Bank später nicht zu der Veranstaltung gegangen. Svenja Pannhusen und Katharina Olearius hätten sich nicht gekannt, erklärten die Anwälte der Bank.

Vor der Schalterhalle biegt Pannhusen mit ihren Kollegen ins Treppenhaus ab. Neben ihr läuft ihr Mitarbeiter Gerhard Heuer. Für ihn ist diese Welt immer noch fremd, obwohl er fast jeden Tag hier ist. Heuer ist ein untersetzter, gemütlich wirkender Mann. Als Betriebsprüfer hat der Beamte die Aufgabe, die Bilanzen der Bank zu durchleuchten und zu klären, ob bei der Steuererklärung alles richtig angegeben wurde. Dafür haben er und seine Kollegin ein Büro im fünften Stock der Bank.

Heuer kennt Warburg lange, zum ersten Mal hat er die Bank Ende der 1990er-Jahre geprüft. Anfangs unterwarf er sich noch dem strengen Dresscode der Banker: Anzug, Krawatte, Lederschuhe, wobei es unter Warburg-Bankern verpönt ist, Schuhe zu tragen, die auf dem Fußrücken schon Falten werfen. Inzwischen trägt der 62-Jährige schwarze Jeans, Jackett und Freizeitschuhe, die mitunter mehr an Wanderstiefel erinnern.

Heuer ärgert sich, denn er hat einen Fehler gemacht. Als er vor anderthalb Jahren im Schreiben der hessischen Kollegen erstmals von dem Cum-ex-Verdacht gegen Warburg las, glaubte er nicht daran. Er konnte sich schlicht nicht vorstellen, dass die feine Privatbank beim größten Steuerraub der Nachkriegsgeschichte mitgemacht hatte. Einmal, in der Finanzkrise, hatte er Christian Olearius zufällig in der Fußgängerzone getroffen und ihn gefragt, ob er noch ruhig schlafe. Er mache keine Geschäfte, die er nicht verstehe, antwortete Olearius. Ein anderer hochrangiger Manager der Bank war Heuer gegenüber genauso deutlich: Wir machen Bankgeschäfte, bei uns geht es nicht darum, Steuern zu sparen, erklärte er dem Beamten.

Heuer prüfte den Hinweis auf die Cum-ex-Geschäfte nur oberflächlich. Die Kollegen aus Hessen hatten den Hamburgern in ihrem Schreiben erklärt, warum die Geschäfte der Bank für sie verdächtig aussahen. Es gibt für Cum-ex-Geschäfte einen simplen Indikator: Wie hoch sind die Gewinne in Relation zur ausgezahlten Steuer? Da Kursschwankungen durch die Konstruktion der Tauschgeschäfte ausgeschlossen sind, kann der Gewinn nur aus der Steuer stammen. Ob eine Steuer erstattet wurde, lässt sich also mit dem ausgeschütteten Gewinn annäherungsweise beantworten. Liegt der Gewinn deutlich über fünf Prozent der ausgeschütteten Dividende, gibt es keine wirtschaftlich plausible Erklärung mehr dafür, dass er anders entstanden sein könnte als durch eine mehrfache Steuererstattung.

So tief stieg Gerhard Heuer nicht in die Materie ein. Er wunderte sich zwar über die riesigen Millionenbeträge, die sich Warburg vom Finanzamt hatte auszahlen lassen, aber er beruhigte sich damit, dass die Bank für alles entsprechende Bescheinigungen vorweisen konnte. Im Juni 2015 schrieb er gemeinsam mit seinem damaligen Chef Rolf-Dieter Luck einen Vermerk: Selbst wenn bei diesen Geschäften zu Unrecht eine Steuer erstattet worden sein sollte, wäre dafür nicht Warburg verantwortlich, sondern die Deutsche Bank. Warburg habe richtig gehandelt. Luck sollte bald in den Ruhestand gehen, bis dahin wollte er die Cum-ex-Sache noch klären. Als die Finanzbeamtin Dagmar Meyer-Spiess kurz vor seiner Pensionierung im August 2015 in das Team für die Warburg-Bank versetzt wurde, erklärte ihr der Noch-Chef, es gebe zwar Unterlagen aus Hessen, aber Cum-ex finde in Hamburg nicht statt.

Meyer-Spiess begleitet Pannhusen und Heuer in den ersten Stock, wo bei der altehrwürdigen Bank die Vorstände und Partner residieren. Die drei Beamten sind sich einig: Sie wollen die Millionen jetzt doch zurückholen, bevor weitere Ansprüche des Fiskus verjähren und damit im Zweifel verloren sind.

Zunächst war Heuer skeptisch geworden. Vor einigen Monaten hat er einen Fachaufsatz des Mannheimer Steuerprofessors Christoph Spengel über Cum-ex-Geschäfte gelesen. Danach schwante ihm, dass er seinerzeit womöglich vorschnell geurteilt hatte. Seit der Durchsuchung in der Bank ist auch Dagmar Meyer-Spiess sicher, dass bei den Geschäften irgendetwas faul ist.

Svenja Pannhusen ist im September 2015 Nachfolgerin von Rolf-Dieter Luck geworden. Seit mehr als 15 Jahren arbeitet sie in der Finanzverwaltung, war bereits in zwei anderen Finanzämtern Sachgebietsleiterin. Mit Cum-ex hat sie nie zu tun gehabt. Die Medienberichte über die Razzia haben allerdings auch sie alarmiert. Sie telefonierte mit einem Ermittler des Landeskriminalamts in Nordrhein-Westfalen, der ihr bestätigte, dass die Berichterstattung sehr nah an einem Teil des Sachverhalts ist. Pannhusen arbeitete sich ein – und gelangte zu der gleichen Einschätzung wie ihre Mitarbeiter.

Im ersten Stock wacht am Aufzug ein Portier, der nur angemeldete Besucher passieren lässt. Auf der einen Seite des Flurs befinden sich die Räume, die man von Fotos der Bank kennt: die Wände vertäfelt, mit Ölgemälden der früheren Bankinhaber. Das heutige Meeting findet allerdings auf der anderen Seite des Flurs statt. Die Banker haben für die Finanzbeamten einen kleinen Besprechungsraum mit Blick zum Innenhof reserviert, als Besprechungstisch dienen zwei zusammengeschobene Schreibtische. Die drei Finanzbeamten nehmen auf der einen Seite Platz, auf der anderen Seite sitzen Christoph Greiner, der Leiter der Rechtsabteilung der Bank, Dominik Wilcken, Chef des Rechnungswesens, und ein weiterer Mitarbeiter der Bank.

Den Beamten ist klar, dass ihr Anliegen heikel ist – für die Bank. Eine Rückzahlung kann richtig teuer werden. Svenja Pannhusen hat sich deshalb vorher nach oben abgesichert. Vor fünf Tagen hat sie eine Mail an Brigitte Birkenberger (Name geändert) geschickt, die zuständige Referentin in der Finanzbehörde, und ihre Chefin Karin Ohse-Griem, die Vorsteherin des Finanzamts für Großunternehmen, in Kopie gesetzt. Der Betreff: »Meldung von weiteren Cum-ex-Geschäften«. In der Mail schrieb Pannhusen: »Es ist ein bisher nicht gemeldeter Cum-ex Verdachtsfall bei der M. M. Warburg & Co KG aA aufgetreten.« Die Bank habe Geschäfte getätigt, deren Konstruktion die »für Cum-ex Geschäfte typische Gestaltung aufweist«. Insgesamt gehe es für die Jahre 2007 bis 2011 um Steuerrückzahlungen in Höhe von etwa 180 Millionen Euro. Für die Jahre 2007 und 2008 sei bereits Zahlungsverjährung eingetreten, etwa 80 Millionen Euro könne man nicht zurückfordern. Es gehe also um eine mögliche Steuerrückforderung von etwa 100 Millionen Euro.

Bereits 35 Minuten später kam eine Antwort aus der Finanzbehörde. Das Signal war eindeutig. »Angesichts der Größenordnung und unabhängig von einer eventuellen strafrechtlichen Verjährung sollten wir versuchen, den Kopf nicht zu früh in den Sand zu stecken«, schrieb Birkenberger. Sie ermutigte das Finanzamt, auch die möglicherweise verjährten Jahre noch einmal zu prüfen, und verwies auf ein aktuelles Urteil des Finanzgerichts Hessen. In Kopie setzte sie ihren Chef, den Abteilungsleiter Michael Wagner. Die Marschroute in der Finanzbehörde scheint klar: kein Pardon für Cum-ex-Gauner.

Und genau so äußert sich öffentlich auch der Finanzsenator Peter Tschentscher, der oberste Chef der Hamburger Finanzbeamten: »Leute gibt's ... Steuern zurückverlangen, die nicht bezahlt wurden, und dann auch noch klagen. #CumEx-Betrug«, hat er erst vor ein paar Tagen getwittert und dazu einen Bericht über die Klage eines US-Fonds gegen den deutschen Fiskus verlinkt. Olaf Scholz' Mann für die Finanzen zeigt beim Thema Cum-ex klare Kante. Als einige Wochen zuvor ein Hamburger Finanzrichter zum Richter am Bundesfinanzhof gewählt wurde, kommentierte er ebenfalls auf Twitter: »Glückwunsch zur Verstärkung des #BFH aus Hamburg, gute Beratung und kluge Urteile, vor allem zu #Cum-ex-Geschäften!«

Mit klarer Haltung gehen nun auch die Finanzbeamten in ihre Besprechung mit den Bankern. Der Termin dient dazu, die Formalien einzuhalten. Pannhusen belehrt die beiden Herren der Bank offiziell über ihre Rechte angesichts des Strafverfahrens. Sie müssten nichts zu den Geschäften sagen, wenn sie sich belasten würden. Schließlich überreichen die Beamten den Bankern eine Reihe von Fragen. Greiner und Wilcken geben sich kooperativ. Sie ahnen wohl, dass die Angelegenheit nicht einfach werden wird. Pannhusen lässt keinen Zweifel aufkommen, dass sich nun auch das Finanzamt für die Cum-ex-Geschäfte interessiert.

Mittwoch, 20. April 2016

»Wer soll gegen Merkel antreten?«, fragt die *Bild*. In den vergangenen Wochen ist Scholz immer wieder als SPD-Spitzenkandidat für die Bundestagswahl im September 2017 gehandelt worden. Doch in der Umfrage, die das Boulevard-Blatt nun veröffentlicht, ist ein anderer klarer Favorit: Frank-Walter Steinmeier. Olaf Scholz landet auf Platz vier, gerade einmal fünf Prozent der Befragten glauben, dass er eine Chance gegen Angela Merkel hätte. Neben Steinmeier halten die Bürgerinnen und Bürger auch Parteichef Sigmar Gabriel und die Ministerpräsidentin von NRW, Hannelore Kraft, für aussichtsreichere Kandidaten.

Wenn Scholz in diesen Wochen wieder bei diversen Interviews auf eine mögliche Kanzlerkandidatur angesprochen wird, betont er, wie gerne er Bürgermeister ist. In einem Gespräch mit der *Hamburger Morgenpost* wird er gefragt, ob er sich zutrauen würde, das Land zu regieren. Scholz antwortet: »Ich habe schon vor und nach der letzten Bürgerschaftswahl gesagt, dass ich mich 2020 erneut um das Amt des Ersten Bürgermeisters bewerben werde.«

Freitag, 22. April 2016

In der Ferdinandstraße ziehen noch mehr Menschen ein, die sich intensiv mit den Cum-ex-Geschäften der Bank beschäftigen. Im Auftrag der BaFin soll der Jurist Alexander Heist mit mehr als zehn Kolleginnen und Kollegen klären, was an den Vorwürfen der Staatsanwaltschaft dran ist. Der 43-Jährige war bis vor Kurzem bei der Europäischen Zentralbank für Compliance und Governance zuständig. Gerade ist er Partner bei der Wirtschaftsprüfungsgesellschaft Deloitte geworden.

Nachdem Olearius und seine Kollegen im März nicht auf die letzte Warnung der KPMG-Prüfer eingegangen waren, hatte Chefprüfer Niels Madsen am 30. März die BaFin informiert. Für den Fall einer Rückforderung der Cum-ex-Steuerrückzahlungen fehle es Warburg ohne weitere Maßnahmen an Kapital. In einem Gespräch mit den Verantwortlichen der BaFin hatte Madsen wenig Interpretationsspielraum gelassen. Sollte das Finanzamt das Geld zurückfordern, sei dieser »gewaltige« Betrag innerhalb kurzer Frist zu zahlen und zu buchen, erklärte der Bilanzfachmann den Aufsehern. »In einem solchen Fall könnten die Eigenmittelgrundsätze von der Warburg Gruppe nicht mehr eingehalten werden.« Sie werde in solch einer Situation die Unterstützung ihrer Eigentümer brauchen, heißt es in einem Protokoll der Bankenaufsicht zu dem Gespräch. Und weiter: »Die bisherigen Antworten der Warburg Bank zu dieser Situation seien eher nicht so gut gewesen (›Prinzip Hoffnung‹).«

Im Klartext: Bei einer Rückzahlung droht der Bank die Pleite. Und sie hat für diesen Fall offenbar noch keinen Plan. Die Aufseher waren alarmiert – und bestellten Christian Olearius und Max Warburg zum Rapport. Am 18. April erklärten die Banker vor nicht weniger als fünf BaFin-Verantwortlichen und zwei Vertretern der Bundesbank, mit welchen Maßnahmen sie die Bank in den nächsten Monaten stärken wollen. Man plane unter anderem eine Kapitalerhöhung, die Verschmelzung mehrerer Tochtergesellschaften, die Hebung stiller Reserven. Um für den schlimmsten Fall gewappnet zu sein, würde man zudem sofort in die eigene Tasche greifen: Olearius und Warburg verpflichteten sich, im Fall einer Steuerrückforderung die 92 Millionen Euro selbst zu zahlen.

»Die beiden Gesellschafter stellen sich klar hinter die Warburg Gruppe. Sie seien willig, diese zu erhalten«, heißt es im Protokoll. Neben den geplanten Maßnahmen gebe es auch noch weitere Möglichkeiten zur Stabilisierung der Gruppe, etwa den Verkauf der Degussa-Bank. Aus Sicht der Aufseher ist damit ausreichend Vorsorge getroffen für den Fall, dass Hamburg die Millionen zurückfordern sollte.

Einsichtig haben sich Olearius und Warburg im Gespräch mit den Aufsehern allerdings nicht gezeigt. Sie beschweren sich über KPMG und klagten, sie sähen sich in ihrer Ehre getroffen. Sie hätten sich nichts vorzuwerfen und könnten kein Fehlverhalten erkennen. Die BaFin will das nun prüfen lassen. Deswegen hat sie nach der Schwerpunktprüfung durch KMPG die Wirtschaftsprüfungsgesellschaft Deloitte mit einer sogenannten Sonderprüfung beauftragt, die nächste Stufe der Eskalation.

Montag, 25. April 2016

Was in anderen Bundesländern Minister sind, wird im Stadtstaat Hamburg Senatoren genannt. Für Finanzen ist seit Scholz' Amtsantritt Peter Tschentscher verantwortlich. Tschentscher, der vor seiner Zeit als Senator Laborarzt war, kann gut zuhören. In seiner Behörde ist er beliebt, weil er im Gegensatz zu manchem Vorgänger auf dem Flur grüßt, sich für die Arbeit der Beamten interessiert.

Heute besucht Tschentscher gemeinsam mit der Chefin der Hamburger Steuerverwaltung, Angela Nottelmann, das Finanzamt für Großunternehmen. Nottelmann, studierte Volkswirtin, ist seit 2008 Hamburgs oberste Steuerbeamtin. Obwohl sie von der CDU eingesetzt wurde, vertraut auch Tschentscher ihr. Nottelmann gilt als risikoscheue Beamtin, die viel Wert auf Hierarchie und bürokratisch korrekte Abläufe legt. Und wie der habilitierte Mediziner Tschentscher ist sie als Volkswirtin unter den Juristen in der Steuerverwaltung eine Ausnahme.

Das Finanzamt für Großunternehmen befindet sich in der Nordkanalstraße im Stadtteil Hammerbrook. Billighotels und Bürohäuser säumen die dreispurige Straße. Es ist selten, dass sich ein Senator in diese Gegend verirrt. Nun haben die einzelnen Abteilungen des Finanzamts für Großunternehmen mehrere Vorträge vorbereitet, in denen sie dem Finanzsenator von ihrer Arbeit berichten.

Tschentscher schätzt solche Vorträge. In seiner Behörde fürchten viele seine Detailversessenheit, er gilt als jemand, der nicht nur die Zusammenfassungen liest, sondern sich stundenlang in die Originaldaten vertieft. Es könne daher schon mal länger dauern bis zu einer Entscheidung, erzählen Mitarbeiter, die oft mit ihm zu tun haben.

Viele größere Entscheidungen muss Tschentscher aber gar nicht treffen. Wenn es wichtig wird, glüht der Draht ins Rathaus. Das ist ein offenes Geheimnis. Vorgänge von Relevanz laufen oft auch über den Tisch von Olaf Scholz. Manch einem im Senat gilt Senatskanzleichef Christoph Krupp als der eigentliche Herr über die städtischen Finanzen. Und auch außerhalb Hamburgs lästern sie über Tschentscher: Wenn die Finanzminister der Länder zusammenkommen, verlasse der vor jeder Abstimmung für ein Telefonat den Raum. Sie mutmaßen, dass er sich mit Scholz abstimmt.

An diesem Montag haben die Finanzbeamten für Tschentscher auch eine Präsentation zum Thema Cum-ex vorbereitet. Anhand eines Rechenbeispiels erklärt ein Betriebsprüfer dem Senator und seiner Steuerchefin an einem Flipchart, wie die Aktien im Kreis getauscht wurden und welche Rollen für das Geschäft notwendig waren. Tschentscher macht mit seinem Handy ein Foto, twittert es ein paar Tage später. »So sieht es aus, wenn Konzernbetriebsprüfer vom Hamburger Finanzamt für Großunternehmen #CumEx-Geschäfte erklären.«

Hamburg hat dem Parlamentarischen Untersuchungsausschuss des Bundestags etliche angeforderte Unterlagen verweigert, doch das hängt der Senator nicht an die große Glocke. Seinen Followern in dem sozialen Netzwerk vermittelt Tschentscher stattdessen das Bild, als habe Hamburg die Steuerbetrugsmasche durchschaut. Seine Botschaft: Wir in

Hamburg haben die Kompetenz, uns von den Kriminellen nichts vormachen zu lassen.

Cum-ex ist inzwischen ein großes Thema. In Berlin nimmt der Untersuchungsausschuss Fahrt auf und überlegt, Bankiers wie Christian Olearius vorzuladen. Die Abgeordneten wollen der Frage nachgehen, warum es die Finanzämter so lange nicht geschafft haben, dem Steuerklau Einhalt zu gebieten. Das Land Nordrhein-Westfalen hat von einem Whistleblower eine CD gekauft, auf der sich zahlreiche Daten von Cum-ex-Sündern finden.

Der dortige Landesfinanzminister Norbert Walter-Borjans (SPD) hat den Banken im Dezember 2015 unverhohlen gedroht: »Die Steuerfahndungen in Nordrhein-Westfalen und anderen Ländern werden die neuen Indizien konsequent und zügig für ihre Ermittlungen nutzen«, sagte er. »Für die Banken wäre es deshalb höchste Zeit zu handeln.« Durch Kooperation mit den Behörden könnten sie sich »wenigstens im Nachhinein vom Betrug an der Allgemeinheit verabschieden«. Der hessische Finanzminister Thomas Schäfer (CDU) hat vor ein paar Tagen ebenfalls klare Worte gefunden: »Ich will die Verbrecher alle kriegen«, sagte er in einem Interview.

Auch in Hamburg haben die zuständigen Beamten eine Spezialeinheit vorgeschlagen, wie es sie in Hessen gibt und in Nordrhein-Westfalen. Sie wollen zudem mehr Personal haben. Mit ihrer Forderung beißen sie bei der Steuerchefin Nottelmann auf Granit. Sie wolle die »Hausleitung in diesem Stadium nicht mit so komplexen Themen« befassen, die Verwaltung müsse andere Wege gehen, um Cum-ex aufzuklären, hat sie den Kollegen erklärt. In der Hamburger Steuerverwaltung hat das Thema Cum-ex keinerlei Priorität.

Cum-ex muss als Thema irgendwie nebenher mitlaufen. Dabei gab es eine Zeit, da arbeiteten die engagiertesten Cum-ex-Jäger Deutschlands in Hamburg.

Der Fiskus in Hamburg entdeckte früher als in anderen Bundesländern eines dieser Geschäfte – und griff durch. Im Januar 2010 verweigerte das Finanzamt Altona der Hamburger Fondsgesellschaft DWH die Auszahlung von Geldern, weil die Behörde vermutete, dass hier Steuern erstattet werden sollten, die nicht gezahlt worden waren. Anschließend organisierte die Finanzverwaltung eine Tagung mit Experten aus anderen Bundesländern; zwei Beamte schrieben eine Information an die Finanzämter, wie solche Fälle entdeckt werden können.

Einer der Autoren ist der Finanzbeamte Jan-Willem Bruns, ein Wirtschaftsjurist, damals Anfang 30. Er war gerade erst in den Staatsdienst gewechselt, zuvor hatte er als Berater für Investmentsteuerrecht bei KPMG gearbeitet. Im Oktober 2010 veröffentlichte Bruns einen der ersten Fachaufsätze überhaupt zum Thema Cum-ex. Er vertrat darin die Rechtsauffassung, die heute Konsens ist: Cum-ex ist illegal. Wenn es Zweifel bei Geschäften gibt, muss sie der Steuerpflichtige ausräumen.

Im Fall der DWH ging es um für Cum-ex-Verhältnisse fast läppische 2,6 Millionen Euro. Die Fondsgesellschaft wehrte sich vehement, doch die Hamburger Finanzverwaltung blieb hart. Wesentlich verantwortlich dafür war Kai Siegel-Röhn, der junge Referatsleiter in der Finanzbehörde, der 2013 das Schreiben des Bundesfinanzministeriums in Sachen Warburg an das Finanzamt für Großunternehmen weitergeleitet hatte. Jahrelang stritt sich die Stadt durch die Instanzen, am Ende zog sie mit Unterstützung des Bundes vor den Bundesfinanzhof, die oberste Instanz der Finanzgerichtsbarkeit – und gewann. Es war das erste große Grundsatzurteil zu Cum-ex.

Das Urteil fiel im Frühjahr 2014. Dennoch entschied die Steuerverwaltungschefin Nottelmann wenige Monate später, das Referat von Siegel-Röhn aufzulösen. Siegel-Röhn selbst wurde versetzt. Für Cum-ex war er nun nicht mehr zuständig, er kümmerte sich um die IT.

Jan-Willem Bruns, der andere junge Beamte, arbeitet inzwischen in einem Finanzamt, wo er mit Cum-ex im Normalfall ebenfalls nichts mehr zu tun hat. Versuche seiner Vorgesetzten, ihn weiter beim Thema Cum-ex einzusetzen, hat Nottelmann abgeblockt. Die beiden Beamten besaßen Fachwissen und hatten gezeigt, dass sie bereit waren, Cum-ex als illegal einzuschätzen. Sie wollten dem Staat die Millionen zurückholen. Das können sie nun nicht mehr.

Der Stadt Hamburg geht die Expertise allerdings nicht nur in der Finanzbehörde verloren. Auch im Finanzamt für Großunternehmen gibt es einen Aderlass. Das Bundeszentralamt für Steuern hat zahlreiche fähige

Prüfer abgeworben. Die Bundesbehörde zahlt schlicht mehr als die Hamburger. Die Stimmung der verbliebenen Finanzbeamten ist mäßig. Doch Tschentscher gibt nach außen den großen Steueraufklärer.

Montag, 9. Mai 2016

In den vergangenen Tagen hat die Sonne geschienen, Olaf Scholz ist sichtlich gebräunt, als er in die Lobby des Hotels »Atlantic« an der Außenalster tritt. Wieder ist die Elite der Stadt in Smoking und Fliege zusammengekommen, Kaufleute, Reeder, Banker. Der vornehme Übersee-Club unter seinem Chef Michael Behrendt hat zu seinem jährlichen Abendessen geladen. Eine Pflichtveranstaltung für den Bürgermeister.

Die Schlagzeilen der vergangenen Wochen haben das Augenmerk mal wieder auf Scholz gelenkt. Die SPD dümpelt in Umfragen knapp über 20 Prozent, Parteichef Sigmar Gabriel hat signalisiert, dass er nicht unbedingt Kanzlerkandidat werden will. Doch ein alternativer Kandidat drängt sich nicht auf. Scholz hat mehrfach betont, dass er sich in Hamburg wohlfühlt. Auch in seiner Rede vor der Elite der Stadt gibt er keine Ambitionen zu erkennen. Vor ihm hat Bahnchef Rüdiger Grube gesprochen. Den Ball nimmt Scholz auf, spricht über die S-Bahn nach Bad Oldesloe, den zu engen Hauptbahnhof, die Elbquerung.

Warum sollte er jetzt Kanzlerkandidat werden wollen? Die Chance, gegen Angela Merkel zu gewinnen, scheint verschwindend gering. Und in Hamburg wirkt er trotz aller Kritik unangreifbar. Vor einigen Wochen hat die Zeitung *Die Welt* den Parteienforscher Elmar Wiesendahl zu Scholz befragt. »Die Hamburger Politik ist in einem Ausmaß auf den Bürgermeister zugeschnitten, wie es das in dieser Stadt noch nie gegeben hat«, erklärte Wiesendahl. »Der Bürgermeister steht in diesem Senat ganz oben, und dann kommt ganz lange nichts.« Die rot-grünen Senatoren: blass. Die Opposition: unsichtbar. Die SPD: stillgelegt. »Die einzige Einrichtung, vor der Olaf Scholz Respekt hat, ist die Handelskammer.« Alles spiele Scholz in die Karten. »Er könnte sich höchstens selbst ein Bein stellen. Aber das würde ihm nicht passieren, weil er viel zu geschickt ist.«

Donnerstag, 12. Mai 2016

Svenja Pannhusen fährt mit ihren Mitarbeitern bei schönstem Frühlingswetter wieder zur Warburg-Bank in die Ferdinandstraße. In dem kleinen Sitzungsraum wird es diesmal enger: Greiner und Wilcken bringen noch zwei Kollegen mit.

Die Finanzbeamten sind inzwischen sicher: Sie wollen die im Rahmen der Cum-ex-Geschäfte ausgezahlten Steuermillionen zurück. Vor zwei Wochen haben die Beamten den KPMG-Bericht bekommen. In einer von der BaFin beauftragten Schwerpunktprüfung hatten die Wirtschaftsprüfer die Geschäfte der Bank durchleuchtet. Auf 90 Seiten analysieren sie in ihrem Abschlussbericht die Abläufe, fassen transparent zusammen, was alles dafürspricht, die Steuern zurückzufordern. In ihrer Argumentation findet sich eine wesentliche Zahl: Die Rendite bezogen auf die Dividende beziffert KPMG ab 2009 auf mehr als 20 Prozent, ein sicheres Indiz für Cum-ex-Geschäfte.

Pannhusen hat nach der Lektüre des Berichts ihre Position in einem vierseitigen Papier zusammengefasst: Bei den Geschäften der Warburg-Bank handele sich um typische Cum-ex-Geschäfte mit Partnern, die in anderen Fällen eindeutig illegale Geschäfte getätigt hätten. Dabei sei klar gewesen, dass der Profit der Geschäfte aus Steuern stammte und die Deals ohne die Auszahlung der Steuer zu Verlusten geführt hätten. Man müsse von arglistiger Täuschung ausgehen. Kurzum: Hamburg muss die Millionen zurückholen.

Pannhusen wähnt sich auf der sicheren Seite, weiß um die Rückendeckung aus der Finanzbehörde. Das erst im Februar gefällte Urteil des Finanzgerichts Hessen, auf das Referentin Brigitte Birkenberger sie in ihrer Antwortmail vor dem ersten Treffen mit den Warburg-Bankern verwiesen hat, ist eine wesentliche Grundlage ihrer Argumentation. In dem Urteil haben die Richter einen Grundsatz des Steuerrechts gestärkt, der Laien selbstverständlich erscheint, aber in den Wirren des Cum-ex-Nebels aus dem Blick geraten ist: Im Zweifel müssen die potenziellen Cum-ex-Sünder beweisen, dass die Steuern, die sie ausgezahlt bekommen möchten, vorher auch gezahlt wurden. Tun sie das nicht, bekommen sie kein Geld oder müssen bereits erhaltene Beträge zurückzahlen.

Die Steuerbehörden müssen also nicht haarklein beweisen, dass bei den Geschäften eine Steuer erstattet werden soll, die nicht gezahlt wurde. Es reicht, wenn es an den Geschäften gehörige Zweifel gibt. Eine effektive Waffe gegen die Cum-ex-Sünder, die ebendiesen Beweis nicht liefern können.

Die hessischen Richter vertreten keine abwegige Position. Führende Steueranwälte warnen gerade ihre Kunden in Schulungen mit dem Namen »Cum-ex – Was nun?« genau vor einer entsprechenden Vorgehensweise der Behörden; auch Warburg hat einen Mitarbeiter zu solch einer Schulung geschickt. Im Bundestagsuntersuchungsausschuss hat Michael Schmitt, bundesweit angesehener Steuerrechtsexperte und Chef der Steuerverwaltung in Baden-Württemberg, kürzlich die gleiche Auffassung wie die hessischen Richter vertreten: Cum-ex-Geschäfte seien kompliziert, eine große Aufgabe für die Ermittler und Steuerfahnder. Steuerrechtlich hätten es die Finanzämter aber einfacher.

Die Betriebsprüfer Gerhard Heuer und Dagmar Meyer-Spiess haben einen offiziellen Vermerk geschrieben, mit dem die Bank über die Pläne des Finanzamts unterrichtet werden soll. Heuer legt das Papier auf den Tisch. »Die Anrechnung der in den Anlagen W A zu den KSt-Erklärungen für die Jahre 2009 bis 2011 geltend gemachten Kapitalertragsteuer und Solidaritätszuschläge ist zu versagen, weil deren Erhebung nicht nachgewiesen wurde«, heißt es darin. Die Beamten verweisen auf das Urteil aus Hessen. Auf Seite 4 ist aufgeführt, welche Beträge Warburg zurückzahlen soll. In der Summe sind es 93,4 Millionen Euro.

Svenja Pannhusen erklärt den Bankvertretern bei dem Treffen, sie sei verwundert, dass die Bank nicht von sich aus den Kontakt zur Behörde gesucht habe. Warburg-Chefjustiziar Christoph Greiner entgegnet, dafür habe man keinen Anlass gesehen. Die Bank sei ihrerseits verwundert über den sehr kurzfristigen Gesprächswunsch des Finanzamts. Damit ist der Ton gesetzt.

Pannhusen erklärt den Bankern, das Finanzamt werde auf Basis des Urteils aus Hessen das Geld zurückfordern. Greiner widerspricht, die Warburg-Geschäfte unterschieden sich grundsätzlich von denen der DekaBank, um die es im hessischen Urteil ging. Pannhusen wird deutlich: Dieses Argument der Bank sei bekannt, die Wiederholung bringe nichts.

Die Ermittlungen der Staatsanwaltschaft und der KPMG-Bericht reichten aus, um Warburg in Beweislast zu bringen.

Eine Weile tauschen beide Seiten weitere Argumente aus, bis Pannhusen noch einmal deutlich wird: Es gebe »keinen Nachweis« dafür, dass die Kapitalertragssteuer auch wirklich gezahlt wurde. Die Forderung komme »wohl für die Bank nicht überraschend«. Greiner widerspricht abermals. Das Vorgehen der Finanzverwaltung komme sehr wohl überraschend. Es fallen Worte wie: »Das können Sie nicht machen!« Dominik Wilcken, Chef des Rechnungswesens der Bank, erklärt, natürlich treffe eine Rückforderung die Bank hart. Die Konsequenzen seien nicht absehbar. Im schlimmsten Fall drohe eine Pleite.

Das ist eine gewagte Behauptung, denn für ebendie Steuerforderung in Höhe von gut 90 Millionen Euro haben Warburg und Olearius ja gerade erst gebürgt. Pannhusen allerdings scheint beeindruckt. Sie zögert. Greiner bittet, den Vermerk noch nicht auszuhändigen. Für einen Moment ist es in dem Besprechungsraum totenstill. Schließlich ergreift Pannhusen das Wort. Sie ist jetzt weniger schneidend. Ohne Rücksprache mit ihren Mitarbeitern willigt sie in die Bitte ein. Man vereinbart einen neuen Termin.

Es ist ein kleiner Triumph für die Warburg-Banker. Pannhusens Mitarbeiter Gerhard Heuer versteht nicht, warum es dazu gekommen ist. Heuer hält Pannhusens Entscheidung für grundfalsch. Die wirtschaftliche Schieflage der Bank, findet er, dürfe keine Verzögerung herbeiführen. Sie sei kein steuerrechtliches Argument. Heuer legt den vorbereiteten Vermerk zu den Akten. Handschriftlich schreibt er unten groß über die ganze Seite: »Durfte auf Weisung von Frau Pannhusen nicht ausgehändigt werden! Heuer, 12.5.16«. Es ist eine persönliche Distanzierung von Pannhusens Zögern. Wenige Wochen später meldet Heuer sich krank.

4

Freitag, 27. Mai 2016

Seit Wochen ist Christian Olearius vollauf damit beschäftigt, einen Verteidigungskampf gegen die Anschuldigungen der Behörden zu organisieren. Er hat die Steuerrechtskanzlei Linklaters mit einem Gutachten beauftragt. Ergebnis: Die Bank ist unschuldig. Und natürlich hat er Alfons Pawelczyk und Johannes Kahrs einbestellt, seine Helfer aus der SPD. Es wird vereinbart, dass Kahrs eine Reihe von Fragen beim Bundesfinanzministerium einreicht.

Sein drängendstes Problem ist allerdings die Sache mit der Finanzbeamtin. Greiner und Wilcken haben sich einige Tage nach dem Gespräch noch einmal mit Pannhusen getroffen, ohne deren kritische Mitarbeiter, dafür im Beisein eines Linklaters-Anwalts. Pannhusen hat ihnen gesagt, dass eine Entscheidung bis Jahresende ausreiche. Wilcken und Greiner haben Olearius von dem Gespräch berichtet. Pannhusen habe erklärt, dass ihre Vorgesetzten und Hamburg kein Desaster für Warburg wollten. So notiert es Olearius in sein Tagebuch. Aber ein Aufschub reicht ihm nicht, er will die Sache jetzt beenden. Olearius beschließt, sich gemeinsam mit Max Warburg persönlich an die Finanzbeamtin zu wenden. Gespräche mit den Leitern von Rechtsabteilung und Rechnungswesen sind das eine, ein Brief von den Bankenchefs das andere.

»Sehr geehrte Frau Pannhusen«, beginnen Olearius und Warburg ihr zweiseitiges Schreiben: »Es erscheint uns wichtig und zum jetzigen Zeitpunkt angebracht, Ihnen unsere Sicht der Dinge in knapper Form darzulegen.« In sechs Punkten erläutern der Bankiers der Beamtin, warum die Geschäfte der Bank völlig legal und unauffällig gewesen seien. Es sei schwer begreiflich, wie man im Nachhinein meinen könne, sie seien nicht zulässig gewesen, schließen sie ihre Darlegung. »Wir haben stets in der Überzeugung gehandelt, nach Recht und Gesetz zu verfahren.«

Für die beiden Bankiers wird die Sache zunehmend unangenehmer. In der Hamburger Gesellschaft wird getuschelt. Olearius fühlt sich an Kafka erinnert, ausgeliefert, obwohl er nie etwas falsch gemacht hat. Immer und immer wieder beteuert er seine Unschuld, in offiziellen Schreiben, in Gesprächen mit Freunden und Geschäftspartnern, in seinem Tagebuch. Kein Anflug von Selbstzweifeln. Vielleicht glaubt er selbst, was er erzählt und notiert. Doch die Fakten legen nahe, dass er wissen musste, auf wen und was er sich einließ.

Vor gut zehn Jahren hat Olearius Hanno Berger kennengelernt. Im Herbst 2005 unterbreitete der gewiefte Steueranwalt zwei Kunden der Warburg-Tochter Marcard, Stein & Co. eine Idee, wie sie im größeren Stil Steuern sparen könnten. Die beiden norddeutschen Unternehmer hatten gerade ihr Lebenswerk für einen dreistelligen Millionenbetrag an einen Finanzinvestor verkauft. Berger versprach, die Steuerlast des Deals auf zwei Prozent zu drücken. Völlig legal, behauptete er. Bei einem Gespräch im Büro von Marcard, Stein & Co. an der Hamburger Binnenalster erläuterte Berger den Steuerberatern der Familien seine Idee. Einer der Berater war Ingo Alpers, ein langjähriger Bekannter und geschätzter Berater von Olearius. Die Geschäfte seien ein »Frontalangriff auf das Finanzamt«, urteilte Alpers. Am Ende war die Sache auch den beiden Unternehmern zu heiß, Berger kam ihnen dubios vor.

Christian Olearius ging es offenbar anders. Er erhielt einen Vermerk zu dem Gespräch, inklusive der eindeutigen Bemerkung seines alten Bekannten Alpers – und wollte danach Berger, der den »Frontalangriff aufs Finanzamt« ausgeheckt hatte, kennenlernen. Im Januar 2005 trafen sich die beiden zum ersten Mal. Wenige Monate später wurden bei Warburg probeweise in kleinem Umfang Cum-ex-Geschäfte betrieben. In den folgenden Jahren schrieb Olearius im Tagebuch oft über Berger. Mal war er sehr interessiert an den guten Verdienstmöglichkeiten, mal skeptisch ob der drängenden Umtriebigkeit des Anwalts. Er sorgte sich um die

Reputation, um rechtliche Risiken, unterstellte Berger sogar Geldgier. Aber er machte weiter mit ihm, bis ins Jahr 2011.

Nun, Jahre später, gibt Olearius sich unschuldig. Dem Brief für Pannhusen hängen die beiden Bankiers eine 19-seitige Beurteilung von Linklaters an, die zu einem eindeutigen Schluss kommt: Es gebe »keinen begründeten Zweifel« an der Steuererstattung für die Bank.

Doch so einfach lässt sich Pannhusen offenbar nicht überzeugen. Wenige Tage nach dem Brief spricht sie erneut mit Greiner und Wilcken. Später hält sie in einem Vermerk fest: Sie habe den Bankern gesagt, dass Olearius und Warburg 40 Jahre im Bankgeschäft seien und umfassende Kenntnisse haben müssten. Sie glaubt den Bankern offenbar nicht, dass sie nicht erkannt haben wollen, dass bei den Geschäften nicht alles mit rechten Dingen ablief. Christian Olearius notiert in seinem Tagebuch hingegen, Pannhusen habe seinen Mitarbeitern erklärt, sie wolle ihnen recht geben. Allerdings, so habe die Beamtin angedeutet, sei der politische Druck bei dieser Entscheidung gewaltig.[6]

Samstag, 11. Juni 2016

Im Bürgerhaus im Hamburger Stadtteil Wilhelmsburg ist Landesparteitag der SPD. Im ganzen Land wird angesichts schlechter Umfrageergebnisse weiter munter diskutiert, wer die Partei als Kanzlerkandidat retten könnte. Scholz gibt seine Zurückhaltung in dieser Frage nun doch zu-

---

[6] Von da an taucht Svenja Pannhusen immer wieder in den Tagebüchern von Olearius auf. Und erstaunlich oft stehen diese Einträge im Widerspruch zu dem, was Pannhusen in der Akte zu dem Fall vermerkt. Hat sie gelogen? Die Sache lässt sich nicht so leicht aufklären. Es ist auch möglich, dass Greiner und Wilcken ihre Aussagen falsch interpretieren. Oder Olearius seine Mitarbeiter falsch verstanden oder die Aussagen verzerrend notiert hat. Direkt gesprochen haben Olearius und Pannhusen offenbar nie miteinander. In ihrer Aussage vor dem Untersuchungsausschuss wird sich die Beamtin an zahlreiche Gespräche nicht genau erinnern, einige Aussagen bestätigen, bei anderen erklären, wohl falsch verstanden worden zu sein. Mit einigen Aussagen wurde Pannhusen gar nicht konfrontiert, auf Presseanfragen äußert sie sich nicht.

nehmend auf. Vor wenigen Tagen hat er dem *Spiegel* ein großes programmatisches Interview gegeben. »Wir dürfen nicht mehr versprechen, als wir halten können, denn das macht unglaubwürdig. Und kein politischer Wille, sei er noch so kernig formuliert, kommt an den Gesetzmäßigkeiten der Ökonomie vorbei«, schlug Scholz seiner Partei eine Perspektive vor. »Mit der Forderung nach Innovation und Gerechtigkeit haben wir 1998 erfolgreich Helmut Kohl abgelöst. Ich finde, Innovation und Gerechtigkeit sind auch aktuelle Ziele.« Die *Spiegel*-Redakteure hakten wegen seiner Ambitionen auf die Kanzlerkandidatur nach. Scholz antwortete ausweichend. Es sei gut, dass »die SPD eine Reihe von Personen hat, denen man das Kanzleramt zutraut«. Und es sei »keine Strafe, Kanzlerkandidat der SPD zu werden«.

Der Parteitag in Wilhelmsburg wirkt wie eine gigantische Bewerbungsrede. »Hamburg weiter vorn«, steht in riesigen Buchstaben auf der Bühne. Olaf Scholz tritt ohne Schlips ans Rednerpult. »Liebe Genossinnen und Genossen, wir Hamburger sind ja bescheidene Leute. Hanseatisches Understatement ist die Natur unserer Sache«, beginnt er, um dann jegliches Understatement zu vermeiden. »Ein wenig zurückgenommen möchte ich sagen: Ich begrüße euch als eine der erfolgreichsten sozialdemokratischen Parteien Europas.«

Scholz präsentiert Hamburg als Beispiel dafür, wie die ganze SPD zu retten ist. Die Ergebnisse der Hamburger SPD bei den letzten Bürgerschaftswahlen seien etwas »ganz, ganz Besonderes«, erklärt er. Und verrät sein Erfolgsgeheimnis: »Die SPD muss die Hoffnungen der Bürger auf ein gutes Leben erfüllen.«

Ausgiebig lobt Scholz seine Erfolge: den Ausbau der Kindertagesstätten, den Ausbau der Ganztagsbetreuung in Grundschulen, die Abschaffung der Studiengebühren. »Hamburg ist eine Hoffnungsstadt und bleibt eine Hoffnungsstadt«, sagt er – und lässt keinen Zweifel daran, dass er das auch als Weg für Deutschland sieht: »Wir müssen die bestmöglichen Rahmenbedingungen dafür schaffen, dass die Bürger durch Anstrengung ihr Leben verbessern können.«

Die Hamburger Genossen sind begeistert. Sie bestätigen Scholz mit Rekordergebnis im Amt des Landesvorsitzenden – mehr als 97 Prozent der Delegierten stimmen für den Bürgermeister. Trotz der Olympia-Niederlage sitzt Scholz wieder fest im Sattel. »Ich habe mich wirklich sehr gefreut und weiß ganz genau, dass das nicht selbstverständlich ist«, bedankt er sich.

In den kommenden Wochen verbreitet er seine Botschaft weiter. »Wer sich anstrengt im Leben, muss gut klarkommen können. Jetzt müssen wir gucken, ob bei Handwerkern und Verkäufern, Professorinnen und Ärzten, Soldaten und Polizistinnen dieses Versprechen eingelöst wird«, variiert Scholz in der *Welt am Sonntag* seine Botschaft. Und er platziert einen Satz, der ihm – angesichts von Umfragewerten um die 20 Prozent für die SPD – große Aufmerksamkeit bescheren wird: »Für die SPD sind 30 Prozent plus x zu schaffen.«

Donnerstag, 30. Juni 2016

Olaf Scholz wird Reeder, unfreiwillig – und gemeinsam mit den Hamburgern und Schleswig-Holsteinern. Für insgesamt fünf Milliarden Euro kaufen die beiden Bundesländer ihrer angeschlagenen gemeinsamen Landesbank Kredite ab, die mit 252 Schiffen besichert sind. Schiffe, die zum größten Teil niemand mehr braucht, weil es auf den Weltmeeren eine riesige Überkapazität gibt. Doch für Scholz und den Ministerpräsidenten Torsten Albig (SPD) sieht die Sache alternativlos aus. Es ist wieder einmal die letzte Rettung für die HSH Nordbank, die den Ländern immer noch mehrheitlich gehört und für deren Geschäfte und Skandale sie haften. Ein Debakel ohne Ende, das die Steuerzahler mehr als 15 Milliarden Euro kosten wird.

Scholz hat die undankbare Aufgabe, die Milliardenkosten der Öffentlichkeit zu erklären. Die Verantwortung sieht er bei seinen Vorgängern: »Das, was vor 2008/09 mit dieser Bank unter einem CDU-Bürgermeister, einem CDU-Finanzsenator und dem damaligen Bank-Vorstand gemacht wurde, ist eine der schlimmsten Schädigungen des Vermögens der Länder Hamburg und Schleswig-Holstein«, sagt er. Das stimmt und ist doch nicht die ganze Wahrheit. An allen vier fatalen Fehlern der HSH Nordbank-Geschichte war die SPD beteiligt, der fatale finale Fehler passierte sogar unter Scholz.

- Fehler 1: Die Gier der Gründungszeit. Im Jahr 2003 beschlossen Hamburg und Schleswig-Holstein, ihre Landesbanken zur HSH Nordbank zu fusionieren und sie an die Börse zu bringen. Ausgeheckt wurde die Idee in Hamburg zu SPD-Zeiten, verabschiedet wurde die Fusion in Hamburg von einer CDU-Regierung, in Schleswig-Holstein von einer SPD-Regierung. Die SPD stimmte in beiden Parlamenten zu – auch dem Plan, der die Bank attraktiv machen sollte für Investoren: Die Bank lieh sich mit Staatsgarantien günstig Dutzende Milliarden Euro und investierte das Geld in innovativ klingende Finanzprodukte und Schiffskredite. Beide Geschäftsbereiche wurden der Bank von den Ländern explizit in ihren Auftrag diktiert. Es war die Ursünde.
- Fehler 2: Die mangelnde Aufsicht. In den ersten Jahren lieferte die Bank zuverlässig Millionen an die Länder. Geblendet von den schönen Einnahmen bemerkten die Politiker diverser Couleur über die Jahre im Aufsichtsrat nicht, dass der vorgegebene Plan für die Bank zu immer höheren Risiken in deren Büchern führte. »Wir waren besoffen vom Erfolg«, wird die SPD-Ministerpräsidentin und Aufsichtsrätin Heide Simonis später selbstkritisch sagen. Denn die Party endete abrupt. In der Finanzkrise erwiesen sich ab 2007 viele der innovativ klingenden Finanzprodukte als wertlos, die Bank geriet in Schieflage, der Steuerzahler musste eingreifen.
- Fehler 3: Das schlecht konstruiertes Rettungspaket. Ungeheuerliche 13 Milliarden Euro hätte die Bank damals eigentlich gebraucht. Doch die Länder dachten sich eine Rettungskonstruktion aus, die sie »haushaltsschonend« nannten: Sie überwiesen 2009 lediglich drei Milliarden an die Bank und übernahmen für den Restbetrag eine Art Versicherung. Falls es schlechter laufen sollte, würden die Länder mit bis zu 10 Milliarden Euro einspringen, versprachen sie, um Bankenaufsicht und Rating-Agenturen zu beruhigen. Die Politiker glaubten der Bank, dass ihr Geschäftsmodell grundsätzlich funktioniert. Aber sie glaubten ihr nicht, dass sie sorgfältig mit dem Steuergeld umgehen würde. Also gelangte auf Initiative des damalige SPD-Finanzexperten Peter Tschentscher eine fatale Bedingung ins Kleingedruckte der Versicherung: Die Bank dürfe die Versicherung erst nutzen, wenn die Kredite nahezu wertlos waren.

- Fehler 4: Die Blindheit für die nächste Krise. Kurz nach Scholz' Amtsantritt im Jahr 2011 ging es der Bank etwas besser, die Finanzkrise schien überwunden. Um Kosten für die teuren Prämien zu sparen, kündigte sie bei den Ländern einen Teil ihrer Versicherung, Scholz und sein Amtskollege Peter Harry Carstensen (CDU) aus Schleswig-Holstein ließen sich darauf ein. Alle hofften, mit einem blauen Auge davongekommen zu sein.[7] Doch dann geriet die Bank 2012 in die nächste Krise, ausgerechnet in dem Bereich, den man in Hamburg und Kiel für den wertvollen Kern des Geschäfts gehalten hatte: die Schiffskredite. Nun erwies sich die Versicherungskonstruktion als fatal. Die Bank durfte die Kredite nicht verkaufen, sondern musste zuschauen, wie sie Wert verloren.[8] Nur zwei Jahre nach der Reduzierung der Versicherung baten die Banker, die Versicherungssumme wieder zu erhöhen. Die Länder hafteten immer noch für Milliarden an Krediten der Bank. Aus Furcht vor den immensen Kosten genehmigten sie die erneute Hilfe. Doch das gefiel der EU-Kommission nicht. Sie hielt die Bank für nicht überlebensfähig, die Milliarden der Bundesländer für einen unrechtmäßigen Eingriff des Staates in den Wettbewerb.

Vor wenigen Monaten hat es nun eine Einigung mit der EU-Kommission gegeben. Sie erlaubte den Ländern, der Staatsbank ein letztes Mal zu helfen und ihr einen Teil der maroden Kredite abzukaufen. Das ist nun passiert. Aber die Wettbewerbshüter haben ein hartes Ultimatum gestellt: Bis zum 28. Februar 2018 um 23:59 Uhr müssen Hamburg und Schleswig-Holstein ihre Bank verkaufen, sonst wird sie abgewickelt. Die Frage ist nur: Wer will eine so desolate Bank kaufen? Eine Bank, die wirk-

---

7 Der Senat erklärte bei der Wiedererhöhung im Jahr 2013, die Kündigung von 2011 sei ein Fehler gewesen, die Länder hätten auf die Entscheidung ihrer landeseigenen Bank aber keinen Einfluss gehabt, die Verweigerung der Reduzierung sei rechtlich nicht möglich gewesen.

8 Die Banker werden später erklären, sie hätten sich ohne die strikten Vorgaben viel früher von den maroden Schiffskrediten getrennt. Die Klausel sei ein wesentlicher Grund für die erneute Schieflage. Ob die Banker sich allerdings wirklich früher von den Krediten getrennt hätten, lässt sich im Nachhinein nicht sagen.

lich keinen Skandal auslief: Anfang 2013 musste sie nämlich einräumen, dass sie auch Cum-ex-Geschäfte betrieben hatte. Im Februar 2014 zahlte die HSH Nordbank 126 Millionen Euro freiwillig zurück.

Freitag, 8. Juli 2016

Alfons Pawelczyk ist bei Christian Olearius zu Besuch. Er hat ein Schreiben des Bundesfinanzministeriums dabei, Antworten auf die Fragenliste, die Johannes Kahrs dem Ministerium übergeben hatte. Der SPD-Abgeordnete hat geliefert. Die Banker fühlen sich bestätigt. Die Cum-ex-Geschäfte von Warburg sind ganz andere Cum-ex-Geschäfte als die illegalen Geschäfte anderer Banken, finden sie. Für ihn, schreibt Olearius in sein Tagebuch, stelle sich der Fall sehr simpel da. Er sei mehr denn je davon überzeugt, rechtmäßig gehandelt zu haben. Wie kann man ihm so übel mitspielen?, fragt er sich.

Donnerstag, 21. Juli 2016

Svenja Pannhusen nimmt sich Zeit. Fast zwei Stunden lang telefoniert sie mit dem Warburg-Justiziar Greiner. Sie habe die Ermittlungsakte der Staatsanwaltschaft gelesen, erzählt Pannhusen Greiner. Die Ergebnisse würden die Bank belasten. Greiner widerspricht. Doch Pannhusen bleibt bei ihrer Einschätzung. Es gebe einen Unterschied zwischen Strafrecht und Steuerrecht, erklärt sie. Und das Finanzamt finde genügend Indizien in der Akte, um Warburg in die Beweislast zu bringen.

Es scheint jetzt alles auf eine Rückforderung hinauszulaufen. Doch die Finanzbeamtin weist der Bank einen Ausweg. Pannhusen habe erkennen lassen, dass man sich auf einen niedrigeren Betrag verständigen könne, notiert Greiner. Über so einen Deal entscheide aber nicht sie, sondern gegebenenfalls die vorgesetzte Finanzbehörde von Peter Tschentscher. Greiner informiert Christian Olearius. Bei dem kommen die Hinweise der Steuerbeamtin offenbar an. Der Fall habe »politische Dimensionen«, notiert er in seinem Tagebuch. Für »politische Dimensionen« hat der Banker durchaus Leute an der Hand. Er habe Pawelczyk Unterlagen zu dem Fall gegeben, notiert er. Der solle Kontakt zu Bürgermeister Scholz aufnehmen.

Sonntag, 31. Juli 2016

Olaf Scholz gibt der *Bild am Sonntag* auf der Baustelle der Elbphilharmonie ein Interview. Die Bauarbeiter sägen, bohren, hämmern, Scholz führt die Reporter durch das neue Hamburger Wahrzeichen, das nun endlich fertig wird. Als Schüler habe er Oboe gelernt, erzählt Scholz, ein Zufall. Es sei das einzige Instrument an der Schule gewesen, das keiner seiner Mitschüler spielen wollte.

Wieder geht es auch um die Kanzlerkandidatur. »Sie haben mich nach dem Warmlaufen für eine Kanzlerkandidatur gefragt?«, sagt Scholz. »Ich laufe mich nie warm, nicht mal vor dem Joggen.« Es ist schwer, Scholz bei dieser Behauptung zu folgen, wenn man sieht, wie lange er sich schon für das Amt des Bundeskanzlers warm macht.

Nach der Juso-Zeit hat sich der junge, radikale Scholz sechs Jahre aus dem politischen Geschäft zurückgezogen. Dann erschien er wieder auf der Bildfläche – als Realpolitiker. 1994 übernahm der junge Anwalt den Vorsitz des SPD-Kreisverbands Altona, 1998 zog er in den Bundestag ein, 2000 wurde er Landesvorsitzender der SPD in Hamburg und galt einigen plötzlich eher als Vertreter des rechten Flügels. Die Wahrheit ist wohl: Scholz ist Pragmatiker. Er vertritt, was gerade Erfolg verspricht.

Dabei hat er wenig Skrupel. 2001 sprang Scholz nur wenige Monate vor der Bürgerschaftswahl als Innensenator in Hamburg ein. Die Partei stand unter Druck, der von den Medien »Richter Gnadenlos« getaufte Ronald Schill trieb die rot-grüne Koalition vor sich her, indem er die angeblichen Defizite in der Kriminalitätsbekämpfung anprangerte. Scholz gab den harten Hund. »Ich bin liberal, aber nicht doof«, wurde sein markiger Spruch in dieser Zeit. Er versuchte, sich als entschlossener Macher zu präsentieren. In den wenigen Monaten seiner Amtszeit schaffte er Stellen bei der Polizei, führte gegen den Widerstand des grünen Koalitionspartners den zwangsweisen Einsatz von Brechmitteln zur Konfiszierung von verschluckten Drogen ein. Das sollte später einem Menschen das Leben kosten: Der 19-jährige Kleindealer Achidi John starb im Dezember 2001, als Ärzte ihm das Mittel verabreichten.

Scholz schaffte es sogar, sich international zu inszenieren. Zwei Wochen vor der Wahl flogen in New York zwei Flugzeuge in das World Trade Center. Schnell wurde klar, dass der Terrorpilot Mohammed Atta und zwei weitere der 9/11-Terroristen in Hamburg gelebt hatten. Innensenator Scholz schaltete sich in die Ermittlungen ein. Am 13. September 2001 wollte er eine Pressekonferenz geben, um die Erfolge der Hamburger Ermittler zu feiern. Der bundesweit für die Ermittlungen zuständige Generalbundesanwalt Kay Nehm war dagegen. In einem Telefonat der beiden wurde es laut. Scholz wollte sich seinen Auftritt nicht vermiesen lassen. Er intervenierte bei seiner Parteifreundin, Bundesjustizministerin Herta Däubler-Gmelin. Und durfte vor die Weltpresse treten.

Doch auch der große mediale Auftritt von Scholz half der SPD nicht. Die Partei verlor die Bürgerschaftswahl und Scholz seinen Senatorenposten. Die erste große Niederlage. Doch ein Jahr später war er wieder da. Bundeskanzler Gerhard Schröder machte ihn nach der Bundestagswahl 2002 zum Generalsekretär der SPD. Seine Aufgabe war es nun, die umstrittene Agenda-Politik der SPD zu verteidigen. Und absolut loyal gegenüber Kanzler und SPD zu bleiben.

In jener Zeit perfektionierte Scholz die Fähigkeit, Wortwolken zu produzieren, zu reden, ohne irgendetwas Greifbares zu sagen, auf Fragen nicht wirklich zu antworten. *Die Zeit* schrieb im März 2003 ein Porträt über ihn. »In den wenigen Monaten seiner Berliner Prominenz hat Scholz viel dazu beigetragen, den fast vergessenen Begriff des Funktionärs wieder anschaulich und gegenwärtig zu machen«, heißt es darin. »Grau, starr und schwer wirkt er nicht, sondern eher wie programmiert. Tritt der Generalsekretär nach einer Gremiensitzung vor die Öffentlichkeit, kann man den Eindruck haben, nun werde der Scholzomat angeschaltet.«

Der Begriff Scholzomat wird Scholz als Spitzname über Jahre begleiten. Er selbst wird das Image nutzen, das in diesem Begriff steckt: der schnöde Arbeiter, der zuverlässige Profi, der arbeitet wie eine Maschine. Und noch etwas anderes aus dem *Zeit*-Text wird sich bewahrheiten:

»Er ist ehrgeizig und versucht durchaus nicht, diese Tatsache zu verschleiern«, schreibt Autor Jan Ross. »Es gilt als gewiss, dass er in seiner Heimatstadt Hamburg bei der nächsten Gelegenheit Erster Bürgermeister werden will.«

5

Donnerstag, 4. August 2016

Es gibt nicht viele Menschen in Hamburg, die innerhalb von 48 Stunden einen Termin bei Olaf Scholz bekommen. Alfons Pawelczyk ist einer von ihnen. Andreas Eichhorn, der Terminreferent des Bürgermeisters, hat die graue Eminenz der Hamburg-SPD dazwischengeschoben. Um 12:30 Uhr kann er Scholz sein Anliegen vortragen. Er hat 30 Minuten.

Pawelczyk ist gut vorbereitet. Einen Tag zuvor war er noch einmal bei Olearius, die beiden haben abgesprochen, wie er vorgehen soll. Für das Gespräch mit Scholz hat Olearius Pawelczyk mit Unterlagen armiert. Die Angelegenheit drängt. Scholz geht Ende der Woche in den Urlaub.

Der 83-jährige Pawelczyk führt Scholz vor Augen, was die Warburg-Bank alles für die Stadt getan hat. Scholz bleibt seiner Linie treu. Er hört aufmerksam zu und stellt gelegentlich Nachfragen, ohne eine eigene Einschätzung vorzunehmen.

Aber mehr erwartet Pawelczyk auch nicht. Mit diesem Gespräch hat er das Thema ganz oben platziert und dem Bürgermeister die »Eilbedürftigkeit« deutlich gemacht, wie er umgehend Olearius berichtet. Der geht wiederum davon aus, dass es notwendig werden kann, Scholz im Urlaub aufzusuchen. Nachdem Pawelczyk die Tür geöffnet hat, steht als nächster Schritt ein persönliches Treffen mit Scholz an.

Am nächsten Tag setzt sich Olearius erneut mit Pawelczyk zusammen. Er holt auch Johannes Kahrs dazu. Der SPD-Haushaltspolitiker wird immer mehr in die Steueraffäre der Privatbank einbezogen, lässt das seinerseits auch zu. Olearius lädt bei den beiden SPD-Männern seinen Frust ab. Kahrs sagt zu, sich ebenfalls die Unterlagen zum Fall anzuschauen. Danach will er mit der Leitung der BaFin darüber sprechen, die wieder einmal ein Schreiben geschickt hat, oder mit dem Bundesfinanzministerium, um auf dieser Ebene für Entspannung zu sorgen. Die Aufgabenverteilung scheint damit klar: Kahrs lobbyiert für die Bank auf Bundesebene, während Pawelczyk sich um Scholz kümmert.

Unterdessen wird in der Bank zu dem Steuerfall weiter Papier produziert. Chefjustiziar Greiner stellt auf fünf Seiten eine Reihe von Argumenten zusammen, die zeigen sollen, dass sich die Bank bei den Aktiengeschäften nichts hat zuschulden kommen lassen und deshalb das Geld nicht zurückgefordert werden darf. »Zusammenfassende Darstellung der von M.M. Warburg & CO (›MMW‹) verwirklichten Dividendentransaktionen in den Jahren 2007 bis 2011« steht über dem Vermerk. »Es handelt sich hierbei um gängige Transaktionen, die von einer Vielzahl von Banken abgewickelt wurden«, schreibt der Jurist. »MMW ist zu jeder Zeit ihrer Pflicht nach korrekten Steuererklärungen nachgekommen; sie hat keinen Steuerschaden verursacht. Im Gegenteil: bei Rückforderung der angerechneten Kapitalertragsteuer würde MMW ein Steuerschaden entstehen.«

In dem Papier geht es auch um die Bedeutung der Bank für die Stadt. »Für die maritime Wirtschaft in Hamburg erfüllt MMW auf der Fremd- und Eigenkapitalseite seit jeher wichtige Funktionen«, schreibt Greiner. Um die Gesamtlage der Bank zu beurteilen, müsse man daher auch die Belastungen aus der Schiffskrise mitdenken. »Die massiven Verwerfungen in der maritimen Wirtschaft in den vergangenen sieben Jahren haben auch bei MMW zu großen Belastungen geführt.« Diese seien bisher allein durch die Eigentümer getragen worden. Es ist eine unverhohlene Warnung, der Subtext: Wenn die Eigentümer nicht mehr helfen, hat ganz Hamburg ein Problem.

Die Warburg-Bank wird in einer Tabelle Buch führen, wer das fünfseitige Papier erhält. Demnach handelt es sich um elf Personen. Kahrs bekommt es per Post nach Berlin, Pawelczyk wird es gefaxt. Nur einer Person soll es persönlich übergeben werden: »Herrn BM Olaf Scholz. Zum Termin am 7.9.2016«.

Mittwoch, 24. August 2016

Im Rathaus bekommt der Terminreferent Andreas Eichhorn einen Anruf aus der Warburg-Bank. Am anderen Ende der Leitung ist die Chefsekretärin von Christian Olearius. Seit elf Jahren arbeitet sie für ihn, ist mit ihm ins »Weiße Haus« umgezogen, als er sich offiziell aus dem operativen Geschäft auf seinen Aufsichtsratsposten zurückzog und vom Hauptgebäude in das Nachbarhaus wechselte. Sie weiß von ihrem Chef um die Dringlichkeit und kommt zur Sache: Herr Dr. Olearius bitte um einen Termin beim Bürgermeister. Sie einigt sich mit Eichhorn auf den 7. September. An diesem Tag ist eine Sitzung der Bürgerschaft. Aber Eichhorn schiebt Olearius dazwischen. Er gewährt dem Bankier eine Stunde, von 18:45 bis 19:45 Uhr.

Svenja Pannhusen und ihre Mitarbeiterin Dagmar Meyer-Spiess sind an diesem Tag wieder einmal zum Gespräch mit Christoph Greiner und Dominik Wilcken verabredet. Schnell werden die regulären Themen abgearbeitet, die es zwischen jedem Unternehmen und dem Finanzamt im Laufe einer Betriebsprüfung zu klären gibt. Dann geht es um das Großthema Cum-ex. Die Bank hat Pannhusen schon einen Tag vorher eine Zusammenfassung ihrer Interpretation der Sachlage geschickt. Die Bank beruft sich auf »Recht und Gesetz«, erbittet das »notwendige Maß an Gerechtigkeit« und pocht auf ihre Unschuld wie auf ihre Tradition.

Im Gespräch fragt Pannhusen, ob die Bank Vorschläge für eine mögliche Einigung habe. Die Banker verneinen. Erneut weisen sie darauf hin, dass mit einer Rückzahlung ihre Existenz gefährdet sei. Pannhusen erklärt, sie werde nun einen Bericht schreiben. Der werde über ihre Amtsleiterin an die Finanzbehörde weitergeleitet. Die Banker erklären, sie behielten sich vor, ebenfalls Kontakt zur Behörde aufzunehmen. Schließlich sagt Pannhusen den beiden zu, die Bank vor Absendung ihres Berichts zu benachrichtigen.

Nachdem die Finanzbeamtin und ihre Kollegin die Bank verlassen haben, informieren die beiden Warburg-Manager Christian Olearius über ihren »offiziellen Betriebsprüfertermin«. Olearius weiß nun, dass eine höhere Instanz über die Causa Warburg entscheidet. Das passt zu seinem Vorgehen, sich auf allen Ebenen zur Wehr zu setzen. Kurze Zeit später bekommt er mitgeteilt, dass sein Termin mit Olaf Scholz vom Bürgermeisteramt bestätigt wurde. In seinem Tagebuch notiert er außerdem, dass er Johannes Kahrs freie Hand gegeben habe, auch einen Termin mit der Führung der BaFin zu vereinbaren.

Am Abend wird in den Nachrichten der Tod des ehemaligen Bürgermeisters Henning Voscherau (SPD) vermeldet. Olearius freut sich, weil er in einem Fernsehnachruf kurz zusammen mit Voscherau zu sehen ist. Es sind Fernsehbilder über die Auseinandersetzung um das Wohnungsbauunternehmen »Neue Heimat« des Deutschen Gewerkschaftsbundes. Olearius unterstützte die Stadt, Tausende Wohnungen aus dem Unternehmen in eine städtische Baugenossenschaft zu überführen. Er habe eine eigene Beziehung zu Voscherau gehabt, schreibt Olearius. Voscherau könne ihm dankbar sein.

Donnerstag, 25. August 2016

Vier Monate nach seiner Einführung zum Thema Cum-ex schaut Peter Tschentscher erneut für anderthalb Stunden im Finanzamt für Großunternehmen vorbei. Zusammen mit seiner Steueramtsleiterin Angela Nottelmann trifft sich der Finanzsenator mit Karin Ohse-Griem, der direkten Vorgesetzten von Svenja Pannhusen. Die wiederum beginnt in diesen Tagen mit ihrem Gutachten in Sachen Warburg/Cum-ex für die Finanzbehörde. Sechs Wochen wird sie daran arbeiten. Es geht um viel – nicht nur für die Bank. Ende des Jahres wird ein Teil der Ansprüche verjähren, wenn sie vorher nicht die Steuerbescheide ändert. 47 Millionen Euro drohen der Staatskasse verloren zu gehen.

Freitag, 26. August 2016

Christian Olearius macht Urlaub im Voralpenland. Es ist 12:28 Uhr, Olearius sitzt gerade in einem Gasthof, als sein Telefon klingelt. Wilcken und Greiner sind dran. Sie berichten von einer unerwarteten Entwicklung in der Steuersache. Svenja Pannhusen habe sich telefonisch gemeldet und mitgeteilt, dass sie sich doch noch anders entschieden habe: Warburg muss das Geld nicht zurückzahlen. Pannhusen werde die Steuerbescheide, mit denen die Bank die Cum-ex-Millionen ausgezahlt bekam, nicht zurücknehmen, notiert es Olearius später in seinem Tagebuch.[9]

Es ist eine Nachricht, mit der man sich gern im Urlaub stören lässt. Für die Warburg-Bank würde diese Entscheidung nämlich bedeuten, dass sie die Steuer-Millionen aus Cum-ex-Geschäften nicht zurückzahlen muss. Olearius und Warburg könnten ihre Sicherungseinlagen von 92 Millionen Euro wieder als Privatvermögen verbuchen. Olearius ist hoch erfreut über solch eine hervorragende Nachricht.

Donnerstag, 1. September 2016

Wie mit Olearius Anfang August besprochen, ruft Johannes Kahrs direkt bei BaFin-Chef Felix Hufeld an. Kahrs wolle die Bösartigkeit aus der Geschichte nehmen, hatte Olearius damals dazu notiert. Zwischenzeitlich haben der Banker und Kahrs telefoniert. Wie vereinbart, hat der Abgeordnete auch Kontakt zum Bundesfinanzministerium aufgenommen. Dort tue man sich schwer, ein klares Wort auszusprechen, berichtete Kahrs dem Bankier. Nun haben die beiden vor dem Telefonat mit Hufeld einen neuen Plan ersonnen: Kahrs könnte Olearius und Warburg bei einem Treffen mit der BaFin begleiten. Aber erst einmal erkundigt sich der Bundestagsabgeordnete bei der BaFin in diesem Telefonat, wie es um die Warburg-Bank steht. Doch Hufeld blockt ab. Maßnahmen gegen einzelne Unternehmen dürfe er nicht kommentieren.

---

9 In den Akten von Svenja Pannhusen findet sich zu solch einem Gespräch kein Vermerk. In ihrer Befragung im späteren Untersuchungsausschuss hat sie bestätigt, bei dem Fall nicht klar zu einer Entscheidung tendiert zu haben. An die diversen einzelnen Gespräche mit den Bankmanagern hatte sie überwiegend keine Erinnerung.

Donnerstag, 8. September 2016

Die Gremiensitzungen der Warburg-Bank beginnen um 9 Uhr. Christian Olearius berichtet kurz von seinem gestrigen Gespräch mit Scholz. Da die Finanzbeamtin Pannhusen Wilcken und Greiner zuvor verraten hatte, dass sie die Millionen nicht zurückfordern werde, konnte er das Treffen etwas gelassener angehen als ursprünglich befürchtet.

Joachim Olearius, der Junior, berichtet, das Jahr laufe nicht wie geplant, weil die Prüfungen und Gutachten viel Geld kosteten. Auch die Schiffsmärkte entwickelten sich nicht gut. Dann wird noch über das Thema Cum-ex gesprochen. Die juristische Würdigung habe ergeben, dass man sich weder straf- noch steuerrechtlich etwas vorzuwerfen habe. Es wird berichtet, die Betriebsprüfer des Finanzamts hätten intensiv ermittelt und deren Abteilungsleiterin[10] teile die Sachverhaltseinschätzung der Bank, halte die Argumentation des Hauses für gut vertretbar. Man erwarte in Kürze ein Ergebnis. Es gebe Anzeichen dafür, dass dieses Ergebnis positiv für das Bankhaus sein werde.

Donnerstag, 29. September 2016

Svenja Pannhusen ist mit ihrem Bericht für die Finanzbehörde so gut wie fertig. Wie versprochen, informiert sie den Warburg-Banker Wilcken darüber. Die Bank habe nur fahrlässig gehandelt. Sie wolle nichts zurückfordern, bekräftigt die Beamtin. Das Papier müsse aber noch die Hierarchie überstehen. Aus welchen Gründen die Finanzbeamtin interne Abläufe und Inhalte der Arbeit ihrer Behörde einfach ausplaudert, ist ebenso schwer zu sagen wie der Grund dafür, dass sie einer Bank, gegen die staatsanwaltliche Ermittlungen laufen, nun auch noch Tipps gibt. Pannhusen empfiehlt aber offenbar, politischen Beistand einzuholen. So notiert es jedenfalls Olearius im Tagebuch, nachdem Wilcken ihm von

---

10 Gemeint ist wohl Sachgebietsleiterin.

dem Gespräch berichtet hat.[11] Der Bankier telefoniert anschließend mit Pawelczyk, der wiederum Scholz benachrichtigt.[12]

Mittwoch, 5. Oktober 2016

Svenja Pannhusen hat ihren Bericht zum Fall Warburg an Karin Ohse-Griem geschickt, die Chefin des Finanzamts für Großunternehmen. Es sind 28 Seiten geworden. Offenbar ist Pannhusen darin aber zu einem anderen Schluss gekommen als in Olearius' Tagebüchern notiert. Das Finanzamt beabsichtige, die Steuerauszahlungen an Warburg rückgängig zu machen, heißt es in der Einleitung. Wegen der umstrittenen und höchstrichterlich nicht geklärten Rechtsfragen und der Tragweite der Entscheidung für das Unternehmen bitte man um Zustimmung zu der Entscheidung. Tschentschers direkte Mitarbeiter sollen nun entscheiden.

Der Bericht hat das Aktenzeichen 27/216/00532 S XII. Pannhusen legt darin detailliert dar, auf welcher Grundlage ihre Empfehlung fußt:
- Die Geschäfte von Warburg waren aufgebaut wie typische Cum-ex-Geschäfte: Aktien im Wert von jeweils vielen Hundert Millionen Euro wurden unmittelbar vor der Ausschüttung der Dividenden gekauft, wenige Tage danach wieder verkauft.
- Der Gewinn stammte zweifelsfrei aus Steuererstattungen. Die Bank behaupte zwar, keine Cum-ex-Geschäfte gemacht zu haben, sondern weniger anrüchige Cum-cum-Geschäfte.[13] Dies sei, so analysiert Pann-

---

11 Svenja Pannhusen wird später im Untersuchungsausschuss sagen, sie »glaube« nicht, der Bank empfohlen zu haben, politischen Beistand einzuholen.
12 So notiert es Olearius in seinem Tagebuch. Scholz und Pawelczyk haben sich auf Anfrage dazu nicht geäußert.
13 Cum-cum-Geschäfte, oft auch klassisches Dividendenstripping genannt, sind gewissermaßen der große Bruder von Cum-ex-Geschäften. Dabei leihen sich inländische Investoren über den Dividendenstichtag die Aktien ausländischer Investoren und kassieren die Differenz der unterschiedlichen Steuersätze. Im Gegensatz zu Cum-ex-Geschäften wird also keine Steuer erstattet, die gar nicht gezahlt wurde. Es wird »nur« eine Steuer erstattet, auf die kein Anrecht besteht. Dadurch sind die Profite für die Beteiligten geringer als bei Cum-ex.

husen, aber vermutlich eine Schutzbehauptung. Dagegen spreche schon der Ablauf der Transaktionen.
- Die Bank arbeitete bei den Geschäften mit den einschlägig bekannten Cum-ex-Masterminds Hanno Berger und Paul Mora zusammen. Den beiden seien Millionensummen überwiesen worden. Mindestens diesen Beratern sei klar gewesen, wie die Geschäfte funktionierten, schreibt die Beamtin.
- Einiges spreche dafür, dass auch die Warburg-Banker den Mechanismus verstanden hätten. Die Bank habe bereits 2006 Cum-ex-Geschäfte getätigt, aber nicht wie später als Käufer, sondern als sogenannter Leerverkäufer – also an anderer Stelle in der Cum-ex-Maschinerie. Zudem hätten die Banker sich intensiv mit neuen Vorgaben des Bundesfinanzministeriums zur Vermeidung von Cum-ex-Geschäften beschäftigt und geprüft, ob die eigenen Geschäfte unter die Regelung fallen. Schließlich seien die Geschäfte 2011 eingestellt worden aus Sorge, das Finanzamt würde die Steuern nicht mehr erstatten.

Der Sachverhalt, schreibt Pannhusen weiter, sei zwar noch nicht umfassend aufgeklärt, die Indizien aber würden aus Sicht des Finanzamts reichen, um die Warburg-Bank in die Beweislast zu bringen. Dabei könne man sich auf ein erst wenige Monate altes Urteil des Finanzgerichts Hessen stützen. Zudem erwähnt Pannhusen, dass die Aussage eines Kronzeugen bei der Staatsanwaltschaft unmittelbar bevorstehe.

Die Finanzbeamtin äußert sich sehr abwägend. Sie nennt auch die Gegenargumente: Unklar sei, ob ein Gericht die Indizien gegen die Bank als ausreichend erachten werde, die Bank selbst beteure ihre Unschuld, der Referenzfall aus Hessen sei etwas anders gelagert. Zudem habe die Bank angegeben, sie sei bei einer Rückforderung in ihrer Existenz bedroht. Doch ihr Schluss ist deutlich. Er ist geradezu ein Appell an die vorgesetzte Finanzbehörde: Bei allen möglichen rechtlichen Konsequenzen »bittet das Finanzamt um Zustimmung«, die vielen Millionen zurückfordern zu dürfen. Ohse-Griem teilt die Argumentation von Svenja Pannhusen, unterzeichnet das Papier und leitet es an die Finanzbehörde weiter.

Neben ihrem Papier schickt Pannhusen der Behörde in einem Ordner und auf einer CD die inzwischen reichlich vorhandenen Analysen und Unterlagen, unter anderem die Ermittlungsakte der Kölner Staatsanwaltschaft und das Gutachten von KPMG. Es sind Hunderte Seiten voller Indizien, dass bei den Geschäften der Bank Verdächtiges vor sich ging.

Am Tag danach kann sich Pannhusen in ihrer Einschätzung bestärkt fühlen. Sie erhält eine E-Mail, die Wirtschaftsprüfer von Deloitte einige Wochen zuvor an die Staatsanwaltschaft geschickt haben. Darin erläutern die Experten ihre zwischenzeitlichen Erkenntnisse zu den Warburg-Geschäften – und äußern ebenfalls massive Zweifel daran, dass die Bank sich die Steuern zu Recht erstatten ließ. Unter anderem führen sie aus, dass die Geschäfte für die Bank völlig risikolos waren.

Das Expertenurteil der Deloitte-Prüfer ist nicht unwichtig, die Einschätzung des Finanzamts für Großunternehmen hingegen von höchster Bedeutung in der Causa Warburg: Die Behörde hat sich klar positioniert. Nichts sieht mehr danach aus, als wolle die Stadt Hamburg die Warburg-Bank schonen. Es ist einen Monat her, dass Olaf Scholz den Banker Olearius empfangen und angehört hat und Olearius das Rathaus mit einem guten Gefühl verlassen hat. Doch nun wirkt die Sache für die Warburg-Bank plötzlich nicht mehr so rosig.

Freitag, 7. Oktober 2016

Christian Olearius sitzt gerade mit Max Warburg zusammen, als die Warburg-Banker Wilcken und Greiner hereinplatzen: Pannhusen habe ihre Meinung geändert. Sie wolle die Steuererstattung nun doch zurückfordern. Sie habe dies mit ihrer Vorgesetzten erörtert sowie mit der Staatsanwaltschaft in Köln telefoniert. Danach habe sie sich umentschieden.

Olearius ist konsterniert. Sollen wirklich alle Bemühungen umsonst gewesen sein? Hat er mit seinem Netzwerk nicht genug Leute für seine Sache aufbieten können, innerhalb und außerhalb seiner Bank? Hat sein Einsatz nicht gereicht, das Hamburger Finanzamt von der Rechtsauffassung zu überzeugen, die ihm persönlich und seiner Bank genehm ist?

Seine Mitarbeiter berichten ihm von ihrem Gespräch mit Pannhusen.

Die Finanzbeamtin bedauere ihre Entscheidung und habe erklärt: Die Politik müsse nun entscheiden.[14]

Die Politik. Daran soll es nicht scheitern. Olearius nimmt Kontakt zu Pawelczyk auf, dem Mann, den er einst teuer bezahlte und der ihm seit Monaten auch in Sachen Verhinderung der Steuerrückzahlung behilflich ist. Und Pawelczyk weist Olearius einmal mehr den Weg: Er rät dem bedrohten Banker, sich erneut an Olaf Scholz direkt zu wenden.

Olearius beherzigt den Rat und lässt seine Sekretärin beim Terminreferenten von Scholz anrufen. Andreas Eichhorn vermerkt im Kalender des Bürgermeisters: »Gespräch mit Hr. Warburg. Bazi, 18:30 bis 19:30 Uhr«. Im dazugehörigen Kalenderblatt notiert er weitere Details, etwa die Teilnehmer: »Dr. Olearius, Herr Warburg, Bgm1«. Der Termin sei wichtig, schreibt Olearius später in sein Tagebuch. Er richte sich darauf ein, eine Radtour auf Sardinien abzusagen.

Donnerstag, 13. Oktober 2016

Auch in der Finanzbehörde setzt hektische Betriebsamkeit ein. Der Grund: der Bericht aus dem Finanzamt für Großunternehmen. In der Behörde ist allen klar, dass es sich um eine besondere Angelegenheit handelt. Angela Nottelmann spricht mit Finanzsenator Peter Tschentscher: Der Fall sei schwierig; egal wie man entscheide, man mache sich angreifbar.

Das 28-seitige Papier von Svenja Pannhusen geht in der Finanzbehörde an das Referat für Abgabenordnung. Dort bekommt Björn Müller (Name geändert) den Auftrag, das Vorhaben des Finanzamts juristisch zu prüfen. Der Sachbearbeiter findet Pannhusens Argumentation schlüssig und gut begründet. In einer Stellungnahme schreibt er, das Vorgehen erscheine vertretbar und juristisch möglich. Seine Einschätzung schickt er an seinen Vorgesetzten Melf Christian Volquardsen, Referatsleiter für Abgabe- und Verfahrensrecht. Der sieht die Sache genauso: Auf Basis des

---

14 Pannhusen wird später erklären, sie glaube nicht, der Bank gegenüber geäußert zu haben, die Politik müsse entscheiden.

vom Finanzamt geschilderten Sachverhalts sei der Ursprungsbescheid rechtswidrig gewesen, mit dem die Bank sich die Millionen hat erstatten lassen. In der Abwägung der im Papier vorgetragenen Argumente seien die Indizien für eine Rückforderung ausreichend.

Auch in der Abteilung für Kapitalertragssteuer der Finanzbehörde wird Pannhusens Argumentation geprüft. Die Referentin Brigitte Birkenberger hält ihre Gedanken handschriftlich auf vier Seiten fest. Auf der ersten Seite zeichnet sie fein säuberlich den Ablauf der Cum-ex-Geschäfte der Bank. Die Beteiligten malt sie als kleine Häuschen, zwischen ihnen viele Pfeile. Birkenberger weiß, dass der Sachverhalt nicht so weit aufgeklärt ist, dass die Sache ein Selbstläufer wäre. Die Lage ist wie immer bei Cum-ex kompliziert. Aber Birkenberger scheint sich zu bemühen, eine tragbare Lösung zu finden, und prüft, welcher Paragraf am besten passt.

Intensiv beschäftigt sich die Beamtin zudem mit der Frage, ob die Bank die Rückforderung bezahlen könne. Das haben die Banker immer wieder bestritten. »Max. 1201 Arbeitsplätze könnten verloren gehen«, notiert Birkenberger. In einer Tabelle ordnet sie die Kennzahlen aus den letzten Geschäftsberichten der Bank: die Bilanzsumme, den Gewinn vor Steuern, das haftende Eigenkapital. Die Behauptung der Bank sei noch nicht nachgewiesen, notiert sie. Der infrage stehende Rückforderungsbetrag sei kleiner als das haftende Kapital der Gruppe, also gefährde eine Rückzahlung die Bank nicht. Fazit zur angeblichen Existenzgefährdung: »Dies sollte m. E. nicht entscheidungserheblich sein.«

Freitag, 14. Oktober 2016

Gegen 19:30 Uhr treffen Pawelczyk und Kahrs in Blankenese in der Villa von Christian Olearius ein. Der Abend wird zur Krisensitzung. Kahrs will vor dem Termin, den Olearius beim Bürgermeister hat, zuerst selbst mit Scholz über das Thema sprechen.[15] Außerdem kündigt der Bundestags-

---

15 Ein solches Gespräch findet sich später nicht in den Akten. Kahrs und Scholz haben sich dazu nicht geäußert.

abgeordnete an, in Berlin zu intervenieren. Das ist aus Sicht von Olearius bitter nötig. Der Parlamentarische Untersuchungsausschuss zu Cum-ex hat ihn als Zeuge geladen. Der Bankier weiß, dass er ein Aussageverweigerungsrecht hat, weil die Kölner Staatsanwaltschaft wegen schwerer Steuerhinterziehung gegen ihn ermittelt. Trotzdem wird er nicht umhinkommen, vor dem Ausschuss zu erscheinen, womöglich im Blitzlicht der Fotografen und im Fokus von TV-Kameras. Kahrs versucht, das zu verhindern, sich um eine Aussetzung der Ladung zu bemühen oder vielleicht wenigstens eine Verzögerung zu erreichen.

Olearius überlegt unterdessen, sich mit der Steuerbehörde über eine sogenannte Tatsächliche Verständigung zu einigen und einen Teil des Millionenbetrags zurückzuzahlen. So notiert er es in seinem Tagebuch. Allerdings ist ihm allein schon die Vorstellung zuwider, sich mit dem Finanzamt auf einen Deal einzulassen.

Montag, 17. Oktober 2016

Olearius sorgt sich wegen der Steuerrückzahlung. Gleich am Morgen drängt er seinen Mitarbeiter Dominik Wilcken, noch einmal mit Frau Pannhusen zu telefonieren. Er will wissen, wie sie ihre Meinungsänderung begründet und was die Bank zu befürchten hat.

Um 14:15 Uhr ruft Wilcken Pannhusen an. Er schreibt später einen Vermerk über das Telefonat. Angesichts der wirtschaftlichen Konsequenzen halte Pannhusen es für wahrscheinlich, dass die Behörde das Geld möglicherweise doch nicht fordere. Sie rate, noch keinen Kontakt zur Behörde aufzunehmen; sie werde sich melden, sobald sie das für angemessen erachte.[16]

In dem Vermerk entsteht der deutliche Eindruck, Pannhusen habe genauestens mit der Bank besprochen, wie sie in ihrem Papier argumen-

---

16 Svenja Pannhusen wird im Untersuchungsausschuss später erklären, sich nicht zu erinnern, dieses Gespräch geführt zu haben. Sie teile die Einschätzung nicht, dass die Finanzbehörde wegen der wirtschaftlichen Konsequenzen doch anders entscheide. Auf mehrere Nachfragen zu weiteren Details erklärt sie, sich nicht zu erinnern.

tiert – und auch, wie die Bank dagegenhalten kann. So heißt es etwa, es müsse nachgewiesen werden, dass die Bank alles getan habe, um eine falsche Anrechnung der Steuer zu verhindern. Detailliert wird beschrieben, welche Punkte noch wichtig seien. Wieder einmal, das liest sich aus dem Papier des Warburg-Juristen, ist die Finanzbeamtin Pannhusen der Bank mit ihrer internen Einschätzung der Situation zu Diensten.

Wilcken berichtet Olearius noch am Nachmittag von dem Gespräch. Pannhusen schätze die Chancen für eine gerichtliche Nachprüfung ihrer Entscheidung als »maximal ausgeglichen« ein. Sie habe gleich dargelegt, was die Bank dagegen vorbringen könne. Dazu sei man in der Lage. Olearius ist beruhigt.

Montag, 24. Oktober 2016

Der Hamburger Steuerberater Ingo Alpers ist einer der engsten Berater und Vertrauten von Olearius. Schon als es vor sieben Jahren erste Zweifel in der Bank gab, ob die Geschäfte der Bank der Gesetzeslage entsprachen, schaltete er ihn ein. Nun hat Olearius ihm wieder einen Auftrag erteilt: Alpers stellt übers Wochenende die wichtigsten Argumente in einem Papier für Pannhusen und für das Gespräch mit Scholz zusammen. Olearius ist begeistert, bedankt sich bei Alpers. Der dankt zurück, Olearius habe die wesentlichen Anregungen gegeben. Am nächsten Tag lässt Olearius das Papier von Wilcken und Greiner ergänzen.

In dem Papier argumentiert die Bank in einigen Teilen exakt so, wie es laut Protokoll im Telefonat mit Frau Pannhusen am 17. Oktober besprochen wurde. Eine Passage mit Spiegelstrichen findet sich fast wortgleich im Telefonprotokoll und im Argumentationspapier.

Olearius ist nun optimistisch. Auch wenn Kahrs nicht verhindern konnte, dass er im Parlamentarischen Untersuchungsausschuss aussagen muss. Olearius bespricht das mit seinem Anwalt Klaus Landry. Der empfiehlt, die Aussage zu verweigern. Pawelczyk und Kahrs sehen es genauso.

Mittwoch, 26. Oktober 2016

In den Medien ist es seit Tagen ruhig um Olaf Scholz. Die Stadt fiebert auf ein Großereignis zu: Die Elbphilharmonie ist fertig, der Schlüssel soll in den nächsten Tagen übergeben werden. Dann wird die Plaza eröffnet, die Aussichtsplattform zwischen dem alten Backsteinspeicher und dem markanten Glasbau, der darauf errichtet wurde. In wenigen Monaten sollen die ersten Konzerte stattfinden.

Olaf Scholz hat persönlich einige Energie und viel Geld der Steuerzahler aufgewendet, um das Prestigegebäude fertigstellen zu lassen. Auch mit Christian Olearius hat er sich hie und da über die Probleme bei dem Bau ausgetauscht. Der Bankier sitzt im Kuratorium der Elbphilharmonie-Stiftung, im Vorstand hat er einen leitenden Mitarbeiter der Bank platziert. Doch heute geht es um ein anderes Thema, das weiß Scholz seit dem letzten Treffen.

Der Bürgermeister empfängt Olearius und dessen Kompagnon Max Warburg um 18:30 Uhr im Bürgermeisteramtszimmer im Rathaus. Der holzgetäfelte Raum mit seinem wuchtigen Kamin und den Buntglasfenstern ist den Bankiers vertraut. Erst vor sieben Wochen haben sie sich hier mit Scholz getroffen.

Auf dem lang gezogenen Tisch stehen Kaffee, Tee, Kaltgetränke und Salzgebäck. Olearius und Warburg nehmen auf den lederbezogenen Stühlen Platz. Scholz weiß, was die Banker von ihm wollen. Sie erwarten Hilfe bei ihrem Steuerproblem. Scholz weiß, dass bei der Staatsanwaltschaft ein Verfahren gegen die beiden läuft. Und er weiß, dass die Sache sich aus Warburg-Sicht verschlimmert haben muss, sonst wäre der Termin nicht nötig.

Das erste Treffen erhielt durch die Teilnahme des Beamten Martin Kleine einen offiziellen Charakter. Den vermeidet Scholz nun. Kein Vertreter der Verwaltung ist dabei, kein Mitarbeiter des Bürgermeisters, kein Protokollant. Niemand außer Scholz und den beiden Besuchern wird bezeugen können, was besprochen wird.

Olearius belässt es bei diesem zweiten Treffen innerhalb kurzer Zeit nicht beim Reden. Scholz soll im Anschluss etwas in der Hand halten. Er hat das Papier dabei, an dem seine Leute in den vergangenen Tagen gearbeitet haben. Es ist erst im Lauf des Tages fertig geworden. Auf sieben Seiten argumentiert die Bank, dass sie sich immer an die Gesetze gehalten habe. Und wenn nicht, dann sei sie sich des Gesetzesverstoßes nicht bewusst gewesen.

Auf der vierten Seite des Papiers findet sich zudem ein Satz, der wie eine Drohung klingt: Es sei »zu berücksichtigen, dass eine Rücknahme der Anrechnungsverfügung für die Kapitalertragssteuer 2009 bis 2011 zu einer Existenzgefährdung von MMW (Anmerkung: die Warburg-Bank) führen würde.« Im Klartext erklären die Banker nun also auch dem Bürgermeister: Wird die Bank gezwungen, die mit Cum-ex-Geschäften erlangten Millionen zurückzahlen zu müssen, geht sie pleite.

Scholz nimmt das Schreiben entgegen. Es genügt ein Blick, um zu sehen, an wen es eigentlich gerichtet ist. Unter dem Emblem und dem Schriftzug der Bank sowie den Namen von Olearius und Warburg steht in der Adress- und Betreffzeile: »Finanzamt für Großunternehmen in Hamburg, Frau Pannhusen, Amsinckstraße 40, 20097 Hamburg – Anrechnung von Kapitalertragssteuer«.

Olaf Scholz entscheidet sich, das Warburg-Papier nicht zu den Akten nehmen oder es abheften zu lassen. Niemand erfährt, dass der Bürgermeister sich in den Fall eines Steuerschuldners, gegen den die Staatsanwaltschaft ermittelt, einbinden lässt. Dass Scholz ein Exemplar des Papiers in Empfang nimmt, bleibt unsichtbar für die Verwaltung – ebenso wie das ganze Treffen.

Zurück in seiner Villa in Blankenese, notiert Olearius seine Eindrücke. »Er führt das Gespräch allein«, beginnt der Bankier seinen Tagebucheintrag. »Ich berichte über den zwischenzeitlichen Verlauf und unsere Einstellung. Er fragt, hört zu, äußert keine Meinung, lässt nichts durchblicken, was er denkt und ob und wie er zu handeln gedenkt. Ich verstehe das, will ihn auch nicht drängen und ihn in irgendeiner Weise kompromittieren. Aber wissen soll er schon, wie aus unserer Sicht Sach- und Rechtslage sind. Wir diskutieren noch weitere politische Themen.« Am nächsten Tag lässt Olearius das siebenseitige Papier an die eigentliche Adressatin schicken: Svenja Pannhusen.

Freitag, 28. Oktober 2016

Olearius sitzt im Auto. Er ist auf dem Weg in die Uckermark in Brandenburg zu seinem Gutshaus. Olearius ist angespannt. Sie haben auf allen Ebenen argumentiert und gedroht, unten beim Finanzamt, bei Svenja Pannhusen, und oben im Rathaus, bei Olaf Scholz. Das ist alles, was er tun kann. Jetzt muss er abwarten, wie die Entscheidung im Finanzamt oder im Rathaus ausfällt.

Sein Handy klingelt, Dominik Wilcken ist dran. Er hat gerade mit Pannhusen telefoniert, und dabei hat Pannhusen neue Interna aus dem Finanzamt verraten. Die Beamtin habe das Papier noch nicht erhalten, erzählt er seinem Chef. Aber es habe eine wichtige Teilentscheidung gegeben: Die Steuergelder sollen nun möglicherweise doch nicht zurückgefordert werden.[17]

Pannhusen habe zudem mit dem Staatsanwalt gesprochen, weiß Wilcken Olearius zu berichten. Die Kölner Behörde werde in der Steuersache keinen Einfluss ausüben. Hamburg habe freie Hand. Das sind wahrhaf-

---

17 Im Tagebucheintrag von Olearius heißt es, die Abgabestelle wolle nicht die KEST-Verfügung zurücknehmen. Das sei eine wichtige Teilentscheidung. Weder in den Akten der Finanzverwaltung, noch in den beschlagnahmten Dokumenten der Bank oder den Befragungen des Untersuchungsausschusses findet sich ein Hinweis auf eine Abgabestelle oder eine irgendwie geartete Teilentscheidung Ende Oktober 2016. Ob es eine solche Entscheidung gab oder ob Olearius und/oder seine Mitarbeiter hier etwas falsch interpretiert haben, bleibt unklar. Sie äußern sich auf Nachfrage dazu nicht.

tig gute Nachrichten für die Warburg-Bank. Olearius will seine Freude nicht für sich behalten. Umgehend ruft er Ingo Alpers und Alfons Pawelczyk an.

Anschließend genießt er das Wochenende in der Uckermark, kümmert sich um sein Anwesen, spricht ausgiebig mit seinem Gutsverwalter. Am Samstag regnet es. Olearius hält das nicht davon ab, mit seiner Frau einen Spaziergang über seine Ländereien zu machen. Beide haben Daunenjacken angezogen, Olearius, Brillenträger, schützt sich vor dem Nieselregen mit einer Baseballmütze, auf der das Warburg-Wappen prangt.

Als sie auf einem Feldweg zurück zum Gutshaus schlendern, steht ein Kamerateam vor ihnen. »Schönen guten Tag, Herr Olearius, Christian Salewksi, NDR ...«, stellt sich der Reporter vor. Er arbeitet für »Panorama«, das TV-Magazin des Norddeutschen Rundfunks. »Mich würde interessieren, ob Sie mit Cum-ex-Geschäften Geld verdient haben und damit zulasten des Steuerzahlers ...«

Olearius grummelt nur: »... komm hör auf, lassen Sie mich doch zufrieden.« Nach den positiven Nachrichten der letzten Tage lässt sich Olearius nicht aus der Ruhe bringen. Er lässt sich auf ein Gespräch mit dem Reporter ein, der neben ihm herläuft und ihm ein Mikrofon hinhält: »Es wär' ja schon interessant, von Ihnen mal eine Äußerung zu den jüngsten Vorwürfen zu bekommen. Wir haben ja dazu Ihren Pressesprecher angefragt, der sagte, Sie wollen dazu nichts sagen. Aber wir denken doch schon, dass das berechtigt wär ...«

Christian Olearius: »... wie Sie einem nachspionieren! Furchtbar!« (...)

Salewski: »Entschuldigung, ich versuche ja nur zu verstehen. Sie sind doch ein Mäzen, ein hochangesehener Mäzen, und sagen immer, dass der Unternehmer dem Gemeinwohl zu dienen hat. Jetzt stehen diese schwerwiegenden Vorwürfe gegen Sie im Raum. Ich möchte ja nur, dass ...«

Olearius: »Ich hab' die doch nicht erhoben! Warten Sie doch mal ab! Haben Sie doch mal etwas Geduld. Ja?«

Salewski: »Ja, aber worauf soll ich denn warten?«

Olearius: »Auf eine vernünftige Beendigung dieser gesamten Chose.«

Der Reporter hakt noch weiter nach. Olearius antwortet, noch immer gelassen und ruhig im Ton: »Es wird alles in Vernunft, mit Zeit, vernünftig aufgeklärt. Und ich brauche von meiner Einschätzung, die Sie ja kennen ...« Olearius macht eine kurze Pause, fixiert den Reporter und zischt ihn schließlich an: »... keinen Deut abzuweichen. Brauch' ich nicht.«

Donnerstag, 3. November 2016

Ausschnitte aus dem Interview sind in der »Panorama«-Sendung um 21:45 Uhr zu sehen. Der Titel des Beitrages lautet: »Der ehrbare Banker und seine zweifelhaften Deals: Steuerbetrug?« Olearius schaut sich die Sendung nicht an. Er legt sich ins Bett und liest Michel de Montaigne, Philosoph und Humanist aus dem 16. Jahrhundert und Begründer der Essayistik.

Olearius' Anwälte haben alles versucht, um die Ausstrahlung des »Panorama«-Beitrags zu verhindern. Sie haben der Intendanz des Norddeutschen Rundfunks mit rechtlichen Folgen gedroht und der »Panorama«-Redaktion suggeriert, die Ermittlungen der Staatsanwaltschaft stünden kurz vor der Einstellung. »Das staatsanwaltschaftliche Ermittlungsverfahren und Untersuchungen der Bundesanstalt für Finanzdienstleistungsaufsicht (BaFin) haben keine Belege für die erhobenen Vorwürfe ergeben«, schrieb die Bank auf Anfrage. »Aus Gründen der Transparenz und zur Wahrung der Interessen erhalten auch die Staatsanwaltschaft Köln und die BaFin Kopien Ihrer Anfragen und von diesem Schreiben.«

Es wirkte, als spiele die Bank mit offenen Karten. Doch die Staatsanwaltschaft Köln war konsterniert, als sie die Mail in Kopie erhielt. Normalerweise dürfen Ermittlungsbehörden bei Steuerstrafverfahren keine Auskünfte geben. Steuergeheimnis. Doch in diesem Fall machten die Staatsanwälte eine Ausnahme. Wenn eine Bank so dreist in der Öffentlichkeit die Unwahrheit sage, dann könne man das nicht unwidersprochen stehen lassen, fanden sie. Im Beitrag tritt nun ein Sprecher der Staatsanwaltschaft auf und erklärt: »Aufgrund des Steuergeheimnisses können wir keine detaillierten Angaben zu dem Verfahren machen. So viel kann ich aber sagen: Die Ermittlungen dauern an.« Damit hat die Staatsanwaltschaft Köln die Warburg-Anwälte der Lüge überführt.

Während sich Olearius im Schlafzimmer in seine Lektüre vertieft, schauen seine Frau Barbara und Tochter Katharina die »Panorama«-Sendung an. Anschließend berichten sie ihm. Olearius gewinnt durch die Schilderung den Eindruck, der Beitrag wäre reißerisch und verletzend. Im Tagebuch notiert er, künftig wolle er in der Steuerangelegenheit offensiver auftreten.

Svenja Pannhusen hat sich den »Panorama«-Beitrag ebenfalls angesehen. Am nächsten Tag schreibt sie ihrem Ansprechpartner bei der Staatsanwaltschaft Köln eine E-Mail. Seit Sommer betreut Oberstaatsanwalt Alexander Fuchs das Warburg-Verfahren, weil die Cum-ex-Ermittlerin Anne Brorhilker vorübergehend an die Generalstaatsanwaltschaft abgeordnet ist. Fuchs gehört eigentlich einer anderen Abteilung der Staatsanwaltschaft an, im Steuerstrafrecht und in Sachen Cum-ex ist er Neuling. Er hat kaum Zeit gehabt, sich einzuarbeiten, aber er findet, Staatsanwaltschaft und Finanzbehörde sollen gut zusammenarbeiten. Deswegen haben er und Pannhusen in den vergangenen Wochen mehrfach miteinander telefoniert und sich ausgetauscht. In der Mail fragt Pannhusen Fuchs nun, ob er der Sprecher der Staatsanwaltschaft im »Panorama«-Beitrag gewesen sei. Zudem kündigt sie an, dass es in zwei Wochen, am 17. November, ein Gespräch zum Thema Warburg in der Finanzbehörde geben soll.

Nach der Mail telefonieren Fuchs und Pannhusen. Fuchs kündigt an, dass die Vernehmungen im Fall Warburg nun begönnen. Außerdem notiert Pannhusen, der Staatsanwalt würde »gegebenenfalls« die Steuerbescheide zurzeit auch noch nicht ändern, da der Sachverhalt noch unklar sei. Er sei aber kein Steuerrechtler.[18]

---

18 Im Parlamentarischen Untersuchungsausschuss wird Staatsanwalt Fuchs dazu später erklären: »Ich habe ihr keine Vorschläge gemacht, wie sie das steuerrechtlich zu bewerten hat. (…) Dass ich gesagt hätte, ›Bitte machen Sie steuerliche Ansprüche nicht geltend‹, das ist definitiv nicht so gewesen.« Er habe ihr lediglich erklärt, dass der Sachverhalt strafrechtlich noch nicht ausermittelt sei. In die steuerrechtliche Entscheidung werde er sich nicht einmischen, sie könne die ermittelten Indizien bewerten, wie sie wolle. Er sei mit jeder Entscheidung einverstanden.

Montag, 7. November 2016

Gegen 9:15 Uhr trifft sich Olearius mit seinem Rechtsanwalt Klaus Landry. Zusammen lassen sie sich in der Dienstlimousine des Bankiers nach Berlin chauffieren. Die Einvernahme vor dem Parlamentarischen Untersuchungsausschuss »Cum-ex« ist für 13 Uhr angesetzt, Saal E 300 im Paul-Löbe-Haus. Das Gebäude beherbergt 1700 Räume, darunter Abgeordnetenbüros und Sitzungssäle der Ausschüsse. Neben Olearius sind zwei Vertreter der Commerzbank geladen und ein Banker der HSH Nordbank. Es ist die 26. Sitzung des Bundestagsgremiums.

Um 9:43 Uhr beginnt in Düsseldorf in einem engen, stickigen Vernehmungszimmer des Landeskriminalamtes eine andere Vernehmung. Auf der einen Seite des Tisches sitzt Anne Brorhilker, die seit ein paar Tagen von der Generalstaatsanwaltschaft zurück in Köln ist und sich wieder federführend um Cum-ex kümmert. Neben ihr haben zwei Kollegen Platz genommen sowie zwei LKA-Beamte und eine Protokollantin. Auf der anderen Seite des Tisches sitzen zwei Strafverteidiger und ihr Mandant: Benjamin Frey (Name geändert), der frühere Partner in der Steuerkanzlei Hanno Bergers. Die Beweise gegen ihn sind erdrückend. Frey droht eine erhebliche Gefängnisstrafe wegen schwerer Steuerhinterziehung. Er hat guten Grund auszupacken.

An diesem und dem nächsten Tag erzählt er ausführlich auch den Teil der Wahrheit, der die Warburg-Bank betrifft. Die Ermittler erfahren, dass Hanno Berger einen »sehr etablierten Kontakt« in die Chefetage der Privatbank, »insbesondere Dr. Christian Olearius«, gehabt habe. Bei seinen vielen Vernehmungen in den nächsten Wochen und Monaten wird Frey immer wieder auf Warburg und Olearius zu sprechen kommen. Er wird detailliert von seinem ersten Treffen mit Olearius in einem Besprechungsraum im Gebäude der Bank berichten, von goldgerahmten Öl-Gemälden, von Kaffee in kostbarem Porzellan mit dem Wappen der Bank. Olearius, so sagt es Frey den Ermittlern, sei für ihn die Personifizierung eines hanseatischen Kaufmanns gewesen. In dem Gespräch habe Hanno Berger Olearius die Cum-ex-Geschäfte vorgestellt. Olearius habe möglicherweise nicht alle Details verstanden, aber mit Sicherheit das Grundsätzliche. Er selbst habe den Eindruck gehabt, dass Olearius klar war, wie die Geschäfte funktionierten.

Um 13:06 Uhr beginnt im Bundestag die Sitzung des Untersuchungsausschusses. Olearius ist als dritter Zeuge eingeplant. Vor ihm sind noch die beiden Banker der Commerzbank dran. Sie gewähren den Abgeordneten einen detaillierten Einblick in die Cum-ex-Geschäfte ihres Hauses. Olearius wartet eineinhalb Stunden im Zeugenraum, versucht zu schlafen. Schließlich vertritt er sich die Beine im Foyer des Paul-Löbe-Hauses.

Um 17:14 Uhr wird Olearius endlich aufgerufen. Der Ausschussvorsitzende entschuldigt sich für die Wartezeit und bittet ihn um Angaben zu seiner Person. Ohne seinen Namen zu nennen, gibt Olearius zu Protokoll: »74 Jahre, Wohnort Hamburg, Beruf Bankkaufmann und unternehmerisch tätig.« Danach geht es schnell: »Ich möchte von meinem umfassenden Aussageverweigerungsrecht Gebrauch machen und würde gern Herrn Dr. Landry bitten, das näher zu begründen.«

Der Hamburger Strafverteidiger belehrt die Parlamentarier, die meist selbst Juristen sind, ausgiebig darüber, dass sein Mandant wegen der gegen ihn laufenden Ermittlungen nicht aussagen muss. Schließlich könne sein Mandant mit einer Aussage vor dem Untersuchungsausschuss den Tatverdacht der Staatsanwalt noch verstärken.

Danach wird Olearius entlassen. Zusammen mit Landry lässt er sich von seinem Chauffeur zurück nach Hamburg bringen. Olearius wundert sich selbst, dass in ihm keine Wut aufkommt über den verlorenen Tag. Er muss sich eingestehen, dass er vielmehr erleichtert ist. Gegen 20:30 Uhr ist er zurück in Blankenese.

Dienstag, 8. November 2016

Olaf Scholz muss an diesem Tag wieder ein enges Programm abspulen. Sein Vorzimmer hat dennoch im Büro von Olearius angerufen und mitgeteilt, dass sich der Bürgermeister heute telefonisch bei dem Bankier melden wird. Aber Scholz kommt vorerst nicht dazu. Er hat Termine außerhalb des Rathauses.

Am Nachmittag tritt er bei einer Konferenz auf dem Süllberg in Blankenese auf, unweit des Anwesens von Olearius. Das Hamburger Versandhaus Otto und dessen Pakettochter Hermes haben geladen, unter dem Titel »Thinking beyond – Strategien in Zeiten des disruptiven Wandels« geht es um die ganz großen Themen: Wohlstand, Frieden und Sicherheit. Neben Ex-Außenminister Joschka Fischer spricht auch der frühere Verteidigungsminister Karl-Theodor zu Guttenberg.

Für Scholz ist es eine gute Gelegenheit, sich jenseits der Hamburger landespolitischen Themen bundes- und weltpolitisch zu positionieren. »Die Rückkehr in das Nationale, wie es die Politikerinnen Sahra Wagenknecht von der Linken und Frauke Petry von der AfD fast deckungsgleich fordern, ist keine gute Botschaft«, sagt er. Vielmehr gelte das Gegenteil. »Es gibt keine wichtigere nationale Frage für Deutschland als eine günstige Entwicklung der EU.«

Die Termine strecken sich. Scholz findet keine Zeit, Olearius anzurufen und mit ihm über das weitere Vorgehen in der Steuerangelegenheit zu sprechen. Sein Vorzimmer ruft erneut dessen Büro an und verschiebt das Telefonat auf den nächsten Tag. Scholz werde sich zwischen 9 und 10 Uhr melden. Stattdessen führt Scholz um 15:30 Uhr ein anderes Telefonat. Zehn Minuten unterhält er sich mit Peter Tschentscher.[19]

Mittwoch, 9. November 2016

Wie angekündigt, ruft Scholz Olearius an. Er spricht über die Präsidentschaftswahl in den USA Das Ergebnis steht erst seit wenigen Stunden fest, zur Überraschung vieler hat Donald Trump gewonnen. Scholz zeigt sich darüber »pikiert«, notiert Olearius später. Schließlich kommt Scholz zur Steuerrückforderung an die Bank. Offensichtlich hat er das Papier gelesen, das Olearius ihm vor 14 Tagen überreicht hat und das an die Finanzbeamtin Svenja Pannhusen adressiert ist.

---

19 Sowohl Scholz als auch Tschentscher sagen, an dieses Gespräch keine konkrete Erinnerung mehr zu haben. Ob es auch um das Gespräch mit Olearius ging, ist unklar.

Scholz fordert den Bankier jetzt auf, das Dokument »ohne weitere Bemerkung« an Finanzsenator Tschentscher zu schicken. Damit ist – nach inzwischen etlichen Insiderinformationen und Ratschlägen der Finanzbeamtin Pannhusen an die Warburg-Bank – eine neue Ebene erreicht: Der Bürgermeister hat den mutmaßlichen Steuerbetrüger Christian Olearius diesmal nicht nur empfangen und angehört, sondern ihm auch persönlich den Weg gewiesen, auf wessen Schreibtisch die Verteidigungsschrift der Warburg-Bank landen soll. Hier hilft also der Chef, und er schickt Olearius mit seinem Schreiben nicht etwa zur Fachkraft im zuständigen Amt. Olaf Scholz verweist den Bankier an die politische Spitze der Hamburger Steuerverwaltung, an den Finanzsenator selbst, der eigentlich nicht damit befasst ist, Entscheidungen des Finanzamts für Großunternehmen zu fällen.

Olearius tut sofort, was Scholz ihm auftrug. Seiner Sekretärin diktiert er: »Sehr geehrter Herr Senator, wegen der Bedeutsamkeit des Vorganges erlaube ich mir, Ihnen eine Ablichtung des Schreibens an Frau Pannhusen, Finanzamt für Großunternehmen, direkt zuzuleiten.« Das kurze Anschreiben beendet Olearius mit einer klaren Botschaft: »Eine baldige Entscheidung ist im Interesse der Bank äußerst wünschenswert.«

Die Sekretärin bringt den Brief persönlich in die Finanzbehörde. So bekommt Peter Tschentscher ihn noch am selben Tag auf den Tisch. Unter dem Eingangsstempel zeichnet er den Empfang des Papiers mit seiner Paraphe ab und bittet einen Mitarbeiter aus seinem Stab zur Rücksprache. Zwei Tage später, am Freitag, unterhält er sich mit seiner Steuerchefin Nottelmann 30 Minuten lang. Im Kalender ist »Rücksprache« notiert. Weitere Informationen zum Gesprächsanlass oder -inhalt sind in Tschentschers Kalender nicht dokumentiert.[20]

---

20 Angela Nottelmann wird dem Ausschuss allerdings berichten, nach dem ersten Gespräch am 13. Oktober noch ein weiteres Mal mit Tschentscher gesprochen zu haben. »Ich habe ihm irgendwann am Rande einer so genannten Großen Runde, die wir wöchentlich hatten, gesagt, dass ich einen Termin am 17. November anberaumt habe mit einer Expertenrunde, wo wir uns diesem Thema widmen wollten. (...) Er hat gesagt, er fände das gut.« Ob es sich hier um diesen Termin handelt, ist unklar.

Montag, 14. November 2016

Nach dem Wochenende gibt Tschentscher den Brief schließlich nach unten in seiner Behörde – obwohl er schon aus dem Anschreiben weiß, dass er im nachgeordneten Finanzamt bereits vorliegt. Tschentschers Referent bringt den Brief persönlich ins Büro des zuständigen Abteilungsleiters Michael Wagner, auf dem Anschreiben ist handschriftlich mit grüner Senatorentinte vermerkt: »Bitte um Informationen zum Sachstand«. Daneben setzt Tschentscher wieder seine Paraphe. Damit ist in der Steuerverwaltung hinterlegt, dass der Senator persönlich wissen will, wie das Finanzamt mit dem Warburg-Fall umgeht.[21]

Einen Tag später bekommt die Verteidigungsschrift einen Eingangsstempel in der Finanzverwaltung. Für die Beamten in der Steuerverwaltung ist das eingegangene Papier ein ungewöhnlicher Vorgang. Es ist äußerst selten, dass persönliche Schreiben von Steuerpflichtigen über den Senator ins Haus kommen. Am Ende landet das Warburg-Papier bei der Referentin Brigitte Birkenberger. Sie nimmt einen grünen Textmarker und unterstreicht mit Lineal die aus ihrer Sicht wichtigsten Passagen, etwa »Sachverhalt noch nicht ausermittelt«, »Rücknahme« und »Existenzgefährdung«. Es sind just jene Argumente, mit denen das Finanzamt später begründet, warum es die Millionen, anders als geplant, doch nicht zurückfordert.

---

21 Peter Tschentscher wird im Ausschuss später erklären: »Es war wirklich gute Verwaltungspraxis, hier den Eingang zu dokumentieren und in diesem Fall wirklich sehr nüchtern zu sagen: Bitte um Information zum Sachstand. (...) Es (Anmerkung: das Schreiben) geht an die Leitung der Steuerabteilung, des Steueramtes 5, und von dort aus dahin, wo es hingehört: Zum Beispiel ins Finanzamt oder in die zuständige Referatsstelle, die sich damit befassen soll. Aber keine Entscheidung von mir, sondern in diesem Fall dann von der Steuerabteilung.«

Dienstag, 15. November 2016

Während sich Anne Brorhilker um die Vernehmungen des Kronzeugen kümmert, betreut ihr Kollege Fuchs weiter das Warburg-Verfahren. Er liefert Svenja Pannhusen per Mail eine weitere Argumentationshilfe, um die Millionen zurückzufordern. Er schickt ihr einen aktuellen Erlass aus dem Bundesfinanzministerium. Nach seiner Auffassung, schreibt Fuchs, dürfte der Erlass die Rechtsposition des Finanzamts bezüglich der Forderung an Warburg erheblich erleichtern. Am gleichen Tag telefonieren die beiden noch. Das Finanzamt könne bald die Protokolle der ersten Vernehmungen von Frey haben, verspricht Fuchs.

In der Finanzbehörde schreibt Björn Müller, der Pannhusens Vermerk juristisch geprüft und gegen eine Rückforderung der Steuergelder nichts einzuwenden hat, einem Kollegen per Mail, dass er in zwei Tagen um 10 Uhr zu einer Besprechung zum Thema Warburg eingeladen sei. Er sei von seinem Vorgesetzten in dieser Sache noch einmal instruiert worden, »keine Federführung für irgendetwas« zu übernehmen. Daran werde er sich halten und sich auf seine Position gemäß Vermerk zurückziehen.

7

Donnerstag, 17. November 2016

Die Hamburger Finanzbehörde residiert seit mehr als 90 Jahren in einer achtstöckigen Trutzburg am Gänsemarkt, umgeben von Luxus-Boutiquen und anderen eher teuren Geschäften. Svenja Pannhusen hat hier um einen Termin gebeten, zuletzt in einer E-Mail vor zwei Wochen: »In der Angelegenheit M. M. Warburg (Cum-ex-Bericht vom 05.10.2016) besteht noch Gesprächsbedarf mit dem Finanzamt«, schrieb sie an zwei Kollegen in der vorgesetzten Behörde und bat um einen Ansprechpartner. Anfang Oktober hatte Pannhusen den Kollegen in der ihrem Amt vorgesetzten Behörde die Gründe aufgezählt, warum sich die Stadt das Geld zurückholen sollte. Jetzt drängt sie die Verantwortlichen zu einer Entscheidung. Die Zeit eilt: In sechs Wochen verjähren 47 Millionen Euro.

Seit morgens liegt die neue Ausgabe der Wochenzeitung *Die Zeit* am Kiosk. Unter der Überschrift »Jetzt auch noch Warburg?« befasst sich ein mehrseitiger Artikel mit den Cum-ex-Geschäften der Bank. Auf Grundlage interner Protokolle und Ermittlungsakten dokumentiert der Artikel, wie stark die Indizien gegen die Bank und Olearius sind.

Um 10 Uhr treffen sich acht Beamte im Besprechungsraum 140 im fünften Stock der Finanzbehörde. Neben Svenja Pannhusen aus dem Finanzamt für Großunternehmen und ihrer Chefin Karin Ohse-Griem hat Angela Nottelmann fünf Kolleginnen und Kollegen aus ihrer Behörde hinzugebeten. Sie werde den versammelten Sachverstand zum Thema zusammenholen, hatte die Chefin der Finanzverwaltung Senator Peter

Tschentscher versprochen. Das klang sicher gut, nur: Von den Beamten im Raum haben einige in ihrer Karriere bisher gar nicht oder nur sehr am Rande mit Cum-ex-Geschäften zu tun gehabt. Mehrere ausgewiesene Experten wurden hingegen nicht eingeladen: die kritischen Betriebsprüfer Gerhard Heuer und Dagmar Meyer-Spiess, die anerkannten Fachleute Jan-Willem Bruns und Kai Siegel-Röhn, Melf Christian Volquardsen, der Referatsleiter, der das juristische Vorgehen für vertretbar hielt: Sie alle fehlen. Stattdessen ist Volquardsens zurückhaltender Referent Björn Müller dabei, der nur still zuhört, wie die Hierarchen eine Entscheidung treffen, die ihm nicht gefällt.

Den beteiligten Beamten ist klar, dass am Ende die Chefin die Entscheidung verantworten muss. Als Volkswirtin verlässt sich Nottelmann beim Thema Cum-ex, so sagt sie selbst, auf die Expertise ihres Abteilungsleiters Michael Wagner.

Wagner hat nach einer Lehre als Bankkaufmann Jura studiert und in der Rechtsabteilung einer Bank gearbeitet. Aus dieser Zeit kennt er Christian Olearius persönlich.[22] Seit 20 Jahren ist er Finanzbeamter in Hamburg. Nach seiner Überzeugung muss die Stadt dafür sorgen, dass der Bankenstandort Hamburg nicht in der Bedeutungslosigkeit verschwindet. Außerdem ist er skeptisch gegenüber der »Meinungsmache« zu Cum-ex in der Öffentlichkeit und wundert sich, warum die Ermittlungsbehörden aus NRW »mit dieser Härte« gegen Warburg vorgehen.[23]

Die Sitzung beginnt mit einem Vortrag von Svenja Pannhusen. Weil die Betriebsprüfer nicht eingeladen wurden, ist sie die Einzige, die den Fall näher kennt. Ihrer Darstellung kommt damit hohe Bedeutung zu.

Anders als in ihrem Gutachten spricht Pannhusen in der Sitzung nicht mehr über die zahlreichen Indizien gegen Warburg. Sie betont an diesem Tag, der Sachverhalt sei nicht vollständig aufgeklärt. Bei mehreren Teilnehmern entsteht der Eindruck, dass die Beamtin selbst die

---

22 Die Bekanntschaft zu Olearius wird Michael Wagner erst bei seiner zweiten Befragung durch den Untersuchungsausschuss im August 2022 einräumen. Er habe seit 25 Jahren keinen Kontakt mehr mit ihm gehabt.

23 Das wird er später dem Untersuchungsausschuss erzählen.

Millionen nicht mehr zurückfordern will. Ihren Sinneswandel erklärt sie mit einer E-Mail der Wirtschaftsprüfer von Deloitte, die sie Anfang Oktober weitergeleitet bekommen hat. Die Prüfer agierten im Auftrag der BaFin und zweifelten die Rechtmäßigkeit der Steuererstattung massiv an. Doch Pannhusen liest die Mail anders: Auch Deloitte habe offenbar keine Beweise für ein Cum-ex-Geschäft und wolle noch weiter ermitteln.

Pannhusens Eröffnungsvortrag zeigt Wirkung. Es breitet sich Unbehagen in der Runde aus. Niemand stellt sich hart hinter eine Rückforderung. Es geht um die Frage, ob eine solche Entscheidung vor Gericht standhalten kann. Hundertprozentig sicher sein können die Beamten sich da nicht, es gibt noch kein klares höchstrichterliches Urteil zu Cum-ex-Geschäften.

Es besteht aber wenig Grund zur Sorge. Eine Reihe von Gerichten hat in erster Instanz bereits Cum-ex-Urteile gesprochen, die allesamt im Sinne der Finanzverwaltung waren. In anderen Bundesländern greift man auf diese Urteile zurück und folgt der Regel: Im Zweifel müssen die Steuerpflichtigen bei Cum-ex-Geschäften beweisen, dass die Steuern, die sie zurückerstattet bekommen möchten, vorher auch gezahlt wurden. So hatte ursprünglich ja auch Svenja Pannhusen argumentiert: die Indizien würden reichen, um die Bank in die Beweislast zu bringen.

Michael Wagner ist nun anderer Meinung. Er ist überzeugt, dass die Finanzverwaltung die Lieferketten der Aktien nachweisen muss. Sprich: Die Verwaltung ist in der Pflicht, jeden einzelnen Schritt der Cum-ex-Geschäfte zu rekonstruieren um zu zeigen, dass die Steuer tatsächlich nicht bezahlt wurde, die Warburg erstattet bekommen hat. Das wäre ein aufwendiges, wenn nicht gar unmögliches Unterfangen. Die Cum-ex-Täter haben ihre Tauschgeschäfte gerade deswegen über diverse Zwischenstationen im Ausland abgewickelt, um eine einfache Nachverfolgung durch die Finanzbehörden auszuschließen.

Abteilungsleiter Wagner weiß das, gibt sich aber dennoch davon überzeugt, dass es keinen anderen Weg gibt. Er hat Zweifel an dem Urteil des Finanzgerichts Hessen, auf das sich andere Finanzbehörden stützen. Stattdessen beruft er sich auf einen Aufsatz des Steuerjuristen Hartmut Klein, der viele Jahre als Dozent an der Bundesfinanzakademie Finanzbeamte ausgebildet hat.

Klein hat mehrfach zu Cum-ex publiziert, war dabei aber alles andere als ein objektiver Kommentator. Er stand in engem Kontakt mit Hanno Berger. Ermittler hörten diverse Gespräch zwischen den beiden ab. In einem Telefonat erklärte Berger Klein sogar, wie er in einem Aufsatz zu argumentieren habe, gab ihm Anweisungen. Klein solle »herausarbeiten«, dass Cum-ex »keine Straftat« sei. Klein stimmte dann einzelne Formulierungen seines Textes auch noch mit Berger ab.

Wagner weiß das nicht, er findet Kleins Argumentation schlüssig. In der Expertenrunde ist die Beweislast ohnehin kein großes Thema. Die Beamten diskutieren, ob Hamburg bei einer Rückzahlung vor Gericht verlieren könne. Außerdem beschäftigt sie die Frage, ob sie mit ihrer Entscheidung nicht einen Schaden bei der Bank anrichten und dafür womöglich selbst zur Rechenschaft gezogen würden. Dabei geht es merkwürdig leichtgläubig zu. Man beschließt nicht etwa zu prüfen, ob der Bank bei einer Millionenforderung tatsächlich die Pleite drohen würde. Pannhusen nimmt die Drohung der Bank schlicht für bare Münze. Und die Kollegen in der Runde verlassen sich auf Pannhusen.

Es ist einigermaßen absurd. Erstens haben die hochvermögenden Warburg-Eigner für eine mögliche Steuerrückzahlung gebürgt. Zweitens hat die Bank auf Druck der Bankenaufsicht bereits Kapitalmaßnahmen ergriffen. Drittens sind die Wirtschaftsprüfer von KPMG zu dem Schluss gekommen, dass die Bank die Rückzahlung der infrage stehenden 47 Millionen Euro und eine Haftung von weiteren 43 Millionen Euro für das folgende Jahr überleben würde. All diese Fakten sprechen gegen Pannhusens Sichtweise – und sie sind der Finanzverwaltung bekannt. Doch sie spielen keine Rolle in dem Meeting der Beamten aus Finanzbehörde und Finanzamt für Großunternehmen. Stattdessen bestätigen sich die Beamten in der Finanzbehörde offenbar gegenseitig in ihren Zweifeln und Ängsten. Auch Referentin Brigitte Birkenberger, die noch vor wenigen Wochen ausgerechnet hatte, dass die Bank die Rückzahlung schultern könnte, widerspricht nicht.

Irgendwann wird es Finanzamtschefin Karin Ohse-Griem zu viel. Sie fragt in die Runde, ob man es vielleicht lieber sein lassen solle mit der Rückforderung. Alle stimmen zu. Angela Nottelmann fragt noch einmal, ob alle einverstanden sind. Es gibt keinen Widerspruch. Also verzichtet

Hamburg auf eine Rückforderung. Damit ist jedem in der Runde klar, dass es zur Verjährung kommt. Der Fiskus wird leer ausgehen. Die Warburg-Bank bleibt Cum-ex-Profiteur.

Besonders Wagner hat damit kein Problem. Man muss es aushalten, wenn man später dafür kritisiert wird, findet er. An den möglichen Schaden für die Steuerzahler verschwendet er keine Gedanken. Von den 47 Millionen Euro bleibt einiges beim Bund, anderes geht in den Länderfinanzausgleich. Für die Stadtkasse bleibt dadurch nur noch wenig übrig.

Am Ende der Sitzung stellen die Beamten fest, dass sie keinen Protokollanten bestimmt haben. Ein Protokoll ist aber essenziell. Nottelmann will, dass das Ergebnis der Sitzung offiziell festgehalten wird und alle Teilnehmer unterschreiben und damit bestätigen, die Entscheidung zugunsten der Bank und zulasten des Steuerzahlers mitzutragen. Damit nämlich wird die Verantwortung vergemeinschaftet – und löst sich so quasi auf. Die versammelte Expertise der Behörde hat entschieden.

Die Aufgabe, nachträglich ein Protokoll zu verfassen, übernimmt schließlich Svenja Pannhusen. Bevor sie sich an die Arbeit macht, ruft sie allerdings Dominik Wilcken von der Warburg-Bank an und informiert ihn brühwarm über die Entscheidung der Runde. Wilcken unterrichtet umgehend Olearius: Die Steuererstattung werde nicht widerrufen. Pannhusen habe empfohlen, Ruhe zu bewahren, notiert Olearius am Abend in seinem Tagebuch.[24]

Samstag, 19. November 2016

Zwei Tage nach der Millionen-Entscheidung zugunsten der Warburg-Bank begegnen sich Christian Olearius und Olaf Scholz auf der Trauerfeier für Kultursenatorin Barbara Kisseler. Scholz hat die ehemalige Berliner Staatssekretärin 2011 in seinen Senat geholt. Obwohl sie bereits

---

24 Zu diesem Gespräch gibt es keinen Vermerk von Pannhusen. Sie äußert sich dazu nicht.

seit April krankheitsbedingt nicht mehr arbeiten konnte, hat Scholz keinen Nachfolger berufen. Er hielt das für pietätlos.

600 Gäste sind ins Deutsche Schauspielhaus gekommen. Es ist ein Querschnitt durch die Hamburger Gesellschaft, von Altpunks und Hausbesetzern bis zu Logistikmilliardär Klaus-Michael Kühne. Auch Christian Olearius ist da. Er hat viele Jahre mit Kisseler im Aufsichtsrat der Hamburg Musik gGmbH zusammengearbeitet, der Betreibergesellschaft von Elbphilharmonie und Laeiszhalle. Er schätzt sie sehr. Zum Auftakt spielen Musiker des Philharmonischen Staatsorchesters unter der Leitung des Dirigenten Kent Nagano den zweiten Satz aus Bachs *Konzert für zwei Violinen in d-Moll*.

»Barbara Kisseler liebte die Gegensätze unserer Stadt«, sagt Scholz in seiner Trauerrede. Sie sei eine »hinreißende Frau« gewesen. »Sie konnte Menschen sehr charmant über den Tisch ziehen – das hat sie einmal selbst als ihr hervorstechendes politisches Talent beschrieben. Jeder, der mit ihr mal über einen Haushalt beraten und verhandelt hat, wird zustimmen und zugleich feststellen, dass er sich niemals über den Tisch gezogen, sondern stets in den Arm genommen gefühlt haben dürfte.«

Olearius findet die Rede sehr gut. Sie werde dieser Frau und ihrem Wirken gerecht: geistvoll, abwechslungsreich, feinfühlig. Vor der Saaltür passt er Scholz ab, drückt ihm die Hand und sagt kurz: »Danke!«[25]

Montag, 21. November 2016

Svenja Pannhusen hat das Protokoll über das Gespräch in der Behörde fertiggestellt. Auf zwei dünnen Seiten revidiert sie ihren 28-seitigen Bericht aus dem Oktober, stellt die Argumentation auf den Kopf, die sie in den vergangenen Monaten selbst immer wieder vertreten hat. Die Beteiligten seien sich einig, das Geld nicht zurückzufordern, notiert

---

25 Vor dem Untersuchungsausschuss wird Olearius zu dem »Danke« erklären lassen: »Ich würde die Unwahrheit sagen, wenn ich heute genau wüsste, ob für die Rede oder sein Zuhören bei unseren Sorgen.«

Pannhusen, bislang gebe es lediglich Indizien, keinen ausermittelten Sachverhalt. Die Erfolgsaussichten in einem Klageverfahren seien gering. Bei den Ergebnissen von Deloitte handele es sich nur um Vermutungen. Man habe darüber gesprochen, dass eine Rückforderung vermutlich einen »unmittelbaren Zusammenbruch der Warburg-Gruppe« zur Folge habe.

In dem Protokoll steht tatsächlich unmittelbarer Zusammenbruch. Nicht mal die Warburg-Bank selbst war so dreist, ihre Lage derart zu dramatisieren, man könnte auch sagen: falsch darzustellen. Denn die beiden Teileigner Olearius und Max Warburg haben sich ja längst dazu bekannt, der Bank im Notfall zu helfen.

Um 11:40 Uhr schickt die Beamtin den Vermerk an ihre Vorgesetzte im Finanzamt für Großunternehmen. Als wichtigsten Beleg hängt sie zwei Telefonnotizen zu Gesprächen mit Staatsanwalt Fuchs an. Im August hat der Staatsanwalt ihr bestätigt, er habe kein Problem damit, wenn das Finanzamt noch nicht zurückfordere. Und im November sagte er, er würde noch nichts zurückfordern – er sei allerdings auch kein Steuerrechtler.[26]

Finanzamts-Chefin Karin Ohse-Griem ist zufrieden mit ihrer Beamtin. Per Mail verschickt sie um 13:17 Uhr ein Lob: »Gut gemacht!« Anschließend schickt Pannhusen den Vermerk an die übergeordnete Finanzbehörde. Abteilungsleiter Michael Wagner baut noch kleine Änderungen in das Protokoll ein und mahnt dann zur Eile: »Ich wäre Ihnen dankbar, wenn wir Ihren endgültigen Vermerk bis morgen mittags erhalten könnten, denn wir sollen ihn dann umgehend unserem Senator als Unterrichtungsvorlage zuleiten.«

Tschentscher bekommt den Vermerk zwei Tage später auf den Tisch. Er hat noch zwei Nachfragen zu Details, die schnell beantwortet werden. Anschließend führt er offenbar ein Gespräch zum Thema mit Angela Nottelmann und Michael Wagner.[27] Die Beamten erklären ihm den Fall noch einmal. Beim Senator bleibt ein Dilemma hängen, das in Wirklichkeit gar nicht besteht: Die Bank könnte bankrottgehen – oder eine Mil-

---

26 Diese Interpretation hatte Fuchs etwas abgeschwächt, siehe S. 90, Fußnote 18.
27 Tschentscher wird sich später im Untersuchungsausschuss an ein solches Gespräch erinnern, Nottelmann und Wagner nicht.

lionenforderung für die Stadt verjähren.[28] Zudem stellen ihm die Beamten eindringlich dar, dass die Stadt verklagt werden könnte. Schließlich nimmt Tschentscher in Kauf, dass seine Stadt mutmaßliche Steuerbetrüger mit ihrer Millionenbeute entkommen lässt.

Montag, 28. November 2016

Scholz steht so unangefochten wie nie da. Die Universität Hamburg hat eine Umfrage veröffentlicht: Wäre am Sonntag Bürgerschaftswahl, käme die SPD auf sagenhafte 48 Prozent. Eine absolute Mehrheit wäre wieder in Griffweite. Der Grund: Scholz. 75 Prozent der Bürgerinnen und Bürger sind mit seiner Arbeit zufrieden oder sehr zufrieden. 97 Prozent der Befragten bescheinigen ihm Kompetenz, 84 Prozent Führungsstärke. Und sogar unter den CDU-Wählern bewerten 69 Prozent der Befragten seine Arbeit positiv.

Einige Tage nach Veröffentlichung der Umfrage genießt Scholz das Ergebnis bei der Veranstaltungsreihe »Olaf Scholz im Gespräch«, mit der er seit Jahren durch Hamburg tingelt. 200 Bürgerinnen und Bürger sind in eine Schulaula in Meiendorf im Nordosten der Hansestadt gekommen. 30 Minuten lang preist der Bürgermeister an diesem Abend die Erfolge des Senats, die natürlich vor allem seine eigenen sind. Dann dürfen die Bürger Fragen stellen. Ein Zuhörer meldet sich und fragt: »Was tun Sie, damit die SPD im kommenden Jahr einen guten Kanzlerkandidaten be-

---

28 Im Untersuchungsausschuss wird Tschentscher später erklären, die Beamten hätten es ihm so dargestellt, dass eine spätere Rückforderung noch möglich sei, wenn Cum-ex-Geschäfte nachgewiesen würden. Für diesen Fall gelte eine längere Verjährung. Das habe er als Ausweg aus dem Dilemma gesehen. Auf Rückfrage wird Tschentscher allerdings nicht näher erläutern können, auf welcher gesetzlichen Grundlage das im Herbst 2016 geschehen sollte. Eine heute vorgesehene längere Verjährungsfrist für Steuerhinterziehung wurde erst im Jahr 2017 eingeführt, ebenso die vom Landgericht Bonn später genutzte Vermögensabschöpfung. Die Aussage steht zudem im Widerspruch zu den Aussagen der Finanzbeamten Pannhusen und Wagner: Beide werden erklären, 2016 davon ausgegangen zu sein, dass die Gelder verjährt sind.

kommt?« Und ergänzt: »Mit Gabriel oder Schulz lässt sich doch keine Wurst vom Brot ziehen.« Er könnte auch sagen: Treten Sie an!

Der Parteichef Sigmar Gabriel selbst hat kurz zuvor in Duisburg in eine ähnliche Richtung gestoßen. Er finde es ungerecht, dass in der K-Frage immer nur er selbst und der EU-Parlamentspräsident Martin Schulz erwähnt würden, sagte Gabriel. Es werde vergessen, »dass wir noch einen Dritten im Bunde haben: Olaf Scholz«. Und dann fügte er hinzu: »Wenn du drei in der Partei hast, geht's dir noch besser als der CDU, die haben nur einen.« Scholz ließ Gabriels Bemerkung unkommentiert. Nun aber kommt die K-Frage hier in Meiendorf wieder auf.

Scholz reagiert auf die Frage, indem er süffisant lächelt. Es ist ein offenes Geheimnis, dass er nichts von Schulz hält. Er sieht in ihm eigentlich nicht einmal einen angemessenen Konkurrenten. Das lässt er immer wieder durchblicken. Aber er sagt es nicht so direkt. Er sagt nur, er sei »überzeugt, dass die SPD im Januar eine kluge Entscheidung treffen« werde.

Montag, 5. Dezember 2016

Einen Tag vor Nikolaus hat Svenja Pannhusen noch eine gute Nachricht für ihren Ansprechpartner bei der Warburg-Bank. Alle Zuständigen hätten das Protokoll unterschrieben, teilt sie Dominik Wilcken mit. So notiert es Olearius in seinem Tagebuch. Demnach warnt Pannhusen die Bank allerdings auch: Staatsanwaltschaft und Deloitte seien Warburg nicht gewogen.[29] Olearius nimmt dies zur Kenntnis, aber für ihn ist die einhellige Entscheidung der Verantwortlichen in der Hamburger Finanzverwaltung ausschlaggebend. Er sei froh und dankbar, endet er an diesem Abend seinen Tagebucheintrag.

---

29 Auch zu diesem Gespräch gibt es keine Aufzeichnungen von Pannhusen. Sie hat sich dazu auf Anfrage nicht geäußert.

Dienstag, 13. Dezember 2016

Im Kaisersaal des Rathauses wird mal wieder ein Preis verliehen, und Olaf Scholz hat die Schirmherrschaft übernommen. Drei Wissenschaftler erhalten für ihre experimentelle Wirtschaftsforschung den ersten Wirtschaftspreis der Joachim Herz Stiftung und insgesamt 60 000 Euro. Christian Olearius hält in seiner Funktion als Chef des Stiftungskuratoriums ein Grußwort, übergibt die Auszeichnung. Scholz gratuliert den Preisträgern: »Der Joachim Herz-Wirtschaftspreis ist ein bedeutender Preis, der in die Zeit passt und dazu beitragen wird, die Wirtschaftswissenschaften zu stärken und noch besser aufzustellen«, sagt er. »Wir brauchen solche Brücken zur Forschung und gerade auch zu den Wirtschaftswissenschaften, an die sich gegenwärtig besonders viele Fragen richten.« Nach der Preisverleihung unterhalten sich Scholz und Olearius noch eine Weile. Olearius notiert in seinem Tagebuch nicht, worüber sie sprechen.

Donnerstag, 22. Dezember 2016

Kurz vor Heiligabend will Christian Olearius sich bei Alfons Pawelczyk und Johannes Kahrs für deren Hilfe in den vergangenen Monaten erkenntlich zeigen. Der Bankier lädt die beiden SPD-Männer zum Lunch ein. Sie sprechen wohl auch über andere Dinge, aber der Steuerfall steht im Vordergrund.

An dessen positiver Wendung spricht sich Pawelczyk selbst einen Anteil zu. Und auch Olearius hat offenbar den Eindruck, dass die Beratung geholfen hat. Am nächsten Tag, dem 23. Dezember 2016, geht auf Pawelczyks Konto unter dem Stichwort »Rechnungsnr. 1/2016« eine Überweisung der »M.M. Warburg & CO Gruppe« ein: 29 750 Euro.

Olearius aber beschäftigt etwas anderes. Nachdem seine Bank das Geld nicht zurückzahlen muss, sinnt er auf Rache. Er überlegt laut, gegen BaFin, Staatsanwaltschaft und Presse vorzugehen. Pawelczyk und Kahrs versuchen, ihm das auszureden. Er hört sich die Ratschläge der beiden an, bleibt aber gespalten.

Doch da ist nicht nur die Wut auf Behörden und Presse. Olearius verspürt auch Angst. Er fürchtet, dass die Entscheidung der Hamburger Finanzverwaltung doch noch in letzter Sekunde gekippt wird. Zwischen den Feiertagen fährt er jeden Tag in sein Büro in der Ferdinandstraße. Kommt doch noch ein Schreiben der Finanzbehörde oder der BaFin? Olearius weiß, es ist höchst unwahrscheinlich, dass ein Beamter noch in der Silvesternacht die Entscheidung umstößt. Doch der Bankier, so vertraut er es seinem Tagebuch an, bangt bis zum Jahresende.

Aus dieser Stimmung heraus zieht Olearius ein Resümee.[30] Auf mehreren losen Blättern skizziert er handschriftlich die Ereignisse der vergangenen Monate, beginnend mit der Durchsuchung der Bank durch die Kölner Staatsanwaltschaft. Seine Kommentare sind mal ausführlicher, mal knapp und meistens prägnant. Die Presse: »bösartig«; BaFin und KPMG: »kein Interesse an Wahrheit«; der Untersuchungsausschuss des Bundestags: »kein Respekt, Reputation von Bank und C.O. verletzend«. Der Bankier überschreibt sein Konvolut mit »Hexenjagd«.

Auf weiteren Seiten notiert Olearius, wie er sich dagegen zu wehren gedenkt: mit Strafanzeigen, Hintergrundgesprächen mit Medien, Annoncen und Internet-Mitteilungen. Als Ziele nennt er die Wiederherstellung seines Rufes und den der Bank sowie Schadensersatz.

Olearius notiert jedoch auch, wer ihm beigestanden und geholfen hat. Unter der Zwischenüberschrift »Dank« listet er die Nachnamen von zehn Personen auf. Offensichtlich hat er sich bei einer Reihe davon bereits erkenntlich gezeigt. Jedenfalls setzt er hinter vier Namen einen Haken: bei Alpers, seinem Steuerberater, bei den SPD-Politikern Kahrs und Pawelczyk. Und bei Olaf Scholz.

---

30 Ein genaues Datum ist auf den Aufzeichnungen nicht vermerkt.

Mittwoch, 11. Januar 2017

Sie sind alle gekommen: Bundespräsident Joachim Gauck, Bundeskanzlerin Angela Merkel, Bundestagspräsident Norbert Lammert und Andreas Voßkuhle, der Präsident des Bundesverfassungsgerichts, außerdem Bundesminister, Altbürgermeister, Wirtschaftschefs und Fernsehstars. Und natürlich alle, die in Hamburg als wichtig gelten. Christian Olearius sitzt mit seiner Frau wenige Reihen hinter der Bundeskanzlerin. Sein Sohn Joachim ist mit Frau erschienen, Tochter Katharina mit ihrem Ehemann. Alfons Pawelczyk wird von seiner Tochter begleitet, Johannes Kahrs von seiner Mutter Bringfriede.

Thomas Hengelbrock lächelt kurz, dann hebt der Dirigent des NDR Elbphilharmonie Orchesters den Taktstock. Ludwig van Beethoven, Ouvertüre zu den »Geschöpfen des Prometheus«. Die ersten Klänge des ersten Konzerts im Großen Saal der Elbphilharmonie.

Nach der Ouvertüre betritt Olaf Scholz die Bühne. »Es ist vollbracht«, sagt er. »Der große Wurf gelungen.« Scholz ist sichtlich stolz: Die Elbphilharmonie, jenes Chaosprojekt, das in ganz Deutschland belächelt wurde, ist tatsächlich fertig geworden. Vor zwölf Jahren hat der damalige Bürgermeister Ole von Beust erklärt, dass Konzerthaus solle die Steuerzahler 77 Millionen Euro kosten. Dann schoss der Betrag in die Höhe. 114 Millionen Euro waren es, als die Bürgerschaft das Projekt 2007 auf den Weg brachte. Ein gutes Jahr später genehmigte das Parlament einen Nachschlag auf 323 Millionen Euro. Irgendwann gab es ernsthafte Zweifel, ob das Gebäude jemals fertig werden würde.

Doch das ist fast vergessen. Wem das zu verdanken ist, daran hat Scholz schon im Vorfeld der Eröffnung keinen Zweifel gelassen. Am Morgen ist in der *Bild*-Zeitung ein Text erschienen. Der Autor: Olaf Scholz. Das Thema: Die Geschichte der Elbphilharmonie-Rettung.

»Wenn wir das Projekt retten wollten, brauchten wir klare Führung und starke Nerven«, erzählt Scholz in dem Artikel. Über Monate habe er im Herbst 2012 mit dem Chef des Baukonzerns Hochtief in »Vier-Augen-Gesprächen« verhandelt. Bis zu jenem entscheidenden Wochenende: Der 14. Dezember 2012 sei ein kühler Freitag gewesen, schreibt Scholz. Die Lösung sei zum Greifen nahe gewesen. »Plötzlich geriet wieder einiges ins Wanken.« Für Scholz waren es seinem Text in der *Bild*-Zeitung zufolge dramatische Stunden. »In dieser Nacht konnte ich kaum schlafen.« Erst am Samstag folgte die Erlösung. »Um 9:17 Uhr, wir saßen schon in einer Senatssondersitzung im Rathaus, kam endlich das gewünschte Signal von Hochtief. Meine Erleichterung war groß!«

789 Millionen Euro, darauf hatten sich Scholz und der Baukonzern als Festpreis für den öffentlichen Teil des Konzerthauses geeinigt. Würde es noch teurer, müsste der Baukonzern zahlen, so der Deal. Dafür musste Scholz tief in die Tasche greifen. 200 Millionen Euro Nachschuss gewährte die Stadt allein dem Baukonzern, im Vergleich zu den letzten Kalkulationen war das eine Kostensteigerung um 40 Prozent. Aber, so hatte es die Stadt ausgerechnet, andere Lösungen wären wohl auch nicht billiger.

Die Höhe der Kostensteigerung erwähnt Scholz in seinem *Bild*-Text ebenso wenig wie die negativen Schlagzeilen nach der Einigung: »Und noch einmal 200 Millionen Euro mehr«, titelte das *Abendblatt* am 15. Dezember 2012. »Scholz schluckt 198-Mio-Kröte«, schrieb die *Bild*. Stattdessen behauptet Scholz heute über den von ihm ausgehandelten Deal: »Von Richtern über Bauexperten bis zum Steuerzahlerbund war die eindeutige Empfehlung: Das ist der beste Vertrag, den die Stadt machen konnte.«

Neben den knapp 200 Millionen Euro für den Baukonzern Hochtief entstanden der Stadt durch den Deal noch eine Reihe weiterer Kosten. Fast 292 Millionen Euro zusätzlich genehmigte die Bürgerschaft schließlich für die Elbphilharmonie. Viel Geld, doch Scholz' Wette ging auf. Der große Nachschlag blieb die letzte Kostensteigerung.

Und das feiert Scholz als seinen Erfolg. Der Bürgermeister präsentiert sich dieser Tage allerorten als harter Verhandler, blitzgescheiter Rechner und Garant des guten Regierens. »Es ist dilettantisch gehandelt worden«, sagt er in einem Interview mit dem *Hamburger Abendblatt* über die Vorgängerregierung. »Ein gewissenhafter Umgang mit der übertragenen Verantwortung für das Wohl der Stadt sieht bestimmt anders aus.«

Scholz verspicht, es besser zu machen. Als Beispiel nennt er das städtische Kongresszentrum CCH. »Die Stadt baut das CCH um, für etwa 200 Millionen Euro. Auch keine einfache Architektur, aber verglichen mit diesem Gebäude eine überschaubare Aufgabe«, erklärt er den *Abendblatt*-Redakteuren. »Wir haben aus der Elbphilharmonie gelernt und über 13 Millionen Euro in die Planung investiert, bevor wir uns zum Bau entschlossen und harte Verträge aufgesetzt haben.«

Es wird ein leeres Versprechen bleiben. Statt den kalkulierten 194 Millionen Euro wird das Kongresszentrum bis zu seiner Eröffnung 297 Millionen kosten. Und es ist nicht das einzige Bauprojekt, das Hamburg unter Bürgermeister Scholz startet und dessen Kalkulation später völlig gesprengt wird. Beim »Haus der Erde« der Universität sind knapp 150 Millionen Euro prognostiziert, kosten wird es etwa 300 Millionen Euro. Für die Sanierung des Philosophenturms am Campus der Universität sind 60 Millionen Euro avisiert, letztlich werden es 90 Millionen Euro. Und auch bei der Sanierung der Hamburger Prachtstraße, der Elbchaussee, laufen der Stadt die Kosten davon. 28 Millionen waren unter Scholz angesetzt, zwischenzeitlich rechnet die Stadt mit 40 Millionen Euro.

Sonntag, 15. Januar 2017

Olaf Scholz sitzt in der Talkshow »Anne Will«. Das ist eine Ausnahme. Er ist höchst selten in Talkshows zu sehen. Doch in diesen Wochen sucht er die Öffentlichkeit. Er hat auffällig viele Interviews gegeben und sich darin als knallharter Sicherheitspolitiker gegeben. Dazu passt auch das Thema bei Anne Will: »Bürger verunsichert – wie umgehen mit kriminellen Zuwanderern?« Scholz sagt in der Show nicht viel, aber das muss er auch nicht. Neben dem CSU-Zappelphilipp Edmund Stoiber wirkt er hochseriös. Was er sagt, bleibt hängen. »Wenn irgendwo Probleme auftreten, muss die Polizei massiv dagegenhalten«, fordert er etwa. »Das klare Signal des Staats muss sein: Wir sind stärker.« Zu Hause ist man begeistert. Im *Hamburger Abendblatt* schreibt Chefredakteur Lars Haider: »In der Hansestadt kennt man Scholz genauso, wie er sich in der ARD präsentierte: als Politiker, der die Lage im Griff hat, der selbst in unsicheren Zeiten die Ruhe nicht verliert.«

Doch obwohl Hamburg laut des Chefredakteurs der führenden Lokalzeitung offenbar den perfekten Bürgermeister für schwierige Zeiten hat, bestellt der SPD-Parteichef Sigmar Gabriel am Samstag, den 21. Januar, den Europapolitiker Martin Schulz zum Gespräch auf Schloss Montabaur in Rheinland-Pfalz. Schulz geht davon aus, dass Gabriel selbst Kanzlerkandidat wird und ihm den Job als Außenminister anbieten will. Er hat für die ersten Wochen im Amt bereits geplant. Nun kommt es anders: »Du musst es machen«, erklärt Gabriel dem verdutzten Schulz. Er präsentiert ihm Umfragen, die er in Auftrag gegeben hat. Sie zeigen, dass Schulz beliebter ist als Gabriel.

Olaf Scholz erfährt noch am gleichen Tag per SMS von der Entscheidung. Er ist gerade wieder in der Elbphilharmonie, bei einem Konzert der für ihre Klangexperimente bekannten deutschen Band »Einstürzende Neubauten«, als er die Nachricht von Sigmar Gabriel erhält. Scholz ist verstimmt. Er glaubt nicht, dass Schulz dem Amt des Kanzlers gewachsen ist.

»Martin Schulz mag als Kandidat stärker als Sigmar Gabriel sein«, schreibt *Abendblatt*-Chefredakteur Haider. »Die beste Lösung für die dahinsiechende SPD wäre aber der Mann gewesen, der in Hamburg bewiesen hat, dass und wie man als Sozialdemokrat eindrucksvoll Wahlen gewinnen kann.« Andere Kommentatoren denken schon weiter. Wenn Schulz die Wahl verliert, läuft alles auf Scholz zu. 2021 wird er bessere Chancen haben, weil er dann wahrscheinlich nicht mehr gegen die immer noch beliebte Amtsinhaberin Angela Merkel antreten muss.

Das weiß auch Scholz – und bringt sich dafür in Stellung. Weitgehend unbemerkt von der Öffentlichkeit hat er in den vergangenen Monaten nachts und in den Ferien an einem Buch gearbeitet. »Als Autor ist Olaf

Scholz ein Traum«, lobt sein Verleger. Nicht nur habe der Bürgermeister ein vernünftiges Manuskript eingereicht, an dem nicht mehr viel gewerkelt werden musste. Er sei sogar eine Woche vor Abgabetermin fertig geworden.

»Hoffnungsland« heißt das Buch. Vor einigen Monaten hat Scholz auf dem Landesparteitag gesagt, Hamburg sei eine »Hoffnungsstadt«, und damit versucht, seine Erfolge auf den Punkt zu bringen. Nun kommt es also eine Nummer größer. Zu einem »Hoffnungsland« soll Deutschland werden. Das Buch ist teils schwere Kost mit ausufernden historischen Ausflügen und Satzungetümen. Aber hier ist bereits angelegt, woraus Scholz später bei seiner Kanzlerkandidatur schöpfen wird. Und er formuliert einen Maßstab, was sein Anspruch an gute Politik ist.

»Die Welt erlebt gerade eine Zeitenwende«, schreibt er. Den Begriff »Zeitenwende« wird er als Kanzler prominent wiederverwenden. In seinem Buch erklärt Scholz, was er darunter versteht. »Eine Zeitenwende zeichnet sich durch zwei Charakteristika aus«, definiert er. »Politische Gewissheiten verblassen und die Politik ist mit den täglichen Reaktionen auf die Veränderungen so beschäftigt, dass ihr kaum die Zeit bleibt, den Kopf zu heben und das große Ganze in den Blick zu nehmen.«

Letzteres will Scholz mit seinem Buch leisten. Die Migration, die neuen Nationalismen, der Terrorismus, das magere Wachstum in den Industrieländern, welches das Versprechen untergräbt, dass jeder gut zurechtkommt – all das verlangt nach Einordnung, findet Scholz. »Ich möchte nicht warten, bis sich unser Schicksal entschieden hat, sondern lege dieses Buch jetzt mitten in der Zeitenwende vor. Denn ich bin überzeugt, dass wir es in der Hand haben, die laufenden Veränderungen zu beeinflussen, wenn wir jetzt die richtigen Schlüsse ziehen und die zentralen Entscheidungen treffen.«

Es ist der große gedankliche Wurf eines Kanzlerkandidaten, der Scholz nun nicht geworden ist. Aber das Buch lässt Scholz' Selbstbild durchschimmern. Auch in Gesprächen und Interviews präsentiert er sich gern als Intellektueller, erzählt, welche Bücher er gerade liest und was ihn inspiriert hat. Oft sind es amerikanische Sachbücher, intellektuelle Großbetrachtungen, die Scholz, so erklärt er, natürlich weiterdenkt, veredelt und daraus die Leitlinien seiner Politik macht.

»Hoffnungsland« ist letztlich Teil einer sorgsamen Inszenierung: Scholz will ein Politiker sein, der nicht vollmundig erklärt, was er vorhat – sondern der Entscheidungen abseits der Öffentlichkeit intensiv vorbereitet und erst am Ende verkündet, was geschafft worden ist. Ein Denker, der sich mit den großen Philosophen und Soziologen beschäftigt, um die tieferen Entwicklungen der Gesellschaft zu verstehen. Der dann gegen die Fehlentwicklungen kämpft mit all seiner Erfahrung. Ein stoischer Fels, der sich nicht von den Wellen der öffentlichen Meinungen und der Tagespolitik mitreißen lässt, sondern weiß, was wichtig und richtig ist.

In der Einleitung seines Buches zitiert er den Philosophen Karl Popper: »Die Zukunft hängt von uns selbst ab, und wir sind von keiner historischen Notwendigkeit abhängig.« Scholz schließt daraus: »Wir sind in der Lage, in jedem Moment den Lauf der Geschichte zu beeinflussen. Dafür müssen wir aber den Mut aufbringen zu handeln, statt uns von den Ereignissen treiben zu lassen. Müssen nüchtern analysieren und entschlossen entscheiden.«

Dienstag, 31. Januar 2017

Auf dem Konto des SPD-Kreisverbandes Hamburg-Mitte geht eine Spende ein. 15 000 Euro, Der Absender: die Atalanta Beteiligungsgesellschaft. Atalanta, so hieß das Schiff der Warburg-Bank, das Helmut Schmidt als Bundeskanzler gerne auslieh, um sich auf offener See mit anderen Weltpolitikern zu treffen. 13 Tage später bekommt der Kreisverband eine weitere Spende überwiesen. 10 000 Euro. Der Absender ist diesmal eine Setubal Vermögensverwaltungsgesellschaft.

Wenige Mausklicks genügen, um zu sehen, dass die beiden SPD-Spender eine Gemeinsamkeit haben: Beide Firmen sitzen in der Ferdinandstraße 61, wenige Schritte von der Warburg-Bank entfernt. In dem Gebäude wird das weitverzweigte Konzernreich von Christian Olearius und Max Warburg verwaltet. Die Setubal ist eine Holding für Mittelstandsbeteiligungen, in der Atalanta haben die Bankiers Schiffsinvestments gebündelt. Nun haben die beiden Firmen zusammen 25 000 Euro an den SPD-Kreisverband Hamburg-Mitte gespendet. Als Kreisvorsitzender amtiert dort der treue Olearius-Helfer Johannes Kahrs.

Wer in SPD-Kreisen den Namen Kahrs ausspricht, hat die Aufmerksamkeit auf seiner Seite. Der Bundestagsabgeordnete ist berüchtigt, nicht beliebt. Neben Olaf Scholz gilt er als der mächtigste Mann im Landesverband. Seine Macht beruht auf einem System an Abhängigkeiten, das er in fast 30 Jahren in der Politik gewebt und gehegt hat. An Kahrs kommt in der Hamburger SPD niemand vorbei, auch Scholz nicht. Bei großen Entscheidungen und wichtigen Personalien muss der Bürgermeister und Parteichef den Kreisfürsten Kahrs und seine Getreuen berücksichtigen, um die eigene Macht zu sichern.

Politisches Talent war Kahrs, geboren 1963, in die Wiege gelegt. Sein Vater Wolfgang wirkte in Bremen als Justizsenator, seine Mutter Bringfriede als Bildungssenatorin. Mit 19 trat der junge Kahrs in die SPD ein, mit 24 Jahren begann er zunächst in Kiel ein Studium der Volkswirtschaftslehre, brach ab, wechselte nach Hamburg und versuchte sich wie sein Vater an Jura. Nach neun Jahren Studium schaffte er das erste Staatsexamen.

Das reichte, denn schon während des Studiums hatte Kahrs für einflussreiche Sozialdemokraten gearbeitet. Zunächst war er Referent von Alfons Pawelczyk, dann von Günter Elste. Dieser SPD-Mann führte die SPD-Fraktion in der Bürgerschaft und herrschte als Chef der städtischen Holding HGV über das Reich der Hamburger Beteiligungen. Später wurde er Chef der Hamburger Hochbahn. Gefördert wurde der junge Kahrs zudem von Eugen Wagner. Der langjährige SPD-Bausenator wurde wegen seines robusten Politikstils »Beton-Eugen« genannt und saß im Aufsichtsrat der städtischen Wohnungsbaugesellschaft SAGA. Kahrs wurde dort Mitarbeiter.

Als Politiklehrling lernte er, wie sich Loyalität und Nähe zur Wirtschaft auszahlen können. Schon früh knüpfte Kahrs an seinem Netzwerk. Als er bei der SAGA arbeitete, kamen viele junge Genossen aus Mitte an günstige Genossenschaftswohnungen und fühlten sich Kahrs fortan verpflichtet. In seinem Machtstreben kannte Kahrs keine Skrupel. 1992 terrorisierte er mitten in der Nacht eine Gegnerin im Hamburger Juso-Vorstand mit anonymen Anrufen. Es fielen Sätze wie: »Ich krieg dich, du Schlampe«. Die Genossin beantragte eine Fangschaltung. So wurde Kahrs überführt und zu einem Bußgeld von 800 Mark verurteilt. Dass daraufhin 50 bekannte Hamburger Sozialdemokraten von dem Junggenossen verlangten, seine Ämter niederzulegen, beeindruckte Kahrs nicht. Er machte weiter Karriere in der SPD. 1998 zog er in den Bundestag ein, wurde schwulen- und lesbenpolitischer Sprecher der Fraktion. Als Oberstleutnant der Reserve fuhr er zu Wehrübungen. Dann wurde er Sprecher des einflussreichen Seeheimer Kreises, des rechten Flügels der SPD-Bundestagsfraktion.

Über die Jahre hat Kahrs sein Machtsystem perfektioniert. 40 bis 50 Praktikanten arbeiten jedes Jahr für ihn in Berlin und Hamburg, viele ehemalige Praktikanten sind inzwischen in der Bürgerschaft oder haben einflussreiche Positionen in der Partei oder bei den Jusos. Fast wöchentlich lässt er Wähler per Bus von der Alster ins Regierungsviertel an der Spree chauffieren, inklusive Stadtrundfahrt, Führung durch den Reichstag und Diskussion. Rund 300 Besucher locken andere Bundestagsabgeordnete auf diese Weise jährlich nach Berlin, Kahrs schafft mit seinen politischen Kaffeefahrten das Zehnfache.

Neben seinem Talent im Netzwerken fiel früh auf, dass Kahrs offenbar exzellent Parteispenden zu generieren versteht. Als er in den Zweitausenderjahren im Verteidigungsausschuss saß, erhielt sein Kreisverband mehrfach Zuwendungen deutscher Rüstungsfirmen. Die Summen lagen immer eine Haaresbreite unter der Grenze von 10 000 Euro – und mussten so nicht mit Angabe des Spendernamens und dessen Anschrift veröffentlich werden. Über die Jahre kamen aus den kleineren Beträgen stattliche Summen zusammen. Kahrs beteuerte, alle Spenden seien legal. Doch in der Partei ärgerten sich viele über die anrüchigen Geldflüsse. Den offenen Konflikt mit dem einflussreichen Genossen ging allerdings kein Sozialdemokrat ein.

Als Scholz Bürgermeister wurde, versuchten er und der Landesvorstand es mit Transparenz. Spenden ab 2000 Euro müssen seither im Landesvorstand beraten und akzeptiert werden. Um den Anschein von Käuflichkeit zu vermeiden, dürfen Bürgermeister, Senatoren und Bezirksamtsleiter nicht an diesen Beratungen teilnehmen. Sie werden auch nicht über Spenden informiert. Und es gibt Regeln, wenn Spenden nicht an die Landesorganisation gehen, sondern an einen Kreisverband. Die Verantwortlichen im Kreis müssen die Herkunft des Geldes sowie mögliche Verflechtungen prüfen und den Landesschatzmeister unterrichten. Mit dieser Regelung geht die Hamburger SPD über die Statuten der Bundespartei und über das Parteiengesetz hinaus.

Was vorbildlich klingt, entpuppt sich allerdings als löchrig. Als die fünfstelligen Summen der Atalanta und Setubal eintreffen, meldet der Kreisgeschäftsführer der SPD Hamburg-Mitte die Spenden an Christian Bernzen. Die Firmen würden weder dem Spektrum der Hamburger Verwaltung noch der Rüstungsindustrie zuzuordnen sein. Bernzen, Jurist und Erziehungswissenschaftler, amtiert seit 2007 als Landesschatzmeister und gehört selbst zum Kreis Hamburg-Mitte. Er akzeptiert die Erklärung ohne weitere Prüfung. Hohe Spenden aus seinem Kreis ist er gewohnt. 2017 erhält der Kreisverband Mitte insgesamt 245 746 Euro an Spenden. Das sind 73 Prozent aller Spenden an SPD-Kreise in Hamburg und mehr als das Dreifache der Spenden, die an die Hamburger SPD-Landesorganisation gehen. Und auch im Deutschland-Vergleich ist der Kreisverband von Kahrs der mit dem mit Abstand höchsten Spendenaufkommen.

Eine Woche nach Eingang der Spenden aus dem Warburg-Firmengeflecht kommt der geschäftsführende Landesvorstand der Hamburger SPD zusammen. Neben dem Landesschatzmeister nehmen vier Personen an der Sitzung teil, darunter der spätere Finanzsenator Andreas Dressel. Sie nicken die Spenden ab. Werden Spenden als zweifelhaft erachtet, müssen sie zurücküberwiesen werden. Bernzen sieht dafür keinen Anlass. Die Sitzungsteilnehmer hinterfragen die Entscheidung ebenfalls nicht. Niemand wundert sich oder stolpert über den Spendernamen Atalanta.

Neun Wochen nach der Entscheidung des geschäftsführenden Landesvorstandes geht erneut eine Spende ein, dieses Mal direkt bei der SPD-Landesorganisation. Sie beträgt 7500 Euro und muss damit nicht im Rechenschaftsbericht der Partei auftauchen. Nach den eigenen Statuten muss aber der Landesvorstand über die Annahme entscheiden. Der Absender ist diesmal eindeutig: die Warburg-Bank. Doch auch das schreckt die SPD nicht. In der Sitzung vom 9. Mai 2017 segnet der Landesvorstand auch die Spende von der Bank ab, über die öffentlich bekannt ist, dass sie mit Cum-ex-Geschäften den Steuerzahler ausgeraubt haben soll. Bei der Sitzung sind drei Personen anwesend, eine davon ist Johannes Kahrs.

Donnerstag, 6. Juli 2017

Donald Trump, Wladimir Putin, Xi Jinping, Recep Tayyip Erdoğan, Theresa May, Emmanuel Macron, Justin Trudeau – die Welt ist zu Gast in Hamburg und Olaf Scholz steht auf der Landebahn des Helmut-Schmidt-Airports und begrüßt zahlreiche der Staatschefs mit Handschlag, bevor sie in ihre Karossen steigen und weiter zum Treffen der wirtschaftsstärksten Länder der Welt fahren, der sogenannten G-20.

Angela Merkel hat Hamburg als Veranstaltungsort vorgeschlagen und Olaf Scholz die Chance ergriffen, sich und seine Stadt vor den Augen der Welt zu präsentieren. Es war eine einsame Entscheidung. Seinen Koalitionspartner, seinen Senat, seine Partei weihte der Bürgermeister erst ein, als die Sache fest abgemacht war. Besonders die Grünen tun sich schwer mit Scholz' einsamer Entscheidung. Einige der größten Autokraten der Welt in den Messehallen zu versammeln, nur wenige Hundert Meter Luftlinie von der Sternschanze und der Roten Flora entfernt, einem Zentrum der gewaltbereiten Autonomen in Deutschland – kann das wirklich gut gehen?

Olaf Scholz hat eine klare Antwort: Es kann und es wird gut gehen. Gemeinsam mit seinem Vertrauten Wolfgang Schmidt tingelt er seit Monaten durch die Redaktionen und erklärt, warum es eine hervorragende Idee und nahezu zwingend ist, den Gipfel in Hamburg auszurichten. Wolfgang Schmidt ist in diesen Wochen in seinem Element. Unentwegt spricht er mit Journalisten, erklärt ihnen wieder und wieder, wie perfekt alles vorbereitet und wie wichtig dieser Gipfel ist.

»Wolfgang Schmidt ist ein soziales Tier«, wird *Abendblatt*-Chefredakteur Lars Haider später in seinem Buch über Scholz' Aufstieg dessen wichtigsten Mitarbeiter charakterisieren. Schmidt sei »die Mensch gewordene Werbetrommel für Olaf Scholz« und »ein richtig netter Kerl«, der die Schwächen von Scholz im zwischenmenschlichen Bereich überkompensiere. Schmidt duze sich mit fast jedem. »Es ist schwer, den Mann mit Vollbart und den immer etwas verwuschelten Haaren nicht zu mögen.«

Schmidts Erfolgsgeheimnis ist, dass es Journalisten gibt, die so über ihn schreiben – und denken. Natürlich wirkt Schmidt wie ein netter Kerl. Weil es ihm und Scholz nützt. Und wenn es ihm und Scholz nützt, kommuniziert Schmidt pausenlos. Öffentlich, in kleiner Runde im Hintergrund, direkt mit einzelnen Journalisten. Auf SMS und Anrufe von Journalisten reagiert er umgehend und meist ausführlich, er weiß, was Journalisten brauchen. Und er netzwerkt unentwegt. Twittert ein Journalist etwas Kritisches über Scholz, schreibt er ihm. Schreibt ein Journalist etwas Nettes über Scholz, meldet er sich ebenfalls.

Gespräche mit Schmidt folgen dabei oft dem gleichen Muster. Er räumt ein, dass man die betreffende Angelegenheit natürlich kritisch sehen kann. Der Sachverhalt sei aber eigentlich viel komplexer als gemeinhin dargestellt. Wer es anders als Scholz und sein Team sieht, der hat sich entweder nicht genug damit beschäftigt und es also noch nicht ganz verstanden, oder der ist korrumpiert von Interessen, die sachfremd sind. Scholz und seine Leute aber, das ist die Botschaft, haben die Sache verstanden, die Interessen abgewogen und werden alles Notwendige tun.

In den vergangenen Wochen hat Schmidt auf diese Weise immer und immer wieder erklärt, dass es eine Ehre sei, den Gipfel auszurichten. Es sei gut, dass die Autokraten sich in einer demokratischen, weltoffenen Stadt wie Hamburg treffen könnten. Zudem gebe es nicht so viele andere Möglichkeiten angesichts der Zahl von 6000 Teilnehmern und Tausenden von Journalisten.

Damit korrespondieren Scholz' öffentliche Auftritte. »Am Ende wird die Stadt stolz sein«, hat der Bürgermeister erklärt. Die meisten Bürger, prognostizierte er, würden vom Gipfel gar nichts mitbekommen. Die größte zu erwartende Störung sei, dass an wenigen Tagen Kolonnen durch die Stadt fahren. »Bei jedem Marathon, bei jedem Hafengeburtstag wissen in Hamburg ja auch alle, wie sie damit umgehen sollen. Da sind deutlich mehr Leute unterwegs als beim Gipfel.« Die Polizei in Hamburg sei jedenfalls bestens vorbereitet.

Wie gewaltig die Fehleinschätzung des Bürgermeisters ist, zeigt sich schon an diesem Donnerstag. Während Scholz am Flughafen Hände schüttelt, bricht in großen Teilen der Stadt der Verkehr zusammen. Ohne Vorwarnung werden Straßen gesperrt, Autofahrer müssen stundenlang warten. Es herrscht Chaos.

Um kurz vor 20 Uhr eskaliert dann zum ersten Mal die Gewalt. Eine Demonstration der radikalen Linken mit dem Titel »Welcome to Hell« gerät außer Kontrolle. Die Polizei scheitert mit ihrem Plan, den Schwarzen Block vom Rest des Demozuges zu trennen. Wasserwerfer, Pfefferspray, prügelnde Polizisten – unschöne Bilder gehen um die Welt. Bis drei Uhr morgens liefern sich Autonome Straßenschlachten mit der Polizei.

Doch das ist erst der Anfang. Am Freitag, um 7:27 Uhr, so wird es die Polizei später rekonstruieren, tritt nur wenige Hundert Meter von Scholz' Wohnung entfernt ein Mob aus 200 Vermummten auf die Elbchaussee. Die Autonomen ziehen durch den Stadtteil Altona, hinterlassen eine Spur der Verwüstung. Sie zünden Autos an, werfen Fensterscheiben ein, bedrohen Passanten. Mehr als hundert Notrufe gehen bei der Polizei ein, doch die hat an so vielen anderen Orten zu tun, dass die Hundertschaften erst ankommen, als der Mob schon 30 Minuten wieder verschwunden ist. So plötzlich, wie die Gewalttäter auftauchten, sind sie wieder verschwunden, umgezogen und verwandelt in harmlos aussehende Mitbürger. Die Polizei ist heillos überfordert.

Trotzdem entscheidet sich Olaf Scholz – anders als etwa seine Stellvertreterin Katharina Fegebank von den Grünen –, am Abend zum Konzert in die Elbphilharmonie zu fahren. Er will kein falsches Zeichen setzen. Neben den Staatschefs sind ausgewählte Hamburger eingeladen. Christian Olearius sitzt direkt unter der Empore mit bestem Blick auf die Staatsgäste.

Um 20:35 Uhr wird in der Elbphilharmonie Beethovens Ode an die Freude gespielt. Der Nachrichtensender N24 überträgt live. Er zeigt auf der linken Seite des Bildschirms den Dirigenten Kent Nagano, die andächtig lauschenden Staatsgäste, Angela Merkel, die mit der Müdigkeit kämpft; auf der rechten Seite laufen die Livebilder aus dem Stadtviertel Sternschanze. Sie zeigen brennende Barrikaden und Wasserwerfer. Die Inszenierung liefert das Bild, das sich die Linksradikalen gewünscht haben: hier die Gewalt auf den Straßen, dort die Entrücktheit der Mächtigen. Der Gipfel in Hamburg zeigt die Gegensätzlichkeit der Verhältnisse.

Die Polizei hat sich völlig verkalkuliert. Rund um die Rote Flora, auf der Straße Schulterblatt, hatte sie die Autonomen in Ruhe gelassen. Einsatzleiter Hartmut Dudde ist in linken Kreisen berüchtigt und in der Stadt bekannt, weil er in der Vergangenheit hart gegen Aktivisten vorgegangen ist. Doch an diesem Abend setzt er auf Deeskalation. Eine Räumung des Viertels, so fürchtet Dudde, könnte erst recht als Vorwand für Gewalt dienen. Er rechnet nicht damit, dass die Randalierer später ausgerechnet das linke Viertel plündern werden.

Die Atmosphäre wird immer aggressiver, Feuer brennen auf der Straße. Über den Notruf 110 melden sich Hunderte Anwohner, die Angst haben, dass der Mob in ihre Häuser kommt. Polizisten werden mit Zwillen beschossen. Der Verfassungsschutz meldet, auf dem Schulterblatt seien besonders aggressive italienische und skandinavische Autonome unterwegs, auf den Dächern würden griechische Antifaschisten Angriffe vorbereiten.

Um 21:29 Uhr bekommt die Einsatzleitung Meldung von verdeckten Ermittlern, die gerade in der Schanze unterwegs sind: »Circa 1500 zu allem bereite Personen beherrschen das Schanzenviertel«, berichten sie. Das Viertel sei zur Festung ausgebaut, die Polizei werde schon erwartet. Auf den Dächern lägen Molotowcocktails, Eisenstangen, Gehwegplatten und Zwillen. »Verletzungen bis hin zum Tod werden von der Störerklientel billigend in Kauf genommen.« Die verdeckten Ermittler bitten, das Viertel verlassen zu dürfen. Sie fürchten sich.

Erst jetzt ändert der zuständige Einsatzleiter Dudde seine Strategie. Er will nicht weiter zuschauen, wie sich im Viertel ein rechtsfreier Raum entwickelt. Die Polizei hat mehr als genug Leute dafür, findet er. 33 Hundertschaften sind im Einsatz, 15 davon stehen direkt um das Schanzenviertel herum. Dudde befiehlt, auf das Schulterblatt vorzurücken.

Doch die Polizisten weigern sich. Längst hat sich bis in die Hundertschaften herumgesprochen, wie die Lage ist. Mehrere Einsatzleiter melden nach oben, es sei lebensgefährlich, ins Viertel zu gehen. Die Beamten haben Angst, dass die Aktivisten Stahlseile über die Straße gespannt haben, dass deswegen die Räumpanzer nicht weiterfahren können, die Hundertschaften stehen bleiben müssen und von den Dächern mit Steinplatten beworfen oder gar mit Öl übergossen und angezündet würden.

Um 21:41 Uhr werden der Polizei Angriffe mit Molotowcocktails auf die Märkte Budnikowsky und Rewe am Schulterblatt gemeldet. Wenig später beginnen die Plünderungen.

Olaf Scholz ist nach dem Konzert ins Polizeipräsidium gefahren. Er steht bei Polizeipräsident Ralf Martin Meyer im Büro, gemeinsam schauen sie die Fernsehbilder an, die zeigen, wie ein Stadtviertel mitten in Deutschland völlig außer Kontrolle gerät und die Polizei hilflos zuschaut. Schließlich gehen sie zu Dudde ins Lagezentrum. Meyer ist fassungslos, dass die Situation so eskaliert und sich die Kräfte nicht mehr ins Viertel trauen.

Um 22:07 Uhr entscheidet sich Dudde, ein Sondereinsatzkommando in die Schanze zu schicken. Doch es dauert noch eine Stunde und zwanzig Minuten, bis die Einheiten den Einsatz starten können. Die Stadt ist abgeriegelt, selbst für die Polizei ist das Durchkommen schwer.

Kurz nach 23:30 Uhr stürmen die Spezialkräfte schließlich Haus für Haus. Auf den 600 Metern im Schulterblatt verbrauchen die Wasserwerfer fast 60 000 Liter Wasser, um die Randalierer zu vertreiben. Die Sondereinsatzkommandos gehen dabei vor, wie sie es gewohnt sind. Sobald sie Dächer oder Hausflure betreten, werden alle Anwesenden mit Ziellasern fixiert, danach werden sie durchsucht. Auch viele unbeteiligte Anwohner geraten dabei ins Visier.

In der unübersichtlichen Lage versäumt es die Polizei, Beweise zu sichern. Festnehmen kann sie in der Nacht hauptsächlich Gaffer und gewaltbereite Jugendliche. Viele haben die Gunst der Stunde genutzt, um sich an Plünderungen zu beteiligen. Die Anführer sind längst weg.

Von Scholz gibt es an diesem Abend ein Video, aufgenommen noch in den Katakomben der Elbphilharmonie. Er spricht Olaf-Scholz-Sätze in die Kamera: »Ich appelliere an die Gewalttäter, mit ihrem Tun aufzuhören und sich zurückzuziehen und die Gewalttaten nicht mehr zu verüben.« Das Statement wird am Abend über alle Kanäle ausgestrahlt. Selten hat man Hamburgs Bürgermeister so schwach und planlos gesehen.

Mittwoch, 12. Juli 2017

Seit den Ausschreitungen sind fünf Tage vergangen. Die Spuren der Verwüstung sind nicht zu übersehen. Entlang der Elbchaussee liegen ausgebrannte Autowracks, demolierte Schaufenster in der Fußgängerzone von Altona werden notdürftig von Klebeband zusammengehalten.

Um 13:39 Uhr tritt Olaf Scholz ans Rednerpult der Bürgerschaft. Tagelang haben ihn seine Vertrauten bearbeitet. Never explain, never complain, seine alte Weisheit ist angesichts der Eruption der Gewalt nicht zu halten. Menschen aus Scholz' Umfeld finden, der Bürgermeister muss sich entschuldigen. Doch das passt nicht zum politischen Stil von Olaf Scholz. Sich zu entschuldigen, das könnte man ja als Zeichen der Schwäche verstehen.

In den vergangenen Tagen hat er zahlreiche Interviews gegeben. In seinen Sätzen schwingt eine Mischung aus Bedrückung und Trotz mit. »Da gibt es nichts zu beschönigen, das waren schlimme Tage für Hamburg. Aber ich lege Wert auf die Aussage: Der Staat hat nicht versagt«, sagt Scholz. »Der Staat hat getan, was er konnte.« Auf die Form der Krawalle sei der Staat nicht eingestellt gewesen. »Die Polizei hatte es mit skrupellosen und völlig enthemmten Gewalttätern zu tun, die mit einer unvorstellbaren Brutalität und guerillaartigem Vorgehen in radikalen Kleingruppen quasi militärisch an verschiedensten Orten der Stadt wahllos gewütet haben. Mit diesem Typus marodierender Straftäter haben die Behörden nicht gerechnet.«

Das ist nachweislich falsch. Genau vor dieser Form der Krawalle haben Kenner der linken Szene gewarnt. Es war der Schlachtplan der Linken. Es gibt sogar ein Buch, in dem man das nachlesen kann – ganz offen berufen sich die Autonomen darauf: *Der kommende Aufstand*. »Die Polizei zu belästigen, heißt so zu handeln, dass sie, indem sie überall präsent ist, nirgendwo mehr effizient ist«, heißt es darin.

Auch staatliche Stellen haben die Hamburger explizit vor Ausschreitungen von Autonomen aus ganz Europa gewarnt. »Klares Ziel des militanten Spektrums ist es dabei, eine Eskalation der Straßenmilitanz und damit einen Kontrollverlust für die eingesetzten Sicherheitskräfte herbeizuführen«, schrieb etwa das Bundesamt für Verfassungsschutz schon Wochen vor dem Gipfel in einer Lageeinschätzung.

Doch Scholz ignoriert solche Fakten in seinen Äußerungen. Fast stoisch hat er in den letzten Tagen in Interviews die Argumente von vor dem Gipfel wiederholt: »Ich bin unverändert der Meinung, dass solche Gipfeltreffen der Staats- und Regierungschefs nötig sind. Und dass sie in einem demokratischen Land auch möglich sein müssen, das ist unsere staatspolitische Pflicht. G-20-Gipfel können nur in Städten stattfinden, die groß genug sind und über ausreichende Tagungskapazitäten verfügen.«

Nun folgt der erste öffentliche Auftritt in der Hamburger Bürgerschaft. Olaf Scholz klingt anders als sonst, spricht leiser. Es ist spürbar, dass ihn die Gewaltexzesse auch persönlich getroffen haben. »Es ist trotz aller Vorbereitung nicht durchweg gelungen, die öffentliche Ordnung aufrechtzuerhalten. Nicht zu jedem Zeitpunkt und nicht überall«, sagt Scholz. »Dafür, dass das geschehen ist, bitte ich die Hamburger um Entschuldigung.«

Er hat es geschafft. Die Entschuldigung ist raus. Fehler räumt Scholz dagegen nicht ein. Er bleibt bei seinen Kernpunkten: Es war richtig, den Gipfel in Hamburg auszurichten. Die Polizei hat einen sehr guten Job gemacht. Scholz bedankt sich bei ihr, der Feuerwehr und allen anderen Helfern für den »heldenhaften Einsatz«. Und wird am Schluss sogar kämpferisch: »Niemals werden wir uns durch Gewalt vorschreiben lassen, wie wir zu leben haben.«

Scholz gibt nun weiter Interviews. Einen Rücktritt hat er von Anfang an ausgeschlossen. »Diesen Triumph werde ich den gewalttätigen Extremisten nicht gönnen«, sagt er. »Politische Verantwortung bedeutet für mich, nach möglichen Fehlern zu suchen, die nötigen Lehren für die Zukunft daraus zu ziehen und mit aller Konsequenz gegen die Straftäter vorzugehen.«

Donnerstag, 7. September 2017

Johannes Kahrs und Alfons Pawelczyk sind wieder einmal bei Christian Olearius zu Besuch. In den vergangenen Monaten hat es Ärger mit Olaf Scholz gegeben. Olearius und Pawelczyk wollten, dass Kahrs zu einem Gala-Dinner in Hamburg eingeladen wird. Aber Scholz wollte das nicht.

Olearius war genervt von diesen Befindlichkeiten. Immer noch fragt er sich, wie die Behörden das Unrecht der öffentlichen Verurteilung wiedergutmachen können. Bei einem Besuch von Kahrs vor einigen Wochen haben sie diskutiert, auf welche Weise das passieren könnte. Kahrs habe ihm geraten, keine großen Wiedergutmachungsansprüche zu stellen, notierte Olearius anschließend. Aber der Bundestagsabgeordnete hatte offenbar eine Idee: Er empfiehlt Olearius, darüber nachzudenken, ob ein Regierungsmitglied sich bei einem hiesigen Fest positiv über die Warburg-Bank und ihn, also Olearius, auslassen solle. Offensichtlich glaubt Kahrs, das möglich machen zu können, wenn Olearius es wünscht.[31]

Nun hat auch Kahrs ein Anliegen. Ihm ist, wie Olearius in seinem Tagebuch festhält, ein Spender abgesprungen. Obwohl sich der Bankier dem SPD-Mann wegen dessen Unterstützung bei der Steuergeschichte verpflichtet fühlt, gewährt er nur die Hälfte des ausgefallenen Betrags. Vier Tage später, am 11. September 2017, schreibt ein Mitarbeiter eine E-Mail an Olearius, die Spende sei ausgeführt worden.

Am gleichen Tag verzeichnet der Kreisverband Mitte der Hamburger SPD eine Spende über 13 000 Euro von einer Firma namens Vigor. Die Holding ist die Mutterfirma von Atalanta und Setubal, sie sitzt ebenfalls in der Ferdinandstraße 61. In ihr haben Warburg und Olearius ihre Immobilien, Schiffsbeteiligungen und weitere Firmenanteile gebündelt, die sie vor einigen Jahren von der Bank trennten und damit aus dem Aufsichtsbereich der BaFin verschoben.

45 500 Euro haben Firmen aus dem Umkreis von Olearius nun in diesem Jahr an die Hamburger SPD gespendet. Vor Bekanntwerden ihrer Steueraffäre Anfang 2016 spendete die Bank unter ihrem Namen vor-

---

31 Kahrs äußert sich auf Anfrage zu diesem Gespräch nicht.

zugsweise an die CDU, einmal auch an die FDP. Die SPD hat zwischen 2010 und 2016 weder von der Bank noch von einer ihr verbundenen Firma Parteispenden erhalten. Den allergrößten Teil der Warburg-Spenden im Jahr 2017 verbucht der Kreisverband Mitte von Johannes Kahrs.[32]

Sonntag, 24. September 2017

Das Ergebnis ist niederschmetternd. 20,5 Prozent der Stimmen erreicht die SPD bei der Bundestagswahl, Kanzlerin Merkel und die CDU sind mit 32,9 Prozent in einer anderen Sphäre unterwegs. Es ist eine gewaltige Schlappe für den SPD-Spitzenkandidaten Martin Schulz. Für Olaf Scholz sieht es allerdings nicht viel besser aus: In Hamburg hat die SPD gerade einmal 23,5 Prozent der Zweitstimmen geholt, so wenig wie noch nie in der Geschichte der Bundesrepublik. Fast neun Prozent weniger als vor vier Jahren. Die SPD hat in Hamburg sogar mehr Stimmen verloren als im Bund. Und noch nie lag sie so weit hinter der CDU.

Ein schwarzer Tag. Scholz gibt dem *Spiegel* ein Interview. »Angesichts der Wahlergebnisse dürfen wir uns keine Fehler mehr erlauben, wenn wir bei der Bundestagswahl 2021 wieder konkurrenzfähig sein wollen«, sagt er. »30 Prozent, das muss unser Anspruch sein.« Eine erneute Große Koalition schließt er in dem Interview aus: »Es ist wichtig, dass die SPD nach drei solchen Bündnissen seit den Sechzigerjahren nicht wieder in eine Große Koalition geht. Sonst besteht die Gefahr, dass der politische Wettbewerb nicht mehr zwischen den großen Volksparteien geführt wird, also einer fortschrittlichen Partei links der Mitte und einer bürgerlichen Partei rechts der Mitte, sondern von den politischen Rändern bestimmt wird. Das wäre für die Demokratie nicht gut. Deshalb muss die SPD Oppositionsführerin werden.«

---

32 Christian Olearius wird später im Ausschuss bestreiten, dass die Spende etwas mit dem Steuerverfahren zu tun habe. Und auch die Hamburger SPD wird die Spenden für unproblematisch halten. Man habe nicht gewusst, dass diese Firmen alle mit Olearius und Warburg zusammenhingen. Intensiver geprüft wurde allerdings nicht.

Explizit haken die Journalisten an dieser Stelle noch einmal nach. Neben der großen Koalition ist mit dem Wahlergebnis nur eine Jamaika-Koalition aus CDU, Grünen und FDP realistisch. Eine solche Konstellation hat es auf Bundesebene noch nicht gegeben, die Vorbehalte und ideologischen Gräben besonders zwischen Grünen und FDP sind groß. Es gilt nicht als unmöglich, dass die Parteien sich nicht zusammenraufen können. Also wird Scholz gefragt, was passiert, wenn die Jamaika-Koalition nicht zustande kommt? Scholz antwortet so kurz wie klar: »Sie wird zustande kommen.«

10

Mittwoch, 4. Oktober 2017

Rolf Möhlenbrock ist ein ruhiger, abwägender Beamter. Seit 17 Jahren arbeitet der promovierte Jurist, der keiner Partei angehört, in der Steuerabteilung des Bundesfinanzministeriums, in Fachkreisen gilt er als anerkannter Experte. Vor zwei Jahren hat Möhlenbrock die Leitung der Unterabteilung IV C übernommen, zuständig unter anderem für Unternehmenssteuern, also auch für Cum-ex. Zu den zweifelhaften Aktiendeals hat er schon seit Jahren eine klare Haltung. Eigentlich ist das die Haltung aller Finanzverwaltungen, denkt Möhlenbrock. Doch nun hat er erstmals den Fall Warburg auf dem Tisch – und wundert sich: Was machen die Hamburger da?

Möhlenbrock kennt sich gut aus mit Cum-ex-Geschäften. Ihm ist es maßgeblich zu verdanken, dass ihnen 2012 per Gesetz der Garaus gemacht wurde. 2009 hatte ihn am Rande eines Vortrags ein Berater aus der Finanzbranche angesprochen. Sein Gesprächspartner berichtete ihm, wie dem Fiskus durch Cum-ex-Geschäfte ein Schaden von mindestens zwölf Milliarden Euro entstanden sein könnte. Möhlenbrock bat den Berater, ihm das schriftlich aufzudröseln. Er war im Ministerium damals gar nicht für die Kapitalertragssteuer zuständig, sondern kümmerte sich um Rentenbesteuerung und Investitionsrecht. Aber als Möhlenbrock per E-Mail die erbetenen Details erhielt, löschte er den Namen des Absenders und speiste dessen Ausführungen in den Ministeriumsapparat ein. Das war der Anfang vom Ende der klassischen Cum-ex-Geschäfte.

Inzwischen ist das Bundesfinanzministerium sehr darauf bedacht, die Cum-ex-Masche aufzuklären und die Milliarden für den Staat zurückzuholen. Für das Eintreiben der Steuern sind allerdings in den meisten Fällen die Bundesländer zuständig. Regelmäßig schreibt sie Möhlenbrock deswegen an und bittet sie, die aktuellen Cum-ex-Verdachtsfälle zu melden. Zuletzt hat er Mitte September um Zwischenstände gebeten.

Am 22. September hat Möhlenbrock eine Antwort aus Hamburg erhalten. Steuerverwaltungschefin Angela Nottelmann hat maximal kurz geantwortet. »Anbei erhalten Sie die aktualisierte Übersicht über die in meinem Geschäftsbereich bekannt gewordenen Verdachtsfälle.« Im Anhang befindet sich eine zweiseitige Exceltabelle mit den Cum-ex-Verdachtsfällen in Hamburg.

Möhlenbrock öffnet das Dokument, scrollt durch und wundert sich über das, was in den letzten beiden Zeilen steht. Es geht um den Cum-ex-Verdacht bei Warburg, über den auch in der Presse immer wieder berichtet worden ist. In der vorletzten Zeile ist für die Jahre 2007 und 2008 der Betrag 80 000 000,00 Euro vermerkt, dazu: »Zahlungsverjährung eingetreten« und »Sachverhalt noch nicht ausreichend aufgeklärt«. In der letzten Zeile ist der Betrag 100 000 000,00 Euro vermerkt, dazu »Betriebsprüfung läuft« und ebenfalls »Sachverhalt noch nicht ausreichend aufgeklärt«. In der letzten Spalte der Tabelle ist in beiden Zeilen zudem notiert, dass »wohl« ein Strafverfahren in NRW eingeleitet sei.

Zahlungsverjährung eingetreten? Sachverhalt nicht aufgeklärt? Trotz Strafverfahren? Möhlenbrock möchte es genauer wissen. Schließlich handeln die Hamburger bei der Kapitalertragssteuer nur im Auftrag des Bundesfinanzministeriums, wesentliche Teile der Steuereinnahmen gehen an den Bund. Es ist nicht an Hamburg, Privatbanken Steuergeschenke zulasten des Bundes zu machen. Ein Mitarbeiter von Möhlenbrock schreibt eine Mail an die Hamburger. »Ich bitte um nähere Erläuterungen des Verfahrensstandes und der Hintergründe zum Hinweis auf das eingeleitete Strafverfahren bis 30. Oktober 2017.«

Donnerstag, 5. Oktober 2017

Weit im Südwesten von Hamburg, im Stadtteil Hausbruch, steht Olaf Scholz an diesem Morgen mit einem hellen Mantel und einem Spaten auf einem Feld in einer vorbereiten Sandgrube, neben ihm drei Männer mit dunklen Mänteln und vor ihnen eine Reihe von Fotografen. Auf Kommando stecken die Männer nun ihre Spaten in den Sand und lächeln den Fotografen zu.

»Das ist ein Bekenntnis von Carlsberg zum Standort und zu den Marken, die hier gebraut werden. Hamburg wird nicht zuletzt dadurch ein bedeutender Brauereistandort bleiben«, sagt Scholz. Er ist sichtlich stolz, das hier ist sein Deal. Ein Geschäft nur mit Gewinnern, so scheint es.

Schon viele Jahre ist die zum Carlsberg-Konzern gehörende Holsten-Brauerei nicht mehr glücklich mit ihrem Standort. Seit 1879 wurde Holsten – und zuletzt weitere Marken wie etwa Astra – mitten in der Stadt unweit des Bahnhofs Altona gebraut. Ebenso unglücklich waren die Hamburger Verkehrsplaner, dass bis zu 100 Bier-Lastwagen die Straßen in der Stadt verstopfen, während die Stadtplaner auf die Fläche schielten, um Wohnungen zu errichten.

Die Stadt braucht dringend solche Flächen. Um die stark wachsenden Mieten zu begrenzen, hat Scholz die Devise ausgerufen: Bauen, bauen, bauen. Mit der Wohnungswirtschaft, den Mietervereinen und der Politik hat er ein Bündnis für das Wohnen geschlossen. Mit Erfolg. Die Neubauzahlen sind gestiegen, in Hamburg wurde mehr gebaut als in vielen anderen Großstädten. Das verkauft Scholz gerne als seinen größten politischen Erfolg.

Doch bei genauerem Hinschauen gibt es schon länger Probleme. Die Bauoffensive hat einen massiven Anstieg der Mieten und Kaufpreise nicht verhindert. Seit Scholz' Amtsantritt ist die durchschnittliche Miete pro Quadratmeter um knapp 20 Prozent teurer geworden. Fast jeder zweite Haushalt gibt inzwischen einen gefährlich hohen Anteil seines Budgets für Wohnkosten aus. Es braucht in Scholz' Logik also noch viel mehr Wohnungen, um den Markt zu beruhigen. Das gestaltet sich zunehmend schwieriger. Die großen Brachflächen sind vergeben, die Bauunternehmen ausgelastet, der Protest gegen die Nachverdichtung in der jeweils eigenen Nachbarschaft wächst. Ein Ende der Wohnungskrise ist nicht absehbar.

Das Brauereigelände war eine perfekte Lösung: 1300 Wohnungen könnten hier mitten in der Stadt entstehen. Aber Scholz wollte auch verhindern, dass die Brauerei als namhafter Wirtschaftsbetrieb Hamburg verlässt. Mehr als 20 Flächen begutachtete die Verwaltung also als Ersatzstandorte, am Ende wurde nur Hausbruch den Ansprüchen von Carlsberg gerecht. Der Bürgermeister konnte den Konzern überzeugen, in Hamburg zu bleiben und wenigstens 380 der 450 Arbeitsplätze zu erhalten. Der Deal, der das möglich machte: Die Stadt verzichtete beim Verkauf des Holsten-Areals auf ihr Vorkaufsrecht, anders als üblich durfte Carlsberg das Grundstück am freien Markt verkaufen.

Obwohl Bauunternehmen den Wert des Grundstücks nur auf 67 Millionen Euro geschätzt hatten, ist es dem Brauereikonzern vor einem Jahr gelungen, es für 150 Millionen Euro an einen Investor zu verkaufen. Für die Brauerei ist das ein hervorragendes Geschäft. Doch in den nächsten Jahren wird sich zeigen, dass dieses Geschäft für die Stadt nicht ganz so verteilhaft war. Was nun beginnt, ist ein Paradebeispiel für Immobilienspekulation. 2020 wird das Gelände für 320 Millionen Euro an den Immobilienkonzern Adler Group weiterverkauft, 2022 bewertet der Konzern das Gelände mit 328 Millionen Euro. Das macht eine Verfünffachung des Werts in sechs Jahren – ohne dass eine einzige Wohnung entstanden wäre.

Kann das sein? 2022 werden Vorwürfe gegen die Adler Group bekannt werden. Ist der Konzern womöglich nur ein riesiges Schneeballsystem, wurden zahllose riesige und bis heute unfertige Immobilienprojekte lediglich durch Wertsteigerungen auf dem Papier finanziert? Der Konzern wird massiv in Schieflage geraten, die Wirtschaftsprüfer das Testat verweigern, die Stadt immer stärker bezweifeln, ob Adler überhaupt in der Lage ist, die versprochenen Wohnungen zu bauen. Schließlich wird die Stadt ankündigen, ohne weitere Sicherheiten kein Baurecht zu erteilen. Doch wie sich verhindern lässt, dass aus dem großen Projekt nun eine jahrelange Brache wird, das wird noch niemand in der Stadt wissen. Und nicht wenige werden dafür die Schuld bei Olaf Scholz sehen.

Mittwoch, 18. Oktober 2017

Johannes Kahrs und Alfons Pawelczyk schauen mal wieder bei Christian Olearius vorbei. Die Staatsanwaltschaft ermittelt noch immer gegen ihn, stellt immer neue Fragen. Die Ermittler sind kenntnislos, findet Olearius. Auch die BaFin beäugt die Bank weiter skeptisch. Olearius ist frustriert. Inzwischen ist er immer sicherer: Die Deutsche Bank ist schuld an allem. Die Spinne im Netz. Warburg sei böswillig hinters Licht geführt worden.

Die Deutsche Bank war die Depotbank des Brokers ICAP, mit dem Warburg im Rahmen der Cum-ex-Geschäfte Aktienpakete im Milliardenwert im Kreis handelte. Sie hat also das Konto für Warburgs Geschäftspartner geführt und dafür nach eigenen Angaben 3500 Euro Gebühren erhalten. Die Warburg-Bank hat mit den Geschäften 68 Millionen Euro verdient. Trotzdem behauptet sie: Als man die Steuern vom Finanzamt zurückforderte, sei man davon ausgegangen, dass die Deutsche Bank sie vorher abgeführt hätte. Mehrfach wird Warburg später die Deutsche Bank verklagen, mehrfach verlieren.[33] Denn das Argument hat einen Haken: Hätte die Deutsche Bank die Steuern gezahlt, hätten die Geschäfte rein rechnerisch niemals so hohe Gewinne abwerfen können. Zudem blieb unklar, wie die Deutsche Bank eigentlich hätte die Steuern zurückzahlen sollen – sie erhielt ja lediglich eine geringe Gebühr.[34]

Kahrs rät dem Bankier, sich ruhigzustellen und keinen Terz zu machen. Olearius ärgert sich. Er plant weiter seine Rehabilitierung, hat einen Termin mit einem *Spiegel*-Redakteur ausgemacht. Alfons Pawelczyk rät, noch einmal mit Olaf Scholz zu sprechen. Olearius zögert. Doch das übergeht Pawelczyk und vereinbart eigenmächtig einen Termin für den 10. November.[35]

---

33 Eine Klage in Hamburg ist noch anhängig.
34 Dass die Deutsche Bank in diesem Fall offenbar nicht für Warburgs Geschäfte die Verantwortung trägt, bedeutet nicht, dass die Bank bei Cum-ex vollständig unschuldig wäre. Auch gegen ehemalige Manager der Deutschen Bank wird in Bonn ermittelt.
35 Was nach Ansicht von Olearius und Pawelczyk Kahrs und Scholz konkret unternehmen sollen, um Olearius zu helfen, bleibt in den Tagebüchern unklar. Sie äußern sich auf Rückfragen dazu nicht.

Freitag, 20. Oktober 2017

Das Schreiben von Möhlenbrock aus dem Bundesfinanzministerium in Berlin hat in der Hamburger Finanzbehörde für mächtig Aufregung gesorgt. Referentin Brigitte Birkenberger hat sich Hilfe suchend an Svenja Pannhusen gewandt. Sie benötigt Argumente für das Antwortschreiben. Pannhusen hat die Kollegin aus der Finanzbehörde beruhigt, sie schreibe bereits an einem Bericht. Nun ist er fertig.

Es ist viel passiert in den vergangenen Monaten:
- Das Finanzgericht Hessen hat mit einem weiteren deutlichen Urteil die Position der Finanzämter gestärkt und der Cum-ex-Industrie den nächsten Schlag versetzt.
- Die von der BaFin beauftragten Sonderprüfer haben ihren Zwischenbericht über die Cum-ex-Geschäfte der Warburg-Bank abgeschlossen. In der mehr als 1000 Seiten starken Analyse zeichnen die Deloitte-Experten ein erschütterndes Bild. Fazit: »Die einzige für uns ersichtliche Motivation für die Durchführung der Transaktionen bestand in der Generierung eines Steuervorteils.«
- Das Finanzamt für Großunternehmen hat die Aussageprotokolle der Staatsanwaltschaft Köln bekommen, in denen der Insider Benjamin Frey über die Warburg-Geschäfte und seine Erfahrungen mit Olearius spricht. Frey hat wenig Interpretationsspielraum gelassen. Allen an Cum-ex-Geschäften Beteiligten sei klar gewesen, dass es Leerverkäufe gab und eine Steuer erstattet wurde, die zuvor nicht gezahlt worden war. Anders wären die Profite in der Höhe gar nicht zu generieren gewesen.
- Das Finanzamt hat Berechnungen der Staatsanwaltschaft Köln bekommen. Auf 41 Seiten hat ein Wirtschaftsexperte dargelegt, dass die Cum-ex-Geschäfte von Warburg wirtschaftlich keinen Sinn ergeben hätten ohne eine ergaunerte Steuererstattung.
- Das Finanzamt München hat in einer Kontrollmitteilung den Hamburger Kollegen detaillierte Lieferketten für zwei Aktiengeschäfte aus dem Jahr 2009 geschickt. Dabei wird klar: Die Finanzverwaltung Hamburg hat Warburg also seinerzeit eine Steuer erstattet, die zuvor nicht gezahlt worden war.

- Der Kölner Staatsanwalt Fuchs hat in einem Vermerk festgehalten, dass sich der Verdacht der schweren Steuerhinterziehung nach bisherigem Ermittlungsstand bestätigt habe. Schon aus wirtschaftlichen Erwägungen hätten die Banker nicht davon ausgehen können, dass Kapitalertragssteuer gezahlt worden sei.

Pannhusen hat das alles gelesen. Ihr Bericht umfasst 18 Seiten, auf denen sie den Stand des Verfahrens zusammenfasst. Sie habe das Deloitte-Gutachten durchgearbeitet, im September Einsicht in die Strafakten genommen. Auch auf die Aussagen des Kronzeugen bezieht sie sich und auf das erneute Urteil des Hessischen Finanzgerichts. Doch all das überzeugt sie nicht. Von den Bewertungen Deloittes, des Staatsanwalts, des Hessischen Finanzgerichts grenzt sich Pannhusen explizit ab. Auch die nun bekannten Lieferketten hält sie nicht für relevant, die beiden Fälle bezögen sich auf das Jahr 2009, das bereits verjährt sei. Für die Geschäfte im nun entscheidenden Jahr 2010 seien weiterhin keine Beweise vorhanden, sondern nur Indizien.

Abermals kommt Pannhusen zum gegenteiligen Ergebnis dessen, was sie im vorigen Oktober gefordert hat. Das Finanzamt könne die Lieferkette nicht in allen Fällen lückenlos nachweisen. Die Bank gehe weiterhin davon aus, dass eine Rückzahlungsverpflichtung ihren Fortbestand gefährden könne. Auch wenn für 2010 eine weitere Verjährung eintrete, solle auf eine Rückzahlung verzichtet werden. Das Finanzamt will Warburg also erneut Millionen Euro erlassen. Dieses Mal geht es um 43 Millionen.

Betriebsprüferin Dagmar Meyer-Spiess ist entsetzt, als sie das Gutachten ihrer Chefin erhält. Sie versieht es mit Anmerkungen und legt die ergänzte Version zu den Akten. Ihr Urteil ist vernichtend: »Hier wurden verschiedene Ausführungen aus dem Zusammenhang gerissen und geben ein falsches Ergebnis wieder!«, schreibt sie an einer Stelle. Sie wirft ihrer Chefin Fehler und falsche Bewertungen vor, bezeichnet Pannhusens Erwägungen an einer anderen Stelle als »haarsträubend«, sie entbehrten »jeglicher Grundlage«. »Wozu ist das bedeutend?«, schreibt sie. »Was ist der Inhalt dieses Satzes?« Die Anmerkungen lesen sich wie die Korrekturen einer Lehrerin, die der Schülerin die Note mangelhaft geben muss.

Der langjährige Warburg-Prüfer Gerhard Heuer hat sich vor einigen Monaten nach einer schweren Herzoperation in den vorzeitigen Ruhestand verabschiedet. Sein Nachfolger Manfred Halpaap hält ebenfalls wenig von dem Gutachten seiner neuen Chefin. Er schreibt eine fünfseitige Replik, widerlegt darin zahlreiche Argumente, verweist auf Details zu den Geschäften. Fazit: Die drohende Verjährung müsse und könne unterbrochen werden.

Doch die Betriebsprüfer dringen nicht durch. Pannhusen tut die Argumente ab, zu Halpaaps Kommentaren schreibt sie eine Notiz: Der Betriebsprüfer habe sich weder mit dem Sachverhalt noch mit den Urteilen auseinandergesetzt, seine Auffassung werde nirgends vertreten. Ihre wesentlichen Erwiderungen teilt sie ihm auch in einer Mail mit. Halpaap legt sie mit einer lakonischen Anmerkung zu den Akten: »Notiz: Offensichtlich irrt SXII oder kennt die gesetzlichen Regelungen nicht so gut«, schreibt er handschriftlich unten auf die ausgedruckte Seite. SXII, Behördenkürzel für Sachgebietsleiterin 12, ist Pannhusen.

Es herrscht nun offener Konflikt in der Abteilung.

In der vorgesetzten Finanzbehörde hingegen ist man zufrieden mit der Arbeit von Svenja Pannhusen. Steuerverwaltungschefin Angela Nottelmann bestätigt das Vorgehen. Referentin Brigitte Birkenberger fasst die Argumente in einem vierseitigen Schreiben an das Bundesfinanzministerium zusammen, das Nottelmann schließlich unterschreibt:

»Die bisher vorhandenen Indizien sprechen dafür, dass die Warburg Bank in Cum-ex-Geschäfte verwickelt war und es besteht der Verdacht, dass ihr dieses auch bekannt war«, schreibt Nottelmann nach Berlin. Allerdings könne nicht nachgewiesen werden, dass Warburg erkennen konnte, dass keine Kapitalertragssteuer gezahlt wurde. Die Bank gehe zudem »weiterhin davon aus, dass eine Rückzahlungsverpflichtung den Fortbestand des Bankhauses gefährdet bzw. unmöglich macht«. Eine Rückforderung sei noch nicht angebracht. Zudem sei doch vor einigen Monaten die Verjährungsfrist bei Steuerhinterziehung verlängert worden. Sollte die Staatsanwaltschaft Steuerhinterziehung beweisen können, sei vielleicht auch später noch eine Rückforderung möglich.

Freitag, 27. Oktober 2017

Seit einigen Tagen laufen die Sondierungsgespräche zwischen Union, FDP und Grünen. Die Ausgangslage ist nicht leicht, die Grünen haben eine lange Liste an Forderungen gestellt, die FDP hat massive Bedenken. Aber immerhin, man will es versuchen. Unterdessen wagt Olaf Scholz sich nach der SPD-Wahlschlappe aus der Deckung. Ein bisschen. Gemeinsam mit Wolfgang Schmidt hat er ein Grundsatzpapier geschrieben: »Keine Ausflüchte! Neue Zukunftsfragen beantworten! Klare Grundsätze!« heißt das Werk. Es soll eine »schonungslose Betrachtung« der Situation der SPD nach der verlorenen Bundestagswahl sein.

Es ist ein typisches Scholz-Papier. Sperrige Sätze, im Kern die Gedanken, die er schon länger äußert, unter anderem in seinem Buch. »Stellt die SPD sich als progressive Volkspartei so auf, dass große Teile der Wählerschaft ihr das Land und die Führung der Regierung anvertrauen mögen, wird sie bei Bundestagswahlen auf neue Erfolge hoffen können«, schreibt er. Oder: »Sozialdemokratische Politik muss dafür einstehen, dass Weltoffenheit und Offenheit für den technischen Fortschritt einerseits, sozialer Friede und gerechte Lebensverhältnisse andererseits vereinbar sind.«

Die Kritik am gescheiterten Kanzlerkandidaten und Noch-Parteichef Martin Schulz ist kaum zu überlesen. Wieder gibt Scholz dem *Spiegel* ein großes Interview. »Ich glaube, dass die SPD dieses Jahr die Bundestagswahl hätte gewinnen können«, sagt er. »Es gab aber eine Reihe von Gründen, die das verhindert haben.« Scholz präsentiert sich als Großdenker und Chefstratege der Partei. »Die große Erzählung der SPD war immer: Wie können wir Wirtschaft und Gesellschaft so gestalten, dass die Menschen die technologische Entwicklung nicht als Gefahr, sondern als Chance begreifen und optimistisch in die eigene Zukunft und die ihrer Kinder blicken können«, sagt er. Daraus will er Politik ableiten: »Wir sollten den Mindestlohn so anheben, dass ein fleißiger Mann und eine fleißige Frau, die Vollzeit arbeiten, im Alter nicht auf öffentliche Hilfe angewiesen sind.«

Auch zum Thema Große Koalition gibt sich Scholz sehr klar: »Die SPD hat sich früh und klar zum Thema Große Koalition geäußert. Jetzt muss sie auch dabei bleiben.«

Nur einen letzten Schritt wagt Scholz immer noch nicht. Er sagt nicht, dass er Vorsitzender werden will. In einem anderen Interview erklärt er: »Ich bin Regierungschef einer Metropole, die boomt, und ich habe Ideen und Pläne über 2030 hinaus.« Seine Botschaft: Ich muss hier nicht weg. Scholz will gerufen werden, um der Partei zu helfen. Wer bei mir Führung bestellt, bekommt sie auch, hat Scholz einmal prägnant gesagt. Sein Problem derzeit: Die Partei bestellt nicht.

Mittwoch, 8. November 2017

Rolf Möhlenbrock hat keinerlei Verständnis für das Vorgehen der Hamburger Finanzbeamten. Vor ein paar Tagen hat er das Schreiben aus Hamburg erhalten. Die Hamburger haben eine sehr eigene Rechtsauslegung, findet er. Für ihn ist der Fall eindeutig. Warburg hat keinen Anspruch auf die vom Fiskus ausgezahlten Millionen, das Geld muss dringend zurückgeholt werden, bevor es verjährt. Fertig.

Möhlenbrock hat seinen Vorgesetzten eingeschaltet. Michael Sell ist als Leiter der Steuerabteilung im Bundesfinanzministerium seit sechs Jahren Deutschlands höchster Finanzbeamter. Er ist Mitglied der CDU, 25 Jahre in verschiedenen Positionen Beamter in Berlin. Er war im Bundeskanzleramt für Steuerpolitik verantwortlich, später hat er einige Jahre bei der BaFin gearbeitet.

Sell ist überrascht. Er war es, der vor einigen Jahren zusammen mit den Hamburger Kollegen in Sachen Cum-ex ein wegweisendes Urteil vor dem Bundesfinanzhof erstritten hat. Damals ging es um nicht einmal drei Millionen Euro, aber der damalige Hamburger Referatsleiter Kai Siegel-Röhn setzte alles an die Aufklärung des Falls. Der betroffene Fonds DWH wehrte sich, Hamburg blieb dennoch konsequent. Für Sell war das die Chance, ein Grundsatzurteil zu erstreiten. Gemeinsam gewann man beim höchsten deutschen Finanzgericht. Nun wundert sich der Beamte, warum die Hamburger ihre Haltung komplett geändert haben und bei diesem eindeutigen Fall auf eine Rückforderung verzichten. Er ist sich mit Möhlenbrock einig: Das Geld muss schleunigst zurückgeholt werden.

Möhlenbrock schreibt an die Kollegen in Hamburg. Er habe »erhebliche Bedenken« gegenüber ihrem Vorgehen, teilt er mit. Es sei nicht notwendig, die Ermittlungen der Staatsanwaltschaft abzuwarten, weil es steuerrechtlich deutlich einfacher sei, das Geld zurückzufordern, als strafrechtlich. Er verweist auf das inzwischen rechtskräftige Urteil aus Hessen und bittet, Maßnahmen zu ergreifen, die eine weitere Verjährung verhindern. Es sind jene Argumente, die Pannhusen selbst ein Jahr zuvor verwendet hat – und die immer wieder von den Betriebsprüfern Meyer-Spiess, Heuer und Halpaap vorgetragen worden sind.

Aus Sicht von Möhlenbrock ist der Charakter des Schreibens eindeutig: eine Weisung. Das schärfste Schwert, das dem Ministerium zur Verfügung steht. Es wird nur alle paar Jahre angewendet. Doch in diesem Fall haben Möhlenbrock und Sell den Eindruck, dass die Differenzen mit Hamburg so groß sind und die Sache so drängt, dass die Maßnahme notwendig ist.

Um 16:43 Uhr trifft die E-Mail von Möhlenbrock in der Finanzbehörde ein, als Erste sieht Referentin Brigitte Birkenberger sie. »Es muss verhindert werden, dass während der noch laufenden Ermittlungen Zahlungsverjährung eintritt, wenn unter Berücksichtigung der Rechtsauffassung eines Finanzgerichts aus einem bereits rechtskräftig abgeschlossenen Verfahren verjährungsunterbrechende Maßnahmen ergriffen werden können«, belehrt der Berliner Spitzenbeamte die Hamburger Kollegen. Er bitte um Bericht zu den ergriffenen Maßnahmen bis zum 29. November 2017.

Birkenberger weiß, was das bedeutet. Sie informiert ihre Vorgesetzten, gemeinsam mit Abteilungsleiter Michael Wagner holt sie Steuerchefin Angela Nottelmann aus einer laufenden Besprechung. Eine Weisung des Bundesfinanzministeriums haben die Beamten in Hamburg noch nie erlebt, auch aus anderen Ländern haben sie Ähnliches noch nie gehört. Es ist der maximale Affront. Wagner empfindet die Ansage als Kriegserklärung, vermutet einen politischen Hintergrund. Angela Nottelmann, die kurz vor ihrer Pensionierung steht, ist aufgewühlt. Sie informiert Peter Tschentscher, mit dem sie bis vor einer Stunde noch zusammensaß.

11

Donnerstag, 9. November 2017

Der große Festsaal im Rathaus ist hergerichtet, der Livestream steht, es soll ein großes Fest werden – für die Opposition. Um 17 Uhr kommt Olaf Scholz in den Sonderausschuss der Bürgerschaft zur Aufklärung der Geschehnisse rund um den G-20-Gipfel. Scholz, der bis vor Kurzem als unbesiegbar galt, mag sich in Berlin als Retter gerieren. In Hamburg ist er schwer angeschlagen. Der Imageschaden durch die Geschehnisse rund um den Gipfel ist beträchtlich – für Hamburg, aber auch für Scholz. Die Weltöffentlichkeit hat eine überforderte Stadt gesehen, eine überforderte Polizei und einen überforderten Bürgermeister. Und die Aufarbeitung hat es nicht besser gemacht.

Scholz wirkt stur, unverbesserlich. Erst musste er zur Entschuldigung fast genötigt werden. Dann, kurz nach dem Gipfel, erklärte er im NDR, es habe keine Polizeigewalt während des Gipfels gegeben. »Das ist eine Denunziation, die ich entschieden zurückweise.« Sofort brach eine Welle der Empörung los. Seine Behauptung wirkte abstrus angesichts der Bilder von Wasserwerfern, Schlagstöcken, Pfefferspray, die um die Welt gingen. Ein Senatssprecher musste die Aussage einfangen und relativieren. Scholz habe organisierte, strukturelle Polizeigewalt gemeint. Möglicherweise hätten sich aber einzelne Beamte nicht korrekt verhalten. Auch Scholz' großes Versprechen, der Gipfel werde die Hamburger Steuerzahler nichts kosten, hat sich inzwischen als leer erwiesen. Verschämt musste die SPD einräumen, dass die vom Bund zur Verfügung gestellten Mittel nicht reichen.

Nun also Sonderausschuss. Lächelnd begrüßt Scholz jeden Abgeordneten per Handschlag. Dann beginnt er mit einem 20-minütigen Statement. Er wiederholt seine Bitte um Entschuldigung, dann verteidigt er sich. »Wir sind davon ausgegangen, alles Menschenmögliche für die Sicherheit getan zu haben«, sagt er. »Ich habe den Satz damals so gesagt, weil ich davon überzeugt war, dass es so sein wird.«

Vier Stunden steht Scholz anschließend im Kreuzverhör. Doch er bleibt entspannt. Die Opposition bekommt ihn nicht zu fassen, er wiederholt schlicht alles, was schon viele Male gesagt wurde. Nur eine News liefert Scholz – unter welchen Bedingungen er zurückgetreten wäre: »Wenn jemand stirbt, kann ich nicht im Amt bleiben. Das war mir vorher klar.«

Freitag, 10. November 2017

Angela Nottelmann hat mit Michael Sell im Bundesfinanzministerium telefoniert, um die Wogen zwischen den Behörden zu glätten. Es soll nun ein klärendes Gespräch in Berlin im Ministerium geben. Um 11 Uhr informiert Referentin Brigitte Birkenberger das Finanzamt für Großunternehmen über die Weisung. Um 13:30 Uhr leitet Abteilungsleiter Michael Wagner die Gesprächseinladung an Birkenberger und Svenja Pannhusen weiter. Die Hamburger wollen im Bundesfinanzministerium gemeinsam dafür kämpfen, dass Warburg die Steuern nicht zurückzahlen muss.

Um 17 Uhr beschäftigt sich auch Olaf Scholz wieder einmal mit dem Thema Warburg. Zum dritten Mal empfängt er Christian Olearius im Rathaus. Dieses Mal allerdings nicht im historischen Bürgermeisteramtszimmer, sondern in seinem Büro.[36] Wieder trifft sich Scholz allein mit dem Bankier. Wie bei den Treffen zuvor plaudern sie zunächst, Olearius erzählt von früher. Schließlich kommt er zur Sache, unterrichtet den Bürgermeister vom Stand der Verfahren. Olearius legt Scholz auch seine Theorie dar, dass sich die Ermittlungsbehörden auf sein Geldinsti-

---

36 In seinem Tagebuch schreibt Olearius zwar vom Bürgermeisteramtszimmer, im PUA wird Scholz aber erklären, der dort beschriebene blaue Teppich liege in seinem Büro.

tut eingeschossen hätten, statt sich die Deutsche Bank vorzuknöpfen. Die Großbank werde wohl geschont, erklärt Olearius dem Bürgermeister. Und um davon abzulenken, nehme man halt Warburg ins Visier. Olearius verrät Scholz zudem, dass er überlege, mit dem *Spiegel* zu sprechen. Offenbar rät ihm Scholz, sich dabei maßvoll zu äußern.[37] Ansonsten zeigt Scholz auch dieses Mal nicht, was er von dem Fall hält oder was er zu tun gedenkt. »Ich meine, sein zurückhaltendes Verhalten so auslegen zu können, dass wir uns keine Sorgen zu machen brauchen«, notiert Olearius in sein Tagebuch. Kein Wunder: Auch vor einem Jahr hatte sich Scholz zurückhaltend verhalten, doch nach den Treffen war sein Problem gelöst.

Montag, 13. November 2017

Mehr als ein Jahr lang war die Finanzbehörde nun ohne einen Staatsrat für Finanzen, in Hamburg das Äquivalent zu einem Staatssekretär in anderen Bundesländern. Der langjährige Amtsinhaber war schwer erkrankt. Nun ist eine Nachfolgerin gefunden: Bettina Lentz. Die Volkswirtin ist seit ihrem Studium städtische Beamtin, kennt seit den 1980er-Jahren den Behördenapparat, war viele Jahre in der Leitung des städtischen Personalamts. Und: Sie kennt auch die Warburg-Bank besser als die meisten ihrer Kollegen. Im Dezember 2010 hat sie einmal einen Tag in der Pressestelle der Warburg-Bank hospitiert, einen Monat später durfte der Pressesprecher der Bank sie einen Tag durch ihren Alltag im Personalamt begleiten.[38]

---

37 Im Originalwortlaut heißt es: »Die Deutsche Bank werde wohl geschont. Meine Interpretation – cui bono – auf uns abzulenken, sei wahrscheinlich. Das Spiegel-Gespräch sollte ich führen, mich aber maßvoll äußern. In Szene setzen in Sachen Wirtschaftsstandort Hamburg will er sich allein; Gutachten seien störend.«

38 Bettina Lentz bestätigt das Praktikum, betont aber, es habe in ihrer Zeit als Staatsrätin keine Kontakte mehr gegeben.

Donnerstag, 16. November 2017

Um 10:36 Uhr steigen Michael Wagner, Brigitte Birkenberger und Svenja Pannhusen in den ICE nach Berlin. In der Hauptstadt angekommen, fahren sie in die Wilhelmsstraße zum wuchtigen Bau des Detlev-Rohwedder-Hauses, benannt nach dem von der RAF erschossenen Chef der Treuhandanstalt. Mit seinen mehr als 2000 Räumen war das von den Nationalsozialisten errichtete Gebäude einmal Europas größtes Bürohaus, Sitz diverser DDR-Ministerien und später eben die Zentrale der Treuhand. Seit 1999 ist hier das Bundesfinanzministerium untergebracht.

Die drei Hamburger Finanzbeamten werden in einen Besprechungsraum geführt, dort warten bereits sechs Männer und zwei Frauen. Rolf Möhlenbrock hat drei Mitarbeiter dazu gebeten, die sich seit Jahren eingehend mit Cum-ex befassen, zudem einen Experten für Abgabenordnung. Außerdem sind Staatsanwältin Anne Brorhilker aus Köln und zwei leitende Ermittler der Steuerfahndung Düsseldorf angereist. Die Beamten in dem Raum kennen sich mit Cum-ex so gut aus wie kaum jemand sonst in Deutschland. Und sie sind sich einig: Gemeinsam wollen sie die Hamburger Kollegen überzeugen, die 43 Millionen Euro für die Steuerzahler zu retten.

Nachdem ein Ministeriumsmitarbeiter die Runde begrüßt und vorgestellt hat, bittet Möhlenbrock die Hamburger, ihre Sicht der Dinge zu schildern. Zur Überraschung der Berliner Beamten ergreift Svenja Pannhusen das Wort. Eigentlich werden solche Gespräche nicht mit Beamten aus einem Finanzamt geführt, sondern mit den Führungskräften aus den übergeordneten Verwaltungsstellen. Abteilungsleiter Wagner aber, den Möhlenbrock lange kennt, hält sich zurück. Stattdessen erklärt nun Pannhusen, dass Hamburg Bedenken habe gegen die Weisung aus Berlin. Eine Rückforderung der Millionen könne zu einer Insolvenz der Bank führen, erklärt sie. Es bestehe die Möglichkeit, dass die Bank »kaputt gemacht wird«. Dann würden 1250 Menschen ihren Arbeitsplatz verlieren.

Möhlenbrock geht darauf nicht ein. Er bittet stattdessen Anne Brorhilker, den Stand der Ermittlungen vorzutragen. Die Beweise gegen Warburg sind erdrückend, finden die Fahnder aus NRW. Brorhilker berichtet, dass allein aus der Höhe der Gewinne geschlossen werden könne, dass hier eine Steuer kassiert worden sein müsse, die nicht bezahlt wurde. Der sogenannte Dividendenlevel sei ein sicheres Zeichen für Cum-ex, es sei gar nicht nötig, einzelne Lieferketten nachzuweisen. Zusätzlich gebe es außerdem einen weiteren Kronzeugen, der Warburg belaste. Dann führt sie weitere Details zu den Geschäften aus, erklärt, warum es aus ihrer Sicht wenig glaubhaft ist, dass die Bankiers angeben, möglicherweise bei den Geschäften selbst hinters Licht geführt worden zu sein.

Doch die Hamburger Beamten sind davon wenig beeindruckt. Die vorgetragenen Ermittlungsergebnisse seien nur vage Hinweise, nichts Belastbares, finden sie. Pannhusen ergreift noch einmal das Wort. Hamburg habe noch keine Lieferketten ausermittelt, die Beweislage sei zu dünn. Die anwesenden Cum-ex-Experten aus Berlin und NRW sind überrascht über die merkwürdige Hamburger Rechtsauffassung, wundern sich über die Vehemenz, mit der Pannhusen und ihre Begleiter auf ihrer Position verharren. Pannhusen ist ihrerseits irritiert. Später wird sie notieren, das Ministerium sei nicht interessiert an Einzelheiten zum Sachverhalt oder rechtlichen Feinheiten.

Schließlich ist es Rolf Möhlenbrock, der die Debatte beendet. Sein Eindruck hat sich bestätigt, die Differenzen sind unüberwindbar. Noch einmal erklärt er den Hamburgern, dass Lieferketten nicht nötig seien. Es reiche der Dividendenlevel, also die Erkenntnis, dass die Höhe der Gewinne ohne die Steuererstattung gar nicht möglich gewesen wäre. Dann folgt eine unmissverständliche Ansage: »Machen Sie den Sack zu!«

Montag, 20. November 2017

Es ist schon dunkel, als Christian Lindner in Berlin vor die Kameras tritt. Die ideologischen Unterschiede zwischen FDP und Grünen sind groß, zu groß. Nun steht der FDP-Vorsitzende mit seinem Team in der Nacht und will Entschlossenheit ausdrücken – und Geschlossenheit. »Nach Wochen liegt immer noch ein Papier mit zahllosen offenen Fragen, Widersprüchen und Zielkonflikten vor«, sagt Lindner. »Es hat sich gezeigt, dass die vier Gesprächspartner keine gemeinsame Vorstellung von der Zukunft unseres Landes und vor allem keine gemeinsame Vertrauensbasis entwickeln konnten.« Und dann kommt der entscheidende Satz, der sich in das kollektive Gedächtnis einbrennen wird: »Es ist besser, nicht zu regieren, als falsch zu regieren.«

Die Verhandlungen für eine Jamaika-Koalition sind gescheitert. Was nun? Alle Augen richten sich auf die SPD: Was macht die Partei? Und was macht Scholz? Es gibt zwei Optionen. Entweder die Partei verhandelt entgegen allen Beteuerungen doch mit der CDU über eine Neuauflage der Großen Koalition. Oder es gibt Neuwahlen. Soll die Partei dann wieder mit dem gescheiterten Schulz antreten? Oder vielleicht mit Scholz?

Mittwoch, 29. November 2017

Eigentlich waren die beiden Ansagen aus Berlin deutlich. Doch in Hamburg zweifelt man immer noch. Den zuständigen Beamten geht es jetzt ums Geld, werden sie später sagen: Sie wollen mögliche Gerichtskosten und Schadensersatzforderungen auf den Bund abwälzen, wenn die Sache mit Warburg schiefgeht. Genau die Beamten, denen ein Jahr zuvor das entgangene Steuergeld nicht wichtig war, weil ein großer Teil davon gar nicht Hamburg geblieben wäre, sind jetzt sehr darauf bedacht, dass dem Hamburger Haushalt kein Schaden entsteht, sondern bitte dem Bund.

Noch einmal interveniert Angela Nottelmann also beim Bundesfinanzministerium – dieses Mal schriftlich. Sie schickt ein zweiseitiges Schreiben nach Berlin. »Gegen Ihre Weisung bestehen aus unserer Sicht auch nach der am 16. November 2017 in Ihrem Haus erfolgten Besprechung folgende Bedenken«, schreibt sie. Dann zählt sie ihre Argumente auf. »Wir bitten um Mitteilung, ob Sie vor den hier geschilderten Hintergründen weiterhin auf Umsetzung Ihrer Weisung bestehen.«

Hamburg stellt sich damit weiter gegen die geballte Cum-ex-Expertise der Republik. Explizit eingebunden in dieses Verhalten ist Finanzsenator Peter Tschentscher. Schon nach dem Gespräch in Berlin wurde er informiert. Das Schreiben nach Berlin geht nun z. K. v. A. an S. Übersetzt aus der Behördensprache: zur Kenntnis vor Abgang an den Senator. Michael Wagner unterrichtet Tschentscher persönlich.

In Berlin sorgt der Brief aus Hamburg für Kopfschütteln. Sell ist befremdet. Möhlenbrock hält die Angst vor Schadensersatzforderungen für komplett abwegig. Die Hamburger Argumente erinnern die beiden eher an die Anwälte der Cum-ex-Sünder als an die Steuerbehörde, mit der Sell gut zusammengearbeitet hat. Sell kennt Nottelmann seit vielen Jahren. Er weiß, dass sie kurz vor dem Ruhestand steht. Eigentlich kommen sie gut miteinander klar, er schätzt sie. Er weiß aber auch, dass sie Verwaltungsfachfrau ist und keine Steuerrechtlerin.

Daher ist Sell um eine klare Antwort nicht verlegen. Am 1. Dezember schreibt er nach Hamburg: »Ich halte an meiner Weisung zur Einleitung verjährungsunterbrechender Maßnahmen uneingeschränkt fest.« Auf zwei Seiten widerlegt er Nottelmanns Argumentation. Und dann wird Sell noch deutlicher. Er verlangt eine Erklärung, ob man in der Vergangenheit bei verdächtigen Cum-ex-Gestaltungen bereits Geld verjähren ließ. Hamburg solle dem Bund dazu bitte möglichst ausführlich den Sachstand darstellen.

Am folgenden Montag informiert Abteilungsleiter Wagner Svenja Pannhusen über die Antwort aus Berlin: Der Bund habe seine Weisung bestätigt. »Wir haben nun keine Wahl und müssen umsetzen.« Noch am gleichen Tag ruft Pannhusen Dominik Wilcken an. Sie erklärt dem Warburg-Banker, dass auf Weisung aus Berlin die Verjährung für 2010 unterbrochen werden müsse. Sie vereinbaren einen Termin für den 13. Dezember um 13 Uhr.

Wilcken informiert Olearius. Der notiert im Tagebuch: Frau Pannhusen habe die Bank informell informiert, dass der Bund gegen den Willen Hamburgs die Steuern zurückfordere. Er habe Pawelczyk angerufen.

Dienstag, 5. Dezember 2017

Christian Olearius erörtert mit Kahrs und Pawelczyk, was man tun könne. Der Bundestagsabgeordnete verspricht, sich in Berlin zu erkundigen. Am nächsten Tag schickt ein Warburg-Mitarbeiter Kahrs per E-Mail eine kurze Zusammenfassung der am Vortag gemeinsam diskutierten Sachlage.

Freitag, 8. Dezember 2017

Die Staatsanwaltschaft Köln will den Hamburgern weitere Brücken bauen. Anne Brorhilker hat eine CD mit neuen Ermittlungsergebnissen geschickt. Darauf sind unter anderem Protokolle der Vernehmung von Darren Lee Thorpe, die Brorhilker im Gespräch in Berlin angekündigt hatte. Der Brite war lange Aktienhändler der Bank Macquarie in London und hat selbst an Cum-ex-Geschäften mitgewirkt. Bei seiner Vernehmung hat er den Ermittlern vorgerechnet, wie die Gewinne aus den Geschäften entstanden sind – und warum Renditen in der Höhe, die Warburg erwirtschaftet hat, nur mit einer ergaunerten Steuer möglich waren. Jedem sei schon aufgrund der Preisgestaltung klar gewesen, dass es sich um Geschäfte mit Leerverkäufen handeln musste. Er hat zudem detaillierte und belastende Angaben zu den Warburg-Geschäften gemacht, zu Leerverkäufen und zu illegalen Absprachen zwischen Warburg und Macquarie.

Doch die Hamburger Beamten überzeugt auch das nicht. Pannhusen und Wagner tauschen sich darüber per Mail aus. Die Zeugenaussage erscheine ihm für das Verfahren nicht sehr belastbar, schreibt Wagner. Der Händler habe nicht über das derzeit strittige Jahr 2010 geredet, sondern über ein bereits verjährtes. Für 2010 lägen nur Vermutungen und keine eigenen Wahrnehmungen vor. Pannhusen wertet den Fall ähnlich. Der Trader habe später nicht mehr mit Warburg zusammengearbeitet und nur seine eigene Vorgehensweise beschrieben.

Die Hamburger Beamten haben jetzt mehrere glasklare und voneinander unabhängige Beweise, dass die in den Jahren vor 2010 durchgeführten Geschäfte der Warburg Bank illegal waren. Aber mit Blick auf die Geschäfte im Jahr 2010 beharren die Beamten weiter auf der Unschuldsvermutung: Zwar wurden die Geschäfte exakt mit den gleichen Partnern, mit der gleichen Mechanik und den gleichen Renditen durchgeführt – aber möglicherweise waren sie diesmal nicht illegal.

Die SPD macht es sich nicht leicht. Auf ihrem Parteitag streiten die Genossen heftig über den richtigen Kurs. Die Jusos unter ihrem Chef Kevin Kühnert wollen auf keinen Fall in eine Große Koalition eintreten.

Viele in der Partei fürchten allerdings auch, dass Neuwahlen für die SPD noch viel schlimmer ausgehen könnten. Dann kommt es zu einer Überraschung: 81,9 Prozent der Delegierten wählen Martin Schulz wieder zum Parteichef. Außerdem beschließt der Parteitag: Schulz soll mit Angela Merkel und Horst Seehofer Gespräche führen. Vor möglichen Koalitionsverhandlungen wird es aber noch einmal einen Sonderparteitag geben.

Eine Abreibung erhält dagegen Olaf Scholz. Nur 59,2 Prozent wählen ihn zum Vize-Parteichef. Es ist das schlechteste Ergebnis aller Vertreter, sogar der notorisch unbeliebte Ralf Stegner bekommt mehr Stimmen. Im Vergleich zur letzten Wahl ist Scholz um 20 Prozentpunkte abgestürzt. Viele in der Partei sind genervt von ihm, dem Königsmörder mit Ladehemmung. Seit Wochen mäkelt er in Interviews aus der Deckung an der Partei herum, gibt schlaue Hinweise und den obersten Schulz-Gegner. Gleichzeitig verkündet Scholz immer wieder, er werde nicht nach Berlin gehen: »Vor vier Jahren bin ich Hamburger Bürgermeister geblieben«, hat er gerade in einem Interview gesagt. »Meine Pläne haben sich an dieser Stelle nicht verändert.«

Mittwoch, 13. Dezember 2017

Svenja Pannhusen fährt zur Warburg-Bank, die neuen Steuerbescheide hat sie in einem verschlossenen Umschlag dabei. Nach bisherigem Ermittlungsstand sei davon auszugehen, dass Warburg eine nicht einbehaltene Steuer angerechnet wurde, heißt es darin. Die Kapitalertragssteuerbescheinigungen seien in wesentlichen Teilen unrichtig, die Anrechnung in Höhe von 40 453 378,00 Euro Körperschaftssteuer und 2 222 935,81 Solidaritätszuschlag werde zurückgenommen. Im Klartext: Warburg muss 42,7 Millionen Euro Steuererstattung plus Zinsen zurückzahlen.

Auf zwei Seiten begründet Pannhusen die Entscheidung. Nach bisherigen Kenntnissen habe weder die Deutsche Bank die Kapitalertragssteuer abgeführt, noch sei sie auf einer anderen Stufe einbehalten worden. Ein Händler habe bei der Staatsanwaltschaft ausgeführt, dass er die Geschäfte 2008 im Detail mit Warburg abgesprochen habe. Für 2010 sei davon auszugehen, dass es sich um ähnliche Konstrukte handele. Auch die Höhe der Gewinne lasse auf Cum-ex-Geschäfte schließen. Die Bank könne sich deswegen auch nicht darauf berufen, dass jemand anderes die Steuer abgeführt habe.

Gemeinsam mit ihren Mitarbeitern Manfred Halpaap und Dagmar Meyer-Spiess übergibt Pannhusen das Schreiben in der Warburg-Zentrale Dominik Wilcken. Sie erklärt, dass sie auf Weisung des Bundesfinanzministeriums handele. Inklusive Zinsen soll Warburg 56 Millionen Euro zurückzahlen.

Die Banker sind von der Kehrtwende noch immer entsetzt. In einer Partnersitzung wird darüber gesprochen. Frau Pannhusen habe ausgeführt, dass die Hamburgische Verwaltung die Rechtsauffassung nicht teile, die der Rückforderung zugrunde liege, heißt es im Protokoll.[39] Christian Olearius erklärt, die Maßnahme lasse an rechtsstaatlichen Grundsätzen zweifeln, sei offenbar politisch motiviert, juristisch kaum zu begründen.

Olearius schreibt an diesem Tag zudem in sein Tagebuch, Kahrs habe sich gemeldet und mitgeteilt, er könne nichts ausrichten. Das Finanzministerium sei strikt gegen irgendwelche Hilfen. Man werde den Fall aber wieder aufrufen, sollte die SPD nach erfolgreichen Koalitionsverhandlungen das Bundesfinanzministerium übernehmen.[40]

Auch Peter Tschentscher interessiert sich an diesem Tag offenbar noch für den Fall Warburg. Michael Wagner schreibt jedenfalls eine Mail an seine Noch-Chefin Nottelmann, wonach Tschentscher ihn angerufen habe. »Er weiß, dass er ›nur‹ über Sie eine Sachstandsinformation bekommen wird.« Das Wort »Sie« ist in der Mail unterstrichen.[41]

---

39 Svenja Pannhusen wird später erklären, sie glaube nicht, dass sie gesagt habe, dass sie die Rechtsauffassung nicht teile. Im Zweifel habe sie gesagt, dass es eine Weisung sei.
40 Johannes Kahrs äußert sich dazu auf Anfrage nicht.
41 Wagner wird später im Ausschuss erklären, er könne sich an das Gespräch nicht erinnern. Es sei Frau Nottelmann immer sehr wichtig gewesen, nicht übergangen zu werden. Auch Tschentscher wird sich nicht konkret an das Gespräch erinnern. Vielleicht sei es ihm darum gegangen zu wissen, ob die Sache abgeschlossen ist.

Donnerstag, 14. Dezember 2017

Olearius ist sich nun immer sicherer, dass die Deutsche Bank hinter all dem Übel steckt. Die Sache werde immer offenkundiger, notiert er am Abend in sein Tagebuch. Aber immerhin, endlich glaube man der Warburg Bank. Er ist hoffnungsfroh, weil Svenja Pannhusen noch einmal mit Dominik Wilcken telefoniert hat.

Pannhusen, schreibt Olearius, habe Wilcken am Telefon gesagt, die Hamburger Finanzverwaltung sei weiter der Meinung, Warburg habe sich nichts zuschulden kommen lassen. Der Bescheid sei nicht haltbar, die Klagechancen der Bank gut. Sie schäme sich. Das sei kein Rechtsstaat. Sie müsse jetzt zudem begründen, warum sie die Vorjahre verjähren ließ. Eine Einschaltung der Hamburger Politik sei nicht erforderlich.

Pannhusen wird diese Äußerungen später bestreiten.[42] Wenige Wochen später wird sie allerdings handschriftlich über ein Gespräch mit der Steuerfahndung in NRW notieren, sie habe den Fahndern gesagt, dass sie die an Warburg überreichten Steuerbescheide für rechtswidrig halte. Und sie habe erwähnt, dass sie die Entscheidung des Bundesfinanzministeriums für rein politisch halte und es für die Behörde recht unangenehm sei, diesen Bescheid jetzt rechtmäßig machen zu müssen. Rein politisch: Die Finanzbeamtin Pannhusen vertritt auch hier exakt den Standpunkt der Warburg-Bank.

Freitag, 22. Dezember 2017

Warburg legt Einspruch gegen die Steuerrückzahlung ein. Noch vor Jahresfrist, am 29. Dezember 2017, gewährt das Finanzamt für Großunternehmen eine sogenannte Aussetzung der Vollziehung. Warburg muss somit nicht zahlen, bis die Sache geklärt ist.

---

42 Vor dem Untersuchungsausschuss wird sie sagen, sie habe mit Sicherheit nicht gesagt, dass sie sich schäme und dass das kein Rechtstaat sei. Sie könne sich aber nicht erinnern, ob sie etwas gesagt habe, was man so auslegen könne.

Eine Sicherheit fordert die Stadt von der Bank nicht, obwohl Angela Nottelmann noch vor drei Wochen nach Berlin geschrieben hat, eine Rückforderung hätte »vermutlich den unmittelbaren Zusammenbruch der Bank zur Folge«. Die Begründung ist erstaunlich, nachdem Tschentschers Beamte doch so sehr um die Solvenz der Bank gezittert haben: Die wirtschaftliche Lage der Bank, heißt es nun, lasse die Steuerforderung nicht gefährdet erscheinen.

Donnerstag, 28. Dezember 2017

Christian Olearius bekommt noch mehr Unterstützung aus der SPD. Alfons Pawelczyk, dem die Bank vor einigen Tagen erneut 29 750 Euro überwiesen hat, ist in Begleitung eines alten Bekannten: Ernst Uhrlau. Der Hamburger war Anfang der 1980er-Jahre Chef des Senatorenbüros, als Pawelczyk Innensenator war. In den 1990ern leitete Uhrlau den Hamburger Verfassungsschutz, wurde dann Polizeipräsident. 1998 übernahm er im Bundeskanzleramt für Gerhard Schröder die Koordination der Geheimdienste, im Jahr 2005 wurde er schließlich Präsident des Bundesnachrichtendienstes (BND) und blieb bis zu seinem Ruhestand Chef der deutschen Auslandsspionage. Uhrlau ist ein Mann mit Einfluss und Kontakten. Olearius erzählt ihm seine Geschichte. Uhrlau habe kluge Fragen gestellt, notiert Olearius später in seinem Tagebuch. Er überlege, ob er dessen Angebot annehme, mit dem Investigativjournalisten Hans Leyendecker von der *Süddeutschen Zeitung* in Kontakt zu treten.

12

Freitag, 5. Januar 2018

Der *Süddeutschen Zeitung* sind Teile des Deloitte-Berichts zugespielt worden. Der zuständige Redakteur Klaus Ott befasst sich mit der Sache und hat der Warburg-Bank eine E-Mail mit einer Reihe von Fragen geschickt. Olearius beruft umgehend einen sechsköpfigen Krisenstab ein.

Vonseiten der Bank hat er neben Dominik Wilcken den Pressesprecher Martin Wehrle herbeizitiert. Eigentlich wollte er auch noch seinen Medienanwalt Michael Nesselhauf dazu holen, doch der ist im Urlaub. Johannes Kahrs allerdings hat Zeit für das Gespräch, ebenso Alfons Pawelczyk und Ernst Uhrlau. Die Männer diskutieren, wie man nun vorgehen soll. Wehrle, neu in diesem exklusiven Kreis, verhält sich für den Geschmack von Olearius etwas zu vorlaut. Am Ende aber steht ein Plan: Der *Süddeutschen Zeitung* will man nur knapp antworten. Und um die Weisung des Bundesfinanzministeriums kümmern sich Kahrs und Pawelczyk. Der Bundestagsabgeordnete soll im Ministerium intervenieren, Pawelczyk die neue Sachlage noch einmal direkt mit Scholz besprechen.

Vom Bankgebäude in der Ferdinandstraße ist es nicht weit zum Rathaus. Pawelczyk verschiebt die Sache nicht lang, geht nach der Besprechung zum Büro des Bürgermeisters. Auch ohne Termin wird er offenbar vorgelassen.[43] Am Nachmittag erstattet er Olearius Bericht: Jetzt sei

---

43 In einem Schreiben an den Hamburger Untersuchungsausschuss erklärte Scholz, sich an ein solches Gespräch zu erinnern, ohne allerdings einen konkreten Termin bestätigen zu können.

wohl nur noch der Rechtsweg möglich, lautet die wenig zufriedenstellende Zusammenfassung des Gesprächs mit Scholz.

Den Bürgermeister beschäftigen andere Dinge. Er verhandelt in den Sondierungsgesprächen mit der CDU die Themen Finanzen und Wirtschaft. Die Gerüchte in Berlin werden immer lauter: Sollte es eine Große Koalition geben, wird Scholz nächster Finanzminister.

Freitag, 12. Januar 2018

Gegen elf Uhr treten sie endlich vor die seit vielen Stunden versammelten Journalisten: die drei Parteivorsitzenden Angela Merkel (CDU), Horst Seehofer (CSU) und Martin Schulz (SPD). Fast 24 Stunden am Stück haben die Parteien zum Finale ihrer Sondierungsgespräche verhandelt. Nun versuchen sie im Foyer des Willy-Brandt-Hauses, die Mühen der Nacht zu überspielen und gute Stimmung zu machen. Das Sondierungsdokument sei ein »Papier des Gebens und Nehmens, wie es sein muss«, sagt Merkel. Seehofer betont, er sei »hochzufrieden«, Schulz spricht von einem »hervorragenden Ergebnis«.

Auch Olaf Scholz ist zufrieden. »Das Gesamtpaket stimmt«, sagt er an anderer Stelle in einem Interview. »Auf dieser Basis lohnt es sich, finde ich, Koalitionsverhandlungen mit der Union zu führen.« Was er und seine engsten Vertrauten schon durchschaut haben, aber sonst nur wenige andere: Ihm ist dabei ein kleiner Coup geglückt. Stolz verkündet Scholz, dass eine Abschmelzung des Solidaritätszuschlages vereinbart worden sei – davon würden 90 Prozent aller Steuerzahlerinnen und Steuerzahler profitieren. Nur die hohen Einkommen würden jetzt nicht entlastet.

Der Clou: Auch die CDU will den Soli eigentlich abschaffen, weil er – ursprünglich 1991 eingeführt, um die deutsche Einheit zu finanzieren – mit der Vollziehung der Einheit überflüssig geworden ist. Allerdings würden dem Staat bei einer Abschaffung Einnahmen von 21 Milliarden Euro im Jahr fehlen. Scholz hat vorgeschlagen, dass der Soli deswegen nicht komplett abgeschafft wird, sondern nur für 90 Prozent der Steuerzahler. Die reichsten 10 Prozent sollen weiterzahlen. Die Union hat sich darauf eingelassen.

Es sieht aus wie ein guter Kompromiss, ist in Wirklichkeit aber eine Falle. Im Bundestagswahlkampf 2021 wird sie zuschnappen: Die CDU fordert nun erneut die vollständige Abschaffung des Solis, was faktisch jetzt aber nur noch einer Entlastung der Spitzenverdiener entspricht. Scholz wird keine Gelegenheit auslassen, die CDU dafür anzuprangern, dass sie eine Steuersenkung für Millionäre fordert.

Schon jetzt läuft es für Scholz. Er hat sich in den vergangenen Wochen als solider Politiker präsentiert; der G-20-Gipfel scheint vergessen. In einer Forsa-Umfrage sagen 54 Prozent der Befragten, dass sie ihn für vertrauenswürdig halten. Damit liegt er auf Platz 3 der deutschen Politiker hinter Merkel (60 Prozent) und Gabriel (56 Prozent).

Dienstag, 16. Januar 2018

Christian Olearius ist genervt. Die Cum-ex-Sache nimmt ihn so in Anspruch, dass er den Neujahrsempfang des *Hamburger Abendblatt* absagen musste. Denn die *Süddeutsche Zeitung* hat auch noch von der Weisung des Bundesfinanzministeriums Wind bekommen. Und ausgerechnet jetzt ist Olearius' wichtigster Berater in Medienfragen nicht da. Der Anwalt Nesselhauf weilt noch immer im Urlaub und ist nur schwer zu erreichen.

Unter der Überschrift »Bund zwingt Hamburg, gegen renommierte Privatbank vorzugehen« berichtet der SZ-Redakteur Klaus Ott über die ungewöhnliche Maßnahme des Bundesfinanzministeriums. Zur Einordnung zitiert das Blatt den Hamburger Bundestagsabgeordneten Fabio De Masi von den Linken: Warburg sei »eine der feinsten Adressen« in der Hansestadt und dort »gut vernetzt«, sagt der. Es sehe so aus, als ob der Hamburger Finanzsenat vielleicht »etwas Standortpflege betreibe.«

Olearius vermutet, dass die Informationen aus dem Bundesfinanzministerium an die Zeitung durchgesteckt wurden. Schon vor der Veröffentlichung haben seine Mitarbeiter Christoph Greiner und Dominik Wilcken die Fragen der *Süddeutschen Zeitung* an Michael Sell in Finanzministerium geschickt. Der Journalist schreibe in seiner Mail, das Finanzministerium habe die Hamburger Behörden angewiesen. Man bitte um Mitteilung, ob das zutreffe und, falls ja, was die »Gründe für die Anweisung des Bundesfinanzministeriums an die Hamburger Finanzbehörde« seien, heißt es in dem Schreiben. »Wir weisen darauf hin, dass die Anweisung gravierende Folgen für unser Haus hat.« Unverhohlen fordert die Bank: »Bitte nehmen Sie auch Stellung, wie es zu einer Weitergabe solch sensibler Informationen an die Presse kommen kann.«

Die Warburg-Mitarbeiter verschweigen, dass die Bank bereits seit Wochen von der Weisung weiß. Dafür hängen sie eine Strafanzeige an, die sie kurz zuvor wegen Verletzung des Steuergeheimnisses gegen »Unbekannt« erstattet haben.

Olearius lässt im Tagebuch seiner Wut über den Artikel freien Lauf, bezeichnet den Journalisten Klaus Ott als Ferkel und bittet einen engen Vertrauten, eine Presseerklärung für ihn zu vorzubereiten: Franz Wauschkuhn, ehemaliger Wirtschaftschef des NDR. Wauschkuhn unterstützt Olearius immer wieder bei der Öffentlichkeitsarbeit. Später wird er versuchen, ein Treffen zwischen Olearius und dem Linken-Abgeordneten Fabio De Masi zu arrangieren.

Der ehemalige Journalist Wauschkuhn bezeichnet die Berichte als Kampagne, gepaart mit einem »Hauch von Antisemitismus«. Er habe den Eindruck, »dass der so genannte ›Cumex‹-Skandal unter anderem dazu genutzt wird, das einzige jüdische Bankhaus Deutschlands, das NS-Verfolgung überlebt hat, massiv zu diskriminieren«. So wird er es später in einem Schreiben zum Ausdruck bringen.

Doch erst einmal formuliert Wauschkuhn unsichtbar im Hintergrund für die Bank: »Seit zwei Jahren ist die Warburg Bank mit einer medialen Rufmordkampagne konfrontiert, obwohl sie seit Beginn der Untersuchungen uneingeschränkt mit den Behörden zusammengearbeitet und alle Informationen offengelegt hat.« Neue Erkenntnisse gebe es nicht. »Nach intensivsten und mehr als zweijährigen internen und externen Untersuchungen durch verschiedene Wirtschaftsprüfungsgesellschaften und Anwaltskanzleien ist uneingeschränkt festzustellen, dass M.M. Warburg & CO in keinem Fall weder direkt noch indirekt an einer mehrfachen Erstattung von Kapitalertragssteuern kollusiv mitgewirkt hat.«

Die Stellungnahme leitet Warburg-Pressesprecher Wehrle auch an Daniel Stricker weiter, den Chef der Präsidialabteilung in der Finanzbehörde. Stricker ist einer der engsten Vertrauten von Peter Tschentscher.

Er war viele Jahre Pressesprecher der Behörde und bei Journalisten notorisch unbeliebt, weil er Fragen meist mit einem Einzeiler abbügelte. In der Causa, die nun beide Häuser gleichermaßen kritisch trifft, steht Tschentschers Büroleiter im direkten Austausch mit der Bank. Stricker hat Wehrle eben eine Pressemitteilung der Linken zugesandt, in der sich der Linken-Bürgerschaftsabgeordnete Norbert Hackbusch ähnlich äußert wie sein Kollege Fabio De Masi in der *Süddeutschen Zeitung*. Stricker schrieb: »Zur Kenntnis. Hackbusch sekundiert seinem Parteifreund.« Nun antwortet Wehrle mit der Stellungnahme der Bank und dem beruhigenden Hinweis, dass der große Sturm bisher ausgeblieben sei. »Es hatten nur sechs Medien angefragt.« Die Mail leitet Stricker an Peter Tschentscher weiter.[44]

Montag, 22. Januar 2018

Svenja Pannhusen hat ihre Begründung für das Bundesfinanzministerium fertig, warum Hamburg bisher so zurückhaltend mit Warburg umgegangen ist. Sie bleibt bei ihrer Einschätzung: Ausführlich referiert sie den Fall Warburg seit 2014. Ende 2016 habe es keinen gesicherten Sachverhalt gegeben, daher habe man das Geld verjähren lassen. Selbst Deloitte, das mit 30 Personen geprüft habe, äußere nur Mutmaßungen. Und die Aussagen des Kronzeugen hätten keinen Bezug zu Warburg.

Dass es auch in ihrem Team massive Zweifel an der Entscheidung gibt, schreibt sie nicht. Sieben Tage später, am 29. Januar, kommt es im Sachgebiet XII des Finanzamts für Großunternehmen zum Eklat. Pannhusen unterstellt ihren Prüfern, Informationen an die *Süddeutsche Zeitung* durchgestochen zu haben. Die Beamten sind schockiert. Manfred Halpaap sieht keine Basis mehr für eine weitere Zusammenarbeit. Er macht handschriftlich Notizen zu dem Gespräch: Er habe Pannhusen

---

44 Daniel Stricker wird im Ausschuss später erklären, Wehrle sei in der Sache ein langjähriger Kollege, vermutlich habe er vorher mit ihm telefoniert. Er habe sich mit Herrn Wehrle über die Pressearbeit ausgetauscht, über mehr nicht.

deutlich gemacht, dass sie zum Ausdruck bringe, ihm zu misstrauen. Er habe sie gebeten zu überdenken, ob unter diesen Voraussetzungen eine Prüfung der Bank in der derzeitigen Konstellation sinnvoll sei.

Auch Dagmar Meyer-Spiess ist frustriert. Frau Pannhusen habe ihnen Redeverbot erteilt, notiert sie in der Steuerakte, sie dürften keine Informationen mehr an die Steuerfahnder herausgeben, die im Auftrag von Staatsanwältin Anne Brorhilker die Cum-ex-Geschäfte der Warburg-Bank unter die Lupe nehmen. Die ohnehin schlechte Stimmung unter den Prüfern sinkt noch einmal. Nicht einmal die Begründung für den geänderten Bescheid überlasse die Chefin ihnen, vermerkt Manfred Halpaap.

Stattdessen gibt Pannhusen den Prüfern einen neuen, alten Auftrag. Sie sollen die Lieferketten ermitteln, also alle Zwischenstationen sämtlicher getätigten Cum-ex-Kreislaufgeschäfte von Warburg nachvollziehen, um zu beweisen, dass wirklich niemand die Steuer gezahlt hat, die sich die Bank hat erstatten lassen. Pannhusen schickt die Prüfer also wieder in den Nebelwald, den die cleveren Cum-ex-Erfinder für ihre Geschäfte mit mehreren Zwischenstationen in mehreren Ländern erschaffen haben. Sie gibt ihnen genau jene Aufgabe, von der die Prüfer seit Langem sagen, sie sei unmöglich zu erfüllen und vor allem gar nicht nötig. Jene Aufgabe, von der auch Rolf Möhlenbrock und die anderen Experten in Berlin noch vor wenigen Wochen gesagt haben, sie sei keineswegs notwendig. Weitere Informationen stellt Pannhusen ihren Mitarbeitern nicht zur Verfügung. Sie müssten für die Umsetzung dieser Dienstanweisung nicht alle Unterlagen kennen, sagt sie.

Mittwoch, 31. Januar 2018

Olaf Scholz nimmt an der Debatte zum Tagesordnungspunkt 37 der Bürgerschaftssitzung nicht teil. Peter Tschentscher sitzt ganz allein auf der Regierungsbank. Versteinert verfolgt der Finanzsenator die Redebeiträge der Opposition im Plenarsaal des Hamburger Rathauses.

»Es geht hier und heute um ungeheure Vorwürfe, die in dieser Stadt gegenüber der Steuerverwaltung geäußert werden, Cum-ex-Geschäfte der Warburg-Bank nicht ausreichend verfolgt zu haben und aufgrund dessen einen Schaden in zweistelliger Millionenhöhe verursacht zu haben«, sagt Norbert Hackbusch. Der Sohn eines Werftarbeiters ist im Hauptberuf oberster Faktenprüfer beim Verlag Gruner+Jahr und sitzt mit Unterbrechung seit 1993 in der Bürgerschaft, zunächst für die Grünen, die er aus Protest gegen die deutsche Beteiligung am Kosovokrieg verließ, nun für Die Linke.

Hackbuschs Fraktion hat nach Erscheinen des Artikels in der *Süddeutschen Zeitung* einen Antrag eingebracht mit dem Titel: »Cum-ex-Geschäfte – Die Vorwürfe gegen die Finanzbehörde im Fall von M.M. Warburg müssen gründlich und zügig aufgeklärt werden«. Hackbusch selbst schiebt während seiner Rede immer wieder die Ärmel seines Jacketts hoch, als wolle er mit beiden Armen bis zum Ellenbogen in den Steuersumpf greifen, um die ergaunerten Millionen eigenhändig zurückzuholen. »Es wäre ein besonderer Skandal, wenn diese Steuerräuber mit weißem Kragen wegen der drohenden Verjährung ungeschoren davonkämen. Wir hatten das Problem schon bei der HSH Nordbank«, sagt er. Weder er noch die anderen Abgeordneten sind sich bewusst, dass längst zweistellige Millionenbeträge verjährt sind, weil die Finanzverwaltung mit Tschentscher an der Spitze dies zugelassen hat.

Tschentscher sitzt regungslos neben dem leeren Stuhl des Bürgermeisters. Es folgt ein Schlagabtausch zwischen den Abgeordneten der rot-grünen Regierungsparteien und denen der Opposition. Als alle Redner durch sind, erhebt sich der Finanzsenator und schreitet zum Rednerpult. Wie bereits seine Vorredner aus den Reihen der SPD und der Grünen wirft Tschentscher der linken Fraktion vor, mit ihrem Antrag zum Gesetzesverstoß aufgerufen zu haben. Über einen konkreten Steuerfall könne man wegen des Steuergeheimnisses öffentlich nichts sagen. »Das Steuergeheimnis zu brechen ist eine Straftat, und dazu sollte man niemanden auffordern«, sagt Tschentscher. Es gibt Applaus von SPD, Grünen und auch von der FDP.

Der Finanzsenator versucht, den Eindruck zu erwecken, als wäre es das Normalste der Welt, dass das Bundesfinanzministerium eine Länderbehörde per Weisung auffordern muss, hinterzogene Steuern einzutreiben. Dann attackiert er den früheren Bundesfinanzminister Wolfgang Schäuble. Es wäre »sehr hilfreich gewesen, wenn das Bundesfinanzministerium die zweifelhafte Rechtslange früher als 2011 klargestellt hätte«, sagt Tschentscher – und unterschlägt bei seinem Rückblick die Amtszeiten der beiden SPD-Bundesfinanzminister Hans Eichel und Peer Steinbrück. Insbesondere Steinbrück trägt die Verantwortung dafür, dass durch ein missglücktes Jahressteuergesetz ab 2007 die Cum-ex-Sause erst so richtig Fahrt aufnehmen konnte.

Tschentscher hat sich penibel auf die Sitzung vorbereitet, die für Cum-ex zuständige Referentin Brigitte Birkenberger hat für ihn eine siebenseitige »Vorbereitung des Sprechzettels« formuliert. Er stellt es vor der Bürgerschaft so dar, als komme seiner eigenen Behörde bei der Bekämpfung von Cum-ex-Geschäften eine Vorreiterrolle zu. »Hamburgs Finanzämter verfolgen nach meiner Einschätzung unrechtmäßige Steuergestaltungen sogar aktiver und erfolgreicher als in anderen Ländern« sagt Tschentscher und nennt ausgerechnet das Hamburger Finanzamt für Großunternehmen. Hinweise auf Cum-ex-Geschäfte würden dort konsequent verfolgt.

Tschentschers Äußerungen und Attacken sind wohlüberlegt. Wort für Wort liest er sein Statement in der Bürgerschaftsdebatte vom Blatt ab. Um den Eindruck zu vermeiden, er würde sich sklavisch an sein Redemanuskript klammern, hebt er regelmäßig den Kopf und wendet ihn von links nach rechts und wieder zurück, ganz so, als folgte er einem Tennismatch. Der Senat lasse »die Finanzämter nach Recht und Gesetz ihre Arbeit machen und nimmt keinen Einfluss auf deren Entscheidungen, schon gar nicht in konkreten Einzelfällen«, sagt er. »Für die Hamburger Steuerverwaltung gilt: Sie geht Hinweisen auf mögliche Cum-ex-Fälle konsequent und ohne Ausnahme nach. Die Prüfung erfolgt für alle Steuerpflichtigen in gleicher Weise und ausschließlich nach steuerrechtlichen Gesichtspunkten.«

Ohne dass jemand den Vorwurf erhoben hätte, versichert Tschentscher: »Eine politische Einflussnahme hierauf gibt es nicht. Sie wäre rechtswidrig und würde von den Finanzämtern gar nicht akzeptiert werden.« Es ist die Verteidigungslinie, die Hamburg fortan wiederholen wird. Immer wieder sprechen Verantwortliche von einer Brandmauer zwischen Politik und Finanzamt. Es habe deshalb keine Einflussnahme gegeben, diese wäre rechtswidrig.

Letzteres ist allerdings falsch: Der Finanzsenator ist gegenüber den Finanzbeamten weisungsbefugt und letztlich verantwortlich für ihr Handeln. Tschentscher ist sogar verpflichtet, von seiner Weisungsbefugnis Gebrauch zu machen, um rechtswidriges Handeln zu unterbinden. So steht es in der Hamburgischen Verfassung, auf die Tschentscher und Scholz ihren Amtseid geschworen haben.

Über die Debatte in der Bürgerschaft berichtet abends der NDR. Christian Olearius freut sich über Tschentschers Rede. Sie sei abgewogen gewesen, der Senat habe die widerlichen Angriffe zurückgewiesen. Aber er ärgert sich darüber, dass die Causa auch am nächsten Tag noch in den Radionachrichten thematisiert wird.

Pawelczyk kommt noch einmal vorbei, versucht, ihn zu beruhigen. Der SPD-Mann bringt erneut seinen Genossen Uhrlau ins Spiel. Olearius sinniert anschließend darüber, ob der ehemalige Geheimdienstler für ihn tätig werden soll.

Am nächsten Tag muss sich Tschentscher im Haushaltsausschuss der Bürgerschaft erneut dem Thema »Steuerprüfungen im Cum-Cum- und Cum-Ex-Bereich« stellen. Mitgebracht hat er Ernst Stoll, Nachfolger von Angela Nottelmann als Chef der Steuerverwaltung, und den zuständigen Abteilungsleiter Michael Wagner. Die Sitzung droht zur Farce zu werden. Die Beamten teilen den verdutzten Ausschussmitgliedern gleich zu Anfang mit, sie könnten zu dem konkreten Fall keine Angaben machen. Andernfalls brächen sie das Steuergeheimnis.

Der Linke-Abgeordnete Hackbusch will das nicht akzeptieren, verweist auf Paragraf 30 der Abgabenordnung (AO). Darin heißt es zwar: »Amtsträger haben das Steuergeheimnis zu wahren.« Allerdings sieht das Gesetz auch Ausnahmeregelungen vor. »Die Offenbarung oder Verwertung geschützter Daten ist zulässig, soweit für sie ein zwingendes öffentliches Interesse besteht«, zitiert Hackbusch. Die Voraussetzung scheint dem Abgeordneten wie auf den Fall Warburg zugeschnitten.

Doch Hackbusch beißt bei Tschentscher und seinen beiden Spitzenbeamten auf Granit. Das Trio behauptet schlicht weiter, in dem konkreten Fall sei die Aufhebung des Steuergeheimnisses nicht möglich. Selbst wenn die Steuerverwaltung zu der Auffassung gelange, dass es zulässig sei, bestimmte Informationen herauszugeben, sei es möglich, dass das

Unternehmen dagegen klage und vor Gericht gewinne. Das Risiko sei man nicht bereit einzugehen.

Hackbusch ist so fassungs- wie machtlos. Tschentscher und seine Behörde verschanzen sich hinter dem Steuergeheimnis und müssen so die Fragen der Abgeordneten nicht beantworten.

Nur in einem Punkt werden die Beamten aus der Behörde trotz Steuergeheimnis konkret: Alle Unterstellungen und Vorwürfe, die sich aus der Berichterstattung der Medien ergäben, seien falsch. Die Expertise der Steuerverwaltung in der Unternehmensbesteuerung sei sehr hoch, beteuern sie. In Dienstanweisungen seien Kriterien formuliert, aufgrund derer Fallgestaltungen, die zu unerwünschten Steuerminderungen führten, erkannt werden könnten. Man prüfe jeden Cum-ex-Verdacht sorgfältig.

Die Botschaft: Die Finanzämter arbeiten maximal effizient und sind bestens aufgestellt. Die Bürgerschaftsabgeordneten wissen zu diesem Zeitpunkt nicht, dass die Behörde im Bereich Cum-ex jahrelang gespart und die besten Experten versetzt hat und dass viele der verbleibenden Finanzbeamten das Gefühl haben, sich nicht gut auszukennen und auch die jahrealten Dienstanweisungen gar nicht kennen. Und sie ahnen nicht, wie groß der Verdacht in Sachen Cum-ex gegen Warburg wirklich war und wie viel Millionen Euro die Steuerverwaltung im Fall Warburg bereits hat verjähren lassen.

Nachdem Tschentscher die Sitzung des Haushaltsausschusses schadlos überstanden hat, geht sein Blick nach vorne. Er geht davon aus, dass Warburg die Änderung des Steuerbescheides nicht akzeptiert und klagt. Auf den Kosten für die Auseinandersetzung soll Hamburg nicht sitzen bleiben, sondern das Bundesfinanzministerium mit ins Boot geholt werden. So bespricht es Tschentscher mit seinem Abteilungsleiter Wagner. Der schreibt Anfang Februar eine Mail an Svenja Pannhusen. Senator Tschentscher habe sich zustimmend zu der Idee geäußert, den Bund offensiv in die Einspruchsbearbeitung einzubeziehen und auch zeitlich unter Druck zu setzen, sodass er das jetzt umsetzen werde. Das »unter Druck zu setzen« setzt er in Anführungszeichen.

Währenddessen antwortet Michael Sell, der Steuerchef des Bundesfinanzministeriums, der Warburg-Bank. Die Banker hatten Auskunft verlangt, ob das Ministerium Hamburg angewiesen habe, 43 Millionen Euro von Warburg zurückzufordern. Sell teilt lediglich mit, dass es die Pflicht seines Ministeriums sei, Finanzbehörden der Länder auf »verjährungshemmende oder -unterbrechende Maßnahmen« hinzuweisen, um mögliche Steueransprüche zu sichern. Er empfiehlt der Bank, sich an die zuständige Landesfinanzbehörde zu wenden.

Dienstag, 6. Februar 2018

Michael Sell bekommt zum zweiten Mal binnen drei Wochen Post von der Warburg-Bank, diesmal sogar von den beiden Mitinhabern persönlich. Sie antworten auf seinen Brief, der sie vor wenigen Tagen erreicht hat. »Zunächst möchten wir unser Unverständnis darüber zum Ausdruck bringen, wie mit uns und unserem Hause in dieser Sacher verfahren wird«, wettern Christian Olearius und Max Warburg. Es gebe auch nach zwei Jahren Ermittlungen der Staatsanwaltschaft nicht ansatzweise Belege für eine Steuerhinterziehung. Die Weisung sei schlichtweg rechtswidrig, Sell solle bis Ende Februar mitteilen, ob er diese Anweisung erlassen habe und ob die Weisung aufrechterhalten bleibe. Das zweiseitige Schreiben beenden die beiden Bankiers mit einem Satz, den Sell nur als Drohung verstehen kann: »Wir behalten uns vor, uns in dieser Angelegenheit auch unmittelbar an den Bundesminister für Finanzen zu wenden.«

Was Olearius und Warburg nicht schreiben, aber Sell klar ist: Der Finanzminister der abgelaufenen Legislaturperiode kann nicht gemeint sein. Wolfgang Schäuble amtiert bereits als Bundestagspräsident und bis zur Einsetzung der neuen Regierung wird das Finanzministerium kommissarisch von Wirtschaftsminister Peter Altmaier geleitet. Sell ist sich jedoch sicher, dass die Bankiers vom nächsten Finanzminister sprechen. Und das wird aller Wahrscheinlichkeit nach Olaf Scholz sein.

Im Anhang des zweiseitigen Briefs von Olearius und Warburg erhält Sell ein 19-seitiges Schreiben von Greiner und Wilcken, das wiederum einen achtseitigen Anhang hat. In dem Konvolut dröseln die beiden den Sachverhalt noch einmal in allen Einzelheiten auf. Möglicherweise sei er dem Ministerium nicht vollständig bekannt, schreiben sie an Sell. »Dies deckt sich leider mit unseren Erfahrungen, denn die zugrunde liegenden Zusammenhänge werden regelmäßig nicht nur von den Medien, sondern auch von den an der bisherigen Bearbeitung des Falles beteiligten Behörden – mit Ausnahme der Finanzverwaltung der Freien und Hansestadt Hamburg – unzulässig verkürzt dargestellt.«

Sell ist seit Jahren im Geschäft. Aber die Briefe erstaunen ihn im Tonfall und in ihrer Überheblichkeit. Er konsultiert die für Bund-Länder-Finanzen zuständigen Kollegen, fragt nach, ob er erneut antworten soll. Der dortige Abteilungsleiter reagiert sehr klar: Aus Sicht der Rechtsabteilung rate man dringend von einer erneuten Antwort auf das vorliegende Schreiben ab. Der Antragsteller habe keinen Anspruch auf die von ihm begehrten Informationen.

Warburg ist unterdessen recht freigiebig mit den Schreiben, stellt sie auch Svenja Pannhusen und der Hamburger Finanzverwaltung zur Verfügung. Fast kann man den Eindruck gewinnen: Hamburg und die Warburg-Bank arbeiten gemeinsam gegen den Bund.

Donnerstag, 8. Februar 2018

Olaf Scholz tritt das letzte Mal bei einer Landespressekonferenz auf. Er hat den Ort dafür verlegen lassen. Der feine Kaisersaal im Rathaus ist voll mit Journalisten, alle warten auf Scholz. Der ist von einem Infekt deutlich angeschlagen, sieht müde aus nach den Koalitionsverhandlungen in Berlin. »Es ist ein ganz besonderer Tag für Hamburg«, sagt Scholz.

Er will über ein geplantes Bauvorhaben reden, aber letztlich geht es auch um sein Vermächtnis als Bürgermeister. Alle Zeichen deuten darauf hin, dass Scholz Hamburg verlässt und als Minister nach Berlin wechselt. Der Grundstein dafür wurde am Vortag gelegt. CDU/CSU und SPD haben die Koalitionsverhandlungen erfolgreich beendet. Zugleich hat der SPD-Vorsitzende Martin Schulz verkündet, seine Partei brauche einen Neuanfang. Der gescheiterte Kanzlerkandidat will Außenminister werden, aber nicht Parteichef bleiben. Und auch auf das Amt des Vizekanzlers erhebt er keinen Anspruch: Der Posten erfordere eine starke Präsenz in Berlin, während es Aufgabe des Außenministers sei, »außen zu sein«, sagt Schulz. Damit ist der Weg vorgezeichnet: Andrea Nahles soll wohl neue Parteichefin werden, Olaf Scholz Finanzminister und Vizekanzler. Wenn denn die 463 723 SPD-Mitglieder bis zum 2. März mehrheitlich für eine neue Große Koalition stimmen. Scholz hat sich in Berlin nicht zu den Personalvorstellungen geäußert.

Bei der Landespressekonferenz in Hamburg kennt er indessen nur ein Thema: den Elbtower. Scholz gerät ins Schwärmen. Der 235 Metern hohe Wolkenkratzer, das dritthöchste Gebäude Deutschlands, soll in der HafenCity errichtet werden und deren östliches Ende markieren. 700 Millionen Euro will der österreichische Milliardär und Karstadt-Eigner René Benko mit seiner Signa-Gruppe dafür investieren. Bis 2025 oder 2026 sollen 70 000 Quadratmeter Bürofläche entstehen, ein Kino, Geschäfte, eine Aussichtsplattform. Entschieden hat sich die Stadt nun für einen Entwurf des britischen Architekten David Chipperfield, ein verschlungener Turm mit weißer Alu-Fassade.

Ein krönender Abschluss für den aus dem Boden gestampften Stadtteil. Das große Erbe von Olaf Scholz, werden die Journalisten am nächsten Tag schreiben. Das sagt Scholz selbst zwar nicht, aber seinen eigenen Anteil an dem Vorhaben macht er doch deutlich. »Ich habe viele Stunden überlegt, wie ein solches Hochhaus aussehen könnte«, sagt der Noch-Bürgermeister. »Dieser Turm passt in seiner klassischen Haltung zu Hamburg, er ist nicht extravagant, sondern elegant und raffiniert zugleich.« Mancher hat den Eindruck, da spricht Scholz nicht nur über den Turm, sondern auch über sich.

Am Ende wird Scholz dann doch noch auf seinen möglichen Wechsel nach Berlin angesprochen. »Dass die SPD das Finanzressort übernehmen wird, wissen wir seit gestern 8:45 Uhr«, antwortet er auf die Frage eines Journalisten. »Dass sich in einer solchen Situation alle Blicke auf mich richten, ist jetzt auch nicht weiter erstaunlich.« Mehr wolle er nicht sagen. »Entschieden wird, wenn die Mitglieder entschieden haben.«

Dass die Frage offen ist, glaubt allerdings kaum jemand. Auch Christian Olearius geht davon aus, dass Scholz als Finanzminister nach Berlin wechselt. In seinem Tagebuch reflektiert er an diesem Tag darüber, was das für ihn und seinen Kampf gegen die Steuerrückforderungen bedeutet. Olearius kommt zu dem Ergebnis, dass ihm Scholz als Finanzminister nicht helfen kann. Scholz würde sonst Gefahr laufen, sich des Vorwurfs der Begünstigung auszusetzen.

Hilfe erhofft sich Olearius von einem anderen SPD-Mann. Er hat sich entschlossen, den früheren BND-Präsidenten Uhrlau ins Boot zu holen, um das Problem mit der »miesen investigativen Presse« zu beseitigen. An diesem Tag ist Uhrlau zu Gast und hört sich die Ausführungen des Privatbankiers zu seiner Cum-ex-Problematik geduldig an.

Am nächsten Tag wird in der SPD Kritik vor allem an Martin Schulz laut, weil er entgegen seinen Ankündigungen doch Minister einer Großen Koalition werden will. Am Ende wird der Druck zu groß: »Durch die Diskussion um meine Person sehe ich ein erfolgreiches Votum gefährdet«, teilt Schulz mit und verzichtet darauf, der neuen Bundesregierung anzugehören.

Am 13. Februar ist auch für Andrea Nahles der Fehlstart perfekt. Gegen ihre Bestellung zur kommissarischen Parteichefin gibt es Widerstand. Im Vorstand melden sich Stimmen, die dafür keine Grundlage in der Satzung sehen. Nach der üblichen Regelung wird ein kommissarischer Parteivorsitzender aus der Reihe der bisherigen Stellvertreter bestimmt, von denen Schulz sechs hat. Mehrere Landesverbände stellen sich gegen Nahles. Am Ende wird entschieden, dass der Dienstälteste unter Schulz' Stellvertretern den Vorsitz kommissarisch übernimmt. Es ist Olaf Scholz, der beim Parteitag im Dezember mit 59,2 Prozent das schlechteste Ergebnis aller stellvertretenden Parteichefs bekommen hat.

13

Mittwoch, 28. Februar 2018

Um 12:03 Uhr treten im Kieler Landeshaus der schleswig-holsteinische Ministerpräsident Daniel Günther (CDU) und Olaf Scholz vor die Kameras und präsentieren der Öffentlichkeit ihre Sichtweise auf das Ende eines Milliardendesasters. Es geht um die HSH Nordbank. Scholz und Günter freuen sich über den Kaufpreis von einer Milliarde Euro für die gemeinsame Landesbank von Schleswig-Holstein und Hamburg, die über Jahre einen Skandal nach dem anderen produziert und Unmengen von Steuergeldern verbrannt hat.

»Sie haben es tatsächlich geschafft, das traurige Kapitel HSH Nordbank nach 15 Jahren zu beenden«, wird das *Hamburger Abendblatt* über Scholz und Tschentscher jubeln. »Und sie haben es auf eine Weise geschafft, die ihnen viele nicht zugetraut hatten. Die HSH Nordbank auf Anordnung der EU verkaufen? Zu einem festen Stichtag und für einen positiven Verkaufspreis? Unmöglich, hatten nicht nur Regierungskritiker geunkt.«

Wie wurde das Unmögliche möglich? Bei genauerer Betrachtung: auf Kosten der Steuerzahler. In den vergangenen Monaten hat die Bank sich weitgehend unbemerkt von der Öffentlichkeit mit Notverkäufen von Altlasten getrennt, um sich für die Investoren aufzuhübschen. Die Verluste übernahm die Versicherung der Länder. Doch trotz der Maßnahmen interessierten sich nur zwei Bieter für die Bank – und stellten hohe Ansprüche.

Monatelang haben die Juristen verhandelt, der ausgehandelte Deal ist für Nicht-Kapitalmarktexperten kaum noch zu verstehen. Sogar

viele verantwortliche Beamte der Länder geben unumwunden zu, längst aufgegeben zu haben, die mehrere Hundert Seiten langen Vereinbarungen in ihrer ganzen Tiefe zu verstehen. Im Grundsatz sieht der Plan so aus:
- Zunächst zahlt eine Gruppe von Finanzinvestoren den beiden Bundesländern einen Kaufpreis von einer Milliarde Euro.
- Im Gegenzug überweisen die Länder der Bank den Rest der Versicherungssumme, mit der sie seit 2009 für die Bank haften, also 5,9 Milliarden Euro.
- Nachdem die Bank die Milliarden der Länder bekommen hat, ist sie kapitalstark genug, um wiederum die Altlasten an Schrottkrediten mit einem kräftigen Rabatt an eine Zweckgesellschaft der Investoren zu verkaufen. Diese Altlasten, im Wesentlichen Schiffskredite, waren einmal 6,3 Milliarden Euro wert, zuletzt hat sie die Bank noch mit 3,53 Milliarden Euro bewertet. Die Investoren bekommen sie für 2,45 Milliarden Euro.

Mit anderen Worten: Die Investoren zahlen den umjubelten Kaufpreis von einer Milliarde Euro vor allem, weil sie ihn indirekt von der Bank wiederbekommen, die zuvor von den Ländern gestärkt wurde. Für die Investoren, zu denen vor allem der Fonds Cerberus und der Investor J.C. Flowers gehören, ist das Gesamtpaket ein ziemlich guter Deal: Sie zahlen in Summe 3,45 Milliarden Euro und bekommen dafür eine gesunde Bank ohne Altlasten und ein Kreditpaket, das nach Einschätzung der Bank 3,5 Milliarden Euro wert ist – und bei einer Erholung des Marktes sogar bis zu 6,3 Milliarden Euro wert sein könnte. Es ist eine Wette mit geringem Risiko: Wenn der Markt für Schiffskredite sich bessert, können die Investoren Milliarden verdienen. Aber selbst wenn sich der Markt nicht erholt, bleibt ihnen der Schrottwert der Schiffe von ein bis zwei Milliarden Euro und eine Bank, die sie wohl in einigen Jahren verkaufen können. Im Rückblick wird die Wette für sie aufgehen: Der Schiffsmarkt wird sich erholen, die Länder haben ihre Bank zum ziemlich schlechtesten Zeitpunkt verkauft.

Scholz und Günther haben die Investoren im Rückblick also sehr glücklich gemacht, während die Steuerzahler Milliarden verloren haben.

Gab es eine Alternative? Die Wahrheit ist: Keine gute. Die Länder haben sich durch fatale Fehlentscheidungen schon vor Jahren in diese ausweglose Situation gebracht. Zuletzt hatte Scholz 2011 nicht verhindern können, dass die Bank fatalerweise die Versicherung der Länder aufkündigte. Seit der Wiedererhöhung war die HSH Nordbank im Visier der EU. Die Wettbewerbshüter glaubten Scholz, Tschentscher und Co. nicht, dass die Bank auch ohne staatliche Hilfe lebensfähig war – und stellten ein Ultimatum: Verkauf oder Abwicklung. Die Abwicklung, so haben es Gutachter für die Länder ausgerechnet, wäre wohl deutlich teurer geworden als der Verkauf.

Ob das im Detail stimmt, lässt sich selbst für die Abgeordneten der Opposition in der Bürgerschaft kaum nachvollziehen. Wesentliche Dokumente dürfen sie wegen des Geschäftsgeheimnisses nicht einsehen. Am Ende sind die meisten der Abgeordneten nach Jahren der Debatte ohnehin froh, das leidige Thema los zu sein.

Diese Botschaft setzen auch Scholz und Ministerpräsident Günther: »Das Gespenst ist immer noch da«, sagt Scholz im Landeshaus in Kiel. »Aber es ist eingesperrt.« Die Bank hat Milliarden gekostet, aber es wird nun nicht mehr unerwartet teurer. Die Länder haben beim Verkauf sogar noch eine Milliarde rausgeholt. Dass der Verkauf nur über einen Sonderrabatt und Notverkäufe auf Kosten der Steuerzahler möglich war, sagen Scholz und Günther nicht. Und natürlich erwähnt Scholz auch nicht, dass der finale Fehler in der landeseigenen Bank passierte, als er als Bürgermeister schon im Amt war. Scholz sagt stattdessen: »Wir sehen keine Fehler bei uns.«

Donnerstag, 1. März 2018

Dagmar Meyer-Spiess und Manfred Halpaap haben die Aufgabe beendet, mit der sie ihre vorgesetzte Sachgebietsleiterin Svenja Pannhusen vor Monaten beauftragt hatte. Die beiden Betriebsprüfer verfassen einen achtseitigen Vermerk: Im Jahr 2010 habe die Warburg-Bank bei Cum-ex-Geschäften Aktien im Wert von 5,4 Milliarden Euro im Kreis gehandelt, später für die Geschäfte fast 43 Millionen Euro Steuerrückzahlungen kassiert. Die Bank habe dabei nicht nachgewiesen, dass jemand die Kapitalertragssteuer entrichtet habe, die sie sich erstatten ließ. Die Beweislast liege bei der Bank. Dann verweisen die Beamten auf zahlreiche rechtliche Punkte, die Finanzgerichtsurteile, zitieren das Deloitte-Gutachten. Genauso, wie es auch das Bundesfinanzministerium vorgeschlagen hatte.

Svenja Pannhusen ist mit der Arbeit der Kollegen nicht zufrieden. Sie moniert, die Beamten hätten nicht die geforderten Lieferketten herausgefunden. Es sei ihnen offenbar nicht möglich, den Sachverhalt zu ermitteln, kommentiert sie den Vermerk handschriftlich. Sie würden lediglich vermuten, dass Cum-ex immer nach dem gleichen Muster abgelaufen sei und die Auffassung von Gutachten sei irrelevant. Es sei nicht die Aufgabe der Prüfer, eine rechtliche Würdigung zu schreiben.

Sonntag, 4. März 2018

Um 9 Uhr wird im Willy-Brand-Haus das Ergebnis des SPD-Mitgliederentscheids verkündet. »So nüchtern wie möglich« wolle man auftreten, hatte Scholz am Vortag dem Vorstand angekündigt. Demonstrative Zurückhaltung, damit die Gegenseite sich nicht wie Besiegte fühlt. Um 9:30 Uhr tritt Scholz mit SPD-Schatzmeister Dietmar Nietan vor die Kameras – und übertrifft sich selbst. »Die SPD wird in die nächste Bundesregierung eintreten«, erklärt Scholz maximal spröde und mit regungsloser Miene. Nietan verkündet das Ergebnis: 239 604 SPD-Mitglieder haben mit Ja votiert, 66,02 Prozent sind für den Koalitionsvertrag. Wenige haben mit so einer hohen Zustimmung gerechnet.

Donnerstag, 8. März 2018

Die Meldung des Tages notiert Christian Olearius in seinem Tagebuch kommentarlos mit einem Satz: Scholz werde Bundesfinanzminister. Den Bankier bewegen gerade andere Dinge. In diskreten Gesprächen soll auf *Spiegel* und *Süddeutsche Zeitung* Einfluss genommen werden, damit die

Bank in künftigen Berichten besser dargestellt wird. Olearius' Mitarbeiter haben in der Woche bereits mit dem *Spiegel* gesprochen. Er selbst ist nun gespannt, ob das Nachrichtenmagazin die Rolle der Deutschen Bank beleuchtet, die nach seiner Überzeugung die Verantwortung trägt.

Am Nachmittag schauen Kahrs und Pawelczyk bei Olearius vorbei, wieder mit Ernst Uhrlau im Schlepptau. Der frühere Geheimdienstchef hat sich bereits bei den letzten Treffen mit dem Bankier seiner guten Kontakte zur *Süddeutschen Zeitung* gerühmt. Besonders gut kennt Uhrlau dort Georg Mascolo, früher Chefredakteur des *Spiegel,* nun Leiter des Rechercheverbundes von NDR, WDR und *Süddeutscher Zeitung.* Uhrlau war auch schon Gast in der Villa des Journalisten an der Elbchaussee. Die Runde kommt an dem Nachmittag überein, dass neben dem Ferkel-Journalisten, wie Olearius Klaus Ott, den Autor des letzten SZ-Artikels über Warburg, bezeichnet hat, nun auch mit Mascolo gesprochen werden soll.

Das Gespräch mit Mascolo verläuft womöglich im Sinne von Olearius. Monate später jedenfalls widmet sich erstmals Mascolo in der *Süddeutschen Zeitung* zusammen mit Klaus Ott dem Thema Cum-ex. »Deutsche Bank wegen Steueraffäre verklagt« lautet die Überschrift. Der Spin der Story steht schon im Vorspann: »Das Hamburger Geldinstitut Warburg erhebt schwere Vorwürfe und fordert Schadenersatz. Die Frankfurter Großbank soll jahrelang Aktiengeschäfte zu Lasten des Fiskus ermöglicht haben.« Nicht Warburg erscheint demnach als Hauptübeltäter, sondern die Deutsche Bank. Der Klage messen die Journalisten deshalb eine »grundsätzliche Bedeutung« bei.

Freitag, 9. März 2018

Gefliese Wände, ockergelber Fußboden, Glasbausteine. Das Foyer des Kurt-Schumacher-Hauses im Hamburger Stadtteil St. Georg ist etwas aus der Zeit gefallen. Die Parteizentrale der Hamburger SPD will nicht so recht Aufbruchstimmung signalisieren, doch das soll heute auch gar nicht die Botschaft sein. Um Kontinuität soll es geben. Auch die ist gar nicht so einfach herzustellen.

Die Hamburger SPD tut sich schwer, einen Nachfolger für Olaf Scholz zu finden. Seit Stunden tagt der Parteivorstand schon, die Sache zieht sich. Unter den wartenden Journalisten wird gescherzt, ob die SPD jetzt wieder in alte Zeiten zurückfalle, als der einsame Machthaber Scholz noch in Berlin war und die Partei in Hamburg permanent stritt. Eigentlich waren sich alle in Hamburg sicher gewesen, wer Scholz' Kronprinz ist: SPD-Fraktionschef Andreas Dressel. Doch schon seit Wochen gibt es Gerüchte, Scholz halte Dressel für zu weich. Beide dementieren, aber klar ist: Andreas Dressel will nicht mehr Bürgermeister werden. Aus familiären Gründen, wie er sagt.

Scholz, so erzählt man es in der SPD, habe eine andere Favoritin: die Sozialsenatorin Melanie Leonhard. Er hat schon vor Wochen mit ihr gesprochen. Vor drei Jahren hat er es geschafft, sie zu überreden, Senatorin zu werden. Doch dieses Mal ist er gescheitert. Der Job sei nicht damit vereinbar, dass sie zu Hause einen kleinen Sohn im Kindergartenalter habe.

Damit richten sich alle Augen auf Peter Tschentscher. Bisher ist der nie durch große Wortmeldungen außerhalb seines Fachgebiets aufgefallen. Einigen in der SPD gilt er als unnahbar, blutleer, kommunikationsschwach. Zudem ist es Tschentscher in den Jahren als Finanzsenator nicht gelungen, sich von Scholz' langem Arm zu befreien. In Senatskreisen gilt es als offenes Geheimnis, dass Scholz Tschentscher einen seiner engsten Vertrauten als Aufpasser zur Seite gestellt hat. Christoph Krupp, Chef der Senatskanzlei, kontrolliert die Behörde eng. Wie eng, hat sich erst vor wenigen Monaten gezeigt. Als absehbar war, dass der Staatsrat der Behörde wegen einer schweren Erkrankung nicht mehr auf seinen Posten zurückkehrt, war es nicht Tschentscher, der mit einem potenziellen Nachfolger Gespräche führte. Krupp sprach einen Kandidaten an, ob er Staatsrat in der Finanzbehörde werden wolle. Scholz überlässt bei wichtigen Personalien nichts dem Zufall.

Für das Bürgermeisteramt gibt es unterdessen nicht mehr viele Kandidaten. Unbestritten ist Tschentscher ein Verwaltungsprofi, der den Behördenapparat gut kennt und als Finanzsenator mit vielen Themen Berührungspunkte hatte. Er ist akribisch bis zur Pedanterie. In der Finanzbehörde änderte er die Wortwahl in Pressemitteilungen, diktierte Tweets der Behörde selbst. »Tschentscher vermag noch über Nachkommastellen zu diskutieren, die in Excel-Daten auf Seite 8, Spalte 8, Zelle 41 verborgen stehen«, schrieb das *Abendblatt* einmal über ihn. Einig sind sich aber alle: Tschentscher sei extrem klug, wahnsinnig fleißig und vor allem lernfähig.

In der Sitzung des Vorstands sagt er schließlich die erlösenden Sätze: »Ich bin bereit. Und ich traue mir das auch zu.« Anschließend treten Scholz, Tschentscher, Leonhard und Dressel im Foyer vor die wartenden Journalisten. Peter Tschentscher sei der richtige Mann, um das »ordentliche Regieren« in Hamburg fortzusetzen, sagt Olaf Scholz. Tschentscher liest seine ersten Worte als designierter Bürgermeister vom Blatt ab. Er wolle das »gute Regieren« fortsetzen, betont er so nüchtern, dass er fast noch scholziger als Scholz wirkt. Klar ist aber auch, dass Tschentscher nicht so viel Macht erhält wie Scholz. Als Parteivorsitzende wird Melanie Leonhard Scholz beerben. Andreas Dressel wird neuer Finanzsenator.

Als die Meldung aus der SPD-Zentrale über die Ticker geht, reagiert die Opposition erfreut. Endlich sei die SPD zu schlagen. Doch Tschentscher hat einen Plan – und ist selbstbewusst. »Wie Olaf Scholz habe ich eine analytische Art, an Themen heranzugehen«, sagt er. »Ich halte es mit der ärztlichen Tugend: Erst untersuchen und den Befund beschreiben, dann die Diagnose stellen und zum Schluss die Therapie festlegen. Das muss sorgfältig geschehen, denn ähnlich aussehende Dinge können ganz unterschiedliche Ursachen haben. Das gilt auch in der Politik.«

Dienstag, 13. März 2018

Nach 2564 Tagen endet Scholz' Intermezzo in Hamburg. Zur letzten Senatssitzung haben die Grünen ihm eine Torte mitgebracht. Aufschrift: »In Hamburg sagt man Tschüss«. Katharina Fegebank postet das Bild auf Facebook mit dem Kommentar: »Es war nicht immer alles Zuckerguss. Aber es war immer gehaltvoll.« Die *Bild*-Zeitung moniert am nächsten Tag die Rechtschreibung: In Hamburg schreibe man Tschüs nur mit einem »s«.

Die *Zeit* veröffentlicht eine Umfrage, die zeigt, wie verheerend sich der G-20-Gipfel auf Scholz ausgewirkt hat. Waren vor zwei Jahren noch zwei von drei Hamburgern (69 Prozent) zufrieden mit der politischen Arbeit ihres Bürgermeisters, ist es aktuell nur noch jeder Zweite (51 Prozent). Wären in Hamburg am Wochenende Bürgerschaftswahlen, würden nur noch 28 Prozent der Wähler die SPD wählen. Und Scholz' mit Abstand wichtigstes Thema, das Eindämmen der steigenden Mieten und Wohnungspreise, halten die meisten Hamburger für ungelöst. 64 Prozent der Befragten sagen, das Wohnungsproblem sei die größte Herausforderung für die Stadt.

Scholz aber ist bester Laune. Ein Foto, aufgenommen in der letzten Senatsbesprechung, zeigt den scheidenden Bürgermeister mit einem breiten Lachen. Am Abend packt er drei Bücherkisten ins Auto, die er in seinem Büro zusammengeräumt hat. Dann geht es nach Berlin. Folgen werden ihm zwei seiner drei engsten Mitarbeiter: Wolfgang Schmidt aus der Senatskanzlei und Rolf Bösinger aus der Wirtschaftsbehörde. Beide macht Scholz zu beamteten Staatssekretären im Bundesfinanzministerium. Zurück in Hamburg bleibt Scholz' Mann fürs Grobe, Christoph Krupp, weiterhin als Chef der Senatskanzlei. Dort kann er Tschentscher erst einmal weiter auf die Finger schauen. Sieben Monate später wird Krupp Vorstandssprecher der Bundesanstalt für Immobilienaufgaben. Die Bonner Behörde untersteht der Rechts- und Fachaufsicht des Bundesfinanzministeriums. Der Chefsessel dort ist ein lukrativer Job. Loyalität zahlt sich aus im System Scholz.

14

Mittwoch, 14. März 2018

171 Tage nach der Bundestagswahl ist es so weit: Deutschland hat endlich eine neue Regierung. Frank-Walter Steinmeier ist erleichtert. Nach der geplatzten Jamaika-Sondierung hat der Bundespräsident und SPD-Politiker Frank-Walter Steinmeier seine Partei überzeugt, sich das mit der Oppositionsrolle noch einmal zu überlegen und stattdessen erneut eine Große Koalition mit CDU und CSU zu erwägen.

Im Schloss Bellevue empfängt er nun Angela Merkel, die vor wenigen Minuten im Bundestag zum vierten Mal zur Kanzlerin gewählt worden ist. Neben Merkel haben sich auch jene 15 Frauen und Männer im Großen Saal des Präsidentensitzes eingefunden, die Ministerposten übernehmen. »Meine Damen und Herren, nach dem Aufatmen kommt der Blick nach vorn. Weg von den noch vom Wahlkampf geprägten Kontroversen hin zu den großen Aufgaben unseres Landes«, appelliert Steinmeier. Danach überreicht er jedem Mitglied des neuen Kabinetts die Ernennungsurkunde.

Gegen 12:44 Uhr ist Olaf Scholz dran. »Im Namen der Bundesrepublik Deutschland ernenne ich Olaf Scholz zum Bundesminister der Finanzen«, sagt Steinmeier zu seinem Genossen. »Herzlichen Glückwunsch.« Scholz lächelt zufrieden. »Danke schön.« Dann stellt er sich neben Angela Merkel.

Scholz hat einen Plan. In vier Jahren will er an Merkels Stelle stehen, als deren Nachfolger. Das erzählen er und Wolfgang Schmidt in diesen Tagen immer wieder Journalistinnen und Journalisten. Die meisten lächeln. So richtig vorstellen können sie sich das Szenario angesichts des desolaten Zustands der SPD nicht. Aber Scholz glaubt, dass die Wahl 2021 sehr anders verlaufen wird als die bisherigen Wahlen.

Dienstag, 20. März 2018

Es ist 7:35 Uhr in der Früh, als die junge Kölner Staatsanwältin Svenja Wessolowski an dem eisernen Tor in Blankenese klingelt. Hier residiert Christian Olearius. Ein kleiner Waldweg führt zu seiner Villa. Wessolowski ist nicht allein. Sie wird begleitet von einem Ermittler und zwei Ermittlerinnen aus Düsseldorf. Olearius ist ziemlich überrascht, als die Staatsanwältin ihm einen Durchsuchungsbeschluss des Amtsgerichtes Köln vorhält. Wessolowski handelt im Auftrag von Anne Brorhilker, parallel durchsuchen weitere Fahnder in der Ferdinandstraße zum zweiten Mal die Warburg-Bank.

Anders als vor zwei Jahren, als Brorhilker nur die Bank und das Nachbargebäude, das »Weiße Haus«, durchsuchen ließ, geht es diesmal auch gegen den 75-jährigen Olearius persönlich. Sie wirft ihm schwere Steuerhinterziehung vor. Nach Jahren intensiver Ermittlungen ist die Kölner Staatsanwältin überzeugt: Olearius gehört zu den großen Profiteuren der Cum-ex-Geschäfte seiner Privatbank. Der Verdächtige versucht, seinen langjährigen Anwalt Klaus Landry anzurufen. Landry, 79, zählt mit seiner jahrzehntelangen Berufserfahrung zu den renommiertesten Strafverteidigern der Stadt. Doch an diesem Morgen ist er nicht zu erreichen.

Mehrere Stunden lang durchsuchen die Ermittler Olearius' Privathaus. Und irgendwann machen sie ihre wichtigste Entdeckung. Im Arbeitszimmer stoßen sie auf eine aufgeschlagene schwarze Lederkladde. Schon beim ersten Blick ist klar: Es handelt sich um eine Art Tagebuch. Der letzte Eintrag stammt vom Sonntag. Neben allerlei Privatem hat Olearius in enger, krakeliger Schrift seine Meinung zur neuen Bundesregierung aufgeschrieben. Merkel sei nur mit einem knappen Ergebnis zur Kanzlerin gewählt worden, mit ihr gehe es wohl zu Ende, spekuliert er. Darüber wolle er aber nicht jammern. Die neuen Minister bezeichnet er als farblos.

Die Ermittler blättern die Kladde durch, stoßen auf allerhand Notizen zu Geschäftlichem und auch auf den Begriff Cum-ex. Olearius bestätigt ihnen, dass sich in den Kladden auch geschäftliche Aufzeichnungen finden. Später führt er sie in seine Bibliothek im Nebengebäude, zeigt ihnen, wo die älteren Bände stehen. Alle Bücher sind in schwarzes Leder gebunden, auf der Vorderseite prangt in goldenen Lettern das Monogramm CO oder der vollständige Name: Christian Olearius. In den Kladden seien auch die Aufzeichnungen zu seinen Treffen mit Hanno Berger, erklärt Olearius den Beamten.

Der Durchsuchungsbeschluss des Amtsgerichtes ermächtigt die Ermittler, alle relevanten Beweismittel sicherzustellen bis zurück in das Jahr 2006, als Warburg die ersten Cum-ex-Geschäfte tätigte. Die Beamten erachten die Aufzeichnungen des Bankiers als relevante Beweismittel. Zu dessen Überraschung packen sie alle Tagebücher aus dem Zeitraum Mai 2006 bis März 2018 ein, insgesamt 22 Bände.

Zwei Stunden nach Beginn der Durchsuchung kommt Klaus Landry auf der Marienhöhe an. Sofort legt er Widerspruch gegen die Sicherstellung der Tagebücher ein. Es handele sich um private Aufzeichnungen, argumentiert der Anwalt – vergeblich. Das Interesse der Allgemeinheit, wird das Kölner Amtsgericht später entscheiden, wiegt schwerer.

Die 22 Kladden wandern in die Asservatenkammer des Düsseldorfer Landeskriminalamtes. Ein Beamter wird Wochen damit verbringen, die Aufzeichnungen zu entziffern. Passagen, die er für relevant hält, kopiert der Beamte und legt sie in einem der Sonderhefte der Ermittlungsakte ab. Überwiegend handelt es sich um Teile des Tagebuches, in denen Olearius die Cum-ex-Geschäfte seiner Bank erwähnt oder seine Kontakte zu dem ebenfalls beschuldigten Steueranwalt Hanno Berger beschreibt. Der Beamte kopiert und legt wahllos auch Passagen in die Akte 113 Js 522, in denen die Namen Pawelczyk, Pannhusen, Kahrs auftauchen – und einmal der Name Scholz.

In Berlin beginnt währenddessen die Operation Kanzleramt. Dafür baut Scholz das Finanzministerium in ein riesiges Vizekanzleramt um. Hier sollen nicht nur die SPD-Ministerien koordiniert werden. Sein Ministerium soll Scholz auch sprechfähig machen in allen wichtigen Themenfeldern. 41 neue Stellen schafft er dafür, mehrere neue Referate werden eingerichtet, für »Digitalen Wandel und gesellschaftlichen Dialog« etwa und für »modernen Staat«.

Als beamteter Staatssekretär ist Wolfgang Schmidt eine Art Chef dieses Nebenkanzleramts. Er wird in dieser Funktion die SPD-Ministerien koordinieren, sich um die Grundsatzfragen der Wirtschafts- und Finanzpolitik kümmern. Und nebenbei wird er zum wichtigsten Spindoktor und Dauerwahlkämpfer. Schließlich ist das Finanzministerium für Scholz nur ein Zwischenschritt zum eigentlichen Ziel, dem Kanzleramt. Daraus macht zumindest Schmidt kein Geheimnis.

Sein Masterplan: Merkel werde nach 16 Jahren Kanzlerschaft vermutlich nicht mehr antreten und somit sei der Kanzlerbonus für die CDU futsch. Die Wähler würden dann den Kandidaten wählen, den sie kennen, dem sie vertrauen – und auf den sie sich verlassen können. Das soll Scholz sein. Den Titel »Vizekanzler«, so die Botschaft von Schmidt, will Scholz maximal vier Jahren führen.

Für seine Mission holt Schmidt sich Unterstützung von Benjamin Mikfeld, einem treuen Mitarbeiter von Andrea Nahles, der auch mal Bundesvorsitzender der Jusos war. Mikfeld, 45, führt unter Schmidt die Abteilung L, zuständig für Leitung, Planung und Strategie. Zudem bringt Schmidt sich einen treuen Weggefährten mit: Steffen Hebestreit, ebenfalls 45, war bisher unter ihm Leiter der Hamburger Landesvertretung. Der ehemalige Politikjournalist war zeitweise Sprecher der damaligen SPD-Generalsekretärin Yasmin Fahimi. Nun wird er Pressesprecher von Scholz.

Neben dem bisherigen Hamburger Staatsrat Rolf Bösinger, der sich fortan als beamteter Staatssekretär auch um die Bund-Länder-Finanzbeziehungen kümmern soll, holt Scholz als weiteren Staatssekretär den Spitzenbanker Jörg Kukies. Kukies, SPD-Mitglied und einst Juso-Vorsitzender in Rheinland-Pfalz, war zuletzt einer von zwei Deutschlandchefs der amerikanischen Investmentbank Goldman Sachs. Nun soll er sich um die Finanzmarkt- und Bankenregulierung kümmern.

Andere Spitzenbeamte wiederum müssen das Bundesfinanzministerium verlassen, Michael Sell beispielsweise. Der 59-Jährige wird von Scholz in den vorläufigen Ruhestand geschickt.

Donnerstag, 7. Juni 2018

Nach dem Einzug von Scholz in das Finanzministerium muss sich Christian Olearius nicht länger mit Michael Sell auseinandersetzen, der sein letztes Protestschreiben wegen der Weisung schlicht unbeantwortet ließ. Olearius versucht nun, eine Ebene weiter oben Einfluss zu nehmen. Er wendet sich an Ex-Banker und Neu-Staatssekretär Jörg Kukies.

»Ich bedanke mich für die Möglichkeit, Ihnen in absehbarer Zeit in einem persönlichen Gespräch die Interessen des Bankhauses M.M. Warburg & CO in einer Steuerangelegenheit vortragen zu dürfen«, schreibt Olearius. Zur Vorbereitung wolle er Kukies einige Informationen zur Kenntnis bringen. »Ziel des Gespräches ist es sicherzustellen, dass die Existenz des Bankhauses M.M. Warburg & CO gesichert werden kann. Ich gehe davon aus, dass insoweit übereinstimmende Interessen bestehen.«

In der Folge listet Olearius die aus seiner Sicht notwendigen Maßnahmen auf. Er fordert, die Federführung bei dem Fall zurück an die Finanzbehörde zu geben. Und wittert als Ursprung allen Übels die BaFin. »Wir haben den Eindruck, dass die Initiative in der Angelegenheit zurzeit bei der im Steuerrecht unkundigen und daher nicht zuständigen Bundesanstalt für Finanzdienstleistungsaufsicht liegt«, schreibt er. Die BaFin dürfe nicht länger Einfluss auf die Staatsanwaltschaft Köln ausüben. Die Sonderprüfung seiner Bank durch Deloitte sei zu beenden. Überhaupt müsse der Sachverhalt berücksichtigt werden, nicht das Schlagwort. Die Cum-ex-Geschäfte von Warburg seien jedenfalls anders als andere Cum-ex-Geschäfte.

Es ist ein Feuerwerk an Behauptungen und subjektiven Einordnungen, das der neue Staatssekretär vom Privatbankier aus Hamburg zu lesen bekommt. »Das Finanzamt in Hamburg hat richtig entschieden und dabei sollte es bleiben«, schreibt Olearius. Es liege im gemeinsamen Interesse des Bundesministeriums der Finanzen und der Bank, die politische Diskussion »möglichst schnell zu beenden«.

Die unverblümte Forderungsliste und der Tonfall sind offenbar auch Kukies zu viel. Der Staatssekretär will sich und sein Ministerium jedenfalls nicht zum Handlanger eines der Steuerhinterziehung verdächtigen Bankiers machen. Handschriftlich notiert er vier Tage später auf dem

Schreiben: »Ich bitte, die Fachreferate für Steuern und Recht nach einem Antwortschreiben-Entwurf zu fragen. Wir müssen klarstellen, dass wir bei fast allen seinen Bitten nicht helfen können und wollen.«

Donnerstag, 18. Oktober 2018

Um sechs Uhr vermelden 19 Medien in zwölf europäischen Staaten: »Mindestens 55 Milliarden Euro Schaden in Europa durch unberechtigte Steuererstattungen.« Dies ist das Ergebnis einer monatelangen Gemeinschaftsarbeit unter der Leitung des deutschen Recherchezentrums »Correctiv« über den »größten Steuerraub der Geschichte«. Zu den 19 Medienpartnern gehören auch *Die Zeit* und das ARD-Magazin »Panorama«. In Deutschland ist das Problem Cum-ex bekannt. Die beiden deutschen Medien stellen deshalb neben einem Exklusivinterview mit Insider Benjamin Frey, dem früheren Partner von Hanno Berger, die Cum-ex-Geschäfte der Warburg-Bank in den Mittelpunkt.

Unter dem Titel »Die Cum-ex-Files« laufen den ganzen Tag über die Nachrichten zu den Enthüllungen. In sämtlichen Sendungen der »Tagesschau« sind sie der Aufmacher. Trotz Topquoten zeigt die Spitzenpolitik an diesem Tag keine Reaktion auf die Enthüllungen.

In den anderen Ländern sind die Reaktionen ungleich heftiger. Die Franzosen beispielsweise erfahren erst jetzt, dass sie mit diesen Deals jahrelang ausgeraubt wurden. In Dänemark tritt der Staatschef vor die Kameras. Er ist sichtbar sauer auf Deutschland, weil die dänischen Behörden nicht gewarnt wurden, als die Cum-ex-Räuber 2015 von Deutschland nach Dänemark weiterzogen und dem kleinen Land zwei Milliarden Euro stahlen.

Das Europäische Parlament setzt das Thema spontan auf seine Tagesordnung. Der Europäische Rat, also das Gremium der Staats- und Regierungschefs, wie auch die Kommission werden sich erklären. »Ich halte das für absolut unmoralisch und die Bürger sind solche Geschäfte zu Recht leid. Deswegen brauchen wir eine bessere EU-weite Regulierung«, sagt der zuständige EU-Kommissar Pierre Moscovici.

Olaf Scholz, der deutsche Finanzminister, schweigt.

Sonntag, 28. Oktober 2018

Zehn Tage nach der europaweiten Enthüllung ist Scholz zu Gast in Hamburg. Gegen 11 Uhr hat er einen Auftritt in den Kammerspielen, vor ausverkauftem Haus. Der Finanzminister ist zu Gast bei der »ZEIT Matinee«, einer Veranstaltung der Wochenzeitung. Rainer Esser, Verlagsgeschäftsführer, lässt es sich nicht nehmen, den Bühnengast mit einleitenden Worten zu begrüßen: »Er liebt die einfachen Dinge im Leben, wie 90 Minuten zu joggen, zu rudern auf der Alster und Brötchen mit Fleischsalat. Oder den Dreier BMW 20 Jahre zu fahren, bis er die Grätsche macht. Diese Bodenständigkeit und diese Bescheidenheit machen ihn so beliebt. Und die hat er nach Berlin mitgenommen«, sagt Esser. Das ist erst der Anfang einer ganzen Hymne auf Scholz. Sie endet mit den Worten: »Dass er Kanzler kann, wissen wir alle.«

Danach betritt Scholz unter tosendem Applaus die Bühne, zusammen mit *Zeit*-Herausgeber Josef Joffe und Wirtschaftsredakteur Roman Pletter. Sie werden den Finanzminister eineinhalb Stunden befragen, die ersten 45 Minuten sollen später auf Tagesschau24, dem Spartenkanal der ARD, ausgestrahlt werden. Joffe beginnt. Er knüpft nahtlos an Esser an: »Olaf Scholz haben wir zum dritten Mal hier in der Matinee. Das erste Mal als Bürgermeister, heute als Finanzminister. Und das nächste Mal kommt er als Kanzler.« In dem Ton geht es weiter, man redet über dies und das, die große und kleine Politik.

Nach mehr als einer Stunde, die Aufzeichnung für Tagesschau24 ist beendet, kommt Wirtschaftsredakteur Pletter auf Cum-ex zu sprechen. Immerhin war *Die Zeit* an den Enthüllungen vor zehn Tagen beteiligt, wie Pletter seiner Frage erklärend vorausschickt. Scholz holt tief Luft, hält die Hände gefaltet. Pletter fährt fort. Scholz hält den Kopf gesenkt, seine Augen scheinen geschlossen. »Die Schadenssumme soll sich auf mehrere Milliarden belaufen. Diese Investoren behaupten aber, das ist alles legal«, sagt er. Scholz hebt den Kopf, schaut den Interviewer direkt an. »Was sagt der Bundesfinanzminister?«

Scholz wendet seinen Kopf von Pletter ab, schaut zunächst ins Nichts. Es ist das erste Mal, dass er sich als Politiker überhaupt öffentlich zu Cum-ex äußert: »Das, was dort stattgefunden hat in der Vergangenheit, ist ein großer steuerpolitischer Skandal. Und deshalb ist es richtig, dass mittlerweile in Deutschland Gesetze existieren, die das unterbinden«, lautet seine Antwort. Dann erklärt er nahezu unzitierbar, dass nun alles für die Aufarbeitung getan werde. »Leider sind die viel zu spät gekommen und deshalb wird es bei der Aufarbeitung zwar noch vieles geben, was wir wieder zurückholen können, aber nicht alles, weil es eben auch eine gesetzliche Basis gegeben hat, von der wir finden, dass sie falsch ausgelegt worden ist.« Scholz lässt mit diesem Satzungetüm die Interpretation zu, dass es doch eine Gesetzeslücke gegeben haben könnte. »Deshalb versuchen wir das Geld, also die Steuerbehörden, das sind ja die Länder bei uns, zurückzuholen. Aber das ist eine Sache, da werden noch viele Prozesse geführt, und das sollte nie wieder so passieren. Deshalb kann ich nur sagen, wenn ein solches Thema neu aufkommt, es dann einen anderen Namen haben wird, werde ich als Finanzminister so schnell wie möglich agieren.«

Nachdem Scholz in noch weiteren Schachtelsätzen nichts substanziell Weiteres gesagt hat, ergreift Josef Joffe das Wort. Er ist mit Max Warburg befreundet, lässt sich von dessen Bank in Vermögensdingen beraten. Vor den Cum-ex-Recherchen seiner Redakteure hat er Max Warburg persönlich gewarnt und seinem Kumpel einen PR-Berater empfohlen. Von Scholz will Joffe wissen: »Laufen die Geschäfte immer noch?«

Scholz lässt alle Türen offen: »Soweit ich das überblicken kann, laufen sie in Deutschland nicht, weil wir Gesetze gemacht haben, die das verbieten. Und wenn wir das rauskriegen, werden wir jetzt viel einfacher hinterhergehen können, als das früher der Fall war.«

Danach ist Pletter wieder an der Reihe: »Sie sind ja Jurist. Die rechtliche Würdigung ist ja auch noch nicht abgeschlossen. Es gibt ja verschiedene Verfahren, die vor der Gesetzesänderung den Zeitraum betreffen. Ihre Einschätzung: Ist das legal gewesen?«

Es folgt eine typische Scholz-Antwort, mit Wortungetümen, Satzmonstern, knochentrocken, sodass das Publikum in den Kammerspielen nur schwer folgen kann. »Ich bin da sehr skeptisch«, sagt Scholz und erzählt von Gesetzen, juristischen Fachaufsätzen und einer europäischen Richtlinie. Man wolle verhindern, dass solche Dinge passieren »und wir sie, wenn sie passieren, so schnell wie möglich mitkriegen«.

Damit ist das Thema abgehakt, die Journalisten fragen nicht mehr nach. Scholz hat den Begriff Cum-ex nicht ein einziges Mal in den Mund genommen. Und beim Publikum das Gefühl hinterlassen, dass die Sache irgendwie höllisch kompliziert ist.

Außerhalb dieses kleinen Rahmens äußert sich Scholz nicht zu dem Thema. Als am 7. November, fast drei Wochen nach den Enthüllungen, im Bundestag eine Aktuelle Stunde zu Cum-ex stattfindet, lässt sich Scholz erst gar nicht blicken. Der deutsche Finanzminister schweigt wieder.

15

Sonntag, 6. Januar 2019

Olaf Scholz ist seit gerade einmal neun Monaten Vizekanzler und Finanzminister, als die *Bild am Sonntag* titelt: »Scholz will Kanzler«. Direkt nach seinem Winterurlaub auf Lanzarote hat er dem Boulevardblatt ein großes Interview gegeben. Er hat erzählt, dass er gerne Königsberger Klopse isst und beim Buch *Hillbilly-Elegie* von J.D. Vance über die schwierigen Lebensbedingungen von Kindern der US-Unterschicht geweint habe. Für mehr Aufregung sorgt aber eine andere Aussage: »Die SPD will den nächsten Kanzler stellen.« Und auf die Nachfrage, ob er sich das zutraue, sagt Scholz: »Ja.« Aber aktuell stelle sich die Frage nicht.

Dennoch bricht eine Debatte los. Die Aussage ist ein Affront gegenüber der Partei, traditionell hat in der SPD die Vorsitzende das Recht, einen Kandidaten vorzuschlagen. Nun bewirbt sich also Scholz selbst via Boulevard, während sich nicht wenige Genossen fragen, ob die SPD bei Umfragewerten von unter 20 Prozent überhaupt einen Kanzlerkandidaten aufstellen sollte.

Parteichefin Andrea Nahles aber verteidigt ihren wichtigsten Minister. »Zunächst hat er auf die Frage, ob er sich das zutraut als Vizekanzler, ›Ja‹ gesagt«, sagt sie in einem Interview. »Das war meiner Meinung nach die richtige Antwort.« Eine Umfrage des Meinungsforschungsinstitut Civey ergibt jedoch: Nur ein Viertel der Befragten hält Scholz als Kanzler für geeignet, 42 Prozent wollen ihn »auf keinen Fall«.

Dienstag, 2. April 2019

Im einstigen Reichspräsidentenpalais gegenüber dem Osteingang des Reichstagsgebäudes haben nur exklusive Gäste Zugang. Wer hier in der Deutschen Parlamentarischen Gesellschaft (DPG) essen will, muss einer Regierung in Deutschland angehören oder Parlamentarier sein und 300 Euro Mitgliedsbeitrag im Jahr überweisen. Die DPG ist ein eingetragener Verein ohne Gemeinnützigkeit. Präsidentin ist eine frühere CDU-Abgeordnete, als Schatzmeister fungiert Johannes Kahrs. Der »Club der Abgeordneten«, wie die DPG auch genannt wird, ist ein Ort, wo sich Parlamentarier nur ein paar Schritte vom Reichstag entfernt ungestört mit Lobbyisten treffen können.

An diesem Morgen hat Johannes Kahrs einen Tisch reserviert. Er ist mal wieder in Doppelfunktion unterwegs, als SPD-Abgeordneter und als Lobbyist für die Warburg-Bank. Für 8 Uhr hat er ein Frühstück mit Staatssekretär Jörg Kukies aus dem Finanzministerium vereinbart. Zu ihnen gesellt sich ein Gast, der in aller Frühe bereits aus Hamburg angereist ist: Christian Olearius.[45]

Kukies hat Olearius abblitzen lassen, als er kurz nach Amtsantritt den Brief mit dem Forderungskatalog und den Vorwürfen an die BaFin erhielt, die dem Ministerium untersteht. Inzwischen hat sich die Situation für Olearius aber weiter verschärft. Der Abschlussbericht der Wirtschaftsprüfungsgesellschaft Deloitte im Auftrag der BaFin ist fertig. Er umfasst mehr als 1200 Seiten plus mehr als 1000 Seiten Anlagen – und fällt verheerend für Olearius und die Bank aus. Schon in dem Zwischenbericht zwei Jahre zuvor haben die Wirtschaftsprüfer die Bank schwer

---

45 Unklar ist, ob Kukies zuvor über die Anwesenheit von Olearius informiert wurde. Sechs Tage vor dem Termin bestätigte Kahrs dem Ministerium in einer Mail, er komme allein. Olearius' Anwalt Peter Gauweiler erklärt allerdings, Olearius hätte sich niemals am frühen Morgen in sein Auto gesetzt, wenn nicht vollkommen klar gewesen wäre, dass Kukies ihn empfange. Der Staatssekretär sei entsprechend auch überhaupt nicht überrascht gewesen, dass Herr Olearius zugegen gewesen war. Es habe keine einzige Bemerkung von Kukies gegeben, die so zu verstehen gewesen sei, dass er nicht informiert gewesen sei.

belastet. Nun kommen sie zu dem Ergebnis: Die Manager der Bank hätten genügend gewusst, um einschätzen zu können, dass die Geschäfte illegal waren. Christian Olearius dürfte sich einer besonders schweren Steuerhinterziehung strafbar gemacht haben.

In der Parlamentarischen Gesellschaft wettert Olearius wieder gegen die Bankenaufsicht, er erhebt schwere Vorwürfe. Kukies hört sich an, was Olearius zu sagen hat. Dann, so wird das Finanzministerium später mitteilen, erklärt der Staatssekretär dem Banker, dass er dessen Vorwürfe nicht teile.

Sonntag, 26. Mai 2019

15,8 Prozent für die SPD bedeuten eine historische Wahlniederlage. 11,4 Prozentpunkte hat die Partei gegenüber der letzten Europawahl 2014 verloren. Das Ergebnis ist vernichtend für die SPD, ihre Parteichefin Andrea Nahles und für Vizekanzler Olaf Scholz. Die Grünen sind an den Genossen vorbeigezogen und mit 20,5 Prozent zweitstärkste Kraft hinter der CDU. Und die AfD ist mit 11 Prozent schon in Sichtweite. Scholz versucht es mit Durchhalteparolen. »Wir sollten nicht herumdrucksen«, sagt er in einem Interview mit dem *Tagesspiegel*. »Wir sind bei einem historischen Tief angelangt. Jetzt müssen wir die Wahrhaftigkeit des Moments nutzen. Wir müssen mutig sein. Es geht ums Ganze.«

Bei den Genossen herrscht Grabesstimmung. Andrea Nahles hat den Eindruck, ein Putsch stehe bevor – und wagt die Machtprobe. Sie will die eigentlich erst im September geplante Abstimmung zum Fraktionsvorstand vorziehen. Führende Genossen raten ihr ab, sie fürchten eine weitere Spaltung der Fraktion. Doch Nahles will eine klare Antwort. Die Fraktion zerstreitet sich heillos. Andrea Nahles tritt ab. Die Partei steht jetzt führungslos da und wirkt wieder einmal wie ein unsolidarischer, zerstrittener Haufen. Scholz gibt sich bedrückt: »Mir persönlich geht das alles sehr nahe«, sagt er. »Andrea Nahles und ich sind eng befreundet. Ich bin traurig über ihren Rücktritt und wie es dazu gekommen ist.«

Scholz gilt als Vizekanzler auf Abruf. Viele in der Partei haben den Eindruck, dass Scholz es als Vizekanzler bisher nicht geschafft hat, die

Partei wieder zu profilieren. Die Wahlniederlage ist auch eine Niederlage für den mächtigsten Mann in der Partei. Aber der bleibt bei seiner Taktik, ist überzeugt von seinem großen Plan. »Die Chance, stärkste Partei zu werden, ist bei der nächsten Bundestagswahl deutlich größer als in vielen Jahren zuvor«, erklärt er im Interview mit dem *Stern*. Die *Bild* ist entsetzt: »Scholz träumt von Kanzlerschaft«, titelt sie und fragt: »Ist dieser Politiker einfach nur selbstbewusst oder völlig realitätsfremd?«

Montag, 15. Juli 2019

Finanzsenator Andreas Dressel hat den Fall Warburg zur Chefsache gemacht. Bereits kurz nach Amtsantritt im vergangenen Jahr hat er Christian und Joachim Olearius zum Gespräch getroffen und mit ihnen über das Cum-ex-Verfahren gesprochen.[46] Vor einigen Wochen hat er seine Mitarbeiter angewiesen, dass er über alle neuen Entwicklungen in Sachen Warburg informiert werden möchte.

Nun gibt es neue Entwicklungen. Nicht nur der Deloitte-Bericht wirft ein neues Licht auf die Geschäfte, es zeichnet sich auch ab, dass es beim in Bonn geplanten ersten Cum-ex-Strafprozess überhaupt wohl auch um die Geschäfte von Warburg gehen wird. Es muss deswegen eine Grundsatzentscheidung in Hamburg her, wie man weiter mit dem Fall umgeht, haben Steuerchef Stoll und seine Mitarbeiter entschieden.

Die Beamten verlassen sich dabei nicht mehr nur auf Svenja Pannhusen. Die Beamtin aus dem Finanzamt hatte der Behörde bereits gemel-

---

46 Über den Ablauf des Gesprächs gibt es unterschiedliche Auffassungen. Andreas Dressel wird im Ausschuss behaupten, es sei ein kurzes Gespräch gewesen, er habe zu Cum-ex eine sehr klare Haltung gehabt und sehr klar gesagt, dass das »nicht seine Baustelle« sei. Die Warburg-Anwälte werden ihm daraufhin vorwerfen, seine Darstellung sei »falsch und irreführend«. Tatsächlich habe er mehr als eine Stunde mit den Bankern gesprochen und den Eindruck vermittelt, dass man weiter an der Entscheidung von 2017 festhalte. Widersprüche gibt es auch, wer wen einlud. Andreas Dressel hatte angegeben, er glaube, das Gespräch sei bei ihm ersucht worden, er könne das nicht mehr belegen. Dem widersprechen Christian und Joachim Olearius. Dressel habe eingeladen und zu diesem Zweck sogar mehrfach in der Bank anrufen lassen.

det, dass sie nicht viel von der Arbeit der Wirtschaftsprüfer hält. Deloitte habe keine vollständigen Lieferketten ermittelt, schrieb sie. Das ist ein wichtiger Satz, denn in der auf Lieferketten fixierten Logik der Hamburger Verwaltung heißt das: Der Bericht ist für uns wohl wertlos.

Doch die Beamten in der Behörde prüfen die Sache dieses Mal selbst. Referatsleiter Lukas Laux (Name geändert) und Referentin Brigitte Birkenberger haben das Konvolut von Deloitte durchgeackert und schreiben nun eine Leitungsvorlage für Senator Dressel. Die Beamten wollen die Millionen zurückholen. Der Deloitte-Bericht sei eindeutig, es gebe keinen Grund zu zweifeln, erklären sie in dem Papier dem Senator. »Die Bank hat sich zulasten der Allgemeinheit der Steuerbürger bereichert. Es wäre nicht vermittelbar, wenn die Bank die zu Unrecht angerechneten und erstatteten Steuerbeträge nicht zurückzahlen müsste.« Die Beamten dringen auf eine zeitnahe Entscheidung. Es sei zu befürchten, dass die Bankenaufsicht BaFin die Bankzulassung aufhebe und die Staatsanwaltschaft Köln eine Vermögensabschöpfung anstrebe.

Anders ausgedrückt: Hamburg sorgt sich nun nicht mehr wie die Jahre zuvor um die Bank, sondern hat Angst, das Geld könne bei einem entsprechenden Urteil in Nordrhein-Westfalen landen. Die Beamten überlegen sogar, wie sie ihre drei Jahre lang gelebte Überzeugung revidieren können, Ansprüche auf Teile des Steuergeldes seien bereits verjährt.

Am Dienstag, den 16. Juli 2019, schickt Steuerchef Stoll die Vorlage um 8:11 Uhr per Mail an Senator Dressel. Der kümmert sich sofort.

8:16 Uhr: Dressel fragt nach, ob die Bank eine Nachversteuerung einkalkuliere.

8:31 Uhr: Stoll antwortet. Das Finanzamt sei der Auffassung, dass die Vorsorge der Bank nicht ausreiche, um die Forderungen auch für die früheren Jahre zu verkraften.

8:34 Uhr: Dressel fragt nach, wann der Bank die Wiederaufnahme mitgeteilt werde.

8:48 Uhr: Wenn der Senator zustimme, antwortet Stoll, werde das Finanzamt die Bank benachrichtigen. Er könne allerdings nicht sagen, inwieweit über »inoffizielle« Gespräche des Finanzamts mit der Bank schon Informationen geflossen seien.

Andreas Dressel bindet anschließend auch noch Bürgermeister Peter Tschentscher ein. Der hat keine Einwände mehr gegen die Forderung. Bürgermeister und Senator bitten die Beamten lediglich, das Vorgehen mit der BaFin abzustimmen. »Grundsätzlich grünes Licht«, mailt Stoll schließlich an seine Kollegen. Anschließend schickt er eine schriftliche Weisung an das Finanzamt: Pannhusen soll die gesamten Cum-ex-Millionen von Warburg zurückzufordern. Auch den Teil der Gelder, von denen das Finanzamt, die Bank und auch die Behörde bisher angenommen haben, sie seien bereits verjährt.

Svenja Pannhusen ist augenscheinlich verwundert darüber, was in der ihr vorgesetzten Finanzbehörde vor sich geht. Sie ruft bei Referentin Brigitte Birkenberger an, um zu erfahren, was plötzlich los sei am Gänsemarkt. Birkenberger erklärt ihr, sie und ihr Vorgesetzter hätten den Abschlussbericht der Prüfer von Deloitte gelesen und ausgewertet und seien zum Ergebnis gekommen, das Geld zurückzufordern. Pannhusen ist konsterniert. In einer Telefonnotiz schreibt sie, die Behörde vertraue offenbar komplett den Prüfern von Deloitte. Sie habe nachgefragt, ob die Vorgesetzten auch die interne Aufarbeitung der Warburg-Anwälte kennen würden, der das Finanzamt bisher gefolgt sei. Birkenberger habe das verneint, das Gutachten von Warburg sei parteiisch, man vertraue Deloitte.

Dennoch hat Pannhusen offenbar zunächst Erfolg. Die Millionen werden trotz Weisung nicht zurückgefordert.

Verwundert ist man über den Vorgang auch im Hamburger Rathaus – allerdings weniger inhaltlich, sondern über das Vorgehen von Andreas Dressel, der Tschentscher in den Vorgang einband und darüber auch seine Mitarbeiter in Kenntnis setzte. »Ist Dressel nicht bewusst, dass er Dir das offiziell nicht sagen darf?«, schreibt Tschentschers persönlicher Referent an den Bürgermeister. »Warum schafft er diese E-Mail-Aktenlage gegenüber V und 5, dass er mit Dir gesprochen hat?« V ist die Staatsrätin, 5 Steuerchef Ernst Stoll. Fast klingt es so, als sei es üblich, dass der Finanzsenator den Bürgermeister in wichtige Steuerfälle einbindet – aber darüber eben schriftlich nichts festgehalten wird.

Sonntag, 11. August 2019

»Es wäre völlig unangemessen, wenn ich das als Vizekanzler und Bundesminister der Finanzen machen würde«, so hat Scholz nach dem Rücktritt von Andrea Nahles noch vor wenigen Wochen in der Talkshow »Anne Will« getönt. »Zeitlich geht das gar nicht.« Doch nun hat die Partei ein Problem. Drei Wochen vor Bewerbungsschluss haben sich nur Hinterbänkler und unbekannte Gesichter um den Parteivorsitz beworben, keiner aus der ersten Reihe traut sich.

An diesem Sonntag muss eine Entscheidung her. Kurz vor dem »Polizeiruf« um 20:15 Uhr besuchen Scholz und Arbeitsminister Hubertus Heil Außenminister Heiko Maas zu Hause. Die drei SPD-Spitzenpolitiker wissen, dass alle auf sie schauen. Und sie finden eine Lösung: Scholz macht es. Er wagt damit den Schritt, den er nicht wagen wollte, stellt sich erstmals dem offenen Wettbewerb – obwohl er nicht gerufen wurde.

Nun muss Olaf Scholz die Genossen davon überzeugen, dass er einer von ihnen ist. Bereits vor einigen Wochen hat sich der Vizekanzler in einem Interview mit dem *Spiegel* ungewöhnlich nahbar gezeigt. Er hat von seiner Liebe zu seiner Frau erzählt und warum er »Sozialdemokrat durch und durch ist«. Ein Interview, das die Herzen vieler Genossen wärmen soll: »Ich war Schüler und wollte etwas für Gerechtigkeit tun«, begründet Scholz seinen Eintritt in die SPD. »Ich glaube, mein Engagement hat etwas zu tun mit der Einstellung meiner Eltern. Meine beiden Brüder und ich haben viel mit ihnen diskutiert. Meine Eltern fanden Helmut Schmidt und Willy Brandt gut.«

Doch die ersten Reaktionen auf seine Kandidatur sind alles andere als begeistert. Viele Genossen wittern einen Wortbruch. Hat Scholz nicht erst vor wenigen Wochen gesagt, er habe gar keine Zeit, die Partei zu führen? Der erklärt sich. »Ich habe für mich jetzt den Eindruck gehabt, es wäre nicht verantwortlich, bei der Bedeutung, die die SPD für die Zukunft unseres Landes hat, wenn ich jetzt nicht sagen würde, ich will das machen. Und darum habe ich das anders entschieden, als ich das ursprünglich getan habe.« Demnach geht es in dieser Sache keineswegs um Olaf Scholz und seine Karriere und die Option, Kanzlerkandidat zu werden. Scholz stellt seine Kandidatur als Dienst am Land dar.

Mittwoch, 4. September 2019

Um 9:30 Uhr beginnt im Raum 0.11, dem größten Saal des Bonner Landgerichts, die juristische Aufarbeitung der Cum-ex-Geschäfte. Am Ende dieses Prozesses wird die Kammer unter dem Vorsitzenden Richter Roland Zickler entscheiden müssen, ob die Geschäfte strafbar sind – oder die Akteure doch nur eine Gesetzeslücke ausgenutzt haben, wie so viele Beschuldigte sagen. Es kann passieren, dass der erste Prozess auch der letzte ist.

Für die Staatsanwältin Anne Brorhilker geht es um viel. Seit Jahren ermittelt sie nun in dem Komplex, mit Hartnäckigkeit hat sie mehr herausgefunden, als es viele der Finanzprofis und ihre Anwälte für möglich gehalten haben. Es gibt inzwischen Hunderte Beschuldigte. Wenn der Musterprozess gut ausgeht, wird es eine Lawine an Anklagen geben. Aber erst einmal muss die Sache grundsätzlich geklärt sein. Und dabei geht es auch um die Geschäfte der Warburg-Bank.

Zweieinhalb Stunden lang liest Brorhilker weitgehend regungslos die Anklage vor. Auf der Anklagebank hören Martin Shields und Nicholas Diable dem Übersetzer zu. Die beiden Briten sollen zwischen 2006 und 2011 mit Aktiendeals einen Schaden von 447,5 Millionen Euro angerichtet haben. In 33 Fällen sind sie wegen schwerer Steuerhinterziehung angeklagt. Die beiden Aktienhändler waren in der Cum-ex-Industrie so etwas wie die Arbeiter im Maschinenraum. Sie wurden mehr als gut bezahlt, wenn sie auch nicht zu den allergrößten Profiteuren zählten. Beide haben bei Brorhilker umfassend ausgesagt und weitere Beteiligte belastet.

Spannender für den Verlauf des Prozesses sind die Tische, die hinter den Angeklagten aufgebaut sind. Hier sitzen die Anwälte von fünf Finanzinstituten, die das Gericht in das Verfahren einbezogen hat, weil sie mutmaßlich von den Deals profitiert haben, darunter die Warburg-Bank und ihre Tochter Warburg Invest. Sie sind sogenannte Einziehungsberechtigte. Das heißt: Das Gericht zieht in Erwägung, sich bei ihnen die Tatbeute zurückzuholen.

Das wäre nicht weniger als ein Meilenstein in der strafrechtlichen Verfolgung von Wirtschafts- und Steuerverbrechen. Im Gegensatz zu den USA besteht in Deutschland kein Unternehmensstrafrecht. Eine

Bank kann deshalb nicht als Institution wegen ihrer Cum-ex-Geschäfte verurteilt und zur Rückzahlung der Beute verurteilt werden, vielmehr müssen die Behörden die individuelle Schuld von Bankern nachweisen. Die Richter in Bonn überlegen nun allerdings, erstmals in einem großen Wirtschaftsstrafverfahren den sogenannten Abschöpfungsparagrafen anzuwenden. Der ist erst im April 2017 ins Strafgesetzbuch aufgenommen worden. Mit dem Paragrafen ist es möglich, an Gelder heranzukommen, die etwa Banken aus einem Verbrechen kassiert haben, ohne dass sie an der Tat direkt beteiligt waren. Bislang wurde dieser Paragraf nur bei Clan-Kriminalität angewendet.

Neben der Staatsanwaltschaft sitzen weitere offizielle Prozessbeteiligte. Es sind die Vertreter zahlreicher betroffener Finanzbehörden. Alle sind da, fast alle. Die Hamburger fehlen. Das Gericht hat sie eingeladen, jedoch eine Absage kassiert. Die Begründung: Die Staatsanwaltschaft Köln habe die Ermittlungen geführt und sich zu eigen gemacht, daher bestehe kein Interesse an einer Teilnahme. Man könne auch derzeit nichts beitragen, was für die Entscheidung von Bedeutung sei.

In der Hamburger Behörde hadern die Beamten unterdessen weiter, ob sie das Geld nun bald vollständig zurückfordern sollen – um zu verhindern, dass nichts mehr zu holen ist bei der Warburg-Bank, wenn das Gericht erst das Geld zurückfordert. Steuerchef Ernst Stoll hat nach den Zweifeln von Finanzbeamtin Pannhusen seine Experten in der Behörde beauftragt, alle Möglichkeiten auszuloten, auch die Millionen aus den bereits verjährt geglaubten Jahren zurückzufordern. Ein Jurist hat eine Idee: Auf Basis eines Urteils des Bundesfinanzhofs vom September 2018 sei es möglich, die Steuerforderungen doch noch zu erheben.

Doch vielleicht ist das auch gar nicht nötig und es findet sich eine andere, einvernehmliche Lösung mit der Bank. Vor wenigen Tagen hat sich Dominik Wilcken bei Svenja Pannhusen erkundigt, ob die Möglichkeit einer Einigung beim Thema Cum-ex bestehe und wer der Ansprechpartner sei. Vor drei Jahren hatte die Beamtin der Bank mehrfach die Tür zu einem Deal geöffnet.

Eine sogenannte Tatsächliche Verständigung mit einem Steuerpflichtigen ist zulässig, wenn die Finanzbehörden den Sachverhalt nicht oder nur sehr schwer aufklären können. In diesem Fall beginnt allerdings gerade ein Strafprozess, der genau diese Aufklärung leisten soll. Es gibt Tausende Seiten Ermittlungsakten und Gutachten, mehrere Kronzeugen. Für die Staatsanwaltschaft Köln ist die Lage so eindeutig, dass sie an dem Fall die Grundsatzfrage klären will. In der Hamburger Steuerverwaltung aber wird Steuerchef Ernst Stoll kurz nach der Anfrage der Bank grünes Licht für Verhandlungen darüber geben, dass Warburg die Cum-ex-Beute nur zum Teil zurückzahlen muss.

Weit weg von Berlin, in der Congresshalle Saarbrücken, muss Olaf Scholz zum ersten Mal auf die Bühne der großen Castingshow, die ihn nun über Monate immer wieder beschäftigen wird. Acht Frauen, neun Männer, ein Einzelbewerber und acht Zweier-Teams stellen sich in 23 Regionaltreffen der SPD-Parteibasis vor. Dann sollen die Mitglieder abstimmen, wer der neue SPD-Chef oder das neue Führungsgespann werden soll.

Zur Begrüßung macht der kommissarische SPD-Chef Thorsten Schäfer-Gümbel den Genossen Mut. »Nach dem, was ich in den letzten Wochen so alles über uns gelesen habe – nach dem Motto: Bei uns interessiert sich keiner für den Vorsitz, es ist keiner da, der Verantwortung übernehmen will, die Partei ist müde –, ist das heute der beste Beweis für das Gegenteil«, ruft er in den Saal. Olaf Scholz sitzt in der ersten Reihe, klatscht höflich. Rechts neben ihm: Klara Geywitz. Die 43-jährige ist seit 15 Jahren Abgeordnete im Landtag in Potsdam, auf Bundesebene bislang eher unbekannt. Scholz wohnt inzwischen selbst in Potsdam, seine Frau ist dort Landesministerin.

Das Duo Scholz/Geywitz gilt als Favorit in der Reihe der überwiegend weniger bekannten Bewerber. Zu denen zählt das Duo Saskia Esken, Bundestagsabgeordnete, und Norbert Walter-Borjans, ehemaliger Finanzminister von NRW. Walter-Borjans war am Morgen noch beim Auftakt des Cum-ex-Prozesses in Bonn. Außerdem kandidiert der Gesundheitspolitiker Karl Lauterbach gemeinsam mit der Bundestagsabgeordneten Nina Scheer.

Der Abend läuft ein bisschen wie Speeddating: Zunächst haben die Kandidaten jeweils fünf Minuten Zeit, sich vorzustellen. Scholz und Geywitz sind als Siebte dran, so hat das Los entschieden. Der Applaus ist kurz und verhalten.

Geywitz beginnt: »Mein Name ist Klara, ich bin Mutter von drei Kindern, evangelische Christin und gewerkschaftlich in der IG BCE engagiert«, sagt sie. »Wir müssen als Sozialdemokratinnen und Sozialdemokraten diese Gesellschaft zusammenbringen.« Sie fordert eine ökologische Industriepolitik. »Wer, wenn nicht wir, sollte die neue Arbeitswelt von morgen organisieren.« Der Applaus bleibt verhalten.

Dann ist Olaf Scholz dran. Er grinst zufrieden. »Ich bin seit meinem 17. Lebensjahr in der SPD. Und ich bin in die SPD gegangen, weil ich etwas tun will für Gerechtigkeit und etwas mich immer umgetrieben hat: Wenn einige Leute sich als etwas Besseres fühlen. Denn das ist etwas, was ich nicht ertragen kann, wenn diejenigen, die in einem Restaurant einen Kaffee bestellen, keine Achtung haben für diejenigen, die in der Küche arbeiten«, sagt er. »Wir Sozialdemokraten müssen darauf bestehen, dass alle gleich viel wert sind.« Der Applaus ist etwas lauter, aber immer noch zurückhaltend.

Nach der Vorstellung gibt es noch eine Fragerunde. Besondere Herausforderung: Antworten dürfen nicht länger als 60 Sekunden dauern. Ein SPD-Mitglied ist sehr aufgeregt. Es fragt Scholz, wie er, der die Partei doch »maßgeblich in dieses Tal der Tränen gebracht« habe, zukünftig für Glaubwürdigkeit und soziale Gerechtigkeit stehen wolle. »Schönen Dank für deine Frage und auch für die klare Ansprache dabei«, antwortet Scholz und schweigt einen Moment. »Ich will aber ausdrücklich dazu sagen«, fährt er dann fort, »es gehört ein bisschen zu meiner Geschichte dazu, dass ich mich nicht gemeint fühle.« Er habe sich immer für den Sozialstaat eingesetzt. Dann zählt er eine lange Reihe von Erfolgen auf: Kurzarbeitergeld, sozialer Wohnungsbau. »Ich bin der Meinung, dass ich ein echter, truly Sozialdemokrat bin.«

16

Donnerstag, 19. September 2019

Svenja Pannhusen und Karin Ohse-Griem sind von ihrer ersten Verhandlungsrunde mit den Warburg-Managern Dominik Wilcken und Christoph Greiner gerade zurück, da liegt bereits der erste Vorschlag für eine mögliche Einigung in ihrem Postfach. Acht Seiten ist der Vertragsentwurf lang, den die Bank direkt an Pannhusen geschickt hat: »Die Beteiligten sind sich dahingehend einig, dass eine exakte Aufklärung des Sachverhalts nicht bzw. nur unter unverhältnismäßig großem Aufwand bei gleichzeitig unsicheren Erfolgsaussichten möglich ist«, heißt es in dem Entwurf.

In einer Tabelle sind die Details der Cum-ex-Geschäfte von Warburg aufgeführt: 169 Millionen Euro hat sich die Bank erstatten lassen, 68 Millionen Euro blieben als Gewinn bei der Bank.[47] Wie viel Warburg bei einem Deal zu zahlen bereit ist, ist noch nicht erfasst. An den entsprechenden Stellen finden sich Platzhalter.

Nachdem man sich noch über Anpassungen in einigen Details geeinigt hat, schickt Karin Ohse-Griem den Entwurf am 23. September an Steuerverwaltungschef Ernst Stoll und Abteilungsleiter Michael Wagner. Man habe die erste Verhandlungsrunde, wie mit Stoll abgesprochen,

---

47 Warburg war damit der größte Profiteur der Geschäfte. Von der Auszahlung in Höhe von 169 Millionen Euro hat die Bank, wie bereits auf S. 45 erläutert, 112 Millionen Euro als Bruttoergebnis verbucht und 44 Millionen Euro an ihre Berater ausgezahlt. Den Rest der ausgezahlten Steuer erhielten die anderen Beteiligten der Cum-ex-Industrie.

selbst geführt, schreibt die Leiterin des Finanzamtes für Großunternehmen. »Über Zahlen wurde noch nicht gesprochen.« Man warte nun auf Zustimmung zum Verfahren und einen finanziellen Rahmen. Die Bank habe wegen des parallelen Gerichtsverfahrens den »Wunsch geäußert, möglichst schnell eine Reaktion der Behörde einzuholen«. Mit anderen Worten: Warburg will dem Urteil des Bonner Landgericht zuvorkommen. Dort droht die Einziehung des gesamten Betrages.

Die Vorgehensweise bei Verhandlungen über eine Tatsächliche Verständigung ist unmissverständlich vom Bundesfinanzministerium geregelt: Zwar kann auch nach Einleitung eines Steuerstrafverfahrens noch von einer Tatsächlichen Verständigung Gebrauch gemacht werden, heißt es in der entsprechenden Anweisung. Aber dann müsse »frühzeitig« die für Straf- und Bußgeldverfahren zuständige Stelle beziehungsweise die Staatsanwaltschaft einbezogen werden. Der Grund: An eine Einigung zwischen einem Finanzamt und einem Steuerpflichtigen sind auch die Gerichte gebunden.

Das heißt konkret, eine Einigung in Hamburg hätte Folgen für den Prozess in Bonn. Es würde fest definiert, wie hoch der Steuerschaden aus den Geschäften ist. Damit würde für das Gericht auch eine Obergrenze für eine Rückzahlung festgelegt. Das wissen die Hamburger Beamten – und informieren weder das Gericht in Bonn noch die Staatsanwaltschaft in Köln.[48] Stattdessen verhandeln sie hinter dem Rücken von Staatsanwaltschaft und Gericht weiter. Am 10. Oktober schreibt Wagner, er habe eine Verhandlungsrunde mit der Bank für den 28. Oktober angesetzt. Zwar habe das Gericht die Botschaft verkündet, dass man die Taterträge

---

48 Die Finanzbehörde Hamburg erklärt heute, dass sie aufgrund des Steuergeheimnisses keine Angabe zum konkreten Fall machen könne. Allgemein könne man allerdings sagen: Eine Tatsächliche Verständigung sei ein in der Rechtsprechung anerkanntes Instrument für hochkomplexe Sachverhalte. Gespräche zwischen Steuerpflichtigen und Finanzamt seien dafür unerlässlich. Ergebnisse einer Verständigung würden sich selbstverständlich im rechtlich zulässigen Rahmen bewegen. Im Falle einer »ernstlich in Betracht zu ziehenden Verständigung« sei eine vorherige Kontaktaufnahme zu den Strafverfolgungsbehörden nötig.

einziehe, wenn Warburg nicht an die Finanzkasse abgeführt habe. Er halte eine Verständigung aber nach wie vor für »best practice«.

Bei der nächsten Verhandlungsrunde präsentieren die Warburg-Banker einen Vertragsentwurf, in dem die Summe steht, die sie zurückzahlen würden. Es sind jene 68 Millionen Euro, die die Bank als den eigenen Gewinnanteil an den Geschäften angegeben hat. Den großen Rest hätten andere eingestrichen. Und Warburg sei deshalb nicht bereit, für diese Summe aufzukommen. Unausgesprochen steht damit im Raum: Bei diesem Deal müssten die Steuerzahler auf 100 Millionen Euro verzichten.

In einer Nachbesprechung mit Kollegen der Finanzbehörde zeigt sich Svenja Pannhusen »verwundert« über die Höhe des Angebots. Sie habe mit weit weniger gerechnet. Ihr Kollege Michael Wagner schlägt vor, sich mit der Warburg-Bank über die Höhe der Rückforderungen zu einigen.

Ernst Stoll folgt Wagners Vorschlag. Beim Bundesfinanzministerium erbittet er schriftlich die Erlaubnis, weiter verhandeln zu dürfen. Warburg habe über das Finanzamt für Großunternehmen Kontakt aufgenommen, um die Perspektiven einer Tatsächlichen Verständigung auszuloten, schreibt Stoll nach Berlin. In einem ersten Entwurf für eine Verständigung habe die Bank vorgeschlagen, den Ertrag zurückzuzahlen, der bei der Bank verblieben sei. Finanzbehörde und Finanzamt seien geneigt, weitere Sondierungsgespräche mit der Bank zu führen. Die bislang von Warburg vorgeschlagene Lösung erscheine ihm zwar noch nicht Erfolg versprechend, schreibt Stoll. Er sei aber dafür, weiter zu verhandeln, um zu einer Einigung zu gelangen. »Dies würde ich jedoch nur betreiben lassen, wenn Sie grundsätzlich mit dem Vorgehen einverstanden sind.«

Doch das Ministerium von Olaf Scholz gibt zunächst nicht das erhoffte Zeichen. Zwei Tage nach dem Schreiben, an einem Freitagmittag, sagt die Finanzbehörde den für Montagnachmittag angesetzten nächsten Verhandlungstermin mit Warburg ab. Man müsse noch Rücksprache mit dem Bundesfinanzministerium halten, erklärt Referatsleiter Laux den Bankern per Mail. Man werde mit einem neuen Terminvorschlag auf die Bank zukommen.

Samstag, 30. November 2019

Kurz nach 18 Uhr ist die Sensation perfekt. Bis Freitag, 23:59 Uhr, haben die Mitglieder der SPD abstimmen können, wer künftig als Parteivorsitzende die Geschicke der SPD lenken soll. Nun sind alle Stimmen ausgezählt: Olaf Scholz und Klara Geywitz haben die Stichwahl gegen das Duo Saskia Esken und Norbert Walter-Borjans verloren. Geywitz und Scholz kommen auf 98 246 Stimmen, das sind 45 Prozent, Esken und Walter-Borjans auf 114 995 Stimmen, 53 Prozent.

Es ist eine krachende Niederlage für Olaf Scholz. Der hatte sich bis zuletzt siegessicher gegeben und auch mit Abstand die größte mediale Aufmerksamkeit auf sich gezogen. In den letzten Duellen schaltete er auf Angriff, buhlte mit durchsichtigen Manövern um die Stimmen der weiblichen SPD-Mitglieder, hatte auch noch den niedersächsischen Ministerpräsidenten Stephan Weil auf seiner Seite, der öffentlich vor der Wahl von Saskia Esken warnte. Doch all das hat nicht gereicht.

Die Sieger verzichten auf großen Jubel. Sie lesen ihr erstes Statement von einem Zettel ab, reden abwechselnd. Esken sagt, dass es jetzt darum gehen müsse zusammenzubleiben. »Nicht nur wir vier«, ergänzt Walter-Borjans. Als neue Chefs wollten sie in der Partei »allen ihre Hände reichen«, sagt sie. Es gehe jetzt nicht um »Sieg oder Niederlage«, sondern darum, die »großartige sozialdemokratische Partei zusammenzuhalten«, ergänzt er.

Es stellen sich jedoch Fragen. Esken und Walter-Borjans haben in unterschiedlichem Ausmaß die Große Koalition kritisiert. Kann es da nun so weitergehen? Und was ist mit Olaf Scholz? Viele in Berlin erwarten seinen Rücktritt. Seine Niederlage bei der Wahl des SPD-Vorsitzes ist geradezu eine Demütigung.

Doch bereits um 19:32 Uhr vermeldet dpa, nach Informationen aus »Parteikreisen« werde der Finanzminister im Amt bleiben. Wenige Tage nach seiner Niederlage gibt Scholz der *Zeit* ein Interview. »Das Ergebnis hat mir natürlich nicht gefallen«, erklärt er. Aber es ändere sich nun nicht viel. »Wer kandidiert, kann auch verlieren«, sagt er. »Das war mir immer klar.« Die Journalisten fragen ihn, ob er an Rücktritt gedacht habe. Scholz verneint. »Es wäre eine sehr egozentrische Haltung gewesen, meine Ämter als Finanzminister und Vizekanzler mit dem Parteivorsitz zu verknüpfen. Ich bin in die Politik gegangen, weil ich will, dass es in der Gesellschaft gerechter zugeht. Solange ich in diesem Sinne etwas bewirken und gestalten kann, werde ich mich für dieses Ziel einsetzen.«

Scholz bleibt Scholz. Niederlagen gibt es für ihn nicht, er ignoriert sie. Er weiß, dass er in den Umfragen gut dasteht. Er ist felsenfest überzeugt, Kanzler zu können. Also setzt er seine Operation Kanzleramt fort.

Montag, 9. Dezember 2019

Das Bundesfinanzministerium hat noch immer nicht auf die Hamburger Bitte um Zustimmung zu Verhandlungen mit Warburg reagiert. Nun wendet sich auch Michael Wagner an das Ministerium in Berlin. »Ich möchte Ihnen die Auffassung des Landgerichts Bonn nicht vorenthalten«, schreibt er an den inzwischen für den Fall zuständigen Beamten. »Dort legt man der Hamburger Steuerverwaltung eine tatsächliche Verständigung mit der Bank sehr nahe – eine Lösung, die ich auch begrüßen würde.«

Vor fünf Tagen hat in Bonn der Vorsitzende Richter der 12. Großen Strafkammer, Roland Zickler, eineinhalb Stunden lang erklärt, wie er die Cum-ex-Geschäfte bewertet, in die auch Warburg verstrickt war. »Wir haben gelernt, dass ein wirtschaftlicher Sinn für solche Geschäfte nicht erkennbar ist«, sagte er. Der Richter macht deutlich: Die Geschäfte waren für ihn Steuerhinterziehung. Und er will die Millionen zurückholen.

Damit zeichnet sich ab, wen die Forderung wohl treffen wird: die Warburg-Bank. In der komplexen Cum-ex-Maschinerie war sie es, die sich die Steuern vom Finanzamt erstatten ließ. Danach wurde das Geld dann über die Verrechnung in Gegengeschäften an weitere Geschäftspartner verteilt. Zickler hat erläutert: Für ihn ist die logischste Variante der Rückforderung, sich das Geld bei dem zu holen, an den es ausgezahlt wurde. Derjenige müsse sich dann mit seinen ehemaligen Geschäftspartnern zivilrechtlich einigen.

Bei Warburg ist man seit der Ansage des Gerichts hoch alarmiert. Die Banker haben ihren guten Draht in die Finanzverwaltung genutzt und Michael Wagner benachrichtigt. Der Richter habe eine Verständigung zwischen der Bank und den Behörden angeregt, haben sie ihm geschrieben. Das ist eine Lüge. Doch Wagner glaubt der Bank und präsentiert dem Bundesfinanzministerium deren Behauptung als Tatsache.

Um 16 Uhr tritt Olaf Scholz im Saal der Niedersächsischen Landesvertretung in Berlin ans Rednerpult. Geladen hat die Nichtregierungsorganisation »Transparency Germany«, das Thema lautet: »Cum-ex – Der organisierte Griff in die Staatskasse – Was sind die Konsequenzen?« Dieser Frage soll Scholz in einer Diskussionsrunde beantworten, zusammen mit Judith Pöppelmann von »Transparency«, dem Grünen-Finanzexperten Gerhard Schick und Joachim Moritz, einem ehemaligen Richter am Bundesfinanzhof.

Außer bei der »Zeit Matinee« vor einem Jahr hat sich Scholz noch nie öffentlich zu Cum-ex geäußert. Er beginnt mit einem typischen Bandwurm-Satz, wird dann jedoch sehr klar. »Cum-ex war eine Riesenschweinerei«, sagt Scholz. »Aufwendige Modelle zu konstruieren, um sich Steuern rückerstatten zu lassen, die man nie gezahlt hat – mir ist völlig schleierhaft, wie man das für legal oder auch nur irgendwie für legitim halten konnte.«

Das Publikum applaudiert. Scholz hält einen Moment inne, bevor er nachlegt: »Das war nicht nur frech und dreist, das war auch, wie ich finde, verachtenswert, und wir sollten uns das auch immer noch mal klarmachen. (...) Die Unverfrorenheit, mit der manche Anwälte und andere, die gut bezahlt wurden, der Allgemeinheit auf diese Art und Weise Schaden zugefügt haben, ist immer wieder so, dass sie einem die Sprache verschlägt und zu Recht, sage ich, empören muss.«

Scholz verspricht, alle Register zu ziehen, um diesen Kriminellen das Handwerk zu legen. Von langer Hand von ihm vorbereitet, werde bald eine »schlagkräftige Spezialeinheit« ihre Arbeit aufnehmen, angesiedelt im Bundeszentralamt für Steuern, um gegen diese Steuergestaltungsmodelle am Kapitalmarkt vorzugehen. Er spricht bei Cum-ex von kriminellen Machenschaften, die anders, als oft kolportiert, »zu keinem Zeitpunkt legal«, sondern »immer illegal« gewesen seien.

Schließlich geht es in der Diskussionsrunde auch um die Hamburger Banken unter Cum-ex-Verdacht. Öffentlich bekannt sind damals die

Varengold-Bank, ein kleines Geldinstitut am Fischmarkt, die HSH Nordbank sowie die Warburg-Bank. Es kommt zur Sprache, dass unter Scholz als Bürgermeister Hamburg das einzige Bundesland war, wo die Staatsanwaltschaft entschieden hat, es gebe keinen Anfangsverdacht. »Da fragt man sich schon, was ist da in Hamburg eigentlich schiefgelaufen? Haben Sie eine Idee? Als ehemaliger Oberbürgermeister?«, fragt der Moderator. »Bürgermeister«, sagt Scholz und versucht, sich mit einem Witz aus der Situation zu retten. »Das haben wir uns geschenkt mit dem Ober.«

Während er vorher ungewohnt deutlich gesprochen hat, flüchtet sich Scholz nun in Allgemeinplätze: »Ich kenne die Fälle, über die Sie reden, ja auch durch die Medienberichterstattung. Das Steuergeheimnis ist eine Regel, die ich zu beachten habe. Deshalb werden Sie jetzt von mir auch nicht erwarten können, dass ich dazu Auskünfte geben kann. Überall muss ermittelt werden. Wo man Ansatzpunkte hat, muss man hinterhergehen, und ich gehe davon aus, dass das der Fall ist.«

Als es allgemein um die Zurückhaltung von Steuerbehörden gegenüber den Banken geht, gerät Scholz regelrecht in die Defensive. Er sei »ein bisschen überrascht« über die Frage, »weil niemand mir gesagt hat, es gäbe einen solchen Fall, wo man jetzt hätte noch mehr vorangehen können. Wenn Sie ihn haben, sagen Sie es mir – und dann kümmere ich mich, soweit es in meinen Möglichkeiten liegt, auch gern darum. Das muss doch jetzt das Ziel sein, dass wir das Geld, soweit wir es irgendwie kriegen können, auch wieder zurückfordern.«

Freitag, 13. Dezember 2019

In der Steuerabteilung des Bundesfinanzministeriums können einige kaum glauben, wie ihr Minister über die kriminellen Aktiengeschäfte der Banken gesprochen hat und mit welcher Deutlichkeit er die Rückholung der gestohlenen Gelder einfordert. Auch Rolf Möhlenbrock ist die öffentliche Positionierung seines Chefs zu Cum-ex nicht entgangen. Der Beamte ist in einer undankbaren Situation. Seine Weisung an die Hamburger Finanzverwaltung vor zwei Jahren betraf letztlich auch den damaligen Bürgermeister und seinen heutigen Minister.

Seit dem vorzeitigen Abgang von Michael Sell leitet Möhlenbrock die Steuerabteilung des Ministeriums. Nun hat er das Schreiben des Hamburger Steuerchefs Stoll auf dem Schreibtisch, in dem dieser das Ministerium und damit in letzter Konsequenz den früheren Bürgermeister und heutigen Finanzminister um Zustimmung zu der Tatsächlichen Verständigung bittet. Möhlenbrock muss nicht lange überlegen, wie seine Antwort an den Hamburger Kollegen zu lauten hat. Als erfahrener Beamter weiß er jedoch, dass er in diese Entscheidung besser seinen Dienstherrn einbindet. Möhlenbrock hat allerdings nicht vor, den Minister direkt einzubeziehen. Stattdessen entscheidet er sich, den für seine Abteilung zuständigen Staatssekretär Rolf Bösinger zu kontaktieren, der ihn zum Nachfolger von Sell gemacht hat.

Der Scholz-Vertraute Bösinger kennt die Vorgeschichte um die Weisung und die Auseinandersetzung mit der Hamburger Privatbank. Er entscheidet, Möhlenbrock bei seiner Entscheidung freie Hand zu lassen. So gerät Bösinger bei dieser mittlerweile langjährigen Auseinandersetzung zwischen Hamburg und Berlin nicht zwischen die Stühle.

Möhlenbrock weiß, was im Sinne des Steuerzahlers zu tun ist: »In Anbetracht der Schwere der Straftatbestände bei Cum-ex-Gestaltungen sehe ich keinen Raum, laufende Ermittlungen abzubrechen und die Fallgestaltung – trotz mehrjähriger Ermittlungsarbeit – mit den Steuerpflichtigen im Rahmen einer einvernehmlichen Verständigung zu bereinigen«, schreibt er. Nach dem monatelangen Hickhack um die Weisung weiß Möhlenbrock, dass es bei den Hamburger Kollegen einer klaren Ansage bedarf: »Die aufgrund von Cum-ex-Geschäften unberechtigt erlangte Kapitalertragssteuer ist in voller Höhe einschließlich der darauf entfallenden Hinterziehungszinsen zurückzufordern.«

Es sind nur eineinhalb Seiten, die Möhlenbrock an den Hamburger Steuerabteilungsleiter Stoll schickt. Doch sie sind an Deutlichkeit kaum zu überbieten. Der oberste deutsche Steuerbeamte zählt den Kollegen »die bisher öffentlich bekannt gewordenen Ergebnisse aus dem Verfahren vor dem Landgericht Bonn« auf. Es sei damit klar, schreibt Möhlenbrock, »dass Warburg über mehrere Jahre ein wesentlicher Akteur in Cum-ex-Gestaltungen war und in erheblichen Maß von unberechtigten Kapitalertragssteueranrechnungen profitiert hat«.

Was von dem Verhalten solcher Banken und ihren Verantwortlichen zu halten ist, hat Möhlenbrocks oberster Dienstherr nach seinem Auftritt bei der »Transparency«-Veranstaltung nochmals auf seinem Twitteraccount deutlich gemacht: »Ich halte #Cum-Ex für eine Riesenschweinerei«, haben Scholz und sein Team vor wenigen Tagen geschrieben. »Und ich frage mich, wie irgendjemand diese Steuertricks für legal und legitim halten konnte.« Dass seine eigenen Treffen mit dem Warburg-Bankier Olearius noch bekannt werden würden, konnte Scholz da nicht voraussehen.

II

OLAF SCHOLZ UND DER SCHATTEN AUS DER VERGANGENHEIT (2020 bis 2022)

17

Montag, 3. Februar 2020

Um 9:08 Uhr geht im Bundesfinanzministerium eine E-Mail aus Hamburg ein. »Sehr geehrter Herr Minister Scholz«, beginnt sie. »Nach uns vorliegenden Informationen haben Sie in Ihrer damaligen Funktion als Erster Bürgermeister der Hansestadt Hamburg am 10. November 2017 Herrn Christian Olearius zu einem persönlichen Treffen empfangen. Gegen Herrn Olearius liefen zu diesem Zeitpunkt strafrechtliche Ermittlungen wegen sogenannter Cum-ex-Aktiengeschäfte, was presseöffentlich bekannt war. Trifft dies so zu?« Es folgen Fragen zu dem Treffen an jenem Tag: ob Olearius mit Scholz über seine Auseinandersetzungen mit der Finanzbehörde Hamburg und der Staatsanwaltschaft Bonn gesprochen habe, was Scholz dem Bankier geantwortet habe. Und eine Frage zur Motivation: »Weshalb haben Sie Herrn Christian Olearius ein persönliches Treffen zu diesem Zeitpunkt eingeräumt?«

Zwei Minuten später erhält Johannes Kahrs ebenfalls eine E-Mail. Darin geht es um sein Verhältnis zu dem Privatbankier und um die Frage, ob Kahrs Spenden von dessen Bank erhalten habe.

Alfons Pawelczyk besitzt keinen E-Mail-Account. Er lebt in einem noblen Seniorenstift an der Elbchaussee. Für ihn wurde ein Schreiben in einem verschlossenen Briefumschlag an der Rezeption hinterlegt. Ob der »Herr Zweiter Bürgermeister a.D. Pawelczyk« für »Vermittlungs- und Beratungsleistungen« von der Warburg-Bank bezahlt wurde, wird er in dem Schreiben gefragt. Und inwiefern er in Gespräche der Bank mit der Finanzverwaltung oder politischen Amtsträgern eingebunden war.

Absender der Fragenkataloge sind zwei Redakteure des ARD-Magazins »Panorama« und der Wochenzeitung *Die Zeit*. Die Redaktionen recherchieren seit Monaten gemeinsam an dem Fall.[49] Nun planen sie, ihre Recherchen zu veröffentlichen, und wollen den SPD-Politikern die Gelegenheit zur Stellungnahme geben. Am Ende ihrer Schreiben steht – wie üblich bei Anfragen von Journalisten – eine Frist. »Aus redaktionellen Gründen bitten wir um Ihre Antwort bis zum Mittwoch, den 05.02., um 9:00 Uhr.«

Kahrs meldet sich am nächsten Tag um 8:58 Uhr, 24 Stunden vor Ablauf der Frist. Der Bundestagsabgeordnete reagiert maximal knapp. Auf die Frage, ob er Olearius »in Aussicht gestellt« habe, wegen der Weisung des Bundesfinanzministeriums »in Berlin auch im Sinne Warburgs tätig zu werden«, antwortet Kahrs: »Nein.« Ebenso kurz und klar antwortet er auf zwei weitere Fragen: In welchem wirtschaftlichen und politischen Verhältnis stehen Sie zu Herrn Christian Olearius und der M.M. Warburg? »In keinem.« Haben Sie in der Vergangenheit Spenden oder andere materielle oder immaterielle Vorteile von der M.M. Warburg erhalten? »Nein.«

Alfons Pawelczyk dagegen nimmt sich Zeit für seine Antwort. Der 86-Jährige fährt in den exklusiven Anglo-German Club an der Außenalster, schreibt seine zweiseitige Antwort dort auf einem Computer, druckt sie auf edlem Papier mit Briefkopf aus und schickt sie per Post an die *Zeit*. Er sei 1988 aus der Bürgerschaft ausgeschieden und Unternehmensberater geworden, schreibt Pawelczyk. »Die M.M. Warburg Bank gehörte mit Unterbrechungen zum Kundenkreis meiner GmbH. Seit 1998 übe ich keine Berufstätigkeit mehr aus. Meine Tätigkeit als Berater habe ich stets vertraulich wahrgenommen.« Darüber hinaus sei er seit 1961 Mitglied der SPD. »Nach meinem Rücktritt aus dem Senat der Freien und Hansestadt Hamburg habe ich keine politischen Ämter mehr wahrgenommen.«

Scholz und sein Team lassen die Fragen aus Hamburg unbeantwortet. Mehrfach hakt ein NDR-Redakteur im Finanzministerium nach. Ihm

---

49 An dieser Recherche (und den weiteren Cum-ex-Recherchen der *Zeit*, des *manager magazins* und des NDR) waren die Autoren dieses Buches federführend beteiligt.

wird erklärt, das Ministerium brauche eine Fristverlängerung. Als das Ministerium auch diese Frist einfach verstreichen lässt, entscheidet sich die »Panorama«-Redaktion für eine andere Herangehensweise. Vier Tage nach der ersten Anfrage besucht Scholz Hamburg, er ist bei einer Tagung zum Thema »Unternehmenssteuerrecht« an der Bucerius Law School zu Gast. Dort wartet der »Panorama«-Reporter Christian Salewski mit einem Kamerateam auf den Finanzminister, um ihn am Rande der Tagung auf sein Treffen mit Olearius anzusprechen. Als Scholz ankommt, spricht Saleweski ihn an. »Warum hat Ihr Senat 2016...«, weiter kommt der Reporter nicht. Steffen Hebestreit drängt dazwischen. Wie ein Bodyguard stellt sich Scholz' Sprecher, der den Minister weit überragt, vor seinen Chef und würgt den Reporter vor laufender Kamera ab.

Donnerstag, 13. Februar 2020

Die gedruckte Ausgabe der *Zeit* ist seit 6 Uhr erhältlich. Wegen seiner juristischen Brisanz wurde der Artikel aus dem Wirtschaftsteil nicht wie üblich bereits am Vorabend im E-Paper veröffentlicht. »Das Millionen-Geschenk« lautet die Überschrift. »Wie die Verantwortlichen in Hamburg mögliche Ansprüche des Staates an die Privatbank M.M. Warburg verjähren ließen«, heißt es im Vorspann.

Der Artikel beschäftigt sich eingehend mit Olearius und den Cum-ex-Geschäften seiner Bank und er wirft ein Schlaglicht auf die Entscheidung der Hamburger Finanzverwaltung, die in der Öffentlichkeit bislang unbekannt war. Außerdem zeigen die Autoren auf, dass der Bankier Kontakt zu Pawelczyk, Kahrs und Scholz suchte und mit ihnen über das Verfahren sprach.

Dabei enthüllen die Journalisten einen Umstand, von dem auch die drei SPD-Politiker nichts wissen: dass Olearius Tagebuch führt. Ihnen ist es gelungen, Einblick in die Ermittlungsakten der Kölner Staatsanwaltschaft zu bekommen. Darin befinden sich Auszüge der Tagebücher, darunter auch die Kopie eines Eintrages, in dem Olearius eines der drei Treffen mit Scholz im Bürgermeisterzimmer beschreibt: das vom 10. November 2017.

Das Treffen ist mindestens merkwürdig. Im Text heißt es: »Wenn das stimmt, empfängt der Bürgermeister einen Mann, der verdächtigt wird, sich an der Staatskasse bedient zu haben – und beruhigt ihn. Heute ist dieser Bürgermeister der deutsche Finanzminister Olaf Scholz und sagt: ›Cum-ex war eine Riesenschweinerei.‹ Ihm sei schleierhaft, wie man das für legal oder irgendwie legitim halten könne.«

Darüber hinaus ist das Treffen aber auch pikant, weil der Linken-Abgeordnete Norbert Hackbusch erst vor wenigen Wochen den Senat schriftlich gefragt hat, ob es in dem Steuerverfahren Treffen zwischen dem Bürgermeister oder anderen Vertretern des Senats mit Vertretern von Warburg gegeben habe. Die Antwort: Nein. Nach dem Bericht ist klar, dass der Senat gegenüber der Bürgerschaft die Unwahrheit gesagt hat. Denn Olaf Scholz hat sich in seiner Funktion als Bürgermeister mit Vertretern von Warburg getroffen und über deren Steuerverfahren gesprochen.[50]

Neben Scholz, Pawelczyk und Kahrs haben die Journalisten auch Christian Olearius und Peter Tschentscher Gelegenheit zur Stellungnahme gegeben. Tschentscher steckt mitten im Wahlkampf, in zehn Tagen sind in Hamburg Bürgerschaftswahlen. Nachdem er das Amt des Bürgermeisters von Scholz geerbt hat, kandidiert er erstmals selbst für den Posten. In den Umfragen führt er deutlich. Aber diese Enthüllung bereitet ihm Sorgen. Tschentscher gibt sich davon überzeugt, dass die *Zeit* und der Norddeutsche Rundfunk, der das Magazin »Panorama« verantwortet, gezielt den Wahlkampf zu seinen Ungunsten beeinflussen wollen. Eine Interviewanfrage lehnt er ab.

Die Fragen der Journalisten beantwortet sein Senatssprecher Marcel Schweitzer. Auf die Frage, ob Tschentscher eingeweiht war in die Gespräche von Olearius mit Scholz, schreibt er: »Der Erste Bürgermeister hatte

---

50 Der Senat wird später auch auf explizite Nachfragen bei der Argumentation bleiben, die Anfrage richtig beantwortet zu haben. »Der Fragesteller hat sich ausdrücklich auf den von ihm beschriebenen Zusammenhang bezogen, also das Zusammenwirken von Finanzämtern, Finanzbehörde und Bundesministerium der Finanzen im steuerlichen Verfahren. In diesen Verfahren gibt es keine Beteiligung von außenstehenden Personen wie zum Beispiel dem Ersten Bürgermeister.«

keine Kenntnis von Treffen zu speziellen steuerlichen Einzelfällen.« Die Antworten sind wohlüberlegt formuliert, teilweise bleibt unklar, ob Tschentscher als Person oder allgemein der Erste Bürgermeister gemeint ist. »Der Erste Bürgermeister ist weder im Grundsatz noch in konkreten Einzelfällen in Steuerfälle eingebunden«, heißt es etwa. In Bezug auf Tschentscher als Person – und so war die Frage formuliert – antwortet Tschentschers Sprecher falsch. Tschentscher war 2016 als Finanzsenator in die Entscheidung sehr wohl eingebunden, die Millionen von Warburg nicht zurückzufordern. Und er wurde 2019 als Bürgermeister von seinem Nachfolger Andreas Dressel informiert, als es darum ging, eventuell doch gegen Warburg vorzugehen. Doch die Belege dazu liegen den Journalisten noch nicht vor.

Im Text heißt es: »Peter Tschentscher, heute Bürgermeister, damals Finanzsenator, lässt über einen Sprecher ausrichten: ›Grundsätzlich wurde der damalige Finanzsenator in bedeutsamen Fällen über das Vorgehen der Steuerverwaltung informiert, hat aber jeweils keinen Einfluss auf die Entscheidungen der Finanzämter genommen, die diese ausschließlich unter rechtlichen Gesichtspunkten treffen.‹«

Christian Olearius hat das Treffen vor der Veröffentlichung des Artikels über seinen Sprecher implizit eingeräumt. »Zum normalen und wünschenswerten Dialog zwischen Politik und Wirtschaft gehört der persönliche Austausch, weshalb wir uns seit jeher zu verschiedensten Themen mit Politikern treffen«, heißt es in seiner Stellungnahme. »Dabei halten wir unsere Leitlinien und gesetzliche Regelungen ein. Die Inhalte dieser Gespräche machen wir unsererseits grundsätzlich nicht öffentlich.«

Erst durch die Lektüre des Artikels erfährt Olearius, dass die Journalisten von der Existenz seiner Tagebücher wissen und auch einen Eintrag über eines seiner drei Treffen mit Scholz kennen. Gegen den *Zeit*-Artikel kann er vorerst nichts unternehmen, die Geschichte ist in der Welt. Er versucht jedoch, die Ausstrahlung des »Panorama«-Beitrages zu torpedieren, die abends für 21:45 Uhr angekündigt ist. Zunächst schreibt er eine E-Mail an den Intendanten des NDR. »An dieser Behauptung, die den Inhalt der Sendung mühelos ahnen lässt, ist so gut wie nichts richtig«, erklärt er bezogen auf eine Pressemitteilung, die der Sender verschickt hat. »Wir bitten Sie daher, die Autoren der Sendung anzuhalten, den tatsächlichen Sachverhalt zu berücksichtigen.« In der Mail gehen Zahlen und Sachverhalte drunter und drüber. Mit dem Versuch, eine einstweilige Verfügung zu erreichen, will er im letzten Moment die Ausstrahlung des Beitrags in der ARD stoppen.

Scholz selbst schweigt erst einmal weiter. Als im Laufe des Nachmittags immer mehr Medien die Meldung übernehmen, bezieht er dann doch noch Stellung, allerdings nicht gegenüber der *Zeit* oder »Panorama«, sondern gegenüber dem *Hamburger Abendblatt*. Scholz räumt dort über seinen Sprecher Steffen Hebestreit ein, was nicht zu leugnen ist. Es habe »ein Treffen mit Herrn Olearius im November 2017 gegeben, wie aus dem Kalender des Ersten Bürgermeisters hervorgeht, der der Senatskanzlei vorliegen müsste.[51] Wieso dies bei der Beantwortung der Kleinen Anfrage nicht berücksichtigt worden ist, entzieht sich unserer Kenntnis.« Scholz schiebt damit die Verantwortung nach Hamburg, wo die Genossen gerade mitten im Wahlkampf stecken. Sein Sprecher betont außerdem, schreibt das *Abendblatt,* dass es »keinerlei Einflussnahme Scholz' in dieser Sache gegeben« habe.

Freitag, 14. Februar 2020

Bis zu der Veröffentlichung am Vortag ist der Bürgerschaftswahlkampf hanseatisch vor sich hingeplätschert. Es gab wenig Themen mit richtig Streitpotenzial. Anfangs lagen Grüne und SPD noch fast gleichauf, doch schon länger hat sich der Abstand wieder vergrößert. Ein Sieg der SPD galt als gesetzt. Nun aber gibt die Enthüllung zur Warburg-Bank und Olaf Scholz dem Wahlkampf einen Schub.

Die Grünen-Spitzenkandidatin Katharina Fegebank fordert Aufklärung, Peter Tschentscher bezieht im »ZDF Morgenmagazin« Stellung. Er greift auf die Sprachregelung zurück, die er vor zwei Jahren schon

---

51 Später wird sich herausstellen, dass ebendieser Termin nicht im Kalender von Olaf Scholz zu finden ist.

verwendet hat. »Es gibt in Hamburg keinen politischen Einfluss auf Entscheidungen der Finanzämter«, sagt er. »Das steuerliche Verfahren wird von den Finanzämtern und den Steuerrechtsexperten der Finanzbehörde geführt.«

Doch damit befriedet er die Lage kaum. Der Linken-Abgeordnete Norbert Hackbusch denkt mit seiner Forderung weit über die Wahl hinaus, fordert einen Parlamentarischen Untersuchungsausschuss. Und auch der Fraktionschef des grünen Koalitionspartners, Anjes Tjarks, erklärt, er sehe viele offene Fragen, die geklärt gehören.

Die SPD veröffentlicht eine scharfe Pressemitteilung – und behauptet, alles sei doch seit der Haushaltsausschusssitzung 2018 geklärt. »Es ist auf den Tag fast genau zwei Jahre her, dass wir die Cum-ex- und Cum-cum-Geschäfte im Haushaltsausschuss ausführlich und intensiv aufgearbeitet haben«, wird Mathias Petersen, der Vorsitzende des Haushaltsausschusses, zitiert. »Es ist reines Wahlkampfgetöse, dass sich Mitglieder des Haushaltsausschusses heute nicht mehr an die Sitzung im Jahr 2018 erinnern wollen.« Was er nicht sagt: Schon damals berief sich die Verwaltung auf das Steuergeheimnis und sagte zum großen Frust der Opposition zu dem Fall schlicht nichts.

Schützenhilfe erhalten die Hamburger SPD und Olaf Scholz von einer Anwaltskanzlei, die in einem schneeweißen Gebäude an der Außenalster residiert, dem größeren der beiden Seen mitten in Hamburg. Dort hat Otmar Kury sein Büro. Er gehört zu den am besten vernetzten Anwälten der Hansestadt. Viele Jahre war er Präsident der Rechtsanwaltskammer, auch zur SPD hat er einen guten Kontakt. Kury ist der Anwalt von Max Warburg. An diesem Samstag verschickt er gemeinsam mit Olearius' Anwalt Klaus Landry eine Pressemitteilung auf dem Briefkopf seiner Kanzlei. »In Sachen M.M Warburg – Eilt sehr«, steht im Betreff, sie geht per Mail an, wie er später sagen wird, mehr als 100 nationale und internationale Medien.

Zu den Berichten »gebietet die Achtung vor unserer vorzüglichen Rechtsordnung und dem Institut der freien Presse – auch im Namen der beiden Herren Hauptgesellschafter der M.M. Warburg Bank – eine dringende und strenge Warnung: Diese gehaltlosen Unterstellungen verdienen keinerlei Respekt«, beginnt Kury sein Schreiben. Die Recherchen seien von »Unkenntnis über die Verfahren, die Gesetzes- und die Rechtslage« getragen. Sie nährten den »Verdacht, dass mit solchen ›Reportagen‹ die Bürgerschaftswahlen in der Hansestadt in manipulierender, unzulässiger Weise beeinflusst werden sollen«. Die Darstellung sei »ungehörig und verkommen«. In seiner im Stil einer Verteidigerrede abgefassten »Pressemitteilung« nimmt Kury nicht nur die Warburg-Bank und die regierende SPD, sondern gleich auch noch die Behörden pauschal in Schutz. »Die Finanzbehörden in Hamburg prüften ebenso jeden Vorgang rechtstreu und exact (sic!) und teilten ihre Ergebnisse zur steuerlichen Beurteilung auch anderen Finanzämtern mit.«

Mit ihrer Pressemitteilung will die Warburg-Bank die Recherche offensichtlich beschmutzen und von den belegten Vorwürfen der Berichterstattung ablenken. Es ist ein durchsichtiger Versuch, mit Verächtlichmachung und lauten Behauptungen den drückenden Fakten wenigstens irgendetwas entgegenzusetzen.

Montag, 17. Februar 2020

Es sind noch sechs Tage bis zur Wahl, als eine andere Seite des Skandals öffentlich wird. Das *Hamburger Abendblatt* enthüllt die Spenden, die die SPD im Jahr 2017 von Tochterfirmen oder mit der Warburg-Gruppe verbundenen Unternehmen angenommen hat. Auch dass der Löwenanteil der Spenden an den SPD-Kreisverband Mitte unter dem Vorsitzenden Johannes Kahrs ging, berichtet das Blatt.

Neben CDU, Linken, FDP und AfD fordern nun auch die Grünen eine Sondersitzung des Haushaltsausschusses in der Causa Warburg noch vor der Wahl. Der Ausschussvorsitzende Mathias Petersen lehnt das ab. Petersen ist im Hauptberuf Arzt und sitzt seit 1997 für die SPD im Feierabendparlament, wie er die Bürgerschaft selbst gerne nennt. Er stammt aus einer hanseatischen Familie, die bereits mehrmals Hamburger Bürgermeister und Senatoren gestellt hat. Auch Petersen fühlte sich politisch zu mehr berufen. Nach einer Intrige bei der Wahl zum SPD-Landesvorsitzenden und dem Verschwinden von Stimmzetteln verzichtete er 2007 schließlich frustriert auf die Kandidatur für den Parteivorsitz in

Hamburg, welcher wohl gleichbedeutend mit der Spitzenkandidatur für die Bürgerschaftswahl 2008 gewesen wäre. So konnte vier Jahre später Olaf Scholz antreten und zum Bürgermeister gewählt werden. Petersens Verhältnis zu Scholz gilt seitdem als angespannt. Petersen macht kein Geheimnis daraus, dass er Scholz nicht mag.

Aber persönliche Animositäten stellt Petersen nun hintan. Schließlich geht es nicht nur um den Ruf von Scholz, sondern um die Hamburger SPD und ihre Chancen, auch in der nächsten Legislaturperiode den Bürgermeister zu stellen. Alle Fakten seien bekannt, seit sich der Haushaltsausschuss 2018 damit befasst hat, erklärt Petersen zu den nun aufgetauchten Vorwürfen. Er meint jene Sitzung, in der sich der Senat aufs Steuergeheimnis berief und nichts aufklärte. Die Forderungen der anderen Parteien bezeichnet er in einem Radiointerview als »durchsichtiges Wahlkampfmanöver«.

Dem widerspricht nun sogar der eigene Koalitionspartner. »Es gibt inzwischen eine ganze Reihe von Hinweisen, die die Sachlage rund um die Cum-ex-Geschäfte der Warburg Bank heute in einem anderen Licht als 2018 erscheinen lässt«, sagt der Grünen-Haushaltsexperte Farid Müller. Der Eindruck einer politischen Einflussnahme auf Steuerstrafverfahren sei entstanden und müsse dringend ausgeräumt werden. »Vor diesem Hintergrund erwarten wir, dass die SPD eine Sondersitzung des Haushaltsausschusses vor der Bürgerschaftswahl möglich macht.«

18

Dienstag, 18. Februar 2020

Oberstaatsanwalt Winfried Zeppan kennt sich aus mit gewichtigen Fällen. Erst vor einigen Monaten hat er gemeinsam mit einem Kollegen einen Vergleich mit fünf früheren Vorstandsmitgliedern der HSH Nordbank geschlossen: Fünf Millionen Euro haben die Manager gezahlt. Zuvor hatte die Staatsanwaltschaft bis zum Bundesgerichtshof gekämpft, damit die Banker nicht straffrei davonkommen. Die Manager der Staatsbank hatten in der Finanzkrise versucht, mit spekulativen Kreditausfallgeschäften die Bilanz aufzuhübschen – und damit einen Schaden von mehr als 40 Millionen Euro verursacht.

In der Anzeige, die ihm heute vorgelegt wurde, geht es wie bei der HSH Nordbank um den Vorwurf der Untreue. Allerdings richtet sie sich nicht gegen Topbanker, sondern gegen den amtierenden Finanzminister. Die Anzeige gegen Olaf Scholz ist vor fünf Tagen in der Behörde eingegangen, aufgegeben wurde sie am Tag der Veröffentlichungen in *Zeit* und »Panorama« über die SPD-Verbindungen der Warburg-Bank und das Treffen von Mitinhaber Christian Olearius mit Scholz. Sie stammt nicht von irgendeinem offensichtlichen Verschwörungstheoretiker oder Spinner, sondern vom Inhaber einer Steuerberatungsgesellschaft. Es ist also davon auszugehen, dass sich der Anzeigeerstatter meldet und sich nach dem Stand der Bearbeitung erkundigt.

Zeppan verfasst einen Vermerk und regt an, Vorermittlungen aufzunehmen. »Da die Anzeige explizit gegen den damaligen ersten Bürgermeister Olaf Scholz gerichtet ist«, schreibt er, »ist das Verfahren unter einem Js-Aktenzeichen einzutragen.« Die Staatsanwaltschaft nimmt ein Verfahren auf.[52] Der Ordnung halber erstellt Zeppan einen Sonderband für die Akten, in den legt er den Artikel aus der *Zeit* und den Bericht des *Hamburger Abendblatts* über die Warburg-Spenden an die SPD. »In Betracht kommt derzeit«, schreibt er zu den Parteispenden über 45 500 Euro, »(lediglich) der Vorwurf der sog. Haushaltsuntreue«, also der Verschwendung öffentlicher Gelder.

Zeppan gibt den Fall weiter an seine Kollegin Kathrin Köpke, Abteilung 57, zuständig für Korruptionsverfahren. Auch sie ist bekannt dafür, nicht ängstlich zu sein. Gerade ermittelt sie wegen Untreue gegen mehrere hochrangige SPD-Politiker, weil bei einem Rolling-Stones-Konzert im Hamburger Stadtpark ungewöhnlich viele Würdenträger Freikarten erhalten haben.[53] Köpke legt eine Akte an. Auf dem lachsfarbenen Deckel steht wenig später: »Ermittlungssache 5700 Js 1/20 – § 266 Untreue – Olaf Scholz, geb. am 14.06.1958, Osnabrück.«

Um 16:45 Uhr erhält Staatsanwalt Zeppan eine E-Mail von Ralf Peter Anders, seinem obersten Chef. Seit sechs Monaten ist Anders Leiter der Hamburger Staatsanwaltschaft. Er hat Karriere gemacht im Justizministerium von Schleswig-Holstein und zwei Jahre in Lübeck an der Fachhochschule des Bundes für öffentliche Verwaltung gelehrt. Seitdem steht in seiner E-Mail-Signatur: »Priv.-Doz. Dr. Ralf Peter Anders, Leitender Oberstaatsanwalt, Behördenleiter/Chief Public Prosecuter«. Obwohl er

---

52 In den meisten Bundesländern wird ein Js-Aktenzeichen erst vergeben, wenn ein staatsanwaltschaftliches Ermittlungsverfahren eingeleitet wird. Für Vorermittlungen ist dort ein sogenanntes AR-Aktenzeichen vorgesehen. In Hamburg werden Js-Aktenzeichen allerdings auch für Vorermittlungen verwendet.

53 Ein ehemaliger SPD-Bezirksamtsleiter wird 2022 in dem Verfahren wegen Vorteilsannahme und Beihilfe zur Vorteilsgewährung zu einer Geldstrafe verurteilt werden. Die Vorwürfe wegen Untreue und Bestechlichkeit wurden fallen gelassen. Zu einer Geldstrafe war bereits 2019 Tschentschers Staatsrätin Elke Badde (SPD) verurteilt worden, weil sie Vorzugskarten angenommen hatte. Das Urteil ist noch nicht rechtskräftig. Tschentscher hatte sie bereits vorher in den einstweiligen Ruhestand versetzt. Auch gegen Verkehrsstaatsrat und Scholz-Vertrauten Andreas Rieckhof (SPD) hatte die Staatsanwaltschaft ermittelt, weil er eine Vorzugskarte angenommen hatte. Das Verfahren wurde gegen eine Geldauflage von 3000 Euro eingestellt.

erst ein halbes Jahr im Amt ist, hat er es sich bereits mit dem Chef seiner vorgesetzten Behörde verscherzt. Mit Generalstaatsanwalt Jörg Fröhlich liefert er sich ein bizarres Kompetenzgerangel.

Anders hat über den Fall Scholz schon früh Bescheid gewusst. Eine zweite Anzeige in dem Komplex war direkt an ihn gerichtet, sie traf vor drei Tagen ein. Auch hier lautet der Vorwurf »Verdacht auf Untreue«, diesmal erhoben von einem pensionierten Polizisten. »Ich bin 71 Jahre alt, deutscher Staatsbürger, politisch interessiert, aber politisch ungebunden«, schreibt der Mann im Begleitbrief. »Verantwortungsträger der Stadt Hamburg« hätten nach Medienberichten »es vorsätzlich unterlassen, einen betrügerisch erlangten Geldbetrag in Höhe von 46,8 Millionen Euro zurückzufordern. Ich bin nicht nur persönlich entsetzt. Dieses Verhalten empfinde ich auch als gemeinschädlich und zutiefst korrupt.«

Inzwischen ist das Thema weiter hochgekocht, Pressevertreter haben angefragt, ob die Staatsanwaltschaft im Fall Warburg gegen Scholz oder andere Politiker ermittelt. Ohne die Prüfung der Korruptionsstaatsanwältin Köpke abzuwarten, entscheidet Anders, was in der brisanten Sache zu tun ist – nämlich nichts. Er weist Zeppan in der E-Mail an, keine ernsthaften Ermittlungen aufzunehmen: »Die Eintragung der eingegangenen Strafanzeige gegen Olaf Scholz« solle nur deshalb als Js-Aktenzeichen aufgenommen werden, weil »§ 47 Abs. 1 lit b) der hamburgischen Aktenordnung dies so vorsieht«, schreibt Anders. »Einen Anfangsverdacht sehen wird (sic) derzeit nicht.«

Anders hat auch eine klare Einschätzung zu den Parteispenden an die SPD. »Mit Blick auf die Parteispende liegt noch nicht einmal eine Anzeige vor«, schreibt er. »Insoweit bejahen wir weder einen Anfangsverdacht noch nehmen wir eine Vorprüfung vor.« Drei Minuten nach Erhalt leitet Zeppan die E-Mail seines Chefs »zur Kenntnisnahme« an die Korruptionsstaatsanwältin Köpke weiter.

Im Rathaus treffen sich an diesem Dienstagmorgen die Senatoren und die Fraktionschefs der Koalition zur letzten wöchentlichen Senatsvorbesprechung vor der Wahl. Olaf Scholz und Katharina Fegebank haben die Runde einmal ins Leben gerufen, um Probleme, kritische Fragen und Koalitionsstress vor der offiziellen Senatssitzung zu klären. Heute gibt es einiges zu besprechen, finden die Grünen. Wie der Senat im Fall Warburg agiert, finden sie überhaupt nicht gut.

Die drei Senatoren und die Fraktionsspitze haben schon vor der Sitzung debattiert und sind sich einig: Der Fall muss angesprochen werden, auch wenn das Konfliktpotenzial birgt. Viele an der Basis fragen kritisch nach. Und die Grünenspitze findet es ärgerlich, dass die Partei nun mitverantwortlich sein soll für die Lüge des Senats auf die Frage der Linken nach Treffen von Scholz und Olearius. In Wirklichkeit wissen die Grünen fast nichts über den Fall. Denn auch im Senat hieß es bei dem Thema bisher immer: Steuergeheimnis.

Die Grünen haben beschlossen, dass Jens Kerstan das Thema ansprechen soll. Der Umweltsenator kennt sich als früherer Finanzexperte in dem Feld gut aus. Er beherrscht auch die klare Attacke, nimmt sich aber vor, die Sache vorsichtig anzugehen und niemanden zu düpieren. Kerstan weiß, wie empfindlich Tschentscher reagieren kann. Er fragt den Bürgermeister also, ob er sich ebenfalls mit Olearius getroffen habe. Tschentscher antwortet mit dem Satz, den er nun immer sagt: »Es hat zu keinem Zeitpunkt eine politische Einflussnahme auf die Steuerverwaltung gegeben.« Er habe im Rahmen des Steuerverfahrens nicht mit Olearius gesprochen.

Kerstan hakt nach, er kennt die Spitzfindigkeiten bei der Wortwahl der SPD. Ob Tschentscher sich nicht mit Olearius getroffen habe – oder ob er sich zwar mit Olearius getroffen habe, aber nicht über das Steuerverfahren gesprochen habe. Tschentscher schweigt, aber bebt sichtbar. Dafür schießen Schulsenator Ties Rabe und andere SPDler nun auf Kerstan los. Was die Vorwürfe sollen? Gerade Peter halte sich immer an alle Regeln. Es wird hitzig.

Die anderen Grünen-Senatoren Katharina Fegebank und Anjes Tjarks sind friedliebender als der rauflustige Kerstan und nicht selten skeptisch, wenn Kerstan ein Problem eskaliert. Aber in diesem Fall springen sie ihm bei. Fragen müssten doch erlaubt sein. Doch die SPD-Senatoren lassen sich kaum beruhigen. Zwei Tage später wird in der *Bild*-Zeitung vom Streit im Senat zu lesen sein. Kerstan habe Tschentscher wüst beschimpft, sich in eine Wutrede hineingesteigert, schreibt die Zeitung. Bei den Grünen wird man sich wundern. Die Darstellung sei völlig verzerrt.

Im Bundesfinanzministerium laufen derweil die Drähte heiß. Wolfgang Schmidt, eigentlich beamteter Staatssekretär, agiert als Krisenmanager. Schmidt hält engen Kontakt zu den Genossen in Hamburg, nutzt seine zahlreichen Verbindungen zu Journalisten. Es geht um den sicher geglaubten Wahlerfolg in Hamburg, vor allem aber um die Reputation von Scholz. An diesem Morgen haben *Bild, Welt* und *Abendblatt* über den Fall berichtet. Der Tenor ist im Sinne Schmidts: »Wahlkampfgetöse«, »unbewiesene Medienberichte«, Staatsanwalt prüfe Anzeige wegen »vermeintlicher Affäre«, lauten die Schlagworte in den Berichten.

Der Kampf um die Deutungshoheit ist in vollem Gange, es gilt nun, schnell die richtigen Journalisten zu beeinflussen und den richtigen Spin für die Öffentlichkeit zu setzen. Das weiß auch Fabio De Masi von den Linken. Er liefert den Journalisten einprägsame Zitate. Von »Warburg-Gate« spricht er in der *Welt* und zielt damit auf die Spenden ab: »Die Cum-ex-Geschäfte der Warburg waren illegal. Man nimmt kein Geld von Kriminellen«, erklärt er und wirft Johannes Kahrs als indirektem Empfänger des Geldes vor, die Interessen Hamburgs »wie auf dem Fischmarkt« zu verhökern.

Irgendwann an diesem Tag bekommt Krisenmanager Schmidt einen weiteren Anruf aus Hamburg. Am Telefon ist Otmar Kury. Der Rechtsanwalt von Max Warburg kündigt an, dass er gleich eine Pressemitteilung versenden wird, auch im Namen des Strafverteidigers von Olearius. Die Anwälte wollen mit Zustimmung von Olearius den Tagebuch-Eintrag über das Treffen mit Scholz veröffentlichen, »um der Öffentlichkeit zu dokumentieren, in welch schändlicher, verwerflicher Weise ein Beweismittel sinnentstellend verfälscht wurde«.

Es ist ein erstaunlicher Vorstoß, der den Bankern wenig bringt, aber Scholz und der SPD helfen wird. Über sein Treffen mit dem damaligen Bürgermeister hat der Bankier notiert: »Dann berichte ich vom Sachstand bei Finanzbehörde, Staatsanwaltschaft. Ich meine, sein zurückhaltendes Verhalten so auslegen zu können, dass wir uns keine Sorgen zu machen brauchen.« NDR und *Zeit* haben aus juristischen Gründen nur indirekt zitiert und das Wörtchen »zurückhaltend« weggelassen, weil es nur eine Interpretation von Olearius ist, kein Fakt. Das versuchen die Anwälte nun auszunutzen. Zu dem Zitat liefern sie eine Interpretationsanleitung, die ganz im Sinne von Schmidt ist: Trotz der offenbar ausgedrückten Erleichterung des Bankers stehe da ja, dass Scholz zurückhaltend gewesen sei. Das entlaste ihn.

Die Interpretation übernehmen zahlreiche Medien. »Cum-ex-Affäre: Tagebuch-Eintrag entlastet Scholz«, titelt das *Abendblatt* am nächsten Tag, ein Frontalangriff gegen die *Zeit* und das ARD-Magazin »Panorama«. Dabei bestätigt der veröffentlichte Tagebucheintrag zuallererst die berichteten Fakten: Es gab das Treffen trotz anderslautender Aussagen des Senats und es ging im Gespräch um das Steuerverfahren. Die von den Anwälten vorgegebene Interpretation ist dagegen alles andere als zwingend. Man könnte viele Fragen stellen: Was bedeutet zurückhaltendes Verhalten, insbesondere bei einem Politiker, der sich gerne rühmt, seine eigenen Gedanken gut verbergen zu können? Ist ein zurückhaltendes Verhalten die richtige Reaktion auf einen Bankier, der im Verdacht steht, die Staatskasse beklaut zu haben? Ein Bürger könnte in dieser ungewöhnlichen Situation ja auch sehr gut erwarten, dass sich ein Bürgermeister ohne Interpretationsspielraum auf die Seite der Steuerzahler stellt. War es möglicherweise gerade das zurückhaltende Verhalten, das die Bankiers beruhigte?

Außerdem hat Olearius über sein Gespräch mit Scholz notiert: »Die Deutsche Bank werde wohl geschont. Meine Interpretation – cui bono – auf uns abzulenken, sei wahrscheinlich. Das Spiegel-Gespräch sollte ich führen, mich aber maßvoll äußern. In Szene setzen in Sachen Wirtschaftsstandort Hamburg will er sich allein; Gutachten seien störend.« Demnach hat Scholz offenbar nicht nur aufmerksam zugehört, sondern er hat dem Bankier augenscheinlich regelrecht Tipps gegeben, was zu tun ist. Auch diesen Part veröffentlichen die Anwälte, aber niemand stolpert darüber.

Genaueres Hinsehen und Logik fallen in der aufgeheizten Wahlkampfphase hinten runter. Der *Welt* wird ein Dokument aus der Finanzverwaltung gesteckt: »Ein Vermerk des Hamburger Finanzamts bringt Entlastung für die unter Druck geratenen Hamburger SPD. Danach hat die Hansestadt keine Rückzahlungsansprüche gegen die Warburg-Bank«, berichtet die Zeitung. »›Es ist nichts weiter zu veranlassen‹, so das für den Senat entscheidende Votum der unterzeichnenden Finanzbeamten.«

Das Dokument ist echt, doch die Interpretation, die dem Journalisten offenbar zugeflüstert wurde, völlig irreführend. Denn der Vermerk ist 2015 entstanden, also noch vor den Ermittlungen der Staatsanwaltschaft, mit denen sich der Verdacht massiv zuspitzte und die eine Neubewertung nötig machten. Es ist jener Vermerk, den Gerhard Heuer nach der ersten Verdachtsmeldung aus Hessen anfertigte und den er später bitter bereute. Gerhard Heuer liest den Bericht der *Welt* und fragt sich, wie das Papier aus der Akte der Finanzverwaltung an die Zeitung geraten konnte.

Wolfgang Schmidt teilt den Bericht auf Facebook, eine Nutzerin kommentiert: »Unglaublich! Peinlich für diejenigen, die versucht haben, mit dieser Geschichte in den Wahlkampf einzugreifen.« Den Bericht des *Abendblatts* über die angebliche Entlastung verbreitet Andreas Dressel. Der Finanzsenator schreibt dazu: »Einmal mehr haben damit diese abwegigen und haltlosen Vorwürfe keine Bestätigung gefunden.«

Die SPD, das immerhin kann man ihr zugutehalten, steht ein paar Tage vor der Wahl fest zusammen.

Am Abend lädt der NDR zum TV-Duell der Spitzenkandidaten. Chefredakteur Andreas Cichowicz befragt Peter Tschentscher und Katharina Fegebank. Cichowicz spricht gleich zu Anfang das Thema Cum-ex an. Er ist gut vorbereitet.

Andreas Cichowicz: »Herr Tschentscher, warum hat die Stadt denn der Warburg-Bank 2016 fast 47 Millionen Euro erlassen, indem sie es nicht zurückgefordert hat?«

Peter Tschentscher: »Diese Frage, wer wirklich ein Anspruch auf diese 47 Millionen hat, wird ja gerade in einem Gerichtsverfahren geklärt, und ich bin sicher, dass unsere Finanzämter jeden Euro, der durch Machenschaften von Banken in solchen Cum-ex-Geschäften, der dem Steuerzahler entgangen ist, dass sie jedem dieser Euro hinterhergehen und zurückfordern.«

Cichowicz: »Dennoch haben Sie zunächst mal drauf verzichtet in 2016, das hätten Sie nicht tun müssen. Bundesweit war das die einzige betroffene Finanzbehörde, gegen den Rat des Finanzamts in Hamburg und gegen das Bundesfinanzministerium, gegen die Staatsanwaltschaft in Köln. Warum?«

Tschentscher: »Diese Dinge werden gerade in einem Gerichtsverfahren geklärt und wo wir sozusagen Vorreiter waren in Deutschland, ist, dass unsere Finanzämter da überhaupt den ersten Cum-ex-Fall aufgedeckt haben und sie haben ihn sehr, sehr sorgfältig aufgearbeitet und bis zum Bundesfinanzhof konsequent verfolgt, da waren wir Vorreiter in Deutschland. Es gibt viele weitere Beispiele, die zeigen, dass unsere Finanzämter gerade an diesen Cum-ex Geschäften sehr ambitioniert aufklären und jeden Euro zurückfordern, der zu Unrecht gestattet wurde.«

Cichowicz: »2014, sie spielen an auf ein Urteil vor dem Bundesfinanzhof, eigentlich hatten Sie doch was in der Hand, um 2016 zu sagen jetzt stellen wir erstmal nicht zurück, wir gucken was ein Gericht entscheidet. Sie wussten damals ja noch gar nicht, ob es ein Gerichtsverfahren geben würde.«

Tschentscher: »Genau, diese Fragen werden eben von Steuerrechtsexperten unserer Steuerverwaltung sehr, sehr sorgfältig geprüft und seien sie sicher, ich bin sieben Jahre Finanzsenator gewesen, unsere Finanzämter, unsere Steuerverwaltung machen das streng nach rechtlichen Gesichtspunkten, nach Recht und Gesetz fordern sie alles zurück, was zu Unrecht erstattet worden ist. (...)«

Cichowicz: »Herr Tschentscher, warum hat denn die Stadt im letzten Jahr hinter dem Rücken des Gerichts – Sie haben das angesprochen, dass ein Prozess in Bonn läuft – mit der Warburg-Bank verhandelt?«

Tschentscher: »Ich sag ja nochmal, diese Dinge sind jetzt gerade in gerichtlicher Klärung, und alles, was jetzt wenige Tage vor der Wahl noch mal in die Öffentlichkeit gebracht wird, ist vor zwei Jahren in einem Haushaltsausschuss sehr, sehr sorgfältig dargestellt worden.«

Cichowicz: »Aber das Thema Verhandlungen ist ja erst im Herbst 2019 gewesen. Kann ja nicht gewesen sein, Haushaltausschusssitzung war 2018.«

Tschentscher: »Diese Dinge, die alle schon zwei Jahre alt sind, werden ja zusammengebracht und werden in die Öffentlichkeit gebracht mit sehr vielen Vorwürfen, und zwar ohne Beweise, die man widerlegen könnte. Ich lese heute in der Zeitung auf die Frage ›Gibt es Beweise für diese Vorwürfe?‹ ein klares ›Nein‹. Und ich wundere mich sehr, dass wir das vor zwei Jahren alles erörtert haben und dass gleichwohl heute alle, die daran beteiligt waren, damals gesagt haben: ›Gut, das ist sehr sauber erklärt worden. Wir verstehen, warum die Stadtverwaltung so vorgeht, wie sie vorgeht.‹ Und nun wird alles noch ein zweites Mal an die Öffentlichkeit getragen und wir werden es ein zweites Mal sicher auch diskutieren können. Es ist so, ich bin sicher, unsere Finanzämter sind sehr, sehr sorgfältig im Umgang mit diesen Fragen und ich bin auch sicher, dass unsere Finanzbeamtinnen und Finanzbeamten sich von niemandem von außen sagen lassen, wie sie ihre Entscheidung zu treffen haben.«

Mittwoch, 19. Februar 2020

Tschentscher hat am Vorabend keine gute Figur abgegeben. Wenn der Bürgermeister sich in die Enge getrieben fühlt, fällt es ihm sichtlich schwer, die Contenance zu bewahren. Andreas Dressel, sein Nachfolger als Finanzsenator, versucht nun, die Kohlen aus dem Feuer zu holen. Er lässt Ernst Stoll, den Chef der Steuerverwaltung, eine schriftliche Erklärung abgeben.

Sie umfasst zwei Seiten und steckt voller spitzfindiger Formulierungen. »Es hat in Hamburg weder bezüglich Cum-ex-Gestaltungen noch sonst Versuche gegeben, politisch auf Entscheidungen der Steuerverwaltung Einfluss zu nehmen«, schreibt Stoll. Das klingt eindeutig. Doch es kommt sehr darauf an, was man unter politischem Einfluss versteht. Was die Behörde darunter nicht versteht, wird sie später erklären: Wenn beispielsweise Finanzsenator Andreas Dressel explizit um seine Meinung gefragt wird und »grünes Licht« für eine Entscheidung gibt.

»Es hat in Hamburg im Zusammenhang mit Cum-ex-Gestaltungen keinen gerichtlichen oder außergerichtlichen Vergleich oder Erlass von Steuern gegeben«, schreibt Stoll. »Das Instrument des Vergleichs ist zudem im Steuerrecht nicht zulässig.« Das ist eine trickreiche Formulierung. Es gibt im Steuerrecht in der Tat keinen Vergleich, aber andere Möglichkeiten der Einigung. Stoll selbst hat noch vor wenigen Monaten für eine Tatsächliche Verständigung geworben: »Gleichwohl sollten die Gespräche fortgesetzt werden, um eventuell auf anderem Wege zu einer Verständigung zu gelangen«, schrieb er ans Bundesfinanzministerium.

Andreas Dressel belässt es nicht bei der juristisch fein austarierten Erklärung. Er lädt ausgewählte Journalisten von Hamburger Lokalmedien zu Hintergrundgesprächen ein, um ihnen seine Sicht der Dinge auf die seiner Meinung nach »abwegigen und haltlosen Vorwürfe« zu erläutern. Während Dressel Vertretern von *Zeit* und »Panorama« ein Gespräch verweigert und Fragen mit Verweis auf das Steuergeheimnis auch schriftlich nicht beantwortet, zeigt er nun Journalisten wohlgesonnener Medien womöglich einen vertraulichen Vermerk. Jedenfalls berichten einige Medien am nächsten Tag über dieses Papier. Es ist das Protokoll der Sitzung vom 17. November 2016 in der Finanzbehörde, in dem Svenja Pannhusen begründet, warum sie das Geld nicht zurückfordern will. Dressel erzählt den Journalisten allerdings nicht, dass die Beamtin damit ihre ursprüngliche Entscheidung revidierte.[54]

In den sozialen Medien fällt die SPD jetzt über die Journalisten von *Zeit* und Panorama her. Wolfgang Rose, Urgestein der Partei, Bürgerschaftsabgeordneter und ehemaliger Chef der Gewerkschaft ver.di in

---

54 Die Finanzbehörde und Dressel dementieren nicht, Journalisten den Vermerk gezeigt zu haben. In einer Stellungnahme heißt es lediglich, dass keine Unterlagen »herausgegeben« wurden: »Es wurden in diesem Zusammenhang keine Mitarbeiterinnen und Mitarbeiter der Finanzbehörde hinzugezogen, über die veröffentlichte Erklärung des Leiters der Steuerverwaltung hinaus oder des öffentlich zugänglichen Organigramms der Finanzbehörde keine Unterlagen herausgegeben und – von ausdrücklich autorisierten O-Tönen abgesehen – keine Ton- und Bildaufnahmen gefertigt.« Allgemein erklärt die Behörde zu den Treffen: »Im Nachgang zur Erklärung des Leiters der Steuerverwaltung vom 19.2.2020, zu der er sich u.a. auch wegen Berichterstattung in der ZEIT veranlasst sah, gab es diverse mündliche Nachfragen diverser Medien. Diese Nachfragen haben der Finanzsenator und der Pressesprecher der Finanzbehörde in den Folgetagen mündlich beantwortet – teilweise telefonisch, teilweise in der Finanzbehörde. Da der Umgang einer Steuerverwaltung generell mit Cum-ex-Fällen aufgrund der verschiedenen Zuständigkeiten und sich verändernder Sach- und Rechtslagen gerade für fachfremde Außenstehende nicht ohne weiteres nachvollziehbar ist, wurde auf Nachfrage die Erklärung des Leiters der Steuerverwaltung mündlich erklärt und erläutert. Die mündlichen Erläuterungen wurden, wie üblich bei der Beantwortung von Nachfragen von Journalisten, nicht weiter protokolliert.« Sollte Dressel das Dokument Journalisten verlesen oder gezeigt haben, hätte er gegen das Steuergeheimnis verstoßen.

Hamburg, teilt auf Facebook die Erklärung von Stoll. »Das möge bitte jeder lesen, der sich in den letzten Tagen an der Kampagne gegen die SPD beteiligt hat, und dann in sich gehen. Zusammen mit dem jetzt bekannten vollständigen Tagebucheintrag von Olearius ist die Verschwörungstheorie gegen Peter Tschentscher und Olaf Scholz damit vollständig in sich zusammengefallen«, schreibt er.

Ingo Egloff, ehemaliger SPD-Landesvorsitzender, ehemaliger Bundestagsabgeordneter und mittlerweile Chef des einflussreichen Hafenmarketing, fordert auf Facebook eine Entschuldigung vom NDR für die Berichterstattung. »Der NDR, der jeden absurden Vorwurf die letzten Tage in den Nachrichten brachte, schweigt. Schlechtes Gewissen? Feigheit? Jedenfalls kein seriöser Journalismus.« Mehrere beteiligte Journalisten bekommen Hassmails, ein involvierter Chefredakteur wird auf einem Wochenmarkt von einem aufgebrachten SPD-Mitglied erkannt und angebrüllt.

Freitag, 21. Februar 2020

In weniger als 48 Stunden werden die Wahllokale geöffnet. Peter Tschentscher gibt dem *Abendblatt* noch ein Interview. Die Redakteure sprechen ihn auf die Forderung nach einer Sondersitzung des Haushaltsausschusses an. Ist das ein unfreundlicher Akt der Grünen? »Das ist doch klar«, antwortet Tschentscher. »Man kann nicht Opposition und Regierung gleichzeitig sein. Natürlich war die grüne Seite in alle Entscheidungen umfassend eingebunden, und wir haben vor zwei Jahren mit den grünen Abgeordneten wie mit allen anderen im Haushaltsausschuss gesprochen. Ich bewerte es als Wahlkampfgetöse. Jeder versucht, gerade wenn die Umfragen schlecht laufen, für sich Potenzial zu ziehen aus solchen Vorgängen.«

Gleichzeitig beantwortet Tschentschers Senat die Kleinen Anfragen mehrerer Parteien, warum die Stadt das Treffen von Scholz und Olearius zunächst verschwiegen hat. »Der Fragesteller hat sich ausdrücklich auf den von ihm beschriebenen Zusammenhang bezogen, also das Zusammenwirken von Finanzämtern, Finanzbehörde und Bundesministerium der Finanzen im steuerlichen Verfahren. In diesen Verfahren gibt es keine Beteiligung von außenstehenden Personen wie zum Beispiel dem Ersten Bürgermeister«, schreibt die Senatskanzlei den Abgeordneten. Das heißt: Per Definition gibt es in Steuerverfahren keine politische Einflussnahme. Also hatte das Treffen von Olearius und Scholz damit auch nichts zu tun, und der Senat hat die Frage auch nicht falsch beantwortet.

Sonntag, 23. Februar 2020

Kurz nach 18 Uhr können Tschentscher und die SPD durchatmen. Die Enthüllungen der letzten Wochen haben nicht geschadet: Die SPD gewinnt die Wahl deutlich und hat die Option, gemeinsam mit den Grünen weiter zu regieren. Tschentscher kann sich trotzdem nicht entspannen. Die Berichterstattung von »Panorama« und *Zeit* empfindet er als Frechheit, mehrere NDR-Journalisten auf der Wahlparty lässt er deutlich seine Ablehnung spüren. Am Rand der Party spricht er mit Redakteuren des *Abendblatts* – und nutzt das erste Interview nach dem Wahlsieg, um gegen den Sender auszuteilen: »Der NDR hat kräftig mitgemischt im Wahlkampf«, sagt er.

Gleich am nächsten Tag hat Tschentscher und Dressel der Alltag wieder – und der beginnt mit der leidigen Steuergeschichte um die Warburg-Bank. Das Finanzamt gibt neue Steuerbescheide für Warburg zur Post. Darin seien alle Forderungen zu Cum-ex enthalten, informiert Ernst Stoll seinen Senator Dressel. Nur wenige Tage nach Dressels Ehrenerklärung, dass sich die Politik nicht in steuerliche Einzelfälle einmische, schreibt Stoll anschließend an seine Kollegen über das Gespräch mit dem Senator, den er mit dessen Behördenkürzel S nennt: »S machte sehr deutlich, dass es an diesem Punkt zu keiner erneuten Weisung durch das BMF kommen dürfe.« Zudem werde weiter geprüft, ob man auch die bereits als verjährt geltenden Jahre 2007 bis 2009 zurückfordere. »Über die möglichen Folgen der geänderten Bescheide für die Jahre 2007 – 2009 ist S sich im Klaren.«

Das *Abendblatt,* das anfänglich mit seiner Enthüllung über die Parteispenden an die SPD selbst mitrecherchiert hat, singt nach der

Wahl das Lied des Siegers Peter Tschentscher. In einem Leitartikel zur Bürgerschaftswahl geht Chefredaktionsmitglied Matthias Iken auf die Berichte von »Panorama« und *Zeit* ein. »Jetzt werden sich die Kollegen von NDR-Panorama und der ›Zeit‹ weitere kritische Fragen gefallen lassen müssen«, schreibt er. »Die Beweise waren dürftig und wurden in den vergangenen Tagen eher entkräftet. Aber irgendwas bleibt eben immer hängen.«

Die Kritik an der Berichterstattung zeigt Wirkung. An der Rothenbaumchaussee, einem der Standorte des NDR, tagt in den nächsten Tagen der Rundfunkrat des NDR. 60 Männer und Frauen gehören ihm an, Vertreter aus Kultur, Wirtschaft und Politik, von Kirchen, Migranten und manch anderer Organisation. Der Warburg-Beitrag von »Panorama« steht auf der Tagesordnung. Ein hochrangiger SPD-Politiker aus Niedersachsen hat sich beschwert. Und es brodelt weiter. Johannes Kahrs spricht in einem Interview offen aus, was viele in der Partei denken: »Rache muss kalt genossen werden.« Der Druck auf den NDR wird erhöht.

Chefredakteur Andreas Cichowicz, der Tschentscher selbst im TV-Duell zugesetzt hat, veröffentlich schließlich auf der Webseite von »Panorama« eine Stellungnahme, um Druck aus der Sache zu nehmen: »Haben wir in unserer Berichterstattung Fehler gemacht, die wiederum eine Kontroverse ausgelöst haben? Ja, das haben wir.« Er benennt zwei Defizite. »Wir hätten aus einem Tagebucheintrag von Herrn Olearius länger zitieren sollen, zumindest in indirekter Rede«, schreibt er. »So wie wir es getan haben, war es sachlich und juristisch zwar nicht falsch, aber angreifbar. Dadurch konnte der Eindruck entstehen, wir hätten möglicherweise Entlastendes in der Berichterstattung weggelassen.« Außerdem schreibt er, der NDR hätte deutlich machen sollen, dass es derzeit keinen Beweis dafür gebe, dass Spitzenpolitiker der SPD direkt politischen Einfluss auf die Steuerbehörde ausgeübt haben – auch wenn das in den Beiträgen gar nicht behauptet worden war.

In der Sache allerdings, das fügt Cichowicz ausdrücklich an, habe der NDR »nichts zurückzunehmen«. Es sei die Aufgabe von Journalismus, kritische Fragen zu stellen. »Dabei leitet uns nicht die Frage, wem unsere Berichterstattung nutzt oder schadet oder zu welchem Zeitpunkt sie stattfindet.«

Der Online-Beitrag des Chefredakteurs bleibt nicht unbemerkt. Das *Abendblatt* titelt: »NDR zu Cum-ex-Berichten: ›Haben wir Fehler gemacht? Ja!‹« Finanzsenator Dressel, andere SPD-Politiker verbreiten die Schlagzeile in den sozialen Medien, feiern sie als Entschuldigung und fordern dies nun auch von der *Zeit*. Vergebens. Denn die Journalisten wissen, dass sie auf der richtigen Spur sind. Es gab nicht nur das eine Treffen von Scholz mit Olearius.

Mittwoch, 26. Februar 2020

Nach der gewonnenen Hamburg-Wahl schlendert Scholz sichtlich entspannt in das neue Fernsehstudio des Nachrichtensenders ntv in der Berliner Bärenstraße. Obwohl Scholz wissen muss, dass Olearius vermutlich auch über andere Treffen mit ihm Buch geführt hat, geht er offenbar davon aus, dass die Warburg-Sache ausgestanden ist. Bereitwillig begibt er sich in die Interviewsendung »Klamroths Konter«.

Der 30-jährige Schauspieler und Fernsehmoderator Louis Klamroth ist in Hamburg geboren und aufgewachsen. Seit 2016 moderiert er die Polittalkshow, hat dafür den Deutschen Fernsehpreis erhalten. Klamroth nimmt seine Gäste hart ran. Um keine Nähe aufkommen zu lassen, führt er keine Vorgespräche. Scholz kennt nur grob die Themen, die Klamroth in den nächsten 40 Minuten anschneiden will.

»Herr Scholz, haben Sie heute nur zugesagt, weil Sie wussten, die SPD schneidet in Hamburg gut ab?«, beginnt Klamroth, als er mit Scholz zusammen ins Studio geht. »Ich habe gehofft, dass es ein gutes Ergebnis wird. Aber ich hätte auch sonst zugesagt«, antwortet Scholz. Die Kameras laufen bereits. Die Sendung wird aufgezeichnet, aber ungeschnitten ausgestrahlt.

»Herr Scholz, Sie haben ein turbulentes Jahr hinter sich. Sie wollten Chef der SPD werden, haben es nicht geschafft, durften aber Finanzminister bleiben«, sagt Klamroth und kommt gleich zur Sache, spricht den SPD-Filz in Hamburg an, bevor er auf die Cum-ex-Geschäfte der Warburg-Bank überleitet. Bei Scholz lässt die Entspannung nach: »Es hat sich ja schnell erwiesen, dass es heiße Luft ist. Und das hat glaube ich auch die meisten Hamburger so umgetrieben, dass sie gesagt haben: Da war wohl nix«, antwortet er schnell. Klamroth hakt nach, lässt den Finanzminister erklären, wie Cum-ex-Aktiendeals funktionieren. Danach fragt er nach der politischen Verantwortung bei der Entscheidung der Hamburger Finanzverwaltung, 47 Millionen Euro nicht zurückzufordern, und spricht Scholz auf sein Treffen mit Olearius an.

Scholz sagt dazu: »Sie verweisen auf einen Tagebucheintrag, den ich nicht kenne, der aber mittlerweile öffentlich geworden ist und ein bisschen was mit dem Heiße-Luft-Thema zu tun hat. Denn da stand ja, wie ich jetzt erfahren habe, Sie auch, noch ein weiterer Satz: Herr Scholz lässt nicht erkennen, welche Ansicht er zu diesem Thema hat.«

Klamroth: »Welche Ansicht hatten Sie denn?«

Scholz weicht aus: »Kann ich gar nicht selber beurteilen den Fall, weil mir die Fakten und Daten, die die Finanzverwaltung konkret hat, aus eben genannten Gründen des Steuergeheimnisses gar nicht vorliegen können.«

Klamroth lässt Scholz' Tweet einblenden: »Ich halte #Cum-ex für eine Riesenschweinerei. Und ich frage mich, wie irgendjemand diese Steuertricks für legal und legitim halten konnte. #transparency«

Scholz: »Finde ich immer noch!«

Klamroth: »Haben Sie das auch Olearius gesagt bei dem Treffen?«

Scholz: »Ich finde, Cum-ex ist eine Schweinerei. Da gibt es darüber nix zu reden. Dass man überhaupt denken konnte, dass das ein legales Vorgehen ist, finde ich bis heute unerklärlich ...«

Klamroth geht dazwischen: »... haben sie das Olearius bei dem Treffen gesagt?«

Scholz lächelt, antwortet schließlich: »Ich kann ihnen jetzt wegen des Steuergeheimnisses nicht erzählen, was mir ein Bürger zu seinen Steuern sagt. Aber in den Zeitungen haben sie ja gelesen, dass die Bank sich selber damit verteidigt, dass das hier bei ihnen ein solcher Fall nicht gewesen sei. Ich kann es nur nicht selbst beurteilen.«

Scholz sagt nicht, dass er sich nicht an das Treffen erinnern könne. Im Gegenteil: Er erweckt den Eindruck, sich sehr wohl an das Treffen zu erinnern. Über die Warburg-Bank findet er kein kritisches Wort.

19

Mittwoch, 4. März 2020

Seit 9 Uhr tagt im Saal 400 des Berliner Paul-Löbe-Hauses der Finanzausschuss des Bundestages. Zum 74. Mal kommen die Abgeordneten in dieser Legislaturperiode bereits zusammen, heute erwarten sie allerdings einen seltenen Gast: den Bundesfinanzminister. Scholz nimmt nicht oft an den Sitzungen des Ausschusses teil, der die Arbeit seines Ministeriums kontrolliert. Meist schickt er einen seiner Staatssekretäre, um die Fragen der Abgeordneten zu beantworten. Mit seinem ersten Besuch hat er sich so lange Zeit gelassen wie keiner seiner Vorgänger. Die Parlamentarier beschweren sich, nichts passierte, schließlich machten sie auf Twitter einen Running Gag daraus: #woistscholz.

An diesem Mittwoch um 12 Uhr soll Scholz aber kommen, der Ausschuss hat ihn auf Antrag des Linken-Abgeordneten Fabio De Masi herbeizitiert. Der 40-jährige Volkswirt ist Sohn eines italienischen Gewerkschafters und einer deutschen Sprachlehrerin. Drei Jahre war er Mitglied des Europäischen Parlaments, bevor er 2017 in den Bundestag kam, stellvertretender Fraktionsvorsitzender und finanzpolitischer Sprecher wurde. De Masi gehört zu den anerkanntesten Fachpolitikern seiner Partei, er pflegt einen ideologiefreien Umgang mit Parlamentskollegen, kann genauso mit Abgeordneten von der Union wie mit solchen der SPD oder der Grünen. Beim FC Bundestag, der Fußballmannschaft des Parlaments, spielt er auf der Position des Verteidigers, gern auch mal gegen Scholz-Intimus Wolfgang Schmidt. Mit Schmidt duzt er sich. Beide sind Fans des Kiezfußballclubs FC St. Pauli. Aber der Deutsch-Italiener kann nicht nur freundlich verteidigen. Seine Attacken bei Regierungsbefragungen sind berüchtigt. Das Kabinett bombardiert er zudem mit schriftlichen Anfragen zu finanzpolitischen Themen.

Etwas verspätet, um 12:08 Uhr, betritt Scholz den Sitzungssaal, gefolgt von einem Personenschützer und seinem Sprecher Steffen Hebestreit. Scholz hat der Vorsitzenden Katja Hessel von der FDP vorher ausrichten lassen, dass er maximal bis 12:50 Uhr Zeit hat, er habe eine dringende Telefonkonferenz. Hessel kommt deswegen gleich zur Sache: »Aufgrund von Medienberichten über Geschäfte der Warburg-Bank und möglichen Rückforderungsansprüchen der Finanzbehörde in Hamburg haben sich die Obleute verständigt, den Bundesminister in den Finanzausschuss einzuladen«, sagt sie. Weil Scholz nur 40 Minuten Zeit hat, bittet sie ihre Kollegen, Fragen auf maximal zwei Minuten zu beschränken. Die Fragen werden gesammelt, damit Scholz en bloc antworten kann.

Bevor die Fragerunde beginnt, gibt Scholz ein Statement ab. Er berichtet von diversen Telefonkonferenzen – mit den G-7-Finanzministern, mit den Finanzministern der Eurozone, mit dem Internationalen Währungsfonds. Hauptthema: Corona. Den Namen des Virus lernen die Deutschen gerade, aber noch sind die Folgen der späteren Pandemie nicht zu erahnen. Man müsse die Lage sehr genau beobachten, sagt Scholz. Anschließend spricht er über die Schwierigkeiten der Besteuerung internationaler Unternehmen sowie ein geplantes neues Haushaltsinstrument auf EU-Ebene.

Am Ende seines Statements geht es dann um Cum-ex. Diese Aktiengeschäfte seien einer der größten Skandale der letzten Jahre, erklärt Scholz. Ausführlich beschreibt er, wie er mit einer Taskforce im Bundeszentralamt für Steuern solchen Praktiken den Garaus machen will. Schließlich geht es noch kurz um das angekündigte Thema. Durch Medienberichte sei über das Gespräch mit Olearius alles bekannt, was es darüber zu wissen gebe, sagt Scholz lapidar. Da sei nichts gewesen und da sei auch nichts zu finden. Er freue sich auf die Fragen, auch wenn das meiste bereits öffentlich diskutiert worden sei. Am Ende sei das Thema doch mehr »heiße Luft« gewesen.

Die ersten Fragen kommen von Abgeordneten der Koalition. Die Vertreter von CDU/CSU und SPD interessieren sich nicht für die Warburg-Affäre, sondern für Corona und Pläne zum gemeinsamen EU-Haushalt.

Dann ist die Opposition dran. Kay Gottschalk (AfD) fragt, wieso Olearius das Gespräch denn offenbar positiv aufgenommen habe. Florian Toncar (FDP) erkundigt sich nach dem genauen Inhalt des Gesprächs mit dem Banker. Außerdem möchte er wissen, warum denn das Bundesfinanzministerium eingreifen musste in einen Fall, in dem angeblich alles ordnungsgemäß lief. Fabio De Masi will wissen, ob es für Scholz als Bürgermeister üblich gewesen sei, sich mit Personen zu treffen, gegen die strafrechtliche Ermittlungen wegen schwerem Steuerbetrug liefen. Und er stellt die entscheidende Frage: Gab es weitere Gespräche dieser Art außer dem bisher bekannten? Diese Frage bringt Scholz in Schwierigkeiten. Sollte er sie wahrheitsgemäß beantworten, wären die Schlagzeilen morgen eindeutig – was De Masi allerdings nicht wissen kann. Als Letztes ist die Grünen-Abgeordnete Lisa Paus dran, die von Scholz eine Einschätzung zur Warburg-Bank haben möchte. Schließlich habe er Cum-ex-Geschäfte als Riesenschweinerei bezeichnet. Außerdem erkundigt sie sich nach Kontakten von Johannes Kahrs zum Bundesfinanzministerium.

Scholz hat nun eine lange Liste von Fragen bekommen – und bald muss er zum nächsten Termin. In seiner Antwort widmet er sich erst einmal in Ruhe den Fragen der Koalitionsparteien, in denen es nicht um Cum-ex und die Warburg-Bank geht. Dann erst kommt er zu den Fragen um Warburg und Olearius. Noch einmal betont Scholz, dass alles über das Treffen bekannt sei. Wer ihn kennen würden, wüsste, dass er durchaus in der Lage sei, bei einem Gespräch nicht erkennen zu lassen, welche Haltung er habe. So sei es auch bei diesem Gespräch gewesen, erinnert sich Scholz an das Treffen mit dem Bankier. Er habe sich angehört, was Herr Olearius zu diesem und anderen Themen zu sagen gehabt hätte. Leider könne er über das bisher Gesagte hinaus nichts zu dem Treffen sagen. Das liege am Steuergeheimnis.

Schließlich verweist er auf die öffentlichen Äußerungen von Olearius und Warburg, wonach diese gar keine Cum-ex-Geschäfte gemacht hätten – und betont, er habe Cum-ex immer für illegal gehalten. Die Strafbarkeit habe diesen Geschäften auf der Stirn gestanden, sodass es keinen Irrtum in dieser Frage geben könne.

Es ist 12:55 Uhr. Für eine zweite Runde mit Nachfragen ist nach Scholz' Antworten keine Zeit mehr. Die Abgeordneten sind frustriert.

Niemand im Finanzausschuss kann ahnen, dass Scholz gerade den vielleicht gefährlichsten Fehler seiner Karriere begangen hat. Er hat die beiden weiteren Treffen mit den Warburg-Bankern verschwiegen, ebenso die Tatsache, dass er Olearius darüber hinaus angerufen und an Tschentscher verwiesen hat. Und er hat kein Wort von irgendwelchen Erinnerungslücken gesagt. Im Gegenteil: Scholz hat den Abgeordneten von dem Treffen aus eigener Anschauung berichtet.

Bei den Abgeordneten besteht an diesem Tag kein Zweifel darüber, dass Scholz die Banker in der Sache nur einmal im Jahr 2017 getroffen hat. Cansel Kiziltepe, die für die SPD im Ausschuss sitzt, sagt auf Nachfrage des NDR nach der Sitzung in die Kamera: »Zwischen Olaf Scholz und Herrn Olearius gab es kein Treffen im Jahr 2016.«

Wenige Tage später interessiert sich nicht nur die deutsche Bevölkerung vordringlich für ein anderes Thema. Immer mehr Menschen infizieren sich mit Corona, die Weltgesundheitsorganisation hat Covid-19 als Pandemie eingestuft. Nun geht es Schlag auf Schlag. Großveranstaltungen werden abgesagt, Schulen und Kitas schließen, der Dax stürzt ab, die Bundesliga stellt den Spielbetrieb ein. In Hamburg findet erstmals seit 300 Jahren der Fischmarkt nicht statt.

Scholz erkennt schnell die Gefahr von Corona. Die Pandemie kann enorme wirtschaftliche Schäden verursachen, die der Staat abfedern muss. Aber wenn es gut läuft, kann er selbst sich als Retter präsentieren. Krisen sind immer auch Möglichkeiten, sich politisch zu profilieren. Als die Finanzkrise 2008 die deutsche Wirtschaft erfasste, schuf Scholz als Arbeitsminister einen »Schutzschirm für Arbeitsplätze«. Der Staat übernahm mit einem reformierten Kurzarbeitergeld einen Teil der Lohnkosten, wenn die Arbeitgeber die Arbeitsplätze erhielten. Scholz erwähnt seither regelmäßig, dass er damals Millionen Arbeitsplätze gesichert habe.

Nun tritt er gemeinsam mit Wirtschaftsminister Peter Altmaier (CDU) vor die Hauptstadtpresse und präsentiert den Deutschen ein Milliarden-Hilfspaket für die Coronapandemie. »Es ist die Bazooka«, sagt er. »Was wir dann noch an Kleinwaffen brauchen, das gucken wir später.«

Hinter den Kulissen sorgt Scholz dafür, dass die Fäden der wirtschaftspolitischen Rettungsmaßnahmen bei ihm zusammenlaufen. Und er gibt eine Devise aus, wie er später in einem Interview mit der *Zeit* erzählen wird. »Ich habe allen Kolleginnen und Kollegen gesagt: Wenn jetzt irgendwo Geld fehlt, dann stellen wir dieses Geld bereit. Wer genau die Rechnung bezahlt, das entscheiden wir dann hinterher.« Whatever it takes – Scholz öffnet die Staatskasse, um die Wirtschaft zu retten. Kaum eine Nachrichtensendung vergeht in diesen Tagen ohne seine Präsenz. Er wirkt wie der oberste Corona-Krisenmanager.

Mittwoch, 18. März 2020

Die Pandemie beschleunigt auch den Cum-ex-Prozess in Bonn. Die Richter wollen fertig werden, bevor der drohende Lockdown auch die Justiz lahmlegt. Schon gestern ist der Prozesstag bis in den Abend gegangen. Heute, so munkelt man, will Richter Roland Zickler bis zum Urteil durchziehen. Er bittet die Staatsanwaltschaft um ihr Plädoyer.

Anne Brorhilker übernimmt die Aufgabe selbst. Sie holt weit aus – und sie macht klar: Das hier ist erst der Anfang. »Korruption und andere wirtschaftskriminelle Verhaltensformen werden von der Spitze eines Unternehmens aus organisiert«, zitiert sie den Wirtschafsethiker Josef Wieland. »Aufgrund der notwendig arbeitsteiligen Organisation eines Unternehmens sind es viele Mitarbeiter, die an kriminellen Machenschaften beteiligt sind, ohne dass der Einzelne den kriminellen Tatplan, an dem er mitwirkt, in seinen Einzelheiten erkennen muss.«

Das Plädoyer ist gespickt mit unmissverständlichen Botschaften an Cum-ex-Verdächtige wie Christian Olearius. »Ein besonderes Charakteristikum der Täter der Wirtschaftskriminalität ist eine nicht selten fehlende Unrechtseinsicht«, zitiert Brorhilker den ehemaligen Chef des Bundeskriminalamts Jörg Ziercke. »In ihrer Selbstwahrnehmung werten sie ihre Handlungen nicht als kriminell. Wirtschaftsstraftäter halten sich mehrheitlich für Personen, die wichtige und verantwortliche Mitglieder der Gesellschaft sind und sich nichts Strafbares zu Schulden kommen ließen. Die begangenen Taten deuten sie meist als im betrieblichen Interesse liegend. Die Überregulierungen durch den Staat, die Verantwortung für Arbeitsplätze, die in der Branche üblichen, zum Überleben notwendigen Gewohnheiten am Rande der Legalität machten die Taten unvermeidlich – so die Rationalisierungsargumente.«

Brorhilker geht es nicht nur um die Angeklagten, die heute hier sitzen. Daran lässt sie keinen Zweifel. Für die beiden fordert sie neben hohen Rückzahlungen Bewährungsstrafen. Geständnisse lohnen sich, das ist die Botschaft.

Kurz nach dem Mittagessen ist der Verteidiger von Warburg mit seinem Plädoyer dran. Christian Jehke von der Steuerkanzlei Flick Gocke Schaumburg plädiert fast zwei Stunden lang, länger als Brorhilker und die Anwälte der Angeklagten. Vehement wehrt er sich gegen die drohende Einziehung der Millionen. Die beiden Angeklagten hätten zwar mit der Warburg-Bank Geschäfte gemacht, argumentiert er, sie seien aber dabei überhaupt nicht für das Geldhaus tätig gewesen. Er attackiert die Staatsanwaltschaft, doziert über technische Detailfragen im Steuerrecht und betont erneut, dass die Rückforderungsansprüche für die Jahre 2007 bis 2009 verjährt seien. Auch die Verhandlungen zwischen der Bank und der Stadt erwähnt der Anwalt noch einmal. Sie seien, sagt er, lediglich am Bundesfinanzministerium gescheitert. Er widerspricht damit der Erklärung der Hamburger Finanzbehörde.

Das Gericht kann der Warburg-Anwalt allerdings nicht überzeugen. Die Bank habe die Geschäfte wissentlich und willentlich gefördert, stellt Richter Roland Zickler fest, als er um 19:35 Uhr sein Urteil verkündet. Die Angeklagten verurteilt das Gericht zu Bewährungsstrafen. Warburg muss fast 177 Millionen Euro zurückzahlen.[55] In seiner mündlichen Urteilsbegründung rechnet der Richter mit der Finanzindustrie insgesamt ab. »Wir haben hier Sachen gehört, die sind eigentlich nicht zu fassen«, sagt er. »Wenn Sie sich in einen Kreis von Ganoven begeben, können Sie doch nicht sagen, um mich herum waren auch nur Ganoven, die haben das alle gemacht.«

Zickler erwähnt auch das Hamburger Finanzamt für Großunternehmen, das sich geweigert hat, mit der Staatsanwaltschaft zu kooperieren

---

55 Die Differenz zu den 169 Millionen Euro Steuerschaden, von denen bisher immer die Rede war, erklärt sich aus den zu zahlenden Zinsen.

und anders als die anderen beteiligten Steuerbehörden nicht am Verfahren teilgenommen hat. »Wo ist denn das Finanzamt für Großunternehmen Hamburg? Bis heute nicht gekommen. Da tun sich Fragen auf, die müssen andere beantworten«, sagt er.

Am Schluss wird er noch einmal sehr direkt: »Wollen wir alle in einer Welt leben, wo es normal ist, dass jeder jeden bescheißt? Haben Sie die Bildung, die Sie erlangt haben, erlangt, um am Ende jemand zu sein, der besonders gut bescheißen kann?«, fragt Zickler in Richtung der Angeklagten. »Es lohnt sich vielleicht mehr, die Kapazitäten, die man hat, und die Wirkungen, die man auf die Gesellschaft haben kann, in einer Weise zu nutzen, dass man danach mit einem sehr guten Gefühl jeden Morgen in den Spiegel schauen kann. Dazu wünschen wir Ihnen jedenfalls die nötige Kraft.«

Das Landgericht fällt ein Urteil, das in zweierlei Hinsicht historisch ist. Zum ersten Mal kommt es zu einem Strafurteil wegen Cum-ex-Geschäften. Und zum ersten Mal wird eine Bank auf Grundlage des neuen Abschöpfungsparagrafen verurteilt, gestohlene Gelder zurückzugeben. Die Tagesschau um 20 Uhr schaltet live zu einer Korrespondentin vor dem Gericht.

Dennoch erscheint das alles in diesen Tagen in Deutschland nicht allzu wichtig. Im Anschluss an die Nachrichten strahlt die ARD eine Ansprache der Kanzlerin zur Nation aus. Es ist das erste Mal, dass Merkel sich abseits ihrer Neujahrsansprache im Fernsehen direkt an die Bevölkerung wendet. Und sie wählt für sie ungewöhnlich große Worte für die Coronapandemie: »Es ist ernst. Nehmen Sie es auch ernst«, appelliert sie an die Bürger. »Seit der Deutschen Einheit, nein, seit dem Zweiten Weltkrieg gab es keine Herausforderung an unser Land mehr, bei der es so sehr auf unser gemeinsames solidarisches Handeln ankommt.«

Samstag, 28. März 2020

In der Finanzbehörde Hamburg hadern die Verantwortlichen mit dem Bonner Urteil. Steuerchef Ernst Stoll brütet auch am Wochenende über die sich daraus ergebenden Probleme. Um 8:44 Uhr schreibt er eine

E-Mail an seinen Senator Andreas Dressel. Es gebe weiter kontroverse Debatten in der Steuerverwaltung, ob man nun auch noch die verjährt geglaubten Millionen zurückfordern solle. Er selbst sei für eine Rückzahlung, aber das könne im Zweifel zu einer Überschuldung der Bank führen. Dressel antwortet 21 Minuten später. Er schaue sich die Sache übers Wochenende an, verspricht er seinem obersten Steuerfachmann. Drei Tage später schreibt Dressel: »Bin einverstanden.«

Die Banker sind entsetzt, als sie die neue Forderung auf den Tisch bekommen. Die Warburg-Chefs Joachim Olearius und Peter Rentrop-Schmid, Sohn und Schwiegersohn von Christian Olearius, schreiben Senator Andreas Dressel einen Brief. Die Banker äußern ihr Unverständnis über die Forderung, erwähnen noch einmal die Geschichte der Bank. Man stehe für ein Gespräch jederzeit zur Verfügung. Doch Dressel weiß um den öffentlichen Druck und lässt die Banker abblitzen. Er habe das Schreiben an die zuständigen Referate weitergeleitet, wo die Argumente geprüft würden. Wegen der Bedeutung des Falls werde er als Senator laufend informiert, die fachliche Entscheidung liege allerdings beim Finanzamt, das sich mit den Fachreferaten in der Behörde abstimme. Er selbst nehme keinen Einfluss auf das Verfahren.

Einen Tag vor Beginn der Koalitionsgespräche in Hamburg berichtet schließlich *Der Spiegel* unter der Überschrift »Hamburg bittet Warburg-Bank nun doch zur Kasse«, dass die Hamburger Steuerverwaltung überraschend Steuerbescheide in Höhe von 160 Millionen Euro[56] an die Warburg-Bank verschickt hat. Das hört sich nach harter Linie an. Tatsächlich zeigt sich die Finanzbehörde wenige Wochen nach dem Bericht erneut gnädig. Das Finanzamt darf Warburg die Aussetzung der Vollziehung, im Behördendeutsch kurz AdV, gewähren, entscheidet Stoll. Die Bank muss die Millionen also vorerst nicht zahlen, bis die Sache endgültig geklärt ist.

Als Rolf Möhlenbrock und seine Mitarbeiter im Bundesfinanzministerium Monate später durch einen Pressebericht von der Entscheidung erfahren, wundern sie sich. Was treiben die Hamburger denn jetzt schon

---

56 Die Differenz zur Rückforderung des Gerichts ergibt sich unter anderem durch unterschiedliche Zinsberechnungen und etwaige Verrechnungen.

wieder? Ein Mitarbeiter von Möhlenbrock verfasst ein Schreiben an Stoll: »Wir bitten um Erläuterung des Sachverhalts und um Erläuterung der konkreten Gründe für die Aussetzung der Vollziehung.«

Dienstag, 5. Mai 2020

In der Sitzung der SPD-Bundestagsfraktion soll über den neuen Wehrbeauftragten diskutiert werden. Der Wehrbeauftragte gilt als der Anwalt der Soldaten, er setzt sich gegenüber der Politik für die Belange der Armee und ihrer Mitglieder ein. Johannes Kahrs, Oberst der Reserve mit besten Kontakten zur Truppe wie zur Rüstungslobby, interessiert der Posten sehr, das hat er seiner Fraktionsspitze vor Monaten bereits erklärt. Im Haushaltsausschuss hat er sogar mit dafür gesorgt, dass der Wehrbeauftragte mehr Mitarbeiter bekommt.

Aber Kahrs ergattert den Posten nicht. Der Fraktionsvorstand schlägt die Berliner Abgeordnete Eva Högl vor. Högls Wahlkreis für den Bundestag, der zuletzt eine SPD-Mehrheit erbrachte, wird gebraucht. Die jetzige Familienministerin Franziska Gifffey soll als Berliner Bürgermeisterin, im Wahlkreis von Högl der jetzige Amtsinhaber Michael Müller kandidieren dürfen. Außerdem heißt es, die umgängliche Högl sei dem SPD-Fraktionschef Rolf Mützenich auf dem Posten lieber als der kantige Kahrs.

Kahrs weiß, dass er gleich in der Sitzung abserviert wird. Er ist tief enttäuscht und plant den großen Knall. Eine Pressemitteilung hat er schon vorbereitet. In der Sitzung verkündet er dann seinen verdutzten Genossen, dass er von allen politischen Ämtern zurücktritt. Mit sofortiger Wirkung. Er gibt sein Bundestagsmandat auf, seinen Posten als Chef des Hamburger SPD-Bezirks Mitte, seinen Job als Sprecher des einflussreichen Seeheimer Kreises der konservativen SPD-Politiker.

Noch während der Fraktionssitzung löscht Kahrs seinen Twitteraccount. Dort war er sehr aktiv, hatte mehr als 28 000 Follower, fast jeden Morgen begrüßte er sie mit einem einfachen »Moin«. Nun gibt es nicht mal einen Abschiedspost.

Kahrs verlässt die Fraktionssitzung noch vor Ende der Debatte um die Wehrbeauftragte und gibt dem *Hamburger Abendblatt* ein Interview.

»Für das Jahr 2020 habe ich mir seit Langem einen persönlichen Neuanfang vorgenommen«, sagt er. Nach 21 Jahren im Bundestag und knapp 40 Jahren in der SPD sei es Zeit, »andere Wege zu gehen«. Er akzeptiere, dass sich die SPD-Fraktion gegen ihn entschieden habe. Nun suche er außerhalb der Politik diesen Neuanfang.

Während Kahrs nach einem Neuanfang sucht, beginnt Anne Brorhilker sich für seine jüngere Vergangenheit zu interessieren. Nach den Veröffentlichungen über Kahrs' Kontakt zu Christian Olearius und den Spenden an seinen Kreisverband ist sie hellhörig geworden. Brorhilker hat die Ermittler beauftragt, die Tagebücher noch einmal genauer auszuwerten.

Mittwoch, 20. Mai 2020

Den Rückzug von Kahrs kommentiert Scholz nicht, die beiden verband nie mehr als ein Zweckbündnis. Scholz hat außerdem sein altes Ziel vor Augen. Er positioniert sich immer deutlicher als Kanzlerkandidat. In der *Zeit* erscheint ein Interview mit ihm. »Jemand muss vorangehen« lautet die Überschrift, »Vizekanzler Olaf Scholz will Europa umbauen – und denkt dabei an die Vereinigten Staaten von Amerika«. Scholz gibt sich staatsmännisch. »Never let a good crisis go to waste«, zitiert er Winston Churchill. »Wir sollten diese Krise nutzen, um die EU fortzuentwickeln.«

In der SPD werden unterdessen die Stimmen lauter, dass die SPD ihren Kandidaten möglichst früh küren solle – und dass dieser Kandidat Olaf Scholz sein sollte. In der öffentlichen Wahrnehmung steht Scholz gut da. Die Bazooka wird nun um weitere Maßnahmen ergänzt. Gemeinsam mit SPD und CDU schnürt er in den nächsten Wochen ein Konjunkturpaket. Es umfasst 130 Milliarden Euro für zwei Jahre. Zum zweiten Mal in drei Monaten beantragt der Finanzminister im Bundestag einen riesigen Nachtragsetat. Als Angela Merkel, Markus Söder, Unions-Fraktionschef Ralph Brinkhaus, SPD-Fraktionschef Rolf Mützenich, Norbert Walter-Borjans und Olaf Scholz vor die Presse treten, ist es wieder Scholz, der das Zitat liefert, das hängen bleibt: »Wir wollen mit Wumms aus der Krise kommen«, liest Scholz ab.

Freitag, 12. Juni 2020

Was Olaf Scholz als »Wumms« angekündigt hat, haben seine Beamten im Bundesfinanzministerium in einen Gesetzentwurf gegossen. An diesem Freitag schickt sein Steuerchef Rolf Möhlenbrock ein Fax an die Geschäftsstellen der Bundestagsfraktionen: »Entwurf eines Zweiten Gesetzes zur Umsetzung steuerlicher Hilfsmaßnahmen zur Bewältigung der Corona-Krise (Zweites Corona-Steuerhilfegesetz)« steht darüber.

Vierzehn Maßnahmen gleichzeitig sollen mit dem Gesetz eingeführt werden, unter anderem wird die Mehrwertsteuer gesenkt, ein Bonus für Kinder eingeführt sowie Entlastungen für Alleinerziehende. Die Erleichterungen sollen schnell kommen, das Gesetz wird in Windeseile durch den parlamentarischen Prozess gebracht. Am 12. Juni stimmt das Kabinett zu, am 24. Juni kommt es zur Beschlussempfehlung durch den Finanzausschuss des Bundestages, am 29. Juni zur Aussprache im Bundestag. 90 Minuten wird debattiert und das Gesetz danach mit den Stimmen der Großen Koalition verabschiedet.

Einer der 14 Spiegelstriche ist in der Debatte nicht zur Sprache gekommen, der vorletzte. Etwas verklausuliert steht dort: »Bei der Verjährungsfrist gilt § 78b Absatz 4 StGB entsprechend. In § 375a AO wird geregelt, dass in Fällen der Steuerhinterziehung trotz Erlöschens des Steueranspruchs nach § 47 AO eine Einziehung rechtswidrig erlangter Taterträge nach § 73 des Strafgesetzbuches angeordnet werden kann. Nach § 376 Absatz 3 AO wird die Grenze der Verfolgungsverjährung auf das Zweieinhalbfache der gesetzlichen Verjährungsfrist verlängert.«

Kaum ein Abgeordneter versteht, was sich dahinter verbirgt und dass der Absatz gar nichts mit Corona zu tun hat. Mitten im Corona-Steuerhilfegesetz ist eine Lex Cum-ex versteckt. Die Änderung soll es der Justiz einfacher machen, Steuermillionen aus Cum-ex-Geschäften von Banken und Investoren zurückzuholen – selbst dann, wenn die Fälle steuerlich verjährt sind. Das ist natürlich zu begrüßen, doch tatsächlich bewirkt der Passus das Gegenteil. Der Bundestag hat nämlich ohne Debatte auch eine Einschränkung durchgewunken: Der neue Paragraf gilt nicht für Altfälle. Mit dem Gesetz ist nun also festgeschrieben, dass gerade für bereits verjährte Altfälle die Cum-ex-Beute nicht zurückgeholt werden kann.

Für die Cum-ex-Industrie ist der Spiegelstrich des Gesetzes ein riesiges Geschenk. Urteile wie das in Bonn werden unmöglich, Milliarden sind unwiderruflich weg. Als Erstes fällt das dem jungen Juristen und engagiertem SPD-Mitglied Kilian Wegner auf. Im *Verfassungsblog* schreibt er einen juristischen Aufsatz: »Milliarden hat der Fiskus durch die sogenannten Cum-ex-Geschäfte verloren. Geld, das er sich eigentlich im Wege der sogenannten Tatertragseinziehung hätte zurückholen können. Soweit es um steuerrechtlich verjährte Ansprüche des Fiskus geht, hat der Gesetzgeber diese Möglichkeit aber vor wenigen Tagen still und heimlich – und ohne Not – mit dem Zweiten Corona-Steuerhilfegesetz versperrt.« Später berichten WDR und *Süddeutsche Zeitung* prominent darüber – und Abgeordnete wie Fabio De Masi und Lisa Paus realisieren, was sie und ihre Kollegen angerichtet haben.

Das Bundesfinanzministerium erklärt den Passus damit, dass ein Gesetz verfassungsrechtlich nicht rückwirkend Bürgerinnen und Bürger schlechter stellen dürfe. Das heißt: Cum-ex-Sünder dürfen sich darauf verlassen, dass der Staat sich an die von ihm selbst erlassenen Verjährungsfristen hält – und nicht rückwirkend die Gelder zurückholt, die bereits als verjährt galten. Doch greift dieses Argument hier? Dürfen Menschen, die den Staat wissentlich ausgeplündert haben, darauf vertrauen, die illegal erbeuteten Millionen behalten zu dürfen? Sie würden dann von einem Recht geschützt, das sie vorher bewusst gebrochen haben. Verfassungsrechtler sind skeptisch.

Der Linken-Abgeordnete De Masi gibt ein Gutachten beim Wissenschaftlichen Dienst des Bundestags in Auftrag. Dort hegt man ebenfalls Zweifel an der Einschätzung des Finanzministeriums. Die Bundestags-Juristen erinnern daran, dass es auch das Interesse der Allgemeinheit gebe, »den Tätern wie der Rechtsgemeinschaft vor Augen zu führen, dass strafrechtswidrige Bereicherungen nicht geduldet werden und Straftaten sich nicht lohnen«. Die Vermögensabschöpfung diene dem Ziel, das »Vertrauen der Bevölkerung in die Gerechtigkeit und die Unverbrüchlichkeit der Rechtsordnung zu stärken«. Das Problem ist nur: Das Gesetz ist bereits in Kraft getreten.

20

Mittwoch, 1. Juli 2020

Begleitet von seinem Sprecher Steffen Hebestreit und drei Personenschützern ist Olaf Scholz auf dem Weg in den Finanzausschuss des Bundestages. Es ist 14 Uhr, Scholz steht unter Druck. Vor sechs Tagen hat der deutsche Zahlungsabwickler Wirecard wegen drohender Zahlungsunfähigkeit und Überschuldung Insolvenz angemeldet. In den Büchern des Dax-Unternehmens fehlen 1,9 Milliarden Euro. Der Vorstandsvorsitzende Markus Braun ist zurückgetreten, seine rechte Hand Jan Marsalek abgetaucht, die Staatsanwaltschaft München ermittelt wegen des Verdachts auf Bilanzfälschung und Marktmanipulation. Für Tausende Kleinanleger geht es nun um ihr Vermögen. Wäre es nicht der Job der Bankenaufsicht gewesen, diese Gefahr zu erkennen? Schon lange hat es warnende Stimmen gegeben. Doch die BaFin griff nicht ein, sondern verteidigte den Konzern sogar noch. Wieso hat die Aufsicht im größten Wirtschaftsskandal seit Jahren derartig versagt? Scholz muss sich viele Fragen gefallen lassen in diesen Tagen, denn die BaFin ist ihm unterstellt.

In den Finanzausschuss wurde der Finanzminister allerdings aus einem anderen Grund zitiert. Die Mitglieder des Gremiums wollen ihn erneut zu seiner Rolle im Warburg-Skandal und seiner Begegnung mit Christian Olearius befragen. Scholz ist vorbereitet, trägt drei Aktenmappen unter dem Arm. Als er die Fernsehkamera sieht, hat er es eilig. Beinahe im Stechschritt marschiert er auf die hellbraune Tür des Sitzungssaals zu, vorbei an der NDR-Reporterin Jennifer Lange. Mit dem Mikro in der Hand versucht sie, Schritt zu halten: »Hallo Herr Scholz, es geht hier heute um Cum-ex, wie bewerten Sie die Geschäfte?« Ohne nur eine Sekunde anzuhalten, sagt Scholz: »Cum-ex ist ein Skandal!« Eine Saaldienerin öffnet die schwere Holztür. Die Reporterin wird von Hebestreit und den Personenschützern abgedrängt. Sie ruft Scholz hinterher: »Haben Sie das auch Herrn Olearius gesagt?« Scholz verschwindet ohne eine Antwort, die Saaldienerin schließt die Tür.

Im Saal sind die Jalousien an dem Panoramafenster heruntergelassen. Es gelten besondere Sicherheitsvorkehrungen, die Sitzung ist als Verschlusssache »VS-vertraulich« eingestuft. Bei der letzten Sitzung hat Scholz Fragen mit Verweis auf das Steuergeheimnis nicht beantwortet. Die Abgeordneten fühlten sich nicht ausreichend aufgeklärt. In der heutigen, nun vertraulichen Sitzung muss er sich diesen Fragen stellen. Dafür gelten besondere Verschwiegenheitspflichten. Die Teilnehmer dürfen nicht aus der Sitzung berichten. Und das Protokoll können die Abgeordneten später nur unter Aufsicht in der Geheimschutzstelle des Bundestages einsehen. Sie bekommen es nicht zugestellt.

Im Ausschuss liest Scholz Satz für Satz von einem Zettel ab. Er referiert, wie das ihm heute unterstellte Finanzministerium der ihm damals unterstellten Finanzbehörde eine Weisung erteilte. Den Ablauf hat ihm die Steuerabteilung des Bundesfinanzministerium feinsäuberlich aufgeschrieben. Scholz berichtet von der ersten Weisung, vom Krisengespräch in Berlin, dann von der zweiten Weisung.

Plötzlich kommt es zu Aufregung im Ausschuss. Den Abgeordneten ist bislang gar nicht bekannt, dass Hamburg die Weisung zunächst nicht umsetzen wollte und es nach dem kontroversen Gespräch im Ministerium sogar noch einer zweiten schriftlichen Weisung bedurfte. Insbesondere Fabio De Masi fühlt sich getäuscht. Seit zwei Jahren stellt er immer wieder parlamentarische Anfragen zum Komplex Warburg und zu der Weisung, nie war von einer zweiten Weisung die Rede. Scholz wird klar, was er verkündet hat. Betont ausdruckslos schaut er auf seinen Steuerchef Rolf Möhlenbrock, der neben ihm sitzt. Schließlich versucht Scholz, die Situation zu retten. Entscheidend sei doch, dass Hamburg die Weisung umgesetzt habe.

Florian Toncar von der FDP betont, es sei schon ein sehr ungewöhnlicher Vorgang, dass sich eine Finanzbehörde sogar über eine Weisung des Bundesfinanzministeriums hinwegsetze. Er will wissen, mit welchen Argumenten die Hamburger ihre Weigerung begründeten. Scholz verweist auf Möhlenbrock. Der erklärt, es habe zum einen unterschiedliche Rechtsauffassungen gegeben, zum anderen habe die Hamburger Behörde argumentiert, eine Rückforderung würde die Bank in ihrer Existenz bedrohen.

Toncar ist Jurist und war früher bei der Wirtschaftskanzlei Freshfields tätig. Er wundert sich. Das Argument, die Rückforderung der Gelder würde die Existenz der Bank gefährden, sei kein steuerrechtliches Argument, sagt er. Zumal das Geldinstitut die Summe durch Cum-ex-Deals zu Unrecht erhalten habe. Für ihn sei diese Begründung vielmehr ein »politisches Argument«, das sich hier eine Steuerbehörde zu eigen machte. Die Frage wird nicht ausgesprochen, aber sie steht im Raum: Wurde rund um die Steuerrückzahlung anhand politischer Vorgaben entschieden?

Nun geht es um das bisher einzige öffentlich bekannte Treffen von Scholz mit dem Bankier Olearius im Rathaus. De Masi fragt den Minister, ob es ein Briefing gegeben habe oder einen Sprechzettel. Scholz verneint. Es sei ein Gesprächstermin vereinbart worden, man habe über viele Dinge gesprochen, erinnert sich Scholz wie schon in der Sitzung im März an das Treffen. Aus Notizen von Olearius wisse man, dass dieser von ihm keine Auskünfte über seine Einschätzung zum Sachverhalt bekommen habe. Scholz betont, dass er dies niemals tue und in solchen Fragen ausgesprochen vorsichtig sei. Noch einmal erklärt der Finanzminister explizit zu dem Treffen: Er habe sich lediglich die Sicht der Dinge von Olearius angehört.[57]

Schließlich erkundigt sich De Masi wie bei der letzten Sitzung, ob Scholz sich noch öfter mit Olearius getroffen habe. Scholz lächelt. Hamburg sei klein, da laufe man sich schon mal über den Weg. Die Grünen-Abgeordnete Lisa Paus ruft dazwischen. Sie will wissen, wie oft sich Scholz und Olearius bei gesellschaftlichen Ereignissen begegnet sind: zweimal, dreimal oder zehnmal pro Jahr? Scholz schmunzelt, erwähnt

---

57 Die Aussagen von Scholz finden sich so im Geheimprotokoll der Sitzung.

ein Treffen in der Elbphilharmonie. Er habe auch einmal bei einem Jubiläum der Warburg-Bank eine Rede gehalten.[58] Als Bürgermeister habe er sich öfter mit Bankern getroffen, nicht nur mit Mitarbeitern der Warburg-Bank, sondern auch mit Vertretern der Berenberg-Bank oder der Hamburger Sparkasse. Das sei normal.

Obwohl Scholz mittlerweile weiß, dass Olearius über seine Kontakte und Treffen mit SPD-Politikern Tagebuch führte, erwähnt er mit keinem Wort die zwei weiteren Treffen mit dem Privatbankier in seinem Büro. Er verschweigt das mehrseitige Papier, das ihm Olearius bei einer der Treffs aushändigte, und er verschweigt auch das Telefonat, bei dem er dem Bankier riet, das Papier an Tschentscher zu schicken. Er gibt auch weiterhin nicht an, dass er Erinnerungslücken zu dem bereits bekannten Treffen habe.

Nach eineinhalb Stunden ist die Befragung vorbei. Vor der Tür wartet die NDR-Reporterin Lange: »Herr Scholz, konnten Sie hier heute zur Aufklärung beitragen?« Diesmal bleibt er stehen und setzt zu einer ausführlichen Antwort an: »Das war heute eine sehr gute Sitzung. Ich glaube, es ist wichtig, dass alles aufgeklärt wird, und deshalb muss man ja auch die Verfahren verwenden, die trotz des Steuergeheimnisses eingehalten werden müssen, um aber trotzdem die Öffentlichkeit und die Abgeordneten, die das Volk vertreten, zu informieren.«

Scholz lässt der Reporterin keine Gelegenheit nachzuhaken, er wird jetzt allgemein: »Ich bin überzeugt, dass wir alle eine große Gemeinschaftsanstrengung nötig haben, um die schlimmen Cum-ex-Fälle aufzuklären. Dafür zu sorgen, dass die Steuerzahlerinnen und Steuerzahler zu ihrem Recht kommen. Unser Geld Stück für Stück zurückholen. Das ist schon in einem bestimmten Umfang gelungen und wird in einem weiteren, großen Umfang gelingen. Da kann man sich auf die Steuerbehörden, Staatsanwaltschaften und auf die Bundesbehörden des Bundeszentralamt für Steuern verlassen. Alle arbeiten hart daran. Erstens, diese Fälle der Vergangenheit aufzuklären. Und zweitens, was ebenfalls

---

58 Scholz hat auf keinem Jubiläum der Bank gesprochen, vermutlich meinte er seine Rede zum 70. Geburtstag von Christian Olearius im Jahr 2012.

sehr, sehr wichtig ist, alle Erkenntnisse zu gewinnen, die uns in die Lage versetzen, dass wir uns so aufstellen, dass so etwas nie wieder passiert«, sagt Scholz.

Er berichtet ausführlich, was er im Kampf gegen Steuersünder plant, spricht von mehr Personal, neuen Wegen und redet bereits fast drei Minuten, als er zum Schlussstatement ansetzt: »Mein Ziel ist es, in dieser Frage auch sicherzustellen, dass wir auch mit so technologischen Möglichkeiten, denjenigen, die das Recht umgehen, auf die Schliche kommen. Schönen Dank!« Die Reporterin will noch eine Frage zur Sitzung stellen. Aber Scholz lässt sie stehen. Als sie versucht, ihm hinterherzugehen, schieben sich Hebestreit und ein Personenschützer dazwischen.

Für die Bundestagsabgeordneten ist es nun streng verboten, über diese Sitzung zu reden. Das Protokoll werden sie nur in der Geheimschutzstelle des Bundestags einsehen dürfen. Im sonst sehr auf das Steuergeheimnis bedachten Hamburg geht man allerdings lockerer mit der Sache um. Noch am gleichen Tag um 16:59 Uhr schickt eine Mitarbeiterin der Hamburger Vertretung beim Bund per Mail eine Zusammenfassung der Sitzung an Senator Andreas Dressel, seine Staatsrätin und drei weitere Kollegen. Sie habe nicht mitschreiben dürfen, daher protokolliere sie aus dem Gedächtnis, schreibt sie. Sie berichtet von der Aufregung der Abgeordneten über die zweite Weisung. Und auch sie erwähnt, dass Scholz sich sehr wohl an das Treffen erinnert hat. Der Minister habe bekräftigt, schreibt sie, bei dem gemeinsamen Treffen keine Einschätzung zu steuerlichen Verfahren gegenüber Olearius gegeben zu haben. Dressel leitet die Mail an Steuerchef Ernst Stoll weiter, der wiederum an vier weitere Mitarbeiter der Behörde. Die Informationen aus der Geheimsitzung sind in Hamburg ein offenes Geheimnis.

Dienstag, 7. Juli 2020

In der Brasserie Le Bon Mori, gleich gegenüber dem Willy-Brandt-Haus im Berliner Stadtteil Kreuzberg, hat SPD-Generalsekretär Lars Klingbeil einen Tisch für fünf Personen reserviert. Neben ihm selbst kommen die Parteivorsitzenden Saskia Esken und Norbert Walter-Borjans, Fraktionschef Rolf Mützenich und Olaf Scholz. Die beiden Vorsitzenden verkünden, worauf Scholz so lange gewartet hat: Sie wollen, dass er Kanzlerkandidat wird. Aber das soll vorerst geheim bleiben. Bis zum 10. August soll Klingbeil alles vorbereiten, dann können die Parteigremien abstimmen. Es ist ein Test, ob sich die führenden Genossen inzwischen vertrauen. Zur Überraschung von Klingbeil halten alle dicht.

Fünf Wochen später stellt die SPD auf einer Pressekonferenz im Willy-Brandt-Haus den Finanzminister als Kanzlerkandidaten vor. Scholz steht auf dem Podium in der Mitte, flankiert von den beiden Parteivorsitzenden Walter-Borjans und Esken. Es ist das letzte Mal, dass sie die Bühne haben, Scholz schweigt. »Ich will direkt mit dem Ergebnis anfangen«, sagt Walter-Borjans. »Saskia Esken und ich haben dem Parteivorstand der SPD heute vorgeschlagen, mit Olaf Scholz als Bundeskanzlerkandidat in die Wahlauseinandersetzung des Jahres 2021 zu gehen.«

Es folgt eine lange Lobesrede. »Olaf Scholz genießt hohes Ansehen in der Bevölkerung«, sagt Walter-Borjans. Das habe Gründe. Gerade in den zurückliegenden Monaten habe Scholz mit seiner entschlossenen, durchsetzungsstarken Art und mit seiner Besonnenheit dazu beigetragen, dass Deutschland bisher so gut durch die Krise gekommen sei. »Krisen meistern zu können, ist ein wesentliches Kriterium für einen Bundeskanzler der Bundesrepublik Deutschland. Wir sind sicher, dieses Qualitätskriterium erfüllt Olaf Scholz.«

15 Minuten lang sprechen Walter-Borjans und Esken, immer abwechselnd, loben Scholz, loben sich selbst, loben die Partei. Scholz steht wie ein Schuljunge dazwischen. Dann endlich darf er sprechen. Scholz bedankt sich. »Das ist etwas ganz Besonderes und eine große Verpflichtung, da weiterzumachen, wo wir in den letzten Monaten intensiv gearbeitet haben. Geschlossen, kooperativ zu zeigen, dass wir einen Auftrag haben von den Bürgerinnen und Bürgern, den wir auch wahrnehmen wollen und den wir nicht dadurch wahrnehmen, dass wir uns im Streit miteinander befinden, sondern dass wir miteinander politische Zielsetzungen für Deutschland formulieren und auch durchsetzen.« Ziel sei es, sagt er, die Wahl »erfolgreich zu bestreiten und die nächste Regierung zu führen«.

Dann wird er nahezu euphorisch ob der neuen Vertrauensatmosphäre in den Reihen der Spitzengenossen. Es gehe ihm darum, die Bürgerinnen und Bürger, aber auch die Journalisten durch die »von Ihnen unerwarteten Geschlossenheit der sozialdemokratischen Partei« zu überraschen. »So wie wir Sie mit dem heutigen Termin überrascht haben.« Er ist sichtbar stolz darauf, dass es gelungen ist, die Entscheidung einen Monat lang geheim zu halten. »Ich will Ihnen gerne das Geheimnis verraten, dass wir uns in den letzten Wochen ab und zu angerufen haben und gefragt haben: Hat es noch immer keiner mitgekriegt?«

Mittwoch, 12. August 2020

Anne Brorhilker hat sich von den Anwälten der Banken nicht einschüchtern lassen und sich auch nicht von skeptischen Kollegen bremsen lassen. Und sie hat recht behalten in ihrer Einschätzung, dass Cum-ex strafbar ist. Nun ist sie fest entschlossen, den Sauereien rund um die Aktiendeals noch tiefer auf den Grund zu gehen. Und eine Sache kommt ihr dabei immer merkwürdiger vor: das Verhalten der Hamburger Steuerverwaltung in dem Fall Warburg-Bank.

Seit Monaten ermittelt Brorhilker auch gegen Svenja Pannhusen, Johannes Kahrs und Alfons Pawelczyk. Jetzt ist sie sicher: Was sie herausgefunden hat, reicht für die nächsten Schritte.

In einem Vermerk hält sie ihren Ermittlungsstand fest. Gegen Svenja Pannhusen bestehe der Anfangsverdacht der Begünstigung beziehungsweise der Beihilfe zur Steuerhinterziehung. Pannhusen habe darauf hingewirkt, dass Warburg die Vorteile der Steuerhinterziehung behalten konnte, obwohl sie gewusst habe, dass die Bank sich die Steuererstattung nur mittels falscher Angaben erschlichen hatte. Gegen Johannes Kahrs und Alfons Pawelczyk bestünden zureichende tatsächliche Anhaltspunkte für eine Beihilfe zur Steuerhinterziehung im besonders schweren Fall. Sie hätten in Kenntnis der Gesamtumstände jeweils auf Entscheidungsträger eingewirkt, um außerhalb der rechtlich vorgesehenen Wege im Besteuerungsverfahren darauf hinzuwirken, dass Warburg die erschlichenen Steuergelder in dreistelliger Millionenhöhe behalten konnte.

Brorhilker stellt beim Amtsgericht Köln Anträge für Durchsuchungen in Hamburg. Das ist ein ungewöhnlicher Schritt: Eine Staatsanwältin will in einer Behörde in einem anderen Bundesland eine Razzia durchführen, und zwar nicht irgendwo, sondern im Finanzamt für Großunternehmen und in der Finanzbehörde, die zum Tatzeitpunkt vom heutigen Bürgermeister geleitet wurde, und bei dem ehemaligen SPD-Bundestagsabgeordneten Johannes Kahrs zu Hause. Brorhilkers Plan birgt politische Brisanz. Ihre Durchsuchung terminiert sie auf die erste Septemberwoche 2020.

Doch so weit kommt es nicht. Der Antrag für die Durchsuchungen liegt schon auf dem Schreibtisch der zuständigen Richterin, als Torsten Elschenbroich von der Sache Wind bekommt. Elschenbroich ist Hauptabteilungsleiter der Staatsanwaltschaft Köln und Brorhilkers Vorgesetzter. Er lässt die Anträge vom Gericht zurückholen. Brorhilker habe die Durchsuchungen nicht mit ihm abgesprochen, begründet er sein Vorgehen. Offiziell ruft er die Anträge zur weiteren Prüfung zurück. Doch das Ergebnis ist schon klar: Elschenbroich findet, dass keine Anhaltspunkte für ein strafbares Handeln vorliegen.

Brorhilker beschwert sich bei der Leitung der Kölner Staatsanwaltschaft. Nicht nur sie ist überrascht über die Einschätzung ihres Chefs, auch die ermittelnden Polizeibeamten wundern sich angesichts der Beweislage. Mit der Behördenleitung einigt sich Brorhilker, eine noch ausführlichere Begründung zu schreiben und die juristische Verwertbarkeit der Tagebuchaufzeichnungen noch einmal zu prüfen. Die Ermittler stellen parallel eine umfangreiche Auswertung der belastenden Tagebuchstellen zusammen. Doch auch das bringt keine Einigung. Obwohl sowohl die ermittelnde Polizeibeamtin als auch Brorhilker der Meinung sind, dass der Anfangsverdacht sich noch einmal erhärtet habe, gibt es kein grünes Licht von Elschenbroich. Ihr Vorgesetzter weist Brorhilker an, die Verfahren im Hamburg-Komplex einzustellen und die Hamburger Staatsanwaltschaft darüber zu informieren.

Doch Anne Brorhilker gibt nicht auf. Sie sucht nun den Machtkampf, eskaliert die Sache über die Generalstaatsanwaltschaft bis ins Justizministerium in Düsseldorf. Vorerst bleiben die Durchsuchungen allerdings gestoppt.

Dienstag, 1. September 2020

Im 4. Obergeschoss des Finanzministeriums sitzt Wolfgang Schmidt im Sitzungsraum Nr. 4379 mit fünf Journalisten zusammen. Sie warten auf Scholz. Um 19:02 Uhr betritt Scholz den Raum, gefolgt von Steffen Hebestreit. Der Minister wirkt müde, angeschlagen. Er sei leider erkältet, entschuldigt er sich, habe aber kein Corona. Für Scholz ist das Gespräch weit mehr als ein lästiger Pflichttermin. Es geht darum, den Eindruck zu vermeiden, dass der Kanzlerkandidat der SPD mit Privatbankiers kungelt und darüber auch noch den Bundestag in die Irre führt. Die Journalisten haben offensichtlich Unterlagen, die diesen Eindruck in der Öffentlichkeit entstehen lassen können.

Vor 27 Stunden hat er einen ausführlichen Fragekatalog auf den Tisch bekommen. Den Fragen war leicht zu entnehmen, dass *Die Zeit,* »Panorama« und die *Süddeutsche Zeitung* kurz davorstehen, die zwei weiteren Treffen mit Olearius öffentlich zu machen. Die Journalisten wissen offenbar nicht nur über die weiteren Treffen Bescheid, sondern auch über weitere anrüchig klingende Details, etwa das Telefonat mit Olearius. Und da diese Ereignisse unmittelbar vor der Entscheidung stattfanden, auf die Rückforderung von 47 Millionen zu verzichten, entsteht ein katastrophales Gesamtbild.

Anders als bei der ersten Enthüllung vor sechs Monaten hat Scholz sich entschieden, die Fragen nicht zu ignorieren. Kurzfristig hat er die Journalisten zum Gespräch ins Ministerium geladen. Er gibt sich betont freundlich, höflich, fast schon bescheiden.

Hebestreit und Schmidt schauen demonstrativ gelangweilt auf ihre Handys, als Scholz den Journalisten mehr oder weniger die Treffen mit Olearius bestätigt. Sie seien zumindest in seinem elektronischen Kalender verzeichnet, soweit der noch vorhanden sei. Beim Überspielen auf seinen Ministerkalender sei ein Malheur passiert, sodass die Termine aus dem Jahr 2017 nicht mehr alle rekonstruierbar seien. Allerdings habe er an die Treffen keinerlei eigene Erinnerung. Scholz wiederholt, dass er nach der Konsultation seines Kalenders keine Zweifel hat, dass die Treffen stattgefunden haben. Aber er könne sich nicht daran erinnern. Deshalb könne er auch nichts zu den Inhalten der Gespräche sagen.

Es ist das erste Mal, dass Scholz von Erinnerungslücken spricht. Nachdem er sich vor wenigen Wochen hinter verschlossenen Türen noch an das eine bekannte Treffen erinnerte, hat er nun angeblich alles vergessen.

Ein Journalist will wissen, warum Scholz sich mit den Bankern damals trotz laufender staatsanwaltlicher Ermittlungen getroffen hat. Er habe nicht gewusst, dass gegen die ermittelt werde, sagt Scholz. Die Journalisten sind verdutzt. Sie ahnen, dass dies nicht der Wahrheit entspricht. Den Beweis, dass der Finanzminister sie gerade angeschwindelt hat, werden sie jedoch erst sechs Monate später erhalten.

21

Mittwoch, 2. September 2020

»Ich hoffe, Sie sind gestern noch gut nach Hause gekommen nach unserem Gespräch hier im BMF. Anbei nun die Antworten von Bundesfinanzminister Olaf Scholz auf ihren (umfangreichen) Fragekatalog«, schreibt Steffen Hebestreit an die Journalisten von *Zeit,* SZ und »Panorama« nach dem Gespräch. Die Journalisten haben darauf bestanden, dass Scholz nach dem Gespräch noch ihren Fragekatalog beantwortet. »Wie Sie sehen werden, haben wir eine Vorbemerkung zur Einordnung des Sachverhalts vorangestellt, um noch einmal die Grundposition von Herrn Scholz zu erläutern und auch zu erklären, weshalb er viele Fragen, insbesondere wenn sie sich auf konkrete Treffen an konkreten Tagen beziehen, nicht aus eigenem Wissen mehr beantworten kann – und da er auch kein Tagebuch führt, lassen sich die Inhalte nicht anderweitig erbringen. Die Daten an sich haben wir zumeist rekonstruieren können; mein Eindruck ist, dass sie weitgehend zutreffen können. Sehen Sie es uns nach, dass es bei den Antworten mitunter zu Redundanzen kommt. Sollten Sie noch Fragen haben, melden Sie sich bitte. Herzliche Grüße, StH.«

Die Antworten sind nichtssagend. Scholz gibt zu, was er nicht mehr leugnen kann. Nach »Abgleich mit dem in Teilen noch verfügbaren Terminkalender des damaligen Ersten Bürgermeisters« bestätigt er »die meisten Daten«. Aber erinnern kann er sich angeblich nicht. »Naturgemäß hat Herr Scholz angesichts der großen Zahl von Gesprächen heute keine konkreteren Erinnerungen an die Inhalte der Gespräche, oftmals nicht einmal, wo und wann genau er sie geführt hat.« Mit dem Steuerverfahren Warburg sei Scholz jedenfalls nicht befasst gewesen.

Eine entscheidende Frage lässt Scholz unbeantwortet: Die Journalisten wollten wissen, warum Scholz in der letzten Finanzausschusssitzung die weiteren Treffen verschwiegen hat. Sein Sprecher schreibt dazu nur: »Die Sitzung des Finanzausschusses ist vertraulich eingestuft gewesen, deshalb kann er darüber nicht öffentlich berichten.« Scholz versteckt sich also mal wieder hinter einer Verschwiegenheitsregel. Eine weitere Frage beantwortet Hebestreit zunächst ebenfalls nicht, obwohl sie das Ministerium, ohne die Vertraulichkeit zu verletzten, einfach beantworten könnte. Es geht um die erste Finanzausschusssitzung zum Thema im März und die Frage nach den weiteren Treffen. »Warum haben Sie damals nicht auch über Ihre Treffen und Gespräche mit Christian Olearius im Jahr 2016 berichtet?«

Das fragen sich nicht nur die Journalisten, sondern auch die Mitglieder des Finanzausschusses. »Panorama« hat Lisa Paus, Florian Toncar und Fabio De Masi die Rechercheergebnisse gezeigt. Weil die entscheidende Sitzung mit Scholz als »VS-vertraulich« eingestuft worden ist, dürfen die Bundestagsabgeordneten nichts zu dem dort Gesprochenen sagen. Aber vor laufender Kamera mit den Rechercheergebnissen konfrontiert, reagieren sie doch vielsagend.

»Das ist für mich jetzt wirklich neu«, sagt Lisa Paus. »Das deckt sich überhaupt nicht mit dem Kenntnisstand, den ich bisher hatte. Und ich muss sagen, gegenüber dem Eindruck, den ich vorher hatte, fühle ich mich klar getäuscht vom Bundesfinanzminister.«

»Also, wenn das so war, dann lässt das auf ein sehr, sehr bedenkliches Amtsverständnis des Ersten Bürgermeisters Olaf Scholz schließen«, sagt Florian Toncar.

»Ich wusste, dass es außer dem einen offiziellen Treffen zufällige Anlässe, also Elbphilharmonie oder öffentliche Empfänge, gegeben haben soll«, sagt Fabio De Masi. »Und wenn die Dinge jetzt so sind, wie Sie die darstellen, dann hat er die Unwahrheit gesagt, und zwar auch im Parlament.«

Warum hat Scholz die Treffen nicht eingeräumt? Nachdem »Panorama« nochmals bei Hebestreit nachgefragt hat, kommt eine Antwort: »Wir hatten gestern Ihren Kolleginnen und Kollegen im Hintergrund geschildert, wie der Ablauf in solchen Ausschuss-Befragungen ist. Die Fragen werden rundenweise gesammelt und dann en bloc abgearbeitet, und wenn ein Abgeordneter den Eindruck hat, seine Frage sei dabei nicht beantwortet oder nicht ausreichend beantwortet worden, fragt er nach. Dies war am 4. März 2020 offensichtlich nicht der Fall.« Hebestreit verschweigt, dass es in der Sitzung gar keine Zeit mehr für direkte Nachfragen gab. Aus Sicht des Finanzministeriums hat der Chef alles richtig gemacht. »Scholz hat in dieser und anderen Sitzungen wiederholt deutlich gemacht, dass er mit Herrn Olearius und anderen Bankvertretern wie auch mit anderen Unternehmern, Gewerkschaftern etc. immer wieder gesprochen habe – sei es bei offiziellen Terminen, sei es am Rande von gesellschaftlichen Ereignissen.«[59]

Donnerstag, 3. September 2020

Das Scholz-Team hat realisiert, dass der Kanzlerkandidat zwei Probleme hat: zum einen die weiteren Treffen mit Olearius, die brisanter sind als das bisher bekannte, weil sie in unmittelbarer Nähe zur Entscheidung der Finanzverwaltung stehen; zum anderen der Umgang mit den Fragen im Parlament. Es ist eine alte Weisheit in Berlin: Politiker geraten selten wegen des eigentlichen Skandals ins Straucheln, sondern durch den Umgang damit, durch Verschweigen, Lügen und falsche Dementis.

Wolfgang Schmidt hat nicht mehr viel Zeit, bevor *Zeit* und *Süddeutsche* veröffentlichen und am Abend im Fernsehen auch »Panorama« ausgestrahlt wird. Um seinen Chef aus der Schusslinie zu bringen, greift der Staatssekretär zu einem Mittel, dass ihm streng verboten ist: Er verschickt Aussagen aus dem VS-vertraulich eingestuften Protokoll, abfotografiert mit einem Handy, an ausgesuchte Redakteure.

Es handelt sich um zwei Fotos mit einem kleinen Ausschnitt, die

---

[59] Fabio De Masi wird später – mit dem Vorwurf konfrontiert, nicht nachgefragt zu haben – erklären, er habe eine Nachfrage nicht für nötig gehalten. Schließlich habe Scholz in der Sitzung erklärt, es gebe da nicht mehr zu berichten, als öffentlich bekannt ist.

zentralen Worte sind mit gelbem Textmarker markiert: »Er (Anmerkung: Scholz) betont, dass es keine Einflussnahme auf das infrage stehende Steuerverfahren gegeben habe. Auf Frage von Abg. Lisa Paus (B90/GR) erläutert BM Scholz (BMF), er sei Christian Olearius im Laufe seines Lebens mehrfach begegnet, zumeist bei größeren Veranstaltungen, beispielsweise in der Elbphilharmonie. Er habe auch bei einem Jubiläum der Warburg-Bank als Redner fungiert. Auch habe er ab und zu mit Vertretern der Warburg-Bank geredet, wie im Übrigen auch mit Vertretern der Berenberg-Bank oder der Haspa. Dies sei ein normaler Vorgang.«

Journalisten erzählt Schmidt zudem, Paus habe lediglich gefragt, ob es weitere Treffen nach dem bekannten Treffen im Herbst 2017 gegeben habe – und nicht vor dem Treffen. Darauf beziehe sich die Antwort. Mit dieser Spitzfindigkeit versucht Schmidt zu suggerieren, Scholz habe wahrheitsgemäß geantwortet und alles auf den Tisch gelegt.

Der Schuss des Staatssekretärs geht allerdings nach hinten los. Mit den Passagen aus dem VS-Protokoll verstärkt Schmidt nur noch den Eindruck, dass Scholz die weiteren Treffen absichtlich verschwiegen und die Abgeordneten damit belogen hat. Im Ausschuss erinnerte sich Scholz an Treffen mit Olearius in der Elbphilharmonie und an seine Rede bei einer Bankveranstaltung, weit vor dem zweiten Treffen im Jahr 2017. Nur an die beiden Treffen mit Christian Olearius und Max Warburg in seinem Amtszimmer, bei denen es immerhin um 170 Millionen Euro Steuern, die mögliche Pleite einer einflussreichen Bank und Cum-ex ging, kann er sich nicht erinnern?

Gegen 17 Uhr veröffentlichen die *Zeit* und die *Süddeutsche Zeitung* die Recherche jeweils auf ihrer Online-Seite, »Panorama« sendet abends um 21:45 Uhr. Die Berichte machen viele Details über den merkwürdigen Richtungswechsel der Hamburger Steuerbehörden im Jahr 2016 bekannt und zeigen, dass sich Olearius immer wieder mit den SPD-Politikern Alfons Pawelczyk und Johannes Kahrs getroffen hat. Die Öffentlichkeit erfährt auch, dass Olaf Scholz sich just in den beiden Monaten zwei Mal mit Olearius traf, als die Finanzbehörde ihre spektakuläre Kehrtwende in Sachen Millionenrückzahlung vollzog.

Am nächsten Tag beginnt auf Twitter der öffentliche Kampf um die Deutungshoheit. »Scholz hat den Bundestag belogen«, schreibt Lisa Paus.

»Aussage von @OlafScholz wir hätten in 1. Befragung (4. März 2020) nicht präzise nach weiteren Treffen mit Olearius gefragt ist unwahr«, twittert Fabio De Masi. Wolfgang Schmidt widerspricht vehement, liefert sich mit De Masi Wortgefechte, unterstellt dem Abgeordneten »unsägliches Geraune« und »Falschmeldungen«. Schmidts Kernbehauptung: Die Abgeordneten hätten nicht ausreichend nach den Treffen gefragt. Ganz abgesehen vom Wahrheitsgehalt hätte ein Finanzminister Scholz, der sich in Sachen Cum-ex als transparenter Aufklärer geriert, die Treffen natürlich auch ohne Nachfrage einräumen müssen, wenn er glaubwürdig sein will.

Florian Toncar bringt es schließlich auf den Punkt. »In beiden Sitzungen wurde nach weiteren Gesprächen mit Olearius gefragt. Scholz hat geantwortet, ohne die Treffen 2016 zu erwähnen. Warum hätte man dann noch mal ›nachfragen‹/›nachhaken‹ sollen? Muss ich jetzt immer nach einer Antwort von Scholz nachfragen, ob er sich sicher ist?«

Mittwoch, 9. September 2020

Olaf Scholz muss im Bundestag zu den Vorwürfen Stellung nehmen. Gleich drei Mal steht die Causa heute auf der Tagesordnung. Los geht es mit dem Finanzausschuss, innerhalb von sechs Monaten muss er sich dort zum dritten Mal zu Warburg äußern. Die Stimmung ist gereizter als im Juli. Nicht nur die drei Oppositionsabgeordneten sind sauer, auch beim Koalitionspartner ist man irritiert. »Wir haben es nicht sehr gerne, wenn man uns die Wahrheit verschweigt«, sagt CSU-Finanzexperte Hans Michelbach am Rand der Sitzung in die Fernsehkameras.

Das Gremium tagt seit 9 Uhr, wie immer nicht öffentlich, aber nicht VS-vertraulich. Scholz soll um 10:30 Uhr erscheinen. Das Medieninteresse ist groß und Steffen Hebestreit etwas früher gekommen, er wartet vor dem Eingang auf seinen Chef und versorgt die Journalisten mit Info-Häppchen. Wolfgang Schmidt ist auch schon da, er hält sich im Saal auf. Einige Abgeordnete wundern sich, eigentlich ist Schmidt als Staatssekretär gar nicht zuständig. Die Steuerabteilung verantwortet Rolf Bösinger.

Lisa Paus kommt kurz raus und erklärt den Journalisten, warum sie sich von Scholz belogen fühlt. Und warum die von Schmidt angezettelte Kampagne, sie habe nicht offen nachgefragt im Ausschuss, ins Leere läuft. Hebestreit steht daneben.

Um 11:02 Uhr kommt Scholz, mehr als 30 Minuten verspätet. Er trägt schwarzen Mundschutz und geht, begleitet von seiner Entourage, schnurstracks in den Sitzungssaal. Hebestreit setzt hinterher. Im Saal ist die Stimmung eisig. Die Vorsitzende Hessel von der FDP mahnt ihre Ausschusskollegen, sich bei der Befragung von Scholz nicht auf die VS-Sitzung zu beziehen. Das Protokoll sei nicht »entstuft«, unterliegt also der Geheimhaltung. Die Abgeordneten protestieren. Hessel erklärt, man müsse die Entscheidung des Ministeriums abwarten, ob es entstuft werde. Aber das könne dauern.

Inzwischen hat sich unter den Abgeordneten herumgesprochen, dass Schmidt offenbar Auszüge aus dem geheimen Protokoll an diverse Redaktionen geschickt hat und die Abgeordneten dort der Falschaussage bezichtigt. Fabio De Masi reagiert empört. »Aber der Staatssekretär darf es verteilen, oder was?«

Scholz räumt in seiner Eingangsrede ein, sich drei Mal mit Olearius getroffen und einmal mit ihm telefoniert zu haben. Das habe der Abgleich mit seinem Kalender ergeben, berichtet er. Er habe an die Vorgänge insgesamt so wenige Erinnerungen, dass er nicht einmal genau sagen könne, wie oft er sich mit Olearius getroffen habe. Er werde sich für den Ausschuss jetzt auch keine Erinnerung zurechtlegen, die er nicht habe, sondern bleibe bei der Wahrheit.

Scholz wird nicht konkret, dennoch verwickelt er sich in Ungereimtheiten. Dass er sich daran nicht weiter erinnern könne, sei nicht verwunderlich, einerseits wegen der großen Menge seiner Gespräche als damaliger Bürgermeister, sagt er. Und andererseits, weil die Gespräche für ihn nicht die Bedeutung gehabt hätten, die sie heute hätten. Wie können 47 Millionen Euro Steuerrückforderungen infolge krimineller Aktiendeals und die angebliche Gefährdung von mehr als 1000 Arbeitsplätzen für ihn nicht von Bedeutung gewesen sein? Das erklärt er nicht. Dass er Olearius getroffen habe, sagt Scholz hingegen, sei aus seiner Sicht selbstverständlich, denn dieser habe sich über Jahrzehnte ein hohes Ansehen in Hamburg erworben.

Scholz versucht sich als Argumentationsakrobat: Obwohl er behauptet, sich nicht an die Gespräche erinnern zu können, ist er sich sicher, dass er sich von diesen Gesprächen nicht zu weiteren Handlungen habe leiten lassen. Wenn die Gespräche eine große Zahl an Aktivitäten ausgelöst hätten, würde er sich sicherlich besser erinnern, sagt er.

Die Fragerunde erfolgt im bekannten Verfahren: Die sechs Fraktionen stellen hintereinander ihre Fragen, bevor Scholz im Block antwortet. Florian Toncar zeigt sich verwundert. In der VS-vertraulichen Sitzung habe Scholz harmlose Treffen mit Olearius im öffentlichen Raum erwähnt, nun aber könne er sich an Termine in seinem eigenen Büro nicht erinnern, obwohl diese in einer sehr kleinen Runde und just in der Phase stattfanden, als die Hamburger Finanzbehörde mit dem Fall beschäftigt war. Erinnerungspsychologisch halte er dies für erstaunlich, sagt Toncar. Scholz beteuert später in seiner Antwort nur, dass er sich an die Treffen nicht erinnere, aber keinen Einfluss genommen habe.

Fabio De Masi erinnert daran, dass er in seiner ersten Frage in der Sitzung des Finanzausschusses im März von Scholz habe wissen wollen, ob es weitere Treffen mit Christian Olearius gab. Ihn interessiere, warum die Kalender nicht abgeglichen und die weiteren Termine eingeräumt worden seien. Scholz antwortet später, dass er die Kalender nicht abgeglichen habe, könne man heute kritisieren. Er habe dies erst jetzt nachgeholt, weil die Treffen jetzt eine Rolle spielten.

Lisa Paus sagt, in den Gesprächen mit Olearius sei es ebenfalls darum gegangen, dass die Warburg-Bank in ihrer Existenz bedroht gewesen sei. Normalerweise sei man als Politiker alarmiert, wenn die Existenzbedrohung einer Bank oder eines anderen Unternehmens im Raum stehe. Sie fragt, warum er sich nicht aktiv für die Rückforderung der Gelder eingesetzt habe. Diese Frage wird Scholz nicht beantworten. Er betont nur noch einmal, dass er sich nicht an die Treffen mit Christian Olearius erinnern könne, und erzählt, statt auf die Frage einzugehen, dass es nicht unüblich gewesen sei, dass er als Bürgermeister wegen wirtschaftlicher Probleme von verschiedenen Unternehmen angesprochen wurde.

Scholz kommt an diesem Tag nicht zum Verschnaufen. Nach der Finanzausschusssitzung muss er sich in einer Regierungsbefragung den

Abgeordneten stellen, hinzu kommt eine Aktuelle Stunde. Beide Termine sind öffentlich, werden live im Fernsehen übertragen.

In der Aktuellen Stunde fasst Fabio De Masi die Situation noch einmal zusammen. Er führt aus, dass sich normalerweise keine Finanzbeamtin und kein Finanzbeamter über mehrere Wochen einer Weisung des Finanzministeriums widersetze. »Ansprüche in Höhe von zig Millionen an Steuergeldern für ihre Stadt nicht verjähren zu lassen, ohne politische Rückendeckung zu haben. Das können Sie meiner Großmutter erzählen!« Zwischenruf Dagmar Ziegler von der SPD: »Die ist wahrscheinlich intelligenter als Sie!« De Masi lässt sich nicht provozieren. Er wundert sich, dass Scholz sogar bei Olearius anrief. »Warum sagte er nicht, ich bin nicht der Postbote, wenden Sie sich bitte an das Finanzamt?«

Doch Scholz erklärt nur stoisch, keinen Einfluss genommen zu haben und sich ansonsten nicht mehr erinnern zu können. Er finde es richtig, dass man an diesem Tag gleich drei Mal über das wichtige Thema Cum-ex spreche, sagt Scholz in seiner Rede in der Aktuellen Stunde. Dass sein Verschweigen ein Grund dafür ist, erwähnt er nicht. Er spricht über Cum-ex im Allgemeinen und reagiert auf die Vorwürfe mit Allgemeinplätzen und inhaltsleeren Nebelkerzen: »Natürlich ist es so, dass, wenn ein Verdacht geäußert wird, wenn Erwägungen angestellt werden, alles Mögliche aufkommen kann. Aber am Ende zählen immer die Tatsachen.« Die Wörter »Warburg« oder »Olearius« nimmt er in seiner neunminütigen Rede nicht in den Mund. Es gehöre zum Alltagsgeschäft, sich als Politiker mit Bürgern und Unternehmen zu treffen, sagt er. »Dass man innerlich klar und fest genug ist, sich davon nicht beeindrucken zu lassen und das tut, was man richtig findet, gehört allerdings auch zu dem von mir gewünschten Alltag der Politik.«

Überzeugen kann Scholz letztlich nicht, sogar der Koalitionspartner kommentiert seine Auftritte kritisch. Es seien zahlreiche Fragen offen. Warum leite man ein Schreiben an einen Finanzsenator weiter, wenn nicht mit dem Zweck, dass dieser sich kümmert, fragt etwa der CDU-Politiker Fritz Güntzler. Cum-ex-Kriminelle könnten nicht ernsthaft Gesprächspartner für Politiker sein, kritisiert der CSU-Abgeordnete Michelbach. Er sei verwundert, dass einem bei solch einem Thema und solchen Beträgen Erinnerungslücken kämen, bemerkt der CDU-Politiker

Sepp Müller. Der Minister habe lediglich eingeräumt, was ohnehin in der Zeitung gestanden habe, stellt Lisa Paus von den Grünen fest.

Der FDP-Finanzexperte Florian Toncar zieht aus dem Tag ein klares Fazit: Er fordert die CDU auf, den Weg freizumachen für einen Parlamentarischen Untersuchungsausschuss in Hamburg. »Es ist vom Hauptbeteiligten dieses Vorgangs genug gehört worden. Jetzt ist es so weit, dass Hamburg untersuchen muss. Dort gehört der Fall hin.«

Das Medienecho auf den Scholz-Auftritt ist verheerend. »Scholz glänzt mit formidablen Erinnerungslücken«, schreibt die *Süddeutsche Zeitung*. Die Satiresendung »Extra 3« widmet sich in einem achtminütigen Beitrag der Frage, warum der »gewissenhafte Aktenfresser und geradezu penible Kontrollfreak« Scholz sich nur vage an die Treffen mit Olearius erinnern kann. »Scholz gehört zu den wenigen Menschen, die nicht nur drei Filmrisse innerhalb kurzer Zeit haben«, sagt Moderator Christian Ehring. »Bei ihm reißt der Film auch ausgerechnet immer an den spannenden Stellen.«

Mittwoch, 16. September 2020

Im Hamburger Rathaus sitzen Norbert Hackbusch von den Linken und der CDU-Bürgerschaftsabgeordnete Dennis Gladiator zusammen. Ideologisch trennt die beiden Politiker viel, aber sie haben ein gemeinsames Ziel: die Vorgänge in Hamburg aufzuklären. Sie loten aus, ob ihre Parteien sich einigen können, zusammen einen Parlamentarischen Untersuchungsausschuss einzusetzen. Beide Fraktionen hätten zusammen ausreichend Stimmen. Die Linke hat ihre Unterstützung eines solchen Vorhabens bereits angekündigt. Doch es gibt eine große Hürde: In der CDU gilt bundesweit ein Grundsatzbeschluss, nicht mit den Linken zusammenzuarbeiten.

Abends soll Scholz eigentlich in der Sendung »Markus Lanz« auftreten, doch er hat sich kurzfristig krankgemeldet. SPD-Generalsekretär Lars Klingbeil springt ein – und müht sich verzweifelt, den Kanzlerkandidaten gegen die Verdächtigungen zu verteidigen. »Olaf Scholz hat niemanden belogen«, sagt Klingbeil. »Ich kann auch verstehen, dass manche Leute einen Kanzlerkandidaten der SPD beschädigen wollen. Aber ich habe ein tiefes Vertrauen in ihn und bin mir ziemlich sicher, dass er selbst für Aufklärung sorgen wird.« Doch damit lässt ihn Lanz nicht durchkommen, hakt immer wieder nach.

Lanz: »Das heißt, wenn weder Olaf Scholz noch sein damaliger Finanzsenator Peter Tschentscher, heutiger Bürgermeister von Hamburg, Einfluss genommen haben, dass eine einzelne Finanzbeamtin entschieden hat, dass 47 Millionen Euro nicht an die Stadt Hamburg zurückgezahlt werden müssen?«

Klingbeil: »Ich kann zu den Vorgängen in der Hamburger Finanzverwaltung nichts sagen. Das eigentliche Problem ist doch, dass im Rahmen dieser Cum-ex-Geschichte Dinge gelaufen sind, die rechtlich nicht in Ordnung sind und die politisch auch angegangen werden müssen«.

Lanz: »Es geht doch um einen anderen Punkt: Warum fordern die anderen 15 Bundesländer Gelder von Unternehmen zurück, wo Ähnliches passiert ist, die Stadt Hamburg hingegen macht es aber nicht?«

Klingbeil: »Herr Lanz, ich kann Ihnen Fragen zu Hamburger Entscheidungen nicht beantworten. Ich bin Niedersachse, ich bin zuständig für die SPD auf Bundesebene«

Dann ist es der Journalist Robin Alexander, ebenfalls Gast in der Sendung, der auf den Punkt bringt, warum die Affäre für Scholz so gefährlich ist. »Es kratzt an den beiden Stärken, die er hat«, analysiert Alexander. »Die eine Stärke ist, dass er sozusagen als wiedergeborener Helmut Schmidt für gutes Regieren stehen will. Das Zweite ist, dass die SPD auch zu Recht sagt, dass wir bei Steuerbetrug immer stärker hinterher waren als die Union. Im aktuellen Fall hat aber der Unions-Bundesfinanzminister nach Hamburg schreiben müssen, dass sich die Stadt die Steuern holen soll, die ihr zustehen.«

Nach der Sendung twittert der CDU-Bundestagsabgeordnete Matthias Hauer, Mitglied des Finanzausschusses: »Erst durch die Tagebücher von #Warburg-Banker #Olearius sind die weiteren Treffen von @OlafScholz bekannt geworden. Herr #Scholz hatte sie zuvor trotz Nachfrage verschwiegen.« Daraufhin wird er von Wolfgang Schmidt attackiert. »Dann liefern Sie doch bitte mal einen Beleg für Ihre Behauptung. Das hat Scholz im Ausschuss doch nun ausgiebig erläutert, oder?«

Hauer kontert cool, fragt Schmidt, ob der glaube, die Ausschussmitglieder hätten Scholz falsch verstanden. Dazu postet er das TV-Statement von SPD-Frau Cansel Kiziltepe nach der ersten Befragung von Scholz im Finanzausschuss. Sie hatte gesagt, dass es 2016 keine Treffen zwischen Scholz und Olearius gab.

Freitag, 18. September 2020

Es hat sich herumgesprochen in der Hamburger Politik, dass CDU und Linke an einem historischen Bündnis basteln, um einen Untersuchungsausschuss in der Bürgerschaft einzusetzen. Für die SPD wäre das ein Albtraumszenario: ihr Kanzlerkandidat mitten im Wahlkampf im Zeugenstand wegen seiner Treffen mit einem zwielichtigen Bankier. Das gilt es zu vermeiden. In der SPD wissen sie, wie weit der Weg für die CDU ist, ausgerechnet mit den Linken zusammenzuarbeiten. Viele Konservative halten die SED-Nachfolgepartei für die Ausgeburt des Bösen, eine Kooperation mit der Linken für den größtmöglichen Sündenfall. Zudem fürchten viele in der CDU, dass ein Ausschuss wenig Licht ins Dunkle bringen würde. Sollte es eine politische Einflussnahme gegeben haben, wären Scholz und Tschentscher wohl kaum so dumm gewesen, sie schriftlich zu dokumentieren. Am Ende, so die Angst, steht die Opposition mit einem teuren Untersuchungsausschuss da, bei dem nichts herausgekommen ist.

In der SPD haben sie eine Idee, um der zweifelnden CDU den letzten Anreiz für einen Ausschuss zu nehmen: eine Sondersitzung des Haushaltsausschusses. Finanzsenator Andreas Dressel soll sich zusammen mit Steuerchef Ernst Stoll sowie den Abteilungsleitern Michael Wagner und Melf Christian Volquardsen den Fragen der Abgeordneten stellen. Danach, so die Hoffnung von SPD-Finanzpolitiker Milan Pein und anderen Genossen, werde der öffentliche Ruf nach Aufklärung verstummen.

Im Hintergrund laufen die Vorbereitungen für die Sitzung auf Hochtouren. Schon vor drei Tagen hatte Dressel seine wichtigsten Mitarbeiter für eine Stunde zur Vorbesprechung der Ausschusssitzung eingeladen. Am Mittag schickt Dressels persönliche Referentin dem Senator eine

Mail: »Lieber Andreas, anbei Fragen, die ggf. nachher im Ausschuss gestellt werden (hatte mich über die SPD-Fraktion erreicht).« In Kopie steht unter anderem Steuerchef Ernst Stoll, der keine Stunde später mit Stichworten antwortet. Offenbar hat die Finanzbehörde den Auftritt im Ausschuss minutiös vorbereitet. »Als Anhang finden Sie Stichworte zur Arbeitsweise bei GU (Anmerkung: gemeint ist das Finanzamt für Großunternehmen), über die ich entsprechend der ›Regieanweisung‹ nach Ihren einleitenden Ausführungen, Herr Dr. Dressel, vortragen könnte.« Die Fragen zur Verjährung übernehme dann der Kollege Volquardsen.

Am Abend wird die Dramaturgie wie besprochen ausgeführt. Dreieinhalb Stunden stellen sich Dressel und die drei Finanzbeamten den Parlamentariern. Viel aufgeklärt wird in der Sitzung nicht. Warum die Behörde im Fall Warburg so zögerlich agiert hat, können die Beamten nicht öffentlich erläutern – das Steuergeheimnis. Stattdessen erläutern sie, wie die Verwaltung in solchen Fällen generell entscheidet. Die Grundbotschaft der Behörde: Alles lief super.

Andreas Dressel versucht es in seinem Eingangsstatement mit schlichtem Schwarz-Weiß-Zeichnen. Finanzämter hätten keinen Spielraum bei der Entscheidung, ob Steuern erhoben werden oder nicht, erklärt er. »Entweder besteht nachweislich ein Anspruch auf Zahlung oder er besteht eben nicht.«

Die Einlassungen der Steuerbeamten tragen ebenfalls wenig dazu bei, Licht in die Vorgänge zu bringen. Cum-ex-Geschäfte seien hochkomplex und schwierig aufzuklären, sagen sie. Ehe die Verwaltung zulasten eines Steuerpflichtigen entscheide, müsse man sich juristisch absolut sicher sein. Anderenfalls seien Nebenfolgen zu berücksichtigen, etwa die wirtschaftlichen Konsequenzen für ein Unternehmen.

Wie in seinen Notizen vorher aufgeschrieben, stellt sich Ernst Stoll voll hinter seine Beamtin Svenja Pannhusen. »Wer sich als Sgl (steht für: Sachgebietsleitung) des FA GU (steht für: Finanzamt für Großunternehmen) so verhält, erfüllt daher gut ihre/seine Aufgabe und steht nicht etwa im Verdacht, die Seite gewechselt zu haben«, heißt es in den Notizen. Im Ausschuss sagt Stoll: »Und insofern kann ich, glaube ich, abschließend nur sagen, wer sich als Sachgebietsleiterin und als Sachgebietsleiter so verhält, wie gerade beschrieben, der macht einen guten

Job und hat es nicht verdient, in den Verdacht zu geraten, die Seite gewechselt zu haben.«

Die Aussagen der Finanzbeamten bewegen sich zwischen Plattitüden und Täterperspektive. In Erinnerung bleibt vielen Zuhörern die mangelnde Demut und Selbstkritik. Der Grünen-Fraktionsvorsitzende Dominik Lorenzen versucht, Abteilungsleiter Michael Wagner eine Brücke zu bauen. Ihm gehe es darum, was man aus dem Fall für die Zukunft lernen könne, sagt er. Irgendetwas sei nicht gut gelaufen, sonst säße man ja nicht hier. Er würde gerne wissen, was das »Learning« für die Behörde sei. Doch Wagner nutzt das Angebot nicht. »Ich finde, dass wir sehr gut aufgestellt sind in der Finanzbehörde«, sagt er. »Und ich finde nicht, dass etwas schiefgelaufen ist.«

Die Opposition hat lautstark gefordert, dass Peter Tschentscher in den Ausschuss kommt, das sei die Bedingung, um auf einen Untersuchungsausschuss zu verzichten. Doch Tschentscher ist nicht erschienen. Das ist ein Fehler mit Folgen. Noch in der Nacht entscheidet die Hamburger CDU, sich über den Beschluss der Bundes-CDU hinwegzusetzen und mit den Linken gemeinsame Sache zu machen: Beide werden die Einsetzung eines Untersuchungsausschusses fordern.

Freitag, 9. Oktober 2020

In Berlin wird in Bundesrat und Bundestag fast zeitglich über das missratene Lex Cum-ex gestritten, das im Corona-Gesetzespaket durchgewunken worden ist. Im Bundestag haben Fabio De Masi und Lisa Paus jeweils Vorschläge erarbeitet, wie man den Webfehler im Gesetz heilen könnte. Paus bringt das Problem in ihrer Rede auf den Punkt: »Selbst, wenn die Täter verurteilt werden, dann dürfen die beteiligten Finanzfirmen in vielen Fällen ihre Beute behalten«, sagt sie. »Jetzt gilt, dass Cum-ex-Steuerräuber besser behandelt werden als illegale Drogendealer.« Die schwarz-rote Bundestagsmehrheit lehnt beide Vorschläge ab.

Im Bundesrat stellt der nordrhein-westfälische Justizminister Peter Biesenbach (CDU) einen Gesetzentwurf vor, der die Verjährungsfrist von Cum-ex-Taten verlängern – und nebenbei das Problem des Lex Cum-ex lösen soll. Biesenbach spricht von einem »fast schon grotesk anmutenden Rechtszustand« und erklärt, seine Fachleute hätten geschätzt, dass das von Scholz' Ministerium ausgelöste Desaster Milliarden kosten könne, wenn es nicht schnell gelöst werde.

Zweieinhalb Wochen später schreibt Bundesjustizministerin Christine Lambrecht (SPD) an die Fraktionsmitglieder von SPD, CDU und CSU. Ihr Schreiben ist nur etwas länger als eine Seite, aber es rettet den Steuerzahlern Milliarden. Lambrecht schlägt vor, Paragraf 73e der Strafprozessordnung (StPO) zu ändern. Eigentlich habe sie das ohnehin im Rahmen einer größeren Gesetzesinitiative machen wollen, schreibt die Ministerin. Aber man wolle mit der Einziehung der Cum-ex-Erträge keinen Tag länger warten als notwendig. »Cum-ex hat auf erschreckende Weise gezeigt, wie viel Energie manche entfalten, um sich auf Kosten des Gemeinwesens zu bereichern«, schreibt Lambrecht. »Unser Rechtsstaat muss auf dieses perfide Betrugsschema eine wirkungsvolle Antwort geben.« Der Fehler von Scholz' Ministerium wird in letzter Minute korrigiert.

Mittwoch, 28. Oktober 2020

Um 13:37 Uhr läutet Bürgerschaftspräsidentin Carola Veit die Glocke. Es ist die 12. Sitzung der Hamburgischen Bürgerschaft in der 22. Wahlperiode. Die Debatte wird als Live-Stream übertragen. Peter Tschentscher beginnt mit einer Regierungserklärung zur Corona-Pandemie. Der Arzt appelliert, »dringend« die Hygienevorschriften zu beachten und Kontakte zu reduzieren.

Während Tschentscher noch im Rathaus redet, konferiert die Bundeskanzlerin Angela Merkel bereits mit den Ministerpräsidenten der Länder über Video. Es geht um weitere drastische Maßnahmen im Kampf gegen die Pandemie. Deutschland droht ein neuer Lockdown. Nach seiner Rede verabschiedet sich Tschentscher, um zur Schalte mit der Kanzlerin zu stoßen. Er erspart sich damit die Debatte um die Einsetzung des Parlamentarischen Untersuchungsausschusses, bei dem auch sein Verhalten als Finanzsenator unter die Lupe genommen wird.

»Die Menschen aus ganz Deutschland schauen auf Hamburg derzeit, wegen des Cum-ex-Skandals«, beginnt Richard Seelmaecker von der CDU die Aussprache. »Wir wollen die Glaubwürdigkeit der Stadt retten«, sagt die FDP-Abgeordnete Anna-Elisabeth von Treuenfels-Frowein. Norbert Hackbusch bezeichnet die Warburg-Bank als »eine durchaus mächtige Institution in dieser Stadt«, die auch eine kräftige Unterstützung habe. Dementsprechend sei »eine kräftige, unabhängige Untersuchung dringend notwendig«. Erst mit Veröffentlichung von Zitaten aus den Tagebüchern habe Scholz sich ja an die Treffen mit dem Bankier erinnern können, »vorher hat er sie ja geleugnet«.

Es fallen noch einige Argumente dafür, das Verhalten der Steuerbehörden im Fall Warburg in einem Untersuchungsausschuss aufzuklären. Auch von den Regierungsparteien SPD und Grüne mag sich in der Debatte niemand wirklich dagegen aussprechen. Der SPD-Abgeordnete Milan Pein ist sich allerdings sicher, schon das Ergebnis des Ausschusses zu kennen. »Fakt ist: Es hat in Hamburg keinen Einfluss gegeben«, sagt er. Das wüssten alle Hamburgerinnen und Hamburger. »Aber jetzt bekommen wir es auch noch parlamentarisch aufgeklärt.«

22

Freitag, 6. November 2020

Die Kameras sind auf Norbert Hackbusch gerichtet. Normalerweise finden im prächtigen Festsaal des Rathauses große Empfänge und Festessen statt. Heute geht es hier um die Aufklärung eines Polit-Skandals. Hackbusch setzt sich an die Stirnseite des langen, U-förmigen Tisches, wartet noch einen Moment, bis die Fotografen ihre Bilder geschossen haben. Dann eröffnet er um 17:05 Uhr die konstituierende Sitzung des Untersuchungsausschusses »Cum-ex Steuergeldaffäre«.

Der vollständige Titel geht Hackbusch etwas holprig über die Lippen: »Parlamentarischer Untersuchungsausschuss zur Klärung der Frage, warum der Hamburger Senat und die Hamburger Steuerverwaltung bereit waren, Steuern in Millionenhöhe mit Blick auf Cum-ex-Geschäfte verjähren zu lassen und inwieweit es dabei zur Einflussnahme zugunsten der steuerpflichtigen Bank und zum Nachteil der Hamburgerinnen und Hamburger kam«.

Es ist der fünfte Untersuchungsausschuss für den linken Polit-Veteran – und der erste, den er eröffnet. Denn nach einem Gesetz aus dem Jahr 1997 beruft das nach alphabetischer Reihenfolge erste Mitglied die konstituierende Sitzung eines Untersuchungsausschusses der Hamburgischen Bürgerschaft ein und leitet sie bis zur Wahl der oder des Vorsitzenden.

Für seinen großen Auftritt nimmt sich Hackbusch zwei Minuten. Danach meldet sich Milan Pein, Obmann der SPD, zu Wort. Pein, im Hauptberuf Rechtsanwalt, gilt als politisch ambitioniert. Doch in der letzten

Legislatur hat er einen kräftigen Dämpfer bekommen. Er wollte Fraktionsvorsitzender werden, scheiterte aber gegen einen Konkurrenten aus dem Kreisverband Mitte, der die Unterstützung von Johannes Kahrs hatte. Nun bietet ihm der Ausschuss die Chance zur Profilierung im politischen Rampenlicht. Sein Job, aus SPD-Sicht: Scholz und Tschentscher aus der Schusslinie der Opposition halten.

Pein schlägt für den Vorsitz des Ausschusses zwei Genossen vor: den Arzt Mathias Petersen, der noch vor acht Monaten gepoltert hat, alle Vorwürfe seien bereits seit 2018 ausgeräumt. Und als dessen Stellvertreterin Britta Schlage, pensionierte Richterin am Oberlandesgericht. Die SPD will also, dass zwei SPD-Mitglieder den Ausschuss leiten, der letztendlich der Frage nachgeht, ob die SPD-Spitzenpolitiker Olaf Scholz oder Peter Tschentscher Einfluss auf eine Steuerentscheidung genommen haben.

»Das halte ich für nicht so glücklich«, sagt Hackbusch.

»So ist nun mal die Gesetzesvorgabe«, entgegnet Pein.

Tatsächlich ist der Vorschlag der SPD von der Geschäftsordnung gedeckt: Nachdem in den vorangegangenen Untersuchungsausschüssen die anderen Parteien den Vorsitzenden gestellt haben, hat nach dem Prinzip der rotierenden Reihenfolge nun die SPD den Anspruch darauf. Hackbusch bleibt bei seiner Einschätzung, empfiehlt, für künftige Ausschüsse das Gesetz zu ändern. Pein hält dagegen: »Das geht so in Ordnung, wie es ist.« Mit drei Gegenstimmen werden die beiden SPD-Kandidaten gewählt.

Unter der Leitung von Petersen wird nun der letzte Tagesordnungspunkt abgehandelt: die Aufstellung des Arbeitsstabs, der dem Ausschuss zuarbeitet. Jede Fraktion darf eine bestimmte Anzahl von Personen benennen, die hauptamtlich für den Ausschuss tätig sind. Sie bereiten die Sitzungen vor, sichten Unterlagen, erstellen die Fragekataloge für die Zeugenvernehmungen. Den weisungsbefugten Leiter des Arbeitsstabs darf ebenfalls die SPD aussuchen. Petersen gibt den Fraktionen 14 Tage Zeit für Vorschläge. Nach zehn Minuten beendet er die erste Sitzung des »PUA Steuergeldaffäre«.

Seit der zweiten Enthüllung über die Treffen von Olaf Scholz mit den Privatbankiers sind bei der der Hamburger Staatsanwaltschaft weitere Strafanzeigen gegen ihn eingegangen. Die Korruptionsstaatsanwältin Köpke hat mittlerweile sechs Stück davon in ihrer Akte abgeheftet. Am 12. November schreibt sie einen Brief an die Kollegen in Köln, die seit Jahren gegen die Verantwortlichen bei Warburg ermitteln. »Ermittlungsverfahren gegen Olaf Scholz«, heißt es in der Betreffzeile, darunter »Vorwurf: Untreue«. Im Schreiben nennt sie das Aktenzeichen ihres Falls: 5700 Js 1/20.

Köpke will von den Kölner Kollegen wissen, ob und gegen wen dort im Zusammenhang mit Warburg ermittelt wird und ob die Ermittlungen bereits abgeschlossen sind. »Falls ja«, schreibt sie, »wird um Übersendung einer Kopie der Abschlussverfügung gebeten. Falls nein, wird gebeten mitzuteilen, wann voraussichtlich mit einem Ermittlungsabschluss gerechnet wird.« Dann kommt noch ein gefetteter Satz: »Dies ist bereits die dritte Anfrage. Es wird dringend um Beantwortung gebeten.«

Zwei Wochen später, am 23. November, meldet sich Anne Brorhilker telefonisch. Sie erklärt Köpke, man führe ein Ermittlungsverfahren gegen diverse Beschuldigte. Gegen einige sei bereits Anklage erhoben worden. »Der politische Hintergrund der Cum/Ex-Geschäfte wird bei der Staatsanwaltschaft Köln und im Zusammenhang mit Beweisanträgen auch vor dem Landgericht Bonn geprüft«, notiert Köpke in einem Vermerk. Ein Anfangsverdacht gegen Olaf Scholz bestehe bisher nicht. Gegen Olearius sei noch keine Anklage erhoben, sagt Brorhilker noch – und gibt Köpke ein Aktenzeichen von der Ermittlungsakte, die für Hamburg interessant sein könnte. Diese werde sie anfordern, notiert Köpke.

Donnerstag, 17. Dezember 2020

Zum Jahresabschluss spricht Peter Tschentscher im »Hamburg Journal« des NDR über Corona, den Lockdown und den Untersuchungsausschuss – und teilt erneut gegen den Sender aus. Auch zehn Monate nach den ersten Enthüllungen über die Warburg-Connection von Politikern seiner Partei kann sich Tschentscher noch immer über die Arbeit der

Medien echauffieren. In seiner Wahrnehmung haben »Panorama« und *Zeit* ihm Unrecht getan. »Natürlich belastet so ein Vorwurf, und der NDR hat diesen Vorwurf aktiv in den Wahlkampf getragen, leider ohne Belege zu haben«, sagt er merklich angefasst. »Und ich habe immer gesagt: Herr Scholz hat sich nicht eingemischt in das steuerliche Verfahren. Er hat keinen Einfluss genommen. Und auch ich habe alles getan, die Steuerverwaltung in die Lage zu versetzen, Cum-ex-Geschäfte aufzudecken. Und es gab hier keine politischen Erwägungen, so wie es uns vorgeworfen wird.«

Es ist spät abends, als sich Wolfgang Schmidt in Berlin ausgiebig zu einem anderen Finanzskandal äußern muss. Der Staatssekretär nimmt in der Mitte des runden Zeugentisches Platz. Seit zwei Monaten versucht ein Untersuchungsausschuss des Bundestages, das Debakel um die Wirecard-Insolvenz aufzuklären. Das Unternehmen mit Sitz in Aschheim bei München ist in der Frühphase des Internets mit Zahlungsabwicklung für Online-Glücksspiel und Pornografie groß geworden und hat schließlich den Imagewandel zum vermeintlich seriösen Finanzdienstleister mit innovativen Geschäftsmodellen im Bereich des mobilen Bezahlens und des E-Commerce hinbekommen – bis zum Zusammenbruch vor sechs Monaten, als bekannt wurde, dass in den Büchern 1,9 Milliarden Euro fehlen. Tausende Anleger haben ein Vermögen verloren.

Der Finanzskandal hat auch eine politische Dimension. Jahrelang war der Zahlungsdienstleister das deutsche Vorzeigeunternehmen und Liebling der Bundesregierung. Bundeskanzlerin Angela Merkel hat sich in China beim Präsidenten Xi Jinping persönlich für das Unternehmen eingesetzt. Neben Merkel steht auch Vizekanzler Scholz in der Kritik. Sein Ministerium, allen voran Wolfgang Schmidt, hat sich ebenfalls stark für Wirecard eingesetzt. Außerdem hat Scholz als Finanzminister die Rechts- und die Fachaufsicht über die BaFin, die bei dem Milliardenbetrug durch Wirecard mehr als schlecht aussieht. Ist die Bankenaufsicht einfach schlecht aufgestellt? Oder ist sie zu nah an der Politik? Diese Fragen beschäftigen die Opposition.

Für die SPD kommt der Wirecard-Ausschuss zur Unzeit. Dass ihren Kanzlerkandidaten im Wahlkampf zwei Untersuchungsausschüsse begleiten, ist eine Bürde. Wolfgang Schmidt hat deswegen mit allen Mitteln versucht, den Ausschuss zu verhindern. Als im Sommer die Pläne zu dessen Einsetzung bekannt wurden, machte Schmidt dem einflussreichen Finanzpolitiker Fabio De Masi ein unmoralisches Angebot:[60] Die Abgeordneten könnten ein geheimes Schreiben einsehen, wenn sie auf einen Untersuchungsausschuss verzichten.

Es ging um eine Mail, die Schmidt selbst auf Bitte einer Beratungsfirma an seinen chinesischen Amtskollegen geschickt hatte. Darin warb er für Wirecards Eintritt in den chinesischen Markt, dies könne »die bilateralen Finanzbeziehungen zu einem neuen Hoch bringen«. In seinem lobpreisenden Schreiben hatte sich der Staatssekretär ausgiebig aus einer Vorlage der Berater bedient. Wohl um seinem Chef einen Auftritt vor dem Untersuchungsausschuss zu ersparen, bot Schmidt De Masi das Schreiben an. Er würde es schnell und unbürokratisch bekommen. In einem Untersuchungsausschuss hätte es wohl Monate gedauert, bis ein geheim eingestuftes Dokument den Abgeordneten zur Verfügung gestellt würde, wenn überhaupt. De Masi aber ließ sich nicht auf den Deal ein.

Nun sitzt Schmidt als Zeuge im Untersuchungsausschuss und erklärt den Abgeordneten treuherzig, es sei nicht ungewöhnlich, auf die Vorlage einer Beratungsfirma zurückzugreifen, und zudem unproblematisch, denn er habe »wesentliche Punkte, die den Tonfall ausmachen, verändert«.

Die Ausschuss-Sitzungen sind lang und kräftezehrend. An diesem Donnerstagabend haben die Abgeordneten bereits mehrere Zeugen befragt, darunter den früheren Verteidigungsminister Karl-Theodor zu Guttenberg (CSU), dessen Beratungsfirma »Spitzberg Partners« die Vorlage für das Schreiben von Schmidt erstellt – und der ebenfalls bei Merkel für Wirecard lobbyiert hat.

Schmidt ist hervorragend vorbereitet. Er hält einen langen, eloquenten Vortrag über die deutsch-chinesische Politik und behauptet,

---

60 Das berichtet zumindest De Masi: »Finanzstaatssekretär Wolfgang Schmidt rief mich an. Er sagte mir, dass wir Informationen schneller erhalten, wenn wir auf die Einsetzung eines U-Ausschusses verzichten«, so De Masi. Schmidt äußert sich auf Anfrage zu dem Vorgang nicht.

Wirecard sei eben »kein besonderer Liebling der Bundesregierung« gewesen. Alle wollten Geschäfte mit China machen und in einer Exportnation wie Deutschland müsse die Bundesregierung Unternehmen helfen, Zugang zu ausländischen Märkten zu finden – das seien alles »übliche Maßnahmen zur Förderung der Außenwirtschaft«.

Schmidt redet, liest aus E-Mails vor, erzählt Anekdoten, kennt Zahlen, Daten und Zitate aus dem Gedächtnis. Dass es zu dem Zeitpunkt, als er für Wirecard in China lobbyierte, bereits kritische Berichte und Alarmsignale gab, sei kein Grund gewesen, nicht für Wirecard zu werben. Hätte man vor Auslandsreisen mit Dax-Unternehmen alle aussortiert, gegen die ermittelt wurde, sagt er, dann »hätten Sie ein Drittel des Fliegers leeren können«.

Fast drei Stunden lang beschäftigt Schmidt die Abgeordneten, die ihn nicht zu fassen bekommen. Schließlich sind sie zu müde, wollen sich nicht länger die Nacht um die Ohren schlagen. Schmidt selbst vermittelt fröhlich den Eindruck, als könne er unbegrenzt weiter dozieren.

Donnerstag, 7. Januar 2021

Für ihren Auftritt vor dem Bonner Landgericht hat sich Svenja Pannhusen für einen blauen Businessanzug entschieden. Die 53-jährige Finanzbeamtin ist als Zeugin geladen. Angeklagt ist der frühere Generalbevollmächtigte der Warburg-Bank, einst die rechte Hand des Mitinhabers Christian Olearius. Es ist der zweite große Cum-ex-Prozess in der Geschichte. Und zum zweiten Mal steht die Hamburger Privatbank im Fokus.

Richter Zickler interessiert sich jedoch nicht nur für die Machenschaften der Bank, sondern auch für die Rolle der Hamburger Finanzverwaltung. Vor Weihnachten hat er Pannhusens Chefin geladen, Karin Ohse-Griem, und vor 24 Stunden saß ein Mitarbeiter der Beamtin auf dem Zeugenstuhl, der frühere Betriebsprüfer Gerhard Heuer. Der gemütlich wirkende Mann in Jeans und Freizeitschuhen machte keinen Hehl daraus, wie sehr es ihn noch heute ärgert, dass Pannhusen ihn und seine Kollegin damals davon abgehalten hatte, von der Bank die ergaunerten Millionen zurückzufordern.

Im Gegensatz zu ihrem früheren Mitarbeiter ist Pannhusen im Zeugenstand nicht sehr auskunftsfreudig. Damit weiß Zickler umzugehen. Er kennt die Akten, ebenso die Tagebuchauszüge von Olearius, in denen Pannhusen immer wieder auftaucht. Mit Vermerken und anderen Zeugenaussagen versucht er, Pannhusen auf die Sprünge helfen.

Ihr Meinungsumschwung im Herbst 2016, sagt er, das sei ja eine 180-Grad-Wendung gewesen. Wenn Sie das meinen, ist es eine 180-Grad-Wendung, antwortet Pannhusen schnippisch.

Je näher Zickler ihrem Sinneswandel kommt, desto häufiger bleibt die Finanzbeamtin vage, kann sich nicht erinnern.

Zickler reagiert darauf zunehmend gereizt. Er will nun wissen, ob Pannhusen von sich aus die Finanzbehörde in die Entscheidung einbezogen habe. Er fragt, ob sie den Bericht, in dem sie um Zustimmung der Behörde bat, aus eigenem Antrieb oder auf Bitte der Behörde geschrieben habe.

Pannhusen sagt, in ihrer Erinnerung habe sie den Bericht proaktiv geschrieben.

Zickler hakt nach: Die ihr vorgesetzte Finanzbehörde habe nicht nachgefragt?

Nein, sagt Pannhusen nach einigem Überlegen, sie sei da sehr eigenständig.

Aber es sei ja denkbar, dass die Finanzbehörde nachfragte, oder?

Nein, die Behörde habe nicht nachgefragt.

Bei so einem existenziellen Vorgang?

Nein, dazu hätte die Finanzbehörde von dem Vorgang in der Steuersache Warburg überhaupt erst wissen müssen, sagt Pannhusen. Außerhalb ihres Sachgebiets im Finanzamt für Großunternehmen habe niemand Kenntnis davon gehabt.

Richter Zickler lässt ein Schreiben von Warburg-Justiziar Christoph Greiner aus dem Sommer 2016 an die Wand projizieren. Auf fünf Seiten argumentierte Greiner darin, warum die Steuern nicht zurückgefordert werden dürften und wie wichtig Warburg für den maritimen Standort Hamburg sei. Dann lässt Zickler eine Liste auf die Leinwand werfen, wer damals das Argumentationspapier erhielt. Am Ende steht: »Herrn BM Olaf Scholz« und »Zum Termin am 7.9.2016«.

Er nehme an, BM stehe für Bürgermeister, sagt Zickler.

Das würde sie auch so deuten, sagt Pannhusen.

Das bestätige dann doch, dass irgendwo in der Verwaltung des Stadtstaats Wissen über die Vorgänge um Warburg vorhanden gewesen seien, stellt Zickler fest.

Pannhusen schweigt.

Zickler fragt, ob es vom Büro Scholz eine Anfrage gegeben habe.

Sie erinnere sich nicht, sagt Pannhusen.

Zickler kann sich offensichtlich nicht vorstellen, dass Pannhusen sich nicht daran erinnern kann, ob sie vom Bürgermeister oder seinem Umfeld eine Anfrage dazu bekommen hat.

Das könne man immer behaupten, sagt er.

Pannhusen schweigt, überlegt. Schließlich sagt sie, deutlich unsicherer, sie sei immer noch der Auffassung, selbst entschieden zu haben, an die Finanzbehörde zu berichten. Das ist nicht die Antwort auf die Frage. Aber Zickler lässt es auf sich beruhen.

Montag, 15. Februar 2021

Aufmerksam liest Anne Brorhilker die Akten des Finanzamts, die Richter Zickler nach den Aussagen der Hamburger Beamten angefordert hat. Sie wertet auch die Aussagen der Steuerbeamten im Bonner Prozess aus und ist nun mehr denn je davon überzeugt, dass ein Anfangsverdacht gegen Svenja Pannhusen besteht. Ihre Erkenntnisse hält Brorhilker an diesem Tag in einem 27-seitigen Vermerk fest.

Pannhusens Haltung vor dem Landgericht in Bonn überrasche, schreibt Brorhilker. Ihr Sinneswandel in der Frage der Steuermillionen erkläre sich nicht aus den Akten. Ausführlich legt die Staatsanwältin dar, wie belastend die Beweislage im Jahr 2016 schon war – und wie eindeutig die damals in anderen Fällen ergangenen Entscheidungen der Gerichte. Frau Pannhusen sei sich aller relevanten Fakten bewusst gewesen, schreibt Brorhilker weiter und verweist auf das ausführliche Gutachten der Beamtin. Aber dann habe sie anders entschieden – und halte seither unbeirrt an ihrer Position fest.

Brorhilker fällt auf, was Pannhusen alles unternommen hat, um ihre Betriebsprüfer auszubremsen. Sie wundert sich, dass die Beamtin nicht nur die Argumente ihrer Mitarbeiter vom Tisch gewischt hat, sondern auch die Urteile von Gerichten und die Prüfungsberichte für die BaFin. Pannhusen sei »in auffälliger Weise bereit«, die »Interessen der MMW bei den Entscheidungen des Finanzamts Hamburg zu berücksichtigen«, schreibt Brorhilker.

Was die Staatsanwältin festhält, ist ein bitterer Befund für das Hamburger Finanzamt für Großunternehmen. Und Brorhilker hat nicht nur Pannhusen im Visier, sondern auch noch Pannhusens Chefin Karin Ohse-Griem. Es bestehe der Verdacht, dass diese vor Gericht gelogen habe, schreibt die Kölner Staatsanwältin. Bei Verhandlungen vor dem Landgericht werden keine Wortprotokolle erstellt. Allerdings schicken die Anwaltskanzleien Stenografen in die Cum-ex-Prozesse. Brorhilker ist es gelungen, an das stenografische Wortprotoll der Zeugenvernehmung Ohse-Griem zu kommen. Dem entnimmt sie, dass Ohse-Griem versucht hat, Richter Zickler glauben zu machen, es habe gar keine schriftliche Weisung aus Berlin gegeben und man habe »aus eigener Kraft« von Warburg Geld zurückgefordert.[61] Für Brorhilker ist diese Behauptung keine Bagatelle. Sie leitet ein Ermittlungsverfahren ein. Der Vorwurf: »falsche uneidliche Aussage gem. § 153 StGB«. Der Tatort: »Bonn«.

Freitag, 12. März 2021

In Hamburg kommt es im Parlamentarischen Untersuchungsausschuss zum ersten Eklat. Es ist die vierte Sitzung, Zeugen wurden bisher nicht vernommen, nicht einmal die notwendigen Unterlagen für die Aufarbeitung liegen vor. Der Senat blockiert die Herausgabe seit Wochen. Nun entlädt sich der Frust der Opposition an einer Personalie.

---

61 Die Beamtin erklärt auf Anfrage, sie könne sich zu den Vorwürfen nicht äußern – das verbiete ihr das Steuer- und Dienstgeheimnis.

Seit dem 1. März ist Carsten Ernst stellvertretender Leiter des zwölfköpfigen Arbeitsstabs. Dessen Mitglieder haben Zugang zu allen Dokumenten und können durch die Vorbereitung der Fragenkataloge die Sitzungen entscheidend beeinflussen. Nun hat die Opposition herausgefunden: Ernst wurde ausgerechnet aus dem Bundesfinanzministerium nach Hamburg abgeordnet. Er ist dort eigentlich Regierungsdirektor im Zuständigkeitsbereich von Wolfgang Schmidt. Das hat die SPD den anderen Parteien verschwiegen.

Die Opposition fühlt sich getäuscht und stellt einen Antrag wegen der »Besorgnis der Befangenheit«. »Wir wissen, dass der oberste Chef des Bundesministeriums für Finanzen Herr Scholz ist, Herr Scholz hier in diesem Ausschuss aussagen muss und Herr Scholz in dieser Angelegenheit schon einmal nicht die Wahrheit gesagt hat«, sagt Norbert Hackbusch zu Beginn der Sitzung im Festsaal des Hamburger Rathauses. »Dementsprechend bin ich mir nicht so ganz sicher, ob Herr Ernst wirklich die richtige Person dafür ist.«

Die SPD-Abgeordneten geben sich empört. »Ich finde es unter aller Kanone, sie schießen wirklich den Vogel ab«, poltert SPD-Obmann Milan Pein, spricht von »Polittheater«. Der Ausschussvorsitzende Petersen erregt sich, Hackbusch greife den parteilosen Carsten Ernst an, ohne die Angelegenheit vorher mit ihm zu besprechen. »Das finde ich unanständig und das, finde ich, geht überhaupt nicht. Wie man menschlich so mit jemandem umgehen kann in der öffentlichen Sitzung, ihm Unterstellungen zu machen, ohne das einmal hinterfragt zu haben.«

Dann äußert sich der ebenfalls von der SPD berufene Leiter des Arbeitsstabes. Ernst sei auf seinen Vorschlag abgeordnet worden, sagt Claudio Kirch-Heim, der eigentlich Richter am Hamburger Finanzgericht ist. Ernst sei unbelastet. »Er war nicht in einem Bereich tätig, der in irgendeiner Weise sachlich mit den Themen zusammenhängt, die hier im Ausschuss besprochen werden.«

Doch das stimmt nicht. Ernst ist als einer der Geheimhaltungsexperten im Bundesfinanzministerium in eine Gesetzesänderung eingebunden gewesen, die die Transparenz in der Cum-ex-Aufklärung stark eingeschränkt hat. Ende 2019 ergänzte das Ministerium – gut versteckt unter einer ganzen Reihe von Änderungen im Jahressteuergesetz – zwei

Sätze zu einem Absatz im Finanzverwaltungsgesetz, in dem Sitzungen zwischen Bundes- und Landesfinanzbehörden geregelt sind. »Die Vertraulichkeit der Sitzungen ist zu wahren, wenn nicht im Einzelfall einstimmig etwas anderes beschlossen wurde. Für Beratungen im schriftlichen Verfahren gilt entsprechendes.«

Die Sätze klingen harmlos, und sie fielen niemandem groß auf. Es gab keine ausführliche Begründung für die Änderung, in der Debatte im Bundestag spielte sie keine Rolle. Doch tatsächlich haben die beiden Sätze eine massive Wirkung. Sie nehmen Beratungen zwischen den Finanzbehörden der Länder und dem Bund vom Informationsfreiheitsgesetz (IFG) aus. Somit können Dokumente aus Bund-Länder-Sitzungen seither von Journalisten, Abgeordneten oder interessierten Bürgern nicht mehr angefragt werden. Das gilt auch für Besprechungen zum Cum-ex-Skandal, etwa die Besprechungen und Briefwechsel zwischen Hamburg und Berlin rund um das Thema Warburg.

Das ist kein Versehen. Anhand des Mailverkehrs im Finanzministerium lassen sich die ersten Schritte der Gesetzesänderung auf April 2018 datieren. Scholz war zu diesem Zeitpunkt seit wenigen Wochen Chef des Hauses. Der Mailverkehr zeigt, dass es dem Ministerium damals explizit darum ging, wie man bei IFG-Anfragen begründen kann, Bund-Länder-Dokumente nicht herauszugeben. Und eingebunden in den Mailverkehr war: Carsten Ernst, damals Mitarbeiter im Referat V B 5 »Vergaberecht, Vergabeverfahren, Informationsfreiheitsgesetz«. Sieben Monate später, im November 2018, machte Ernsts Referat einen Vorschlag, mit welcher Formulierung man das Gesetz wasserdicht bekommt, damit die Nicht-Herausgabe von Bund-Länder-Dokumenten auch vor einem »Verwaltungsgericht Bestand hätte«.[62]

In der PUA-Sitzung in Hamburg muss Ernst in den Zeugenstand. Norbert Hackbusch will ihn befragen. Ernst, ein großer, schlaksiger Mann, ist nervös, als er auf dem Zeugenstuhl Platz nimmt und in einer Eingangsrede seinen beruflichen Werdegang skizziert. Von Beruf Jurist, seit 2001

---

62 Welche konkrete Rolle Ernst bei der Erstellung der Gesetzesvorlage hatte, beantworten weder er noch das Bundesfinanzministerium.

Beamter in der Bundesfinanzverwaltung. Hackbusch weiß nichts über Ernsts frühere Rolle im Ministerium. Er möchte aber von ihm erfahren, ob er »irgendwelche Beziehungen« zu Olaf Scholz und Wolfgang Schmidt hatte. »Herr Bundesminister Scholz ist Leiter des Ressorts, insofern ist er, wenn Sie so wollen, mein Behördenchef«, sagt Ernst. 2020 sei er außerdem innerhalb des BMF für die Vorbereitung einer europaweiten Ausschreibung zuständig gewesen, »dort war in der Entscheidungskette zum Schluss auch Herr Staatssekretär Wolfgang Schmidt zuständig«.

Was Ernst nicht erwähnt: Er und Wolfgang Schmidt kennen sich schon länger. Ernst ist ein Verwandter der verstorbenen Frau des früheren SPD-Generalsekretärs Klaus Uwe Benneter, bei dem Schmidt seine Laufbahn begonnen hat. Benneter hat Schmidt vor Jahren gebeten, für Ernst einen Kontakt zur Hamburger Verwaltung herzustellen, als Schmidt noch Beauftragter der Hansestadt war. Im Ministerium soll Ernst zum informellen Freundeskreis der SPD-Mitglieder gehören.

Hackbusch weiß auch davon nichts. Aber ihm will nicht in den Kopf, dass Ernst von seinem Arbeitgeber an den PUA abgeordnet wurde, um dort das Verhalten seines obersten Dienstherrn in der Causa Warburg zu untersuchen. Hackbusch fragt, ob Ernst in Vorbereitung auf seine Tätigkeit im Arbeitsstab entweder mit Olaf Scholz oder Wolfgang Schmidt gesprochen habe. Ernst: »Es gab weder mit Herrn Bundesminister Scholz noch mit Herrn Staatssekretär Wolfgang Schmidt Gespräche im Zusammenhang mit meiner Tätigkeit hier.«

Aus dem PUA heraus berichtet ein Journalist via Twitter: »Hat Wolfgang Schmidt ein U-Boot im U-Ausschuss?« Fabio De Masi teilt den Tweet und kommentiert ihn. Schmidt reagiert untypischerweise nicht direkt auf Twitter, sondern schreibt eine persönliche Nachricht an De Masi. Er habe im Ministerium »Null Kontakt mit ihm gehabt und auch erst jetzt erfahren, dass er zum PUA nach Hamburg geht«. Einen »normalen Beamten so damit reinzuziehen finde ich ziemlich unanständig. Meine Bitte daher, dass wenigstens Du nochmal überlegst. Ich werde auch Norbert (Hackbusch) nochmal ansimsen.«

Hackbusch erhält am selben Abend eine E-Mail von Schmidt. »Du kennst mich nun auch schon viele Jahrzehnte. Und weißt hoffentlich, dass ich nicht zu krummen Touren neige«, schreibt Schmidt und versichert, nichts »mit der Ernst-Nummer« zu tun zu haben. »Ich verstehe, dass ihr den PUA politisch nutzen wollt. Fair enough. Dass man mich oder Olaf anmacht, ist natürlich OK«. Aber »einen normalen Beamten so zum Trocknen rauszuhängen finde ich gerade für einen Abgeordneten der Partei Die Linke nicht anständig«.

Am nächsten Tag reagiert Schmidt doch noch auf Twitter auf den Thread des Journalisten: »Ich störe den Erzählfluss nur ungern. Aber: ich habe den Beamten nicht in die Leitungsabteilung ›geholt‹. Er war im Referat L C 5 tätig – Postwertzeichen. Ich hatte mit ihm dort keinen Kontakt.« Dazu ein Bild vom Organigramm des BMF, mit gelbem Leuchtstift das Referat umkringelt. De Masi schießt via Twitter zurück. »Abteilung L und somit das Referat L C 5 gehören laut Organigramm zu Deinem Bereich. Korrekt? Bist Du dort mit der Besetzung von A15-Stellen/Regierungsdirektoren nicht befasst? Fände ich zumindest ungewöhnlich!« De Masi weist darüber hinaus darauf hin, dass Ernst, bevor er für Postwertzeichen zuständig wurde, für Bund-Länder-Finanzbeziehungen im IFG-Referat zuständig war – Themen, die den PUA tangieren. Das »Compliance Problem« sei aber ohnehin selbst dann schon gegeben, schreibt De Masi, »wenn er nur mal der Hausmeister des BMF gewesen wäre«.

Schmidt antwortet nicht. Aber natürlich ist er schlau genug zu verstehen, dass man die Hintergründe der Besetzung gar nicht kennen muss, um die ganze Sache mindestens für das zu halten, was man im Südwesten Deutschlands ein Geschmäckle nennt.

Mittwoch, 17. März 2021

Bei der Hamburger Korruptionsstaatsanwältin Köpke ruft Thomas Bliwier an. Der Hamburger Strafverteidiger ist über die Grenze der Hansestadt hinaus bekannt, weil er medienwirksam Bakery Jatta vertritt. Der Fußballer des HSV steht unter Verdacht, mit einer falschen Identität nach Deutschland gekommen zu sein. *Sport Bild* hat das Gerücht zuerst kolportiert, andere Medien folgten. Die Staatsanwaltschaft wird später Anklage erheben, das Landgericht Hamburg die Eröffnung eines Verfahrens aber ablehnen. Es bestehe kein hinreichender Tatverdacht.

Bliwier meldet sich im Namen eines Mandanten, der kaum Interesse daran haben kann, dass sein Fall öffentlich wird. Zur Überraschung von Köpke gibt sich Bliwier als Rechtsvertreter des Bundesfinanzministers Scholz zu erkennen. Die Überraschung wird noch größer, als Bliwier das Aktenzeichen nennt, unter dem Köpke gegen Scholz Vorermittlungen eingeleitet hat, und fragt, ob es zutreffe, dass unter 5700 Js 1/20 gegen seinen Mandanten ermittelt wird.

Köpke bleibt nichts anderes übrig, als dies dem Anwalt zu bestätigen. Doch woher bloß weiß Bliwier von ihren Vorermittlungen gegen Scholz? Wegen der Brisanz des Themas ist der Kreis der Eingeweihten extrem klein. Scholz wurde auch nicht unterrichtet, bei Vorermittlungen ist dies nicht notwendig. Bliwier beantragt Akteneinsicht und sendet ihr später eine von Scholz unterschriebene Vollmacht zu.

Köpke ahnt wohl, dass es ihre Arbeit nicht gerade leichter macht, dass der Finanzminister und Vizekanzler von den Vorermittlungen Wind bekommen und einen Anwalt eingeschaltet hat. Sie schreibt einen kurzen Vermerk über den Anruf und legt ihn in die rosafarbene Akte mit der Aufschrift »Ermittlungsverfahren gegen Olaf Scholz – Vorwurf: Untreue«.

23

Mittwoch, 24. März 2021

30 Namen stehen auf der Liste, die Claudio Kirch-Heim an die Obleute des Hamburger Untersuchungsausschusses schickt. Der Leiter des Arbeitsstabs hat in Absprache mit Mathias Petersen einen ersten Terminplan für die Vernehmung möglicher Zeugen vorbereitet. Eine Reihe von Finanzbeamten soll gehört werden, Vorzimmerdamen aus dem Bürgermeisterbüro, Vertreter der Warburg-Bank. Und zum Schluss Peter Tschentscher und Olaf Scholz.

Die Obleute der Linken und der CDU trauen ihren Augen kaum: SPD-Mann Petersen und der von der SPD eingesetzte Kirch-Heim planen, Scholz und Tschentscher im Juni 2022 einzubestellen – neun Monate nach der Bundestagswahl. Und die Opposition hat keine Chance, diese Reihenfolge aus eigener Kraft zu beeinflussen. Mit ihrem Minderheitenrecht können sie zusammen zwar jeden Zeugen berufen, den sie für nötig erachten. Die Mehrheit jedoch bestimmt, in welcher Reihenfolge die Zeugen erscheinen müssen und an welchem Termin. Und die Mehrheit hat die rot-grüne Koalition.

Die Abgeordneten der Linken präsentieren schließlich eine eigene Liste: Scholz soll im August kommen, fünf Wochen vor der Wahl. Es ist ein großes polittaktisches Tauziehen. Die SPD will Scholz den äußerst unangenehmen Termin mitten im Wahlkampf ersparen. CDU und Linke wollen Scholz vor dem Wahltag öffentlich befragen. Zugeben können beide Seiten ihr Kalkül nicht, schieben stattdessen das hehre Ziel der Aufklärung vor.

SPD-Obmann Pein gibt sich im Ausschuss generös und schlägt vor: Scholz soll zwei Mal kommen. Einmal wie geplant ganz am Ende, einmal gleich als erster Zeuge Ende April. Das ist aus SPD-Sicht ein Kompromissangebot. Doch CDU, Linke und AfD halten davon wenig. Wenn Scholz schlecht aussehen sollte, wäre der Auftritt bis zum September lange vergessen.

Auch inhaltlich ergibt der frühe Termin wenig Sinn. Was sollen die Abgeordneten Scholz dann fragen? Erst seit wenigen Wochen können sich die Mitarbeiter in die Akten einlesen, es fehlen noch zahlreiche Unterlagen. »Wir haben noch nicht einmal den Kalender vorliegen«, beschwert sich der Linken-Abgeordnete David Stoop. »Wir haben ein großes Problem, worauf wir uns überhaupt beziehen sollen bei der Befragung.« Der CDU-Abgeordnete Götz Wiese springt ihm bei: Es sei sinnvoll, erst den Sachverhalt zusammenzutragen, ehe man Herrn Scholz damit konfrontiere.

Die Sache hängt also an den Grünen. Die sind sich intern alles andere als einig. Die Cum-ex-Affäre belastet die Beziehung zum Koalitionspartner ohnehin schon, Tschentscher ist noch immer angefasst wegen des Streits vor der Wahl. Es gilt, keine weiteren Konflikte heraufzubeschwören. Andererseits haben auch die Grünen viele Fragen in der Sache und wollen keinesfalls als Bremser der Aufklärung dastehen. Obendrein hat die Partei selbst große Ambitionen mit Blick auf die Bundestagswahl.

Grünen-Obmann Farid Müller springt dem Koalitionspartner bei. Er finde es »erst mal sehr schlüssig, dass wir uns noch mal am Anfang ein Bild machen darüber, wie die Hauptakteure die Situation eingeschätzt haben«. Und so verabschieden SPD und Grüne mit ihrer Mehrheit den Terminplan – gegen den Willen der Opposition.

Donnerstag, 8. April 2021

Olaf Scholz begegnet den meisten Menschen freundlich, aber auch mit großer Reserviertheit. Das sagen Leute, die ihn sehr lange kennen. Er sei zutiefst skeptisch, unterstelle anderen erst einmal, das Große und Ganze nicht durchschaut zu haben oder getrieben zu sein von aus Scholz' Sicht falschen Interessen. Weniger vornehm könnte man diese Einschätzung auch so ausdrücken: Scholz hält die meisten Menschen entweder für dumm oder für korrumpiert.

Aber einem kleinen Kreis von Beratern vertraut Scholz. Es sind oft Menschen, die ihn schon seit vielen Jahren begleiten, die sich mit unbedingter Loyalität sein Vertrauen erarbeitet haben. Die meisten davon sind männlich. Seit er Finanzminister ist, gehört allerdings auch eine Frau zum engsten Team: Jeanette Schwamberger.

Die 49-Jährige aus der badischen Gemeinde Durmersheim ist früh in die SPD eingetreten, hat Volkswirtschaft studiert und unter mehreren Finanzministern in Berlin gearbeitet. Während der Finanzkrise war sie Sprecherin in der Europa-Abteilung, musste öfters in der Bundespressekonferenz den Hauptstadtjournalisten Rede und Antwort stehen. Danach leitete sie eine Zeit lang das Büro des früheren Bundeskanzlers Helmut Schmidt, kam nach dessen Tod zurück ins Finanzministerium. Als Scholz das Ressort übernahm, machte er die Ministerialdirigentin zu seiner Bürochefin. Ihr offizieller Titel: Leiterin der Unterabteilung »Planung und Steuerung, Ministerbüro«. Schnell avancierte Schwamberger zum weiblichen Pendant von Schmidt, einer Vertrauensperson und Ratgeberin. Während Schmidt nach außen wirkt, die Kontakte zu Journalisten pflegt und an Scholz' Außendarstellung arbeitet, agiert Schwamberger diskret nach innen, steuert die Behördenabläufe. Beide eint: absolute Loyalität zu Scholz und das Bemühen, ihrem Chef jedweden Ärger vom Hals zu halten.

Mit der Anfrage, die Schwamberger heute auf dem Tisch hat, droht Ärger. Der Hamburger Untersuchungsausschuss interessiert sich für den Dienstkalender von Scholz aus der Zeit als Bürgermeister. Schwamberger wendet sich zunächst von ihrer privaten E-Mail-Adresse aus an Schmidt. Unter der Betreffzeile »Kalender« informiert sie den Staatssekretär, dass der Ausschuss die Termine von Scholz mit Johannes Kahrs, Alfons Pawelczyk und Peter Tschentscher anfordert.

Die Abgeordneten im Parlamentarischen Untersuchungsausschuss haben inzwischen gelernt, dass Terminkalender in Hamburg keine Akten sind. Das heißt, die Einträge werden nicht automatisch irgendwo archiviert. Bei seinem Weggang aus Hamburg konnte Scholz selbst entscheiden, was mit seinem Kalender passiert. Er nahm alles auf einem Datenträger mit nach Berlin. In Hamburg wurden die Daten angeblich gelöscht. Deswegen fragt der Ausschuss in Berlin an, ob es im Fall Warburg noch mehr Treffen oder Kontakte von Scholz mit Tschentscher, Kahrs und Pawelczyk oder gar mit Christian Olearius gab.

Beim Durchforsten des Kalenders bemerkt Schwamberger, dass es wohl eine Vielzahl von Terminen mit Tschentscher, Pawelczyk und Kahrs in der Zeit gab, aber bei kaum einem ein Thema angegeben ist und schon gar nicht die Begriffe »Warburg« oder »Cum-ex«, nach denen der Ausschuss explizit gefragt hat, vorkommen. Schwamberger sieht deshalb keine Notwendigkeit, sämtliche Termine offenzulegen. Das teilt sie Schmidt mit und schlägt vor, direkt mit Scholz im Detail zu besprechen, welche Termine man dem Untersuchungsausschuss preisgibt: »Anbei 1. Aufschlag«, schreibt sie, »ist mit Olaf zu diskutieren, wie wir Termine Kahrs, Pawelczyk und Tschentscher ›einsortieren‹.« Das Wort einsortieren ist in Anführungszeichen gesetzt.

Dienstag, 13. April 2021

Bei der Hamburger Opposition macht sich in diesen Wochen Frust breit. Im Ausschuss wurde noch immer kein einziger Zeuge gehört, es fehlen weiter zahlreiche Akten und die vorhandenen wirken oft erstaunlich dünn. Bemüht sich der Senat um Aufklärung oder wird der Ausschuss sanft ausgebremst? Das fragen sich sogar Abgeordnete der Koalition. Nun hat Jan Pörksen, Chef der Senatskanzlei und damit Tschentschers rechte Hand, in einem vierseitigen Schreiben dargestellt, wie der Senat mit den Aktenersuchen umgeht. Die Antwort führt bei den Abgeordneten zu noch mehr Kopfschütteln.

Da ist beispielsweise die Sache mit den E-Mails. Die Abgeordneten wollen wissen, wie in der Verwaltung über den Fall Warburg kommuniziert wurde. Deshalb haben sie beantragt, die E-Mail-Postfächer der an der Warburg-Entscheidung beteiligten Beamten einsehen zu dürfen. Vermutlich werde sich da nicht mehr viel finden, hat ein Vertreter der Senatskanzlei bereits vor Wochen im Ausschuss wenig Hoffnung gemacht. Die Größe der Postfächer sei begrenzt, niemand hebe viele alte Mails auf. Entweder sei eine Mail dann bereits zu den Akten gegeben oder gelöscht. Was zu den Akten gegeben werde, das entscheide jeder Mitarbeiter selbst.

Nun erklärt Pörksen, ein Durchsuchen der Postfächer durch den Ausschuss sei »ohne konkrete Verdachtsmomente eines Dienstvergehens« gar nicht möglich. Aber der Senat habe alle Beteiligten gebeten, selbst nach verdächtigen Mails zu suchen und sie freiwillig dem Ausschuss zu übergeben. Die Mitarbeiter diverser Ämter hätten ihre Accounts mit den Stichworten »Warburg«, »Olearius«, »Johannes Kahrs«, »Alfons Pawelczyk« und »Cum-ex« sowie auf Wunsch der SPD auch mit dem Namen des früheren CDU-Bürgermeisters »Ole von Beust« durchsucht. Das Ergebnis ist wenig überraschend nicht sehr belastend für den Senat oder die befragten Mitarbeiter: »Bei dieser Nachschau sind keine einschlägigen E-Mails ermittelt worden.«

Die Beamten von Finanzbehörde und Finanzamt hat die Senatskanzlei erst gar nicht um diese Suche gebeten. Es bestehe kein Zweifel, dass alle relevanten E-Mails ohnehin entsprechend der Geschäftsordnung zu den Akten genommen worden seien, erklärt Pörksen.

Die Formulierung haben die Beamten der Finanzbehörde sich für die Senatskanzlei ausgedacht. Vor einigen Tagen hatten die Beamten um Steuerchef Stoll darüber diskutiert, wie viel Einblick sie dem Ausschuss gewähren wollen. Abteilungsleiter Volquardsen plädierte dafür, dem Ausschuss offen mitzuteilen, dass nicht durchsucht wurde – mit der Begründung, dass alle wichtigen Mails ohnehin in den Akten und aufgrund der geringen Speicherkapazität wahrscheinlich gelöscht seien. Und dann zu hoffen, dass der Ausschuss »nicht auf die Idee kommt, die Suche nachholen zu lassen«. Stoll antwortete, das Vorgehen finde er gut. Und er würde ergänzen, dass es für zwischenzeitlich ausgeschiedene Mitarbeiter ohnehin keine Postfächer mehr gebe. »Das hoffe ich jedenfalls!«, schreibt Stoll.

Es ist nicht die einzige Stelle, wo die Behörde fleißig vorsortiert, was der Ausschuss zu sehen bekommt. In diesen Wochen sitzen dort zwei Beamte, lesen Akten und sortieren. Was ist relevant für den Ausschuss? Was ist gedeckt vom Untersuchungsauftrag? Sind dort Rechte Dritter betroffen? Die beiden Beamten halten gegenüber dem Ausschuss zahlreiche Dokumente zurück, etliche Passagen schwärzen sie. Dabei sind diese zwei Finanzbeamten keine Vertreter des Ausschusses und auch keine unbeteiligten Kontrolleure. Es handelt sich um zwei Beamte aus der Finanzbehörde, die den Fall Warburg seit Jahren eng begleiten und an zahlreichen Entscheidungen direkt beteiligt waren: Referatsleiter Lukas Laux und seine Referentin Brigitte Birkenberger. Es ist ein Traum für jemanden, der eine unangenehme Überprüfung zu überstehen hat: Die Behörde entscheidet gewissermaßen selbst, welche Unterlagen sie herausgibt. Damit kann sie selbst beeinflussen, wie ihre Arbeit vom Untersuchungsausschuss eingeschätzt wird.

Freitag, 16. April 2021

Bevor im Ausschuss Zeugen vernommen werden, haben die sogenannten Betroffenen das Recht, sich ausführlich zu äußern. Selbst wollen Christian Olearius und Max Warburg das allerdings nicht tun. Stattdessen schicken die beiden einen stattlichen Trupp Juristen. Sieben Rechtsanwälte sitzen heute hinter den Abgeordneten und machen von ihrem Rederecht als »Betroffenen-Vertreter« reichlich Gebrauch.

Die Bankiers haben sich prominente Unterstützung geholt. Neben seinem langjährigen Hamburger Rechtsanwalt Klaus Landry hat Olearius den CSU-Politiker und Anwalt Peter Gauweiler angeheuert, Warburg setzt neben Otmar Kury auf den publizistisch hoch aktiven ehemaligen Bundesrichter und Neu-Anwalt Thomas Fischer. Die beiden Staranwälte werden zu jeder Sitzung aus München eingeflogen. Für die Bank ist zudem noch ein Vertreter der Berliner Dependance der Steuerkanzlei Flick Gocke Schaumburg dabei.

Die Anwälte verkünden dem Ausschuss eine einhellige Botschaft: Die Banker sind unschuldig, die Behörden haben richtig gehandelt, der Ausschuss ist überflüssig, alles ist nur eine Medienkampagne. Im Sound der Warburg-Anwälte: Warburg und Olearius seien »Sündenböcke«, es gebe eine »öffentliche Hinrichtung« der Bank. »Herr Olearius hat jedes Recht, den Bürgermeister anzusprechen«, sagt Gauweiler.

Doch die Egos der teuren Anwälte führen bisweilen ein Eigenleben. Schon seit den ersten Berichten über die Treffen zwischen Scholz und den Bankern betonen die Anwälte, es sei Olearius und Warburg nicht darum gegangen, illegal Einfluss auf die Entscheidung der Steuerverwaltung zu nehmen. Nun hakt an dieser Stelle der CDU-Abgeordnete und Steuerprofessor Götz Wiese ein. Er würde gerne verstehen, was die Bankiers sich eigentlich vom damaligen Bürgermeister Scholz erhofften. »Wenn Sie jetzt schildern, dass im Grunde genommen da eigentlich gar nichts zu erwarten gewesen sei? Warum geht man dann dahin?«

Fischer räumt ein, dass die Aussage mit der Einflussnahme spitzfindiger gemeint gewesen sei, als viele sie verstanden haben: »Die haben natürlich was erwartet. Das ist ja klar«, sagt er. »Die haben ja gedacht, das ist ungerecht, warum sollen wir das bezahlen, und jetzt gehen wir da einmal hin, und dann sprechen wir halt da einmal mit dem Alleroberten, und dann wird das schon wieder in Ordnung kommen.« Und einmal in Fahrt bringt der Neu-Anwalt Fischer seine Mandantschaft wie auch Scholz mit einem prägenden Bild so richtig in die Bredouille: »Die haben natürlich sich erhofft, dass diese Steuerrückforderung sich in ein weißes Wölkchen auflöst.«

So stellt sich der Sachverhalt allerdings auch vielen Abgeordneten der Opposition dar.

Donnerstag, 22. April 2021

Bevor Olaf Scholz in acht Tagen im Hamburger Untersuchungsausschuss aussagen muss, steht noch ein anderer Auftritt an: seine Befragung im Wirecard-Untersuchungsausschuss in Berlin. Die 43. Sitzung ist der vorläufige Höhepunkt in der Aufarbeitung des Skandals. Nach dem Vizekanzler soll morgen nur noch Bundeskanzlerin Angela Merkel befragt werden. Scholz hat sich für die Vernehmung fünf Monate vor der Bundestagswahl eine klare Botschaft zurechtgelegt: Er hat mit der ganzen Angelegenheit persönlich nichts zu tun; Schuld haben andere.

Der Ausschuss hat in den vergangenen Monaten vor allem bei der Scholz unterstellten BaFin schockierende Verhältnisse aufgedeckt. Die

Behörde hat nicht nur die Trickserein des Konzerns übersehen, Mitarbeiter haben sogar mit dessen Aktien gehandelt. Und die Aufsicht setzte sich immer wieder für das Unternehmen ein. Als die britische Wirtschaftszeitung *Financial Times,* die bereits seit 2015 Ungereimtheiten bei Wirecard thematisiert hatte, Anfang 2019 mehrere kritische Berichte über Hinweise auf erfundene Bilanzen veröffentlichte, erstattete die BaFin Anzeige gegen zwei der Autoren. Begründung: Die Journalisten hätten Spekulanten über die geplanten Artikel informiert.

Gleichzeitig unterband die Behörde Spekulationen mit Wirecard-Aktien. Sie erteilte ein sogenanntes Leerverkaufsverbot, wodurch Spekulanten nicht mehr auf fallende Kurse wetten konnten, und stabilisierte das Unternehmen damit. Es ist das einzige Leerverkaufsverbot für ein einzelnes Unternehmen in der Geschichte der Bundesrepublik. Im Finanzministerium wurde Staatssekretär Jörg Kukies vorab in Kenntnis gesetzt, die Bundesbank meldete Bedenken an, dennoch setzte die BaFin das Verbot durch.

Im Wirecard-Ausschuss redet Scholz leise. Zu leise, findet der CDU-Abgeordnete Matthias Hauer. Ob er bitte lauter sprechen könne, man verstehe ihn trotz Mikrofon nicht gut. »Ich rede so laut, wie ich immer rede«, sagt Scholz. Dann bestreitet er alle Vorwürfe. Er halte alle Vorwürfe gegen Politik und Behörden für falsch. Die Wirecard-Manager hätten mit »hoher krimineller Energie« agiert, die BaFin sei mit dem damaligen Wissen »ordnungsgemäß« vorgegangen. Dass das Finanzministerium und die BaFin Wirecard protegiert hätten, sei ein »absurdes Märchen«.

Ob Scholz selbst Verantwortung für den Milliardenbetrug trägt, will der Abgeordnete Hauer wissen. Scholz verneint. Was mit seinen Beamten sei? Die hätten »sehr gute Arbeit geleistet«, für die Zukunft habe er »zügig« Reformen auf den Weg gebracht, um die Strukturen und Befugnisse zu verbessern, damit die BaFin »weltweit in der obersten Liga spielen« kann, erklärt Scholz.

Der Finanzminister hat lange an der Spitze der BaFin festgehalten, aber vor einigen Monaten dann doch die Notbremse gezogen und Behörden-Chef Felix Hufeld und dessen Stellvertreterin gefeuert. Warum er das getan habe, wenn doch seine Beamten gute Arbeit geleistet hätten, fragt ein Abgeordneter. Einen konkreten Anlass habe es dafür nicht gegeben, man habe »untereinander diskutiert«, wie die »Neuaufstellung« der BaFin am besten gelinge, sagt Scholz allen Ernstes.

Die Abgeordneten kriegen Scholz nicht zu fassen. Obwohl er als Minister die Organisationsverantwortung für das Versagen der BaFin trägt. Und obwohl sich auch seine Staatssekretäre merkwürdig verhielten. Denn nicht nur Schmidt hat für Wirecard lobbyiert, sondern auch Kukies. Im November 2019 traf er Wirecard-Chef Braun an dessen 50. Geburtstag.[63] Noch zwei Tage vor der Insolvenz im Sommer 2020, als bereits der Verdacht im Raum stand, dass der Konzern 1,9 Milliarden Euro in seinen Bilanzen erfunden hat, rief Kukies bei Ipex an, einer Tochter der bundeseigenen Förderbank KfW. Er habe die Staatsbank zur Verlängerung und Aufstockung eines Kredits gedrängt, den diese dem kriselnden Konzern gegeben hatte, aber eigentlich schon lange kündigen wollte, berichtete der Ipex-Chef dem verblüfften Ausschuss.[64]

Aber am Ende finden sich keine Spuren zu Scholz, keine belastbaren Hinweise darauf, dass er sich eingemischt oder gar mit den Chefs des Zahlungsdienstleisters getroffen hat. Den Abgeordneten bleibt nicht mehr als Verwunderung, wie wenig Scholz als Finanzminister von den Vorgängen in seiner Behörde mitgekriegt haben will. Nach sieben Stunden Vernehmung tritt der Finanzminister am Abend vor die Kameras und lobt großzügig die Arbeit der Abgeordneten. Die Aufklärung dieses Skandals sei sehr wichtig, sagt er.

In Hamburg verfasst derweil Scholz' Anwalt Thomas Bliwier ein siebenseitiges Schreiben an die Staatsanwältin Köpke. Sollte bei der Befragung im Hamburger Ausschuss das Verfahren gegen Scholz zur Sprache kommen, wäre das äußerst unangenehm, die bundesweite Schlagzeile »Staatsanwaltschaft prüft Ermittlungen gegen Kanzlerkandidat Scholz« eine große Bürde für den Wahlkampf. Er habe die Akten eingesehen,

---

63 Kukies erklärte dazu im Untersuchungsausschuss, er habe nicht gewusst, dass sein Gesprächspartner Geburtstag habe. Es sei ein normaler Arbeitstermin gewesen.
64 Im Untersuchungsausschuss erklärte Kukies, diese Lösung sei sehr schnell verworfen worden.

schreibt Bliwier, augenscheinlich handele es sich nur um eine Vorprüfung, kein Ermittlungsverfahren. Dennoch habe die Staatsanwältin den Akten zufolge den Anzeigeerstattern geschrieben, es werde ein Ermittlungsverfahren gegen seinen Mandanten geführt. Das verletze diesen erheblich in seinen Persönlichkeitsrechten. Er fürchte, Scholz könne wegen des »außerordentlich sorglosen Umgangs mit dem Gegenstand der Vorermittlungen« im Ausschuss dazu befragt werden, schreibt er. Er bitte daher um schriftliche Bestätigung, dass gegen Scholz kein Ermittlungsverfahren geführt werde.

Donnerstag, 29. April 2021

Nach interner Diskussion,[65] welche Kalendereintragungen man für den Untersuchungsausschuss »einsortiert«, faxt Jeanette Schwamberger Mathias Petersen die Antworten auf die Kalenderanfrage – just einen Tag vor Scholz' Vernehmung im Ausschuss. Für die anderen Abgeordneten im Ausschuss bleibt keine Zeit, sich die Unterlagen vor der Anhörung anzuschauen, um auf deren Grundlage Scholz zu befragen.

Ihre E-Mail an den Ausschussvorsitzenden beginnt Schwamberger mit einer schlechten Nachricht. Nach Scholz' Wechsel ins Bundesfinanzministerium habe die IT die von der Senatskanzlei Hamburg übergebenen Kalenderdaten in das Outlook-Programm des Ministerkalenders übertragen. Dabei sei etwas schiefgegangen. »Für den Zeitraum ab 2017 vermengt der Ministerkalender importierte Termine aus Hamburg mit bereits vorhandenen Terminen früherer Bundesminister«, schreibt Schwamberger. »Ab dem Jahr 2017 sind die Einträge daher nicht eindeutig zuzuordnen.«

Dann berichtet sie von ihren Suchergebnissen. Gemeinsam mit Kollegen habe sie »im Vorzimmer von Minister Scholz« den Outlook-Kalender mit den Suchbegriffen »Olearius«, »Warburg«, »Kahrs«, Pawelczyk«,

---

[65] Olaf Scholz wird später im Ausschuss sagen, er sei an der Diskussion nicht beteiligt gewesen.

»Tschentscher« sowie verschiedene Schreibweisen von »Cum-ex« für den Zeitraum 2016 bis 2018 durchsucht. Das Ergebnis ist überschaubar. Scholz habe in den Jahren 2016 bis 2018 wohl mehrfach mit Pawelczyk gesprochen, aber »bei keinem dieser Treffen ist ein Gesprächsthema vermerkt«. Ebenso habe er in diesem Zeitraum viele Treffen mit Kahrs oder Tschentscher gehabt, schreibt Schwamberger. »Im Kalender ist bei keinem Termin das Bankhaus M.M. Warburg als Gesprächsthema vermerkt.«

Auch unter dem Suchbegriff »Olearius« hat Schwamberger, so schreibt sie, nicht viel gefunden, sogar weniger als erwartet. Lediglich zwei der mittlerweile drei bekannt gewordenen Treffen von Scholz mit dem Privatbankier sind im Kalender verzeichnet, außerdem der ebenfalls öffentlich bekannte Telefontermin. Darüber hinaus hat Schwamberger nur noch zwei Termine mit Olearius gefunden: die Preisverleihung der Herz-Stiftung 2016 sowie 2017 ein Dinner mit Sonderkonzert für die Spender der Elbphilharmonie. Zu dem dritten bekannten Treffen von Scholz und Olearius schreibt Schwamberger: »Ausweislich der Presseberichterstattung vom Februar 2020 hat es zudem am 10. November 2017 ein Gespräch von Olaf Scholz mit Herrn Dr. Olearius gegeben. Zu diesem Termin finden sich keine Einträge im Ministerkalender des Bundesfinanzministerium der Finanzen.«[66]

Doch entweder tischt die Scholz-Vertraute dem Ausschuss hier dreist eine Lüge auf – oder Scholz und sein Team haben im Februar 2020 gelogen. Damals hatte Sprecher Steffen Hebestreit erklärt, aus dem Kalender von Scholz gehe hervor, dass es im November 2017 ein Treffen mit Olearius gegeben habe. Wieso konnte Scholz' Team 2020 einen Termin einsehen, der 2021 angeblich nicht eingetragen ist?

Und auffällig ist noch etwas anderes. Der erste Entwurf von Schwamberger und das Schreiben an den Ausschuss unterscheiden sich an einigen Stellen. Unter anderem werden nun zwei Termine mit Pawelczyk

---

66 Später wird auch Scholz in seiner Befragung im Ausschuss sagen, der Termin finde sich nicht im Kalender. Ab Mitte Oktober 2017 fänden sich vermutlich aufgrund eines IT-Fehlers lediglich Termine seines Amtsvorgängers Peter Altmaier in seinem Kalender.

erwähnt, über die Medien schon berichtet haben und die Scholz bereits bestätigt hat. Eine Änderung ist zudem bemerkenswert: Die von ihr vorgeschlagene Passage, dass ein Zusammenhang mit der Warburg-Bank von Scholz nicht erinnert werde, ist gestrichen.

Man kann diese Streichung so verstehen, dass Scholz sich doch an Treffen mit Tschentscher, Pawelczyk oder Kahrs erinnert, bei denen es um den Warburg-Fall ging. Im Tagebuch des Bankiers Christian Olearius ist mehrfach vermerkt, dass Pawelczyk und Kahrs mit Scholz sprechen wollen oder gesprochen haben. Aber im Kalender ist nichts vermerkt – und nur danach hat der Ausschuss gefragt.

Freitag, 30. April 2021

Mit blauem Anzug und schwarzer Maske betritt Olaf Scholz den Festsaal des Hamburger Rathauses, macht dann die große Runde, begrüßt die Abgeordneten, hält hier und da einen kurzen Small Talk. Erst als die Fotografen den Raum verlassen haben, setzt er sich an den Tisch, auf dem das Schild mit seinem Namen und dem Begriff »Zeuge« steht.

Scholz ist bestens vorbereitet auf die Sitzung. Er spricht ruhig, aber geht sofort in die Offensive: Scholz vertritt die Auffassung, sich im Kampf gegen Steuersünder immer besonders engagiert zu haben. In dieser Affäre stellt er sich als Opfer dar. »Ich will daher nicht verhehlen, dass es mich empört, wenn immer wieder, auch aus politischen Gründen, versucht wird, den völlig falschen Eindruck zu erwecken, es sei Einfluss auf die Steuerverwaltung genommen worden, damit solche Machenschaften folgenlos bleiben. Ich kann es nur noch mal sagen, das sind haltlose Schauermärchen.«

Scholz gibt den Gerechten, der sich vor seine Verwaltung stellt. Mit »abwegigen Mutmaßungen« werde die »Integrität der Beamtinnen und Beamten« angegriffen, sagt er. »Ich hoffe, dass Sie mit Ihrer Arbeit in diesem Ausschuss diese Vorwürfe nun rückhaltlos aufklären«, fordert er die Abgeordneten auf. »Dass Sie auf die Fakten schauen und nicht auf die Unterstellungen, damit der gute Ruf der Hamburger Steuerverwaltung nicht beschädigt wird.«

Dann kommt Scholz auf seine eigene Rolle in der Affäre zu sprechen. Olearius sei ein sehr engagierter Bürger, betont er. Als Bürgermeister habe er allerdings nicht nur mit ihm gesprochen, sondern mit sehr vielen Menschen. Er könne sich nicht an alle konkreten Gespräche erinnern. »Als Zeuge kann ich nur das sagen, woran ich mich erinnere. Zum Inhalt und zum Ablauf der besagten Gespräche aus den Jahren 2016 und 2017 habe ich keine detaillierte, aktive Erinnerung.« Dann zitiert er die Tagebucheinträge und folgert daraus, dass er sich stets korrekt verhalten habe. Seine grundsätzliche Maxime sei es, in solchen Gesprächen zurückhaltend zu sein. Deswegen sei er sich einer Sache sicher: Er habe sich nicht in das Steuerverfahren eingemischt. »Das erschiene mir auch heute noch immer als eine politische Dummheit. Dazu neige ich nicht.«

Scholz bleibt bei seiner Linie. In der Befragung macht er nun Erinnerungslücke um Erinnerungslücke geltend, erklärt insgesamt fast 40 Mal, sich nicht erinnern zu können.

Die Abgeordneten geben sich alle Mühe. David Stoop von den Linken konfrontiert Scholz mit diversen Tagebucheinträgen von Olearius, die nahelegen, dass sowohl Svenja Pannhusen als auch Alfons Pawelczyk geraten haben, in dem Verfahren die Politik einzuschalten. Scholz bleibt cool. »Ich kann an Fakten beitragen, was ich hier vorgetragen habe. Dem kann ich nichts hinzufügen.«

Der CDU-Abgeordnete Dennis Gladiator nimmt Scholz' Erklärung auf, dass er Gespräche mit vielen geführt habe. Er fragt nach, ob es in Gesprächen mit anderen Bankhäusern auch um Steuerrückforderungen in Millionenhöhe ging und ob diese vor dem Hintergrund staatsanwaltlicher Ermittlungen stattfanden. »Ich erinnere mich an den Inhalt dieser Gespräche nicht. Auch an viele andere nicht«, erklärt Scholz. »Ich habe mit konkreten Unternehmen geredet, aber wenn jetzt jemand von mir wahrhaftig wissen will, was ich wann mit wem da besprochen habe, kann ich das auch in den Fällen nicht besser machen.«

Scholz bleibt stoisch, lässt die Fragen der Abgeordneten schlicht abprallen. Sie wissen nicht, dass er durchaus angreifbar wäre, denn es gibt einen Haken bei den Erinnerungslücken, auf die er sich beruft: Noch im vergangenen Sommer hat Scholz in der VS-vertraulichen Sitzung des Finanzausschusses den Eindruck vermittelt, sich sehr wohl an Inhalte zu erinnern. Damals war eines der drei Treffen mit Olearius durch Medienenthüllungen bekannt geworden. Scholz musste sich zu diesem Treffen befragen lassen und erklärte den Abgeordneten laut Protokoll: Man habe über viele Dinge gesprochen; er habe sich lediglich Olearius' Sicht der Dinge angehört. Von Erinnerungsschwierigkeiten sagte er damals kein Wort.

Doch einmal wird es im Ausschuss dann doch noch spannend. Das liegt an dem Grünen-Politiker Till Steffen, der bis zum Vorjahr unterschiedlichen Hamburger Regierungen als Justizsenator angehört hat. Er habe inzwischen gelernt, dass gewisse Parallelen zwischen dem Amt des Justiz- und des Finanzsenators beständen, sagt Steffen vor dem Ausschuss. Er erzählt von der strikten Zurückhaltung, die ihm als Justizsenator vorgeschrieben gewesen sei, wenn ihn mal jemand nach Hintergründen von Ermittlungsverfahren gefragt habe. Und so ähnlich sei es wohl in der Finanzverwaltung.

In seinen siebeneinhalb Jahren als Justizsenator, sagt Steffen dann, habe er es »nie erlebt, dass mich ein Schreiben erreicht hätte, wo ein Beschuldigter gesagt hätte: Ich war mit dieser Angelegenheit beim Bürgermeister, er hat mich gebeten, das Ihnen noch mal zu schicken«.

Scholz muss jetzt aufpassen, die Sache läuft für ihn in keine gute Richtung. »Und da frage ich mich«, fährt Steffen fort, »wenn Sie jetzt aktiv, also, Sie lassen einen Telefontermin ausmachen, rufen selber an und sagen dann, also, das (...) haben Sie sich wohl überlegt, bevor Sie angerufen haben, was Sie sagen möchten: Schicken Sie das an den Finanzsenator! Was sollte der denn real tun? Also, ich würde meinen, sein Spielraum, konkret zu handeln, ohne dass das dann tatsächlich sehr wohl als Einflussnahme wahrgenommen würde, ist gleich null.«

Scholz sagt nichts. Er zuckt nur mit den Schultern. Anders als in den USA etwa werden Anhörungen in Parlamentarischen Untersuchungsausschüssen nicht live übertragen. In der Bundesrepublik gibt es lediglich ein Protokoll, und darin hält der Protokollant nur das gesprochene Wort fest, nicht das Achselzucken, nicht das Grinsen, nicht das beredte Schweigen von vorgeladenen Zeugen. Als Profi weiß Scholz das.

Der Grünen-Vertreter Steffen hat die Sache auf den Punkt gebracht: Warum empfahl Scholz dem tief in Cum-ex-Kriminalität verwickelten

Bankier, sich an seinen Parteifreund und Finanzsenator Peter Tschentscher zu wenden? Was sollte Tschentscher anfangen mit dem Warburg-Papier?

»Was soll er tun mit diesem Schreiben?«, fragt Steffen Scholz noch einmal.

Scholz wiederholt nur stumpf, es habe keine Einflussnahme gegeben. Steffens Frage beantwortet er nicht.

Steffen hakt nach. »Was soll denn der Sinn gewesen sein, das dem Finanzsenator zukommen zu lassen?«

»Wir können doch jetzt nur spekulieren«, antwortet Scholz und wirkt dabei weitaus weniger souverän als in seinem langen Eingangsvortrag. Jedenfalls habe er nichts damit zu tun gehabt, sagt er nochmals.

Das ist natürlich unzutreffend, denn Scholz hielt es für richtig, dem Bankier den Hinweis zu geben, sich an den Finanzsenator zu wenden. Doch der frühere Justizsenator gibt noch nicht klein bei:

»Warum haben Sie in der Situation, wenn jemand verdächtigt wird, Steuern hinterzogen zu haben, warum haben Sie nicht gesagt: ›Ich glaube, dann müssen Sie sich jetzt rechtlich gut aufstellen und für sich das Beste daraus machen?‹ Sondern Sie sagen, okay, ich mach noch einen Telefontermin aus, und sagen dann, ich glaube, dieses Schreiben, (…) das muss jetzt noch mal an den Finanzsenator.«

Das Eis ist jetzt so dünn, dass Scholz einkrachen kann. Doch er hat einen Trumpf im Ärmel: Er war Erster Bürgermeister, der Fragesteller Steffen unter ihm Justizsenator; er selbst ist jetzt Vizekanzler, Steffen nur noch ein einfacher Abgeordneter in Hamburg. Scholz versucht es mit Autorität und macht sich kurzerhand zum Herrn des Verfahrens. Plötzlich spricht er, als sei er der Vorsitzende des Untersuchungsausschusses und nicht ein Zeuge.

»Herr Steffen, wir bewegen uns jetzt in der fünften spekulativen Ableitung über einen Sachverhalt, zu dem ich nur beitragen kann, was in einem Tagebucheintrag von Herrn Olearius steht, was ich eingangs geschildert habe. Ich glaube, wir sollten diese ganzen Ableitungsschritte nicht machen, weil sie keinen Sinn machen und es ausreicht, sich über Fakten zu unterhalten.« Es ist ein Rollenwechsel. Der Zeuge Scholz gibt vor, was gefragt und worüber sich unterhalten werden soll. Vielleicht ist

Steffen überrascht. Scholz jedenfalls schafft es, so aus der Bredouille zu kommen.

Steffen sagt nicht, dass er hier bestimme, was gefragt werde und nicht der Zeuge Scholz. Er erklärt sich. »Ich versuche nur, dem Sachverhalt, wie Sie ihn eingeführt haben, einen Sinn zu geben«, sagt Steffen. Damit ist Scholz wieder obenauf. Mit einer Prise Arroganz antwortet er: »Ja. Aber das ist vielleicht eine Sache, mit der Sie sich die nächsten Jahre noch beschäftigen.«

Am Ende kann Scholz zufrieden sein. Vor dem Saal tritt er vor die Fernsehkameras. »Es ist ganz klar, dass da nichts ist.« Es sei gut gewesen, »alles« darlegen zu können, sagt er. »Es ist gut, dass sich nichts Neues herausgestellt hat, sondern alle wissen: Dies ist eine Sache, wo sich die Hamburger Verwaltung, der Bürgermeister und der Finanzsenator völlig korrekt verhalten haben.«

Nach möglichen staatsanwaltlichen Ermittlungen wird Scholz im Ausschuss nicht gefragt. Die Abgeordneten wissen von den Vorermittlungen nichts, die Behörde hat den Ausschuss nicht informiert.[67] Und Scholz hat entschieden, wieder einmal nicht alles zu erzählen. In mehr als einem Jahr wird er dem Ausschuss dazu sagen: »Warum hätte ich das erklären sollen?« Er sei ja nicht danach gefragt worden.

---

67 Der Senat wird später dazu auf eine Anfrage der CDU erklären: »Der Senat hatte am 2. Februar 2021 (…) entschieden, dem Parlamentarischen Untersuchungsausschuss nur abgeschlossene Vorgänge und Verfahren zuzuleiten. Der Prüfvorgang 5700 Js 1/20 gehörte nicht dazu, weil die Staatsanwaltschaft in der von ihr an die zuständige Behörde übermittelten Liste diesen Vorgang mit dem Vermerk versehen hatte, dass die Untersuchungen noch nicht abgeschlossen seien und durch eine Bekanntgabe der Untersuchungszweck gefährdet würde; die von diesem Prüfvorgang betroffenen Personen wurden von der Staatsanwaltschaft nicht genannt.«

24

Sonntag, 2. Mai 2021

Die Schlagzeilen über seinen Auftritt im Untersuchungsausschuss sind für Olaf Scholz verheerend: »Der Mann ohne Erinnerung« *(Spiegel Online),* »Das passt alles nicht zusammen« *(Süddeutsche Zeitung)* oder »Erinnerungsschwächen eines Kanzlerkandidaten« *(Zeit).* Selbst das *Hamburger Abendblatt,* sonst Scholz gewogen, titelt: »Cum-ex-Skandal: Die Erinnerungslücken des Olaf Scholz«.

Wolfgang Schmidt findet den Text in der Hamburger Lokalzeitung trotzdem gut. Um 16:25 Uhr schickt er von seinem iPad eine E-Mail an Andreas Dey, der für das *Abendblatt* über den Untersuchungsausschuss berichtet. »Ich habe mit Freude gesehen, dass Sie sich den Besuch von Scholz am Freitag in Hamburg angeschaut und einen fairen Bericht gemacht haben«, lobt Schmidt. »Wie ich insgesamt finde, dass das HA und die Bild in der Sache fair und ausgewogen berichten und nicht mit Unterstellungen und Gerüchten arbeiten. Das ist heutzutage schon sehr wohltuend.«

Dann kommt Schmidt zur Sache: Vielleicht habe der Redakteur Interesse an weiter gehenden Gedanken zum Thema. Auf acht Seiten erklärt der Staatssekretär dem Redakteur seine Sicht der Dinge. Es sei schwer, gegen all die Verdächtigungen anzukommen, klagt er. Schmidt platziert zwei Kernbotschaften. Erstens: Scholz hat alles richtig gemacht. »Der ›Clou‹ an Scholz' Handlung war doch genau das: er hat Olearius gegenüber eine Handlung simuliert. Und tatsächlich nix gemacht. Und verhindert, dass irgendein Einfluss genommen wird«, schreibt Schmidt.

Scholz' Erinnerungslücken halte er für glaubwürdig, auch an andere Treffen erinnere sich der Kanzler nicht. Zweitens: Bei den Journalisten, die zu dem Thema recherchieren, sei der »Übergang vom Journalisten zum Aktivisten« fließend. Erneut versucht er das Erfolgsmodell aus dem Februar 2020 zu kopieren und erklärt wortreich, wo angeblich etwas weggelassen wurde, das Scholz entlastet. Er hat sogar eine Grafik gebastelt, anhand der er erklärt: Das Finanzamt sei sich seiner Sache doch gar nicht sicher gewesen, die Treffen mit Scholz seien nicht entscheidend gewesen.

Fünf Minuten später leitet Schmidt seine ausführliche E-Mail an den *Abendblatt*-Redakteur noch an dessen Chefredakteure weiter. Es ist ein übliches Vorgehen von ihm, engen Kontakt zu Vorgesetzten von schreibenden und recherchierenden Journalisten zu halten. »Lieber Lars, lieber Matthias«, beginnt er. Der Ton ist vertrauter als in der Mail an den Redakteur, aus »Scholz« wird »Olaf« und es ist von »wir« die Rede. »Wir sollten uns dringend mal wieder sprechen/sehen – die Zeit vergeht im Flug und es ist viel zu lange her.« Er komme mehr und mehr zu der Überzeugung, es sei ein »ziemlich fieses Spiel« von Linken, der CDU und »Journalisten-Aktivisten«, und zwar »erkennbar mit dem Ziel, uns zu schaden«.

Anderthalb Stunden später hat *Abendblatt*-Vizechefredakteur Matthias Iken die Sonntagsnachmittagslektüre aus Berlin gelesen. Um 18:05 Uhr antwortet er Schmidt: »Lieber Wolfgang, ein komplexer Fall, danke für deine Mühe. Spannender Lesestoff. Kollege Dey wird sich sicher melden. Was ich über die doch höflich formuliert etwas zugespitzte Arbeit der Kollegen halte, habe ich ja schon kommentiert.«

Sonntag, 9. Mai 2021

Die Umfrageergebnisse für die SPD sind nach wie vor mies, festgenagelt auf 15 Prozent. Von vielen wird Scholz kaum noch als richtiger Kanzlerkandidat wahrgenommen. Das Rennen, davon gehen die meisten Beobachter aus, laufe zwischen den Kandidaten Armin Laschet (Union) und Annalena Baerbock (Grüne). Scholz gehört allerdings zu den beliebtesten Politikern in Deutschland. Die Deutschen trauen ihm viel zu, besonders im Vergleich zu seinen beiden Konkurrenten.

Die SPD, die so lange nicht warm wurde mit Scholz, steht nun geschlossen hinter ihm. Auf einem digitalen Parteitag wird der Finanzminister offiziell zum Kanzlerkandidaten gewählt. »Ich bewerbe mich für das Amt des Bundeskanzlers, weil ich überzeugt bin: Ich kann das«, sagt Scholz in seiner Bewerbungsrede. Er spricht von seiner »tiefen Überzeugung, dass wir eine Gesellschaft des Respekts sein müssen, in der jede und jeder geachtet wird, dass wir eine Gesellschaft sind, in der wir nur gemeinsam vorankommen – gemeinsam, miteinander und auf Augenhöhe«.

Respekt, das ist nun der Kernbegriff für den Wahlkampf. 27 Mal verwendet ihn Scholz in seiner Rede. »Respekt für Dich. Kompetenz für Deutschland«, lautet der Slogan der Kampagne. Kompetenz, das soll Scholz sein. In einem Wahlwerbespot wird er als einsamer Macher inszeniert.

Doch die Botschaft verfängt noch nicht. Die Gedächtnislücken des Kandidaten sind in diesen Wochen die perfekte Vorlage für Satiresendungen. »Ist dieses Land schon reif für einen Kanzler mit Amnesie?«, spottet die »heute show« im ZDF. Im NDR legt »extra 3« nach. »Olaf Scholz will deutscher Bundeskanzler werden«, sagt Moderator Christian Ehring »Er hat durchaus Chancen. Nach Umfragen ungefähr so große wie der deutsche Beitrag beim ESC.« Dann wird es bissig. »Was ist, wenn der Kanzler wird? Mit diesem Gedächtnis? Dann muss Scholz deutsche Truppen in den Kampfeinsatz schicken und merkt nach einem halben Jahr: ›Ach, Mali. Verdammt, ich hatte Bali in Erinnerung.‹«

Wolfgang Schmidt entgeht nichts davon, der Spitzenbeamte im Finanzministerium versucht mit allen Mitteln, die Sache zu drehen. Hinter seinem Schreibtisch stapeln sich auf einem Stehpult zwei Aktenberge, einer zu Wirecard, einer zur Warburg-Affäre. Die Botschaft: Er hat sich eingearbeitet. Für Journalisten zieht er einen Ausdruck seiner selbst gebastelten Zeitleiste aus dem Stapel, erklärt dann wortreich, wieso Scholz mit der Cum-ex-Sache eigentlich gar nichts zu tun hat. Die Botschaft: Es gibt nur Geraune, keine Belege.

Nach dem Beitrag der »heute show« keilt Schmidt auf Twitter gegen Journalisten, an die »extra 3«-Redaktion schreibt er eine lange Mail, setzt den Chefredakteur des zuständigen NDR in Kopie. Er hat jetzt eine neue Finte, mit der er den berichtenden Medien vorwirft, unsauber zu arbeiten. Es geht um die Verjährung. In den schriftlichen Ausführungen zum Cum-ex-Urteil hat das Landgericht Bonn unter Randziffer 2044 ff dargelegt, dass aus Sicht der Richter die Gelder nicht verjährt waren. Eine umstrittene Auslegung. Sowohl die Hamburger Finanzbeamten, das Bundesfinanzministerium und auch die Ermittler aus Köln und Düsseldorf 2016 und 2017 hatten es in den Jahren zuvor anders gesehen.

Doch für Schmidt ist damit klar: Wenn das Geld gar nicht verjährt ist und zudem inzwischen zurückgezahlt wurde, dann ist weder die Genese der Entscheidung der Finanzbeamten wichtig noch die Treffen von Scholz mit den Bankern noch Scholz' Erinnerungslücken. Es gibt also gar keinen Skandal.

Ein geschicktes Ablenkungsmanöver. Schmidt verteilt Argumentationspapiere, gewährt Journalisten lange Gespräche. Wer nicht tief drin ist im Sachverhalt, ist danach erschlagen, überfordert von Details, hilflos verirrt in den vielen Strängen, die Schmidt in rasantem Tempo durchexerziert. Doch die Methode wirkt. Unter Hauptstadtjournalisten verbreitet sich die Ansicht, bei Cum-ex sei zwar nicht alles sauber, was Scholz gemacht habe – aber der Skandal viel zu kompliziert, um ihn den Leserinnen und Lesern zu erklären.

Sonntag, 6. Juni 2021

Der letzte große Test vor der Bundestagswahl bringt keine guten Nachrichten für Olaf Scholz: Bei der Landtagswahl in Sachsen-Anhalt hat CDU-Amtsinhaber Reiner Haseloff gewonnen. Die CDU hat ihr Ergebnis um 7,3 Prozentpunkte verbessert, kommt auf 37,1 Prozent der Stimmen. Die SPD erreicht gerade noch 8,4 Prozent, das sind noch einmal 2,2 Prozent weniger als bei der letzten Wahl.

Scholz gibt kein Statement ab, die Wähler sollen ihn nicht mit der Niederlage verbinden. Das Superwahljahr war bisher für die SPD durchwachsen: In Rheinland-Pfalz hat sie vor wenigen Wochen mit der beliebten Ministerpräsidentin Malu Dreyer gewonnen, die Ampelkoalition dort kann ihre Arbeit fortsetzen. »Es sind Regierungsbildungen ohne die CDU/CSU in Deutschland möglich«, jubelte Scholz nach der Wahl. »Das ist in der Tat Rückenwind für die Bundestagswahl und für unser Ziel, ins Kanzleramt zu kommen.«

Doch das war eher Zweckoptimismus. Selbst in Rheinland-Pfalz hat die SPD Stimmanteile verloren. Bei der am gleichen Tag stattfindenden Wahl in Baden-Württemberg war das Ergebnis katastrophal. Mit 11 Prozent der Stimmen erzielte die SPD ein historisch schlechtes Ergebnis. Winfried Kretschmann von den Grünen kann seine grün-schwarze Koalition fortsetzen, die SPD bleibt im Südwesten bedeutungslos.

Doch eine Sache macht Scholz' Team Hoffnung. Bei allen drei Wahlen wurden die Amtsinhaber deutlich wiedergewählt. Deutschland sehnt sich nach Kontinuität. Und Kontinuität, das wäre im Bund, so glauben die SPD-Strategen, Olaf Scholz als Nachfolger von Angela Merkel.

Freitag, 18. Juni 2021

Der Untersuchungsausschuss tagt nun schon zum elften Mal. Heute ist Karin Ohse-Griem geladen. Die ehemalige Chefin des Finanzamts für Großunternehmen ist seit einigen Monaten pensioniert. Weil die Kölner Staatsanwaltschaft weiter gegen sie ermittelt, müsste sie nicht aussagen. Aber sie verzichtet auf ihr Aussageverweigerungsrecht. Sie will reden, sich und ihre Kollegen entlasten, die an der fatalen Entscheidung im Herbst 2016 beteiligt waren. Ebenso will sie die politischen Verantwortungsträger freisprechen.

Ihre Einlassung kommt allerdings einem fachlichen Offenbarungseid gleich. »Ich habe mir keine tiefgreifende, fachliche Einschätzung zu Cum-ex erarbeitet«, erklärt sie. »Ich habe mir da sehr, sehr viel Mühe dabei gegeben und ich habe mich auch sehr, sehr daran gequält, aber über eine grobe Schlüssigkeitsprüfung mit vielen, vielen Nachfragen und Erklärungen, dazu bin ich nicht gekommen.«

Die ehemalige Spitzenbeamtin gibt dem Untersuchungsausschuss einen Einblick in die Hamburger Finanzverwaltung. Sie beschreibt eine Mischung aus Überforderung und Angst. Man habe vor allem das Risiko gesehen, erklärt sie, dass die Bank durch die Entscheidung der Behörde in die Pleite gerissen wird. Geprüft habe man dieses Risiko aber nicht explizit, räumt sie ein. »Vielleicht waren wir zu ängstlich, ich muss ganz ehrlich sein, wir haben immer dieses Szenario vor Augen gehabt, dass die Bank pleitegeht, dass das gar nicht anders sein könnte.«

Doch in der medialen Berichterstattung über die Befragung der Zeugin ist von den Merkwürdigkeiten der Entscheidungsfindung in der Behörde nichts zu lesen. Im Fokus steht etwas anderes: »Finanzamtsleiterin entlastet Scholz und Tschentscher«, titelt das *Abendblatt* und schreibt: »Diese Aussage dürfte für Aufatmen bei Bürgermeister Peter Tschentscher und seinem Vorgänger Olaf Scholz (beide SPD) sorgen: Die frühere Leiterin des Hamburger Finanzamts für Großunternehmen, Karin Ohse-Griem, hat im Parlamentarischen Untersuchungsausschuss zu den Cum-ex-Geschäften der Warburg-Bank am Freitagabend betont, dass die Entscheidung, eine zweistellige Millionensumme an Steuern nicht zurückzufordern, allein sachliche Gründe hatte und es keine politische Einflussnahme gab.« Autor des Berichts ist jener Redakteur, den Schmidt nach dem Auftritt von Scholz mit Argumenten versorgt hat.

In der Tat ist im Scholz-Lager die Erleichterung groß. Wolfgang Schmidt teilt abends um 22:45 Uhr auf Twitter die *Abendblatt*-Schlagzeile und schreibt dazu: »Vielleicht können wir uns jetzt mal wieder echten Skandalen widmen und mit dem Geraune aufhören?« Fabio De Masi kontert umgehend. Er sei beeindruckt, dass jetzt schon eine Dame als Entlastungszeugin herhalten müsse, gegen die wegen Falschaussage ermittelt werde.

Klar ist spätestens jetzt: Die Sachaufklärung wird es schwer haben in dem Ausschuss. Die SPD hat es geschafft, den medialen Fokus auf die »politische Einflussnahme« zu lenken – alle anderen Fragen treten in den Hintergrund. Wie es in Hamburg zu solch einer Entscheidung kommen konnte, über die Cum-ex-Experten im Rest der Republik den Kopf schüttelten. Ob die Hamburger Behörden gut genug aufgestellt waren und sind gegen Steuerbetrug. Es geht nur um die Frage: Hat es eine direkte Weisung von Scholz oder Tschentscher gegeben, das Geld verjähren zu lassen? Doch so dumm wäre wohl keiner der beiden gewesen. Denn so einfach laufen Entscheidungen in Behörden nicht.

Das Muster wird sich in den nächsten Wochen fortsetzen. Der Ausschuss hört teils haarsträubende Schilderungen aus dem Inneren der Behörden, bekommt erläutert, wie Expertise verloren ging, der Sparzwang die Finanzverwaltung ausdünnte. Es wird greifbar, dass es gar keiner direkten politischen Weisung bedurfte, sondern schon die Angst vor der Pleite ausreichte, um die unsicheren Beamten umkippen zu lassen – zumal den verantwortlichen Beamten in der Behörde klar war, dass die einflussreichen Banker auch gegenüber Senator Tschentscher mit der Pleite gedroht hatten und der den Beamten auf die Finger schaute.

Doch die Berichterstattung konzentriert sich nicht auf das, was ist, also was der Ausschuss herausfindet, sondern auf das, was weiter im Vagen bleibt: die Frage, ob Scholz und Tschentscher Einfluss genommen haben. Allen Beamten stellt Mathias Petersen am Ende ihrer Vernehmung die Frage, ob sie eine politische Einflussnahme mitbekommen hätten. Alle verneinen das.

Wolfgang Schmidt fühlt sich durch die Berichterstattung bestätigt. Nach Sitzungen des Untersuchungsausschusses liefert er sich regelrechte Schlammschlachten mit Bürgerschaftsabgeordneten der Opposition. Scholz-freundliche Artikel aus dem *Abendblatt* über Zeugenaussagen werden retweetet, versehen mit Kommentaren wie »Fakten statt Geraune«, Recherchen anderer Publikationen bezeichnet er dagegen als »Schauermärchen«, was inzwischen offenbar das Wording im Scholz-Lager ist.

Als ihm zahlreiche Menschen widersprechen, liefert sich Schmidt stundenlange Wortgefechte. Der Hamburger CDU-Abgeordnete Dennis Gladiator schreibt etwa: »Was Sie als Unterstellungen bezeichnen, ist die parlamentarische Aufklärung eines ziemlich einzigartigen Vorgangs, an den sich der damalige Bürgermeister nicht mehr erinnern kann oder will. Die Befragungen werfen immer mehr Fragen auf, denen das Parlament nachgehen wird.«

Schmidt greift ihn dafür an: »›If you are in a hole, stop digging‹ - Sie sollten vielleicht mal kurz Ihre Oppositionsbrille abnehmen. Warum unterstellen Sie ohne jeden Beleg den SteuerbeamtInnen, dass sie sich rechtswidrig verhalten hätten? Darauf laufen Ihre Unterstellungen ja hinaus.«

Dass im Bundesbeamtengesetz steht, Beamte haben in und außerhalb der Dienstzeit »parteipolitische Zurückhaltung zu üben«, kümmert Schmidt nicht. Der Staatssekretär twittert extrem viel, allein in den letzten sechs Monaten hat er Tausende von Tweets abgesetzt, fast rund um die Uhr, vorwiegend während der Kernarbeitszeit. Nur zwischen 4 und 6 Uhr morgens sind kaum Tweets von ihm zu finden.

Dass der Staatssekretär bei all den dienstlichen Belastungen und Herausforderungen in Pandemiezeiten ganze Nächte hindurch Debatten auf Twitter führt, ist auch dem Linken-Bundestagsabgeordneten De Masi aufgefallen. Auf Twitter provoziert er Schmidt: »Über einen sehr langen Zeitraum sehr wenig schlafen (regelmäßig nur 2 Stunden?). Und wann erledigt man den Job im @BMF_Bund so als beamteter Staatssekretär ...«

Schmidt sieht überall politische Feinde, auch bei Nicht-Regierungsorganisationen. Beispielsweise bei der Bürgerbewegung Finanzwende, die der ehemalige Grünen-Bundestagsabgeordnete Gerhard Schick als überparteiliches Gegengewicht zur Finanzlobby gegründet hat und die sich für eine Reform der Finanzmärkte einsetzt. Auf einen kritischen Tweet der NGO reagiert Schmidt mit einem 9-teiligen Thread. Geschickt erweckt Schmidt den Eindruck, Scholz habe wegen der ganzen Angelegenheit auch juristisch nichts zu befürchten. Die Staatsanwaltschaft Köln habe ausdrücklich keine Ermittlungen gegen den Minister aufgenommen, twittert Schmidt. Dass die Staatsanwaltschaft Hamburg immer noch Vorermittlungen gegen Scholz führt, unterschlägt er.

Der in dieser Sache engagierte Anwalt Thomas Bliwier versucht unterdessen zu verhindern, dass ebendiese Vorermittlungen bekannt und für Scholz im Wahlkampf zum Problem werden. Am 5. Juli 2021 sendet er erneut ein siebenseitiges Schreiben an die Staatsanwältin Köpke. Sein Tonfall ist nun noch fordernder. Die Vorermittlungen gegen seinen Mandanten hätten nie eingeleitet werden dürfen, schreibt er. Der Vorgang sei umgehend zu schließen. Aus den Presseartikeln sei kein Fehlverhalten seines Mandanten ableitbar, zudem sei kein Schaden entstanden.

Bliwier nutzt dabei die gleichen Argumente wie Schmidt. Es fehle an Schaden, die Steuern seien ja inzwischen zurückgezahlt worden. Außerdem sei auch das Geld niemals verjährt gewesen, das habe inzwischen das Landgericht Bonn bestätigt. Presseartikel, die sich darauf bezögen, dass Gelder verjährt seien, seien gegenstandslos. In der Presse seien zudem die Tagebucheinträge sinnentstellend zitiert worden. »Es wäre wünschenswert gewesen, wenn sich die Ermittlungsbehörde Gedanken gemacht hätte, worin denn eigentlich eine tatbestandsmäßige Handlung oder ein Unterlassen des Mandanten gelegen haben sollte.«

Samstag, 10. Juli 2021

Ist der Kanzlerkandidat eigentlich ein guter Finanzminister gewesen? Die wenigen Journalisten, die sich in dem Spezialthema gut auskennen, schreiben verheerende Rückblicke. »Sollte Scholz nach dem 26. September tatsächlich ins Kanzleramt einziehen, bekämen die Deutschen einen Regierungschef, der gern recht behält, es aber oft nicht hat. Der keine Verantwortung scheut, sie aber nicht immer tragen will. Der sich viel vornimmt, aber dann doch zu oft nicht liefern kann oder will«, hieß es kürzlich im *Spiegel*. Die *Welt* widmete sich schon vor Längerem den »Rohrkrepierern« von Scholz: »Auffällig ist, dass gerade jene Projekte, die er zu seinen eigenen macht, scheitern oder nicht vorankommen.« Und auch der *Tagesspiegel* analysierte den »Wumms und Schatten« bei »Olaf, dem Sturen«.

Die Liste der aufgezählten Mängel ist lang: Scholz habe es versäumt, eine große Steuerreform anzugehen, Deutschland sei zum Hochsteuerland geworden. Er leugne das Rentenproblem und habe keine Lösung für die marode Riesterrente gefunden. Er sei daran gescheitert, eine EU-Transaktionssteuer durchzusetzen. Obwohl im Koalitionsvertrag vorgesehen, habe er keinen Gesetzesvorschlag für eine Reform der Abgeltungssteuer gemacht. Gleichzeitig habe er die Subventionen aufgebläht.

Doch als erfahrene Wahlkämpfer wissen Scholz' Leute, dass es auf solche Dinge nicht unbedingt ankommt. Kleinigkeiten werden schnell vergessen, es sind die großen Bilder und Initiativen, die – richtig inszeniert und mit dem richtigen Narrativ verknüpft – bei den Wählerinnen und Wählern hängen bleiben. Dass Deutschlands Wirtschaft bisher vergleichsweise glimpflich durch die Coronakrise gekommen ist, schreiben beispielsweise viele dem Mann zu, der sich am Anfang als Krisenmanager inszeniert hat: Olaf Scholz. Auch wenn trotz Rekordverschuldung mit vielen Wumms-Milliarden längst nicht alle großen Worte umgesetzt wurden. Im Juni sollten zehn Millionen Menschen pro Woche gegen Corona geimpft werden, hat Scholz etwa im März versprochen. Das war zu vollmundig, es waren in den letzten Wochen nicht viel mehr als die Hälfte. Aber darüber wird bald kaum noch jemand reden.

An diesem Wochenende bietet sich Scholz nun die Chance, die nächste ganz große Geschichte zu erzählen. Der Kandidat, der außenpolitisch bisher wenig sichtbar war, reist zum Treffen der G-20-Finanzminister nach Venedig. Schon auf dem Hinflug wirkt er aufgedreht, denn es soll hier um eines seiner Lieblingsprojekte gehen: die globale Mindeststeuer. Anfang Juni haben sich in London bereits die Finanzminister der G-7-Staaten grundsätzlich auf ein Papier zur Einführung der Steuer geeinigt. Scholz verkündete das als Durchbruch. Anfang Juli war er noch einmal in Washington, um mit seiner US-Amtskollegin Janet Yellen den G-20-Gipfel vorzubereiten, wieder gab es staatsmännische Bilder vor dem Kapitol. Scholz sprach von einem »kolossalen Erfolg« und sagte: »Der Steuerwettlauf nach unten ist beendet.«

In Venedig geht es vom Flughafen im Schnellboot zur Tagung, die Fotos sind am nächsten Tag überall zu sehen, nicht selten mit mehr oder weniger stimmigen Vergleichen zu James Bond. Die versammelten Finanzminister der G-20-Länder stimmen dem Maßnahmenpaket zu. Später steht Scholz mit der US-amerikanischen Finanzministerin Janet Yellen am Hafenbecken einer alten Schiffswerft und spürt, wie er es selbst ausdrückt, einen »großen geschichtlichen Moment«. Man sei jetzt »am Ziel«, sagt Scholz. »Das wird die Welt besser machen.«

Beschlossen haben die Länder als gemeinsames Ziel, dass die größten Unternehmen der Welt künftig mindestens 15 Prozent Steuern auf ihre Gewinne zahlen sollen – und bei den allergrößten Unternehmen der Welt wird ein Teil ihrer Gewinne sogar global umverteilt. Scholz und sein Team bringen in einer Social-Media-Kampagne auf den Punkt, was die Botschaft sein soll: »Facebook wird endlich global Steuern bezahlen«, heißt es auf einem Motiv, das die Partei verbreitet. »83 Mio. gefällt das.«

In vielen deutschen Zeitungen erscheinen nach den Beschlüssen von Venedig große Jubelarien auf Scholz und seinen grandiosen Durchbruch. Dabei kann man die Sache auch weniger euphorisch sehen. Scholz hat früh das richtige Thema erkannt, um sich im Wahlkampf als Macher und geschickter Verhandler auf der Weltbühne zu inszenieren. Die Wahrheit ist nur: Bis Facebook endlich global Steuern zahlen wird, ist es noch ein weiter Weg – und ob es jemals passiert, ist keineswegs sicher. Die Entscheidung wird erst lange nach dem Wahltag fallen. Und wer die ganze Geschichte kennt, mag auch die Rolle von Scholz realistischer einschätzen.

Die Idee zu einer globalen Mindeststeuer ist im Bundesfinanzministerium entstanden, als Scholz noch gar nicht Finanzminister war. Martin Kreienbaum, Leiter der Unterabteilung für internationales Steuerrecht, war damals in Paris bei einer Tagung von Steuerexperten. In vielen Ländern gab es großen Frust darüber, dass die digitalen Großkonzerne Google, Amazon und Facebook kaum Steuern bezahlen, weil sie ihre Firmensitze in Staaten mit niedrigen Steuersätzen verlagert haben. Viele Experten, besonders aus den USA, warben dafür, Steuern künftig dort zu erheben, wo ein Unternehmen Geschäfte macht – nicht mehr dort, wo es seinen Hauptsitz hat.

Das wäre eine Revolution des globalen Steuersystems gewesen – und ein Problem für Deutschland. Der Exportweltmeister verkauft seine Autos und Maschinen überall auf der Welt, Milliarden an Steuereinnahmen hätten wegbrechen können. Aber Kreienbaum hatte eine Idee, um die Revolution zu vermeiden: Analog zum Mindestlohn wäre es doch großartig, wenn es eine Mindeststeuer gäbe. Sind die Steuern in einem Land zu niedrig, dürfen andere Länder die Differenz kassieren. Das könnte den ruinösen Steuerwettbewerb bremsen.

Schon kurz nach Scholz' Amtsantritt in Berlin berichtete Kreienbaum ihm davon. Der neue Finanzminister fand die Idee gut, begann bereits im Jahr 2018, international dafür zu werben. Doch es gab zu viele Bremser. Für den Durchbruch sorgten schließlich nicht gewiefte Verhandlungen des deutschen Finanzministers, sondern die amerikanischen Wähler. Während Donald Trump die Mindeststeuer blockiert hatte, war sie für Joe Biden eine Idee zur richtigen Zeit. Um seine milliardenschweren

Investitionsprogramme finanzieren zu können, wollte er die Unternehmenssteuern erhöhen. Eine globale Mindeststeuer sollte nun verhindern, dass Firmen ins Ausland abwandern.

Die Amerikaner schlugen eine globale Mindeststeuer von 21 Prozent vor, auch Frankreich und Deutschland waren dafür – zum Entsetzen zahlreicher anderer Länder, die das für viel zu hoch hielten. Die Amerikaner wollten sich Zeit lassen, weiterverhandeln und überzeugen. Doch Deutschland machte angesichts der Bundestagswahlen Tempo. Am Ende steht nun ein Kompromiss: 15 Prozent.

Mit dieser Zahl zieht Scholz in den Wahlkampf. Sie lässt sich leicht verkaufen. Doch eigentlich ist die Sache, wie immer im Steuerrecht, kompliziert. In den Verhandlungen wurden zwei Elemente miteinander verknüpft – und nur wenn für beide in weiteren Gesprächen eine konkrete juristische Umsetzung gefunden wird, kommen auch die 15 Prozent.

Neben der Mindeststeuer, die künftig für Unternehmen mit einem Umsatz von mehr als 750 Millionen Euro gelten soll, ist als zweites Element eine weltweite Umverteilung der Steuern geplant. Sie gilt nur noch für die allergrößten der betroffenen Unternehmen, nämlich solche, die einen Umsatz von mehr als 20 Milliarden Euro und Profite von mehr als 10 Prozent machen. Das sind Schätzungen zufolge etwa hundert Unternehmen weltweit. Bei ihnen soll ein Viertel der Überprofite[68] an die Länder verteilt werden, in denen das Unternehmen diese Gewinne erwirtschaftet.

Was Scholz und sein Team in ihrem Jubel nicht so klar betonen: Für diesen zweiten Teil gibt es bisher nur Eckpunkte, die Details sind noch lange nicht geklärt. Experten sprechen von einer der schwierigsten Steuerreformen aller Zeiten. Fachbeamte und Politiker fahnden nach Schlupflöchern, suchen Druck- und Lockmittel, verhandeln über Kompromisse und Kompensationen. Es gibt schon Ausnahmeregeln, etwa für britische Banken. Und es wird wohl weitere geben, denn bisher gibt es selbst in der EU noch vier Staaten, die nicht mitmachen wollen.

---

68 Übergewinne werden in dem Vorhaben definiert als die über 10 Prozent Umsatzrendite hinausgehenden Gewinne.

Und selbst wenn alles durchgeht, bleiben Zweifel, wie sinnvoll die Regelung ist. Kritiker fürchten, die Mindeststeuer könnte das Gegenteil vom Geplanten erreichen: Statt den Steuerwettbewerb einzudämmen, könnten insbesondere Hochsteuerländer wie Deutschland unter Druck geraten, ihre Unternehmenssteuern ebenfalls auf 15 Prozent zu senken. Derzeit werden Unternehmensgewinne in Deutschland mit etwa 30 Prozent besteuert.

Doch solche Details sind im Wahlkampf zweitrangig.

Mittwoch, 28. Juli 2021

Der Bundesgerichtshof hat entschieden: Cum-ex ist strafbar, und die dabei erzielten Gewinne können eingezogen werden. Damit bestätigen die Richter in Karlsruhe das erste Cum-ex-Urteil ihres Bonner Kollegen gegen die zwei britischen Aktienhändler sowie die Einziehung der Millionen bei der Warburg-Bank. Die Richter sind bei der Urteilsverkündung sehr deutlich. Zu dem von den Cum-ex-Anwälten immer wieder vorgebrachten Argument, mit den Geschäften sei lediglich eine Gesetzeslücke ausgenutzt worden, erklärt der Vorsitzende Richter Rolf Raum: »Eine Lücke gab es hier nicht.« Bei Cum-ex sei es nur um eines gegangen: um den »blanken Griff in die Kasse, in die alle Steuerzahler normalerweise einzahlen«. Die Angeklagten hätten vorsätzlich gehandelt und die Geschäfte nur betrieben, um die Finanzämter zu Steuererstattungen zu veranlassen.

Christian Olearius und Max Warburg reagieren prompt. Für die beiden ist die Entscheidung ein erneuter Rückschlag. Erst vor wenigen Wochen hat das Landgericht Bonn in einem zweiten Cum-ex-Prozess Olearius' wichtigsten Manager zu einer Gefängnisstrafe von fünfeinhalb Jahren verurteilt. Auch der Fall wird noch vor dem Bundesgerichtshof landen. Die Bank werde zum Sündenbock gemacht, schreiben Olearius und Warburg einmal mehr in einer Erklärung. Die Bank habe nicht beabsichtigt, von zu Unrecht erstatteten Steuern zu profitieren. »Wir werden deshalb zu prüfen haben, ob wir unser Recht nunmehr auf der verfassungsrechtlichen und menschenrechtlichen Ebene zu suchen haben.«

In zahlreichen Medien wird in den Berichten über das Urteil auch Scholz und dessen Cum-ex-Affäre erwähnt. »Scholz hat mit seinen undurchschaubaren Manövern selbst dafür gesorgt, dass man bei den Worten ›Cum-ex‹ nun immer an ihn denken muss«, kommentiert die *taz*. Wolfgang Schmidt streitet sich auf Twitter mit zahlreichen Journalisten und Medienvertretern gleichzeitig.

Am Abend ist Scholz im »Live Talk« zu Gast, einer Veranstaltung der Frauenzeitschrift *Brigitte*. Es ist eines der wenigen Formate während des Wahlkampfs, bei dem er auf das Thema Cum-ex angesprochen wird, von der Chefredakteurin Brigitte Huber.

Huber: »Heute gab es auch ein wegweisendes Gerichtsurteil des Bundesgerichtshofs. Da ging's um Cum-ex-Deals, also wo quasi Milliarden an Steuern am Fiskus vorbeigespart wurden. Ist das ein guter Tag?«

Scholz: »Ja. Ein großartiger Tag. Denn es sind alle Ansichten, die die Finanzbehörden und die auch ich seit vielen Jahren vertrete, vom Gericht, vom oberen Gericht, bestätigt worden. Es wurde gesagt, erstens: Cum-ex (Scholz lächelt), also sich Steuern zwei Mal oder was weiß ich, erstatten zu lassen, war nie rechtmäßig, war nie legal und ist strafbar. Zweitens: Verjährungen sind nicht eingetreten. Und drittens, und auch die, die selbst vielleicht nicht unmittelbar die strafbare Handlung begangen haben, aber davon profitiert haben, müssen auch damit rechnen, dass man das Vermögen von ihnen einzieht, zurückfordert, was sie dort erlangt haben. Und das ist wirklich ein großer Tag, weil das eine harte Grundlage ist für all das, was wir nun schon seit vielen Jahren vorbereitet haben, was stattfindet und die nächsten Jahre noch stattfinden wird – nämlich, dass sich der Staat das Geld zurückholt und dass auch ganz viele von den Staatsanwaltschaften in Deutschland schon angeklagt werden.«

Huber: »Sie mussten … Sie waren ja auch als Erster Bürgermeister in Hamburg mit der Warburg Bank auch mit diesem Skandal letztlich auch in Zusammenhang gebracht worden. Und Sie haben ja auch wirklich Kritik einstecken müssen, weil Sie sich nicht mehr … äh … wirklich an die … äh ja … an die inhaltlichen Gespräche mit den Inhabern da erinnern können. Können Sie diese Kritik … äh … verstehen?«

Scholz: »Ich bin froh, dass darüber auch in einem Ausschuss geredet wird. Denn da ist ja mittlerweile auch von denjenigen, die es wissen müssen, weil sie die Betreffenden sind (grinst verschmitzt), bestätigt worden, was ich und auch der Bürgermeister immer klar gesagt haben: Es hat keinen politischen Einfluss auf die Entscheidung der Finanzbehörden, des Finanzamtes gegeben in dieser Frage.«

Huber: »Also sind Sie komplett mit sich im Reinen?«

Scholz: »Ich hab' ein reines Gewissen, das ist immer eine gute Grundlage. Man wird dann nicht kritikfrei werden, und es wird auch Leute geben, die einem irgendwas vorhalten. Aber die Grundlage ist ja erst mal, dass es stimmt, was man sagt.«

25

Freitag, 6. August 2021

In 12 Sitzungen hat der Untersuchungsausschuss der Hamburger Bürgerschaft bislang vier Zeugen angehört. Der Ablauf ist immer gleich: Zunächst stellt Mathias Petersen als Ausschussvorsitzender die Fragen, die der Arbeitsstab vorbereitet hat. Anschließend dürfen die Abgeordneten nachhaken. Für die heutige Sitzung hat der Arbeitsstab den mit Abstand umfangreichsten Katalog erstellt: 164 Fragen soll Petersen der Zeugin stellen. Für die Vernehmung von Olaf Scholz haben die Mitarbeiter ihm nicht halb so viele Fragen aufgeschrieben. Überraschend ist das nicht: Der Ausschuss erwartet an diesem Nachmittag die Person, die neben Scholz wie keine andere im Zentrum des Skandals steht: die Finanzbeamtin Svenja Pannhusen.

Der Ausschuss tagt wegen der Corona-Bestimmungen wieder im Festsaal des Rathauses, die Emporen sind bis zum letzten Platz mit Journalisten besetzt. Die 53-jährige Pannhusen betritt den Raum erst, nachdem der Vorsitzende die Kameras daraus verbannt hat. »Sie wissen, worum es heute geht«, begrüßt Petersen die Beamtin. »Ich muss Sie, wie jede andere Zeugin auch, darauf hinweisen, dass Sie hier die Wahrheit sagen müssen und dass eine falsche Aussage strafbar ist. Der Tatbestand der uneidlichen Falschaussage sieht eine Freiheitsstrafe von drei Monaten bis fünf Jahre vor.«

Dann beginnt Mathias Petersen mit seinem Fragekatalog. Die Antworten der Beamtin sind meist kurz, oft nicht einmal vollständige Sätze. Wie schon bei der Vernehmung von Scholz fallen häufig Sätze wie

»Ich kann mich nicht erinnern« oder »Keine Ahnung, vielleicht habe ich es vergessen«. Ihre häufigste Antwort lautet: »Das weiß ich nicht mehr.«

Von besonderem Interesse sind für den Ausschuss Pannhusens 180-Grad-Wendung und die Sitzung der Finanzbehörde im November 2016, als beschlossen wurde, das Geld nicht zurückzufordern. Sieben Personen haben daran teilgenommen, fünf Beamtinnen und Beamte aus der Finanzbehörde sowie Svenja Pannhusen und ihre Chefin aus dem Finanzamt für Großunternehmen. Die Ausschussmitglieder haben inzwischen die Akten ausgewertet und sind verwundert: Zu dem Treffen liegen kaum Dokumente vor, keine Vorabinformation, überhaupt nur eine einzige Mail. Schwer vorstellbar, dass sich die Beamten untereinander nicht beraten haben, mit welcher Haltung sie in dieses so wichtige Gespräch gehen.

»Wie haben sie das Gespräch vorbereitet?«, beginnt der Vorsitzende seine Frage. »Welche Kommunikation gab es im Vorfeld mit Vertretern der Finanzbehörde?«

»Das weiß ich nicht mehr«, antwortet die Finanzbeamtin. »Haben wir überhaupt gesprochen? Ich bin mir nicht ganz sicher.«

Bei anderen Fragen sind die Antworten noch einsilbiger: »Gab es in irgendeiner Weise eine politische Einflussnahme im Fall Warburg?«, liest der Vorsitzende aus seinem Fragenkatalog ab. Die Antwort der Finanzbeamtin: »Nein!«

»Haben insbesondere Herr Dr. Tschentscher oder Herr Scholz im Fall Warburg Einfluss genommen oder den Beschäftigten der Finanzverwaltung zu erkennen gegeben, dass sie einer bestimmten Handhabung den Vorzug geben würden?« »Nein!«

Nach 96 Minuten ist Petersen mit seinen 164 Fragen durch. Die Vertreter der Fraktionen sind an der Reihe. Der CDU-Abgeordnete Richard Seelmaecker erinnert die Beamtin an ihre Wahrheitspflicht. »Es ist für uns natürlich essenziell wichtig«, sagt Seelmaecker, im Hauptberuf Rechtsanwalt, »dass wir bei den Kernfragen, dass wir da, ich sage mal, klare Antworten bekommen von Ihnen, die nichts beschönigen, aber auch nichts weglassen.«

Pannhusen ist selbst Juristin. Sie weiß, dass sie mit Aussagen wie »Ich kann mich nicht erinnern« auf der sicheren Seite ist. Damit hat sie formal nicht gelogen, nichts beschönigt oder weggelassen. Schon Scholz, ebenfalls Volljurist, hat sich bei seiner Vernehmung auf diese Methode kapriziert. Und wie bei Scholz beißen sich die Abgeordnete auch an der Beamtin die Zähne aus.

Fragen nach ihren dokumentierten Gesprächen mit der Bank kontert sie mit »Keine Ahnung!«. Zu dem mittlerweile berühmt gewordenen Schreiben der Bankmitinhaber an sie persönlich, das auch Scholz und Tschentscher übergeben wurde, sagt sie: »Ich erinnere mich nicht. Für mich hatte der Warburg-Brief nicht so eine große Bedeutung.«

Allerdings räumt sie ein, dass sie nicht geprüft habe, ob Warburg bei einer Rückforderung wirklich bankrottgehen würde. »Ich glaube nicht, dass eine Bank freiwillig so etwas mitteilen würde, wenn es denn nicht in Teilen schon schwierig wäre.« Und sie bestätigt, was Wolfgang Schmidt seit Wochen bestreitet. Explizit wird sie gefragt: Sind Sie Ende 2016 davon ausgegangen, dass die Rückforderungen für 2009 verjähren würden? »Ja«, antwortet sie. »Ich bin damals davon ausgegangen, dass es verjährt ist.« Die Verantwortung schiebt sie ihrer mittlerweile pensionierten Chefin in die Schuhe. Ohse-Griem habe der Runde im November 2016 letztlich vorgeschlagen, nicht zurückzufordern.

Nur einmal scheint sie sich an Bruchstücke zu erinnern, als sie mit den Äußerungen konfrontiert wird, die Olearius in seinem Tagebuch paraphrasiert. »Ich glaube nicht, dass ich empfohlen habe, politischen Beistand einzuholen«, sagt sie. Eindeutiger wird sie nur, als es darum geht, was sie im Dezember 2017 bei der Übergabe der auf Weisung des Bundesfinanzministeriums geänderten Steuerbescheide gesagt haben soll. »Ich habe mit Sicherheit nicht gesagt, dass ich mich schäme, und ich habe auch nicht gesagt, das ist kein Rechtsstaat«, sagt sie. »Ich weiß nicht, ob ich irgendetwas gesagt habe, was man so auslegen kann, daran kann ich mich nicht erinnern, aber das habe ich sicher nicht gesagt und ich glaube auch nicht, dass ich da berichtet habe von aggressiver Stimmung.« Dass Pannhusen wenige Monate später in einem eigenen Vermerk zu einem Telefonat mit Fahndern festhielt, dass sie die Entscheidung für rechtswidrig hielt, damit wird sie nicht konfrontiert.

Die Abgeordneten arbeiten sich noch an der Zeugin ab, als die Nachrichtenagentur dpa eine erste Meldung verbreitet: »Finanzbeamtin weist

Einflussnahme im Cum-ex-Skandal zurück«. Wolfgang Schmidt teilt die Nachricht umgehend auf Twitter. »Für diejenigen, die sich für Fakten statt Geraune interessieren: Heute ist die Sachgebietsleiterin des HH Finanzamtes Zeugin im Untersuchungsausschuss in HH. Auch sie sagt klar, dass es keinerlei Einflussnahme gegeben habe.«

Auf Twitter aber hat Schmidt einen schweren Stand. Er verbreitet in rasender Geschwindigkeit ein Papier mit der Überschrift: »Zu Warburg/Cum-ex nochmal die knappen Fakten«. In fünf Spiegelstrichen mit jeder Menge Text stellt er darin seine Sicht der Dinge dar: Scholz habe mit Cum-ex nichts zu tun, der Betrug habe stattgefunden, bevor er Bürgermeister wurde. Es sei kein Schaden entstanden, es habe keinen politischen Einfluss gegeben, das Tagebuch entlaste Scholz.

Wieder kämpft er mit zahlreichen Nutzern, auch mit Fabio De Masi. Schmidt wittert nun überall nur noch Wahlkampf: »Die Staatsanwaltschaft Köln, die seit über drei Jahren alle Akten und Unterlagen – inklusive dieser Tagebücher – hat, hat keine Ermittlungen gegen Scholz oder Tschentscher eingeleitet. Aber Du meinst weiter, irgendwas müsse ja sein?«, schreibt er an De Masi. »Das ist doch echt unter Deinem Niveau. Wahlkampf hin oder her.«

Ein Twitter-Nutzer fragt ihn nach den erstaunlichen Erinnerungslücken von Scholz. Auch darauf hat Schmidt eine Antwort: »Erinnern Sie sich an die konkreten Inhalte Ihrer Gespräche vor viereinhalb oder fünfeinhalb Jahren? Ich nicht. Scholz hat ausgiebig im April im PUA ausgesagt.«

Am Abend berichtet der WDR über Scholz. Der Kanzlerkandidat sei schlanker, trage statt zu großer Anzüge Slimfit, habe sprachlich an sich gearbeitet und treffe viel öfter den richtigen Ton, heißt es in dem Beitrag. Anschließend wird Scholz zum Interview zugeschaltet. »Ihre eigenen politischen Fehler werden gerade selten auf den Tisch gelegt und gehen so ein bisschen unter«, sagt der Moderator. Er spricht Wirecard, Cum-ex und G-20 an und fragt, welchen Fehler Scholz am meisten bedauert. Scholz schweigt einige Sekunden, dann erklärt er: »Sie haben schon das Thema G-20 angesprochen. Für mich war das sehr, sehr bedrückend«, sagt er. »Das wird auch niemals aus meinem Herzen verschwinden.«

Sonntag, 15. August 2021

Der Wahlkampf geht nun die heiße Phase. Scholz tourt durch Deutschland, absolviert unendlich viele Auftritte und scheint omnipräsent. In der Berichterstattung kommt der Fall Warburg – wenn überhaupt – nur am Rande vor. Viele Hauptstadtjournalisten halten Cum-ex für eine furchtbar komplexe Sache. Und ist es denn wirklich schlimm, wenn ein Bürgermeister einen Banker trifft? Es scheint, als habe Wolfgang Schmidt ganze Arbeit geleistet.

Montag, 16. August 2021

Die rosafarbene Akte 5700 Js 1/20 schwingt nach wie vor wie ein Damokles-Schwert über dem Kopf von Olaf Scholz. Wie in der griechischen Sage kann er nicht davon ausgehen, dass das Glück ewig anhält und die Vorermittlungen der Hamburger Staatsanwaltschaft nicht durchsickern. Es sind noch sechs Wochen bis zur Wahl. Und auf dem Aktendeckel steht sein Name, verbunden mit dem Verdachtsvorwurf »Untreue«.

Anders als seine Konkurrenten scheint Scholz bislang skandalfrei durch den Wahlkampf zu schreiten. Annalena Baerbock hat bei ihrem Lebenslauf geschummelt und sich für ihr Buch großzügig bei anderen Autoren bedient. Und Armin Laschet ist schwer angeschossen, seit eine Fernsehkamera sein Lachen und Feixen eingefangen hat, während Bundespräsident Frank-Walter Steinmeier zu Flutopfern sprach.

Für Scholz ist es bislang ein Leichtes, seine Skandalthemen vom Tisch zu wischen, wenn er in Interviews darauf angesprochen wird. Das könnte sich ändern, sollte das Verfahren zu dem »Untreue«-Verdacht öffentlich werden. Sein Anwalt versucht nun mit aller Kraft, die Staatsanwaltschaft zu bewegen, die Akte endlich zu schließen. Regelmäßig meldet sich Bliwier bei Kathrin Köpke. Zuletzt hat er die Korruptionsstaatsanwältin vor elf Tagen unter Druck gesetzt. Die Strafverfolgerin weiß um die Brisanz des Verfahren, kennt auch die ablehnende Haltung ihres Behördenleiters, ernsthafte Ermittlungen gegen den SPD-Kanzlerkandidaten zu eröffnen. Bislang hat Köpke auch nicht viel unternommen. Sie hat sich weder die

Unterlagen aus dem Untersuchungsausschuss besorgt noch die Aussage von Scholz oder von so zentralen Zeugen wie Svenja Pannhusen.

Anderseits kann sie die Akte ohne eine halbwegs überzeugend klingende Begründung nicht einfach schließen. Köpke spielt auf Zeit, schreibt Bliwier zurück, sie habe sein Schreiben zur Kenntnis genommen. Der Fall sei rechtlich komplex, die Vorwürfe richteten sich gegen weitere Personen, daher dauere die Prüfung noch an. Der Abschluss des Verfahrens werde aber forciert betrieben. Anwalt Bliwier bleibt dran, macht weiter Druck, drei Tage später erkundigt er sich wieder bei Köpke, diesmal telefonisch.

Dienstag, 24. August 2021

Das Blatt scheint sich zugunsten von Scholz und seiner Partei zu wenden. Erstmals seit 2006 ist die SPD im Trendbarometer des Forsa-Instituts wieder die stärkste Kraft vor der CDU. Die Sozialdemokraten kommen auf 23 Prozent, die Union erreicht nur noch 22 Prozent – der schlechteste jemals gemessene Wert. Die Grünen rutschen um einen Prozentpunkt auf 18 Prozent ab. Der Trend ist jetzt auf Scholz' Seite. Bei den persönlichen Beliebtheitswerten ist er seinen Konkurrenten längst weit enteilt. Und selbst bei den CDU-Anhängern macht sich das Gefühl breit, dass die Union die Sache vergeigt hat: 57 Prozent der CDU- und 65 Prozent der CSU-Anhänger glauben nicht mehr an eine Trendwende.

Es ist noch ein Monat bis zur Wahl. Hoffnung kommt auf, sogar Euphorie. Geht der seit Jahren verfolgte Plan doch auf und Scholz zieht ins Kanzleramt ein? Der Wahlkampf der SPD ist weiter vollständig auf ihn zugeschnitten. Im offiziellen Werbespot zum Wahlkampffinale ist ein Scholz zu sehen, der als einsamer Mann durch leere Räume schreitet.

Freitag, 27. August 2021

Vor den Zeugenvernehmungen im Untersuchungsausschuss muss sich Scholz im Wahlkampf nicht mehr fürchten, dafür hat die rot-grüne Mehrheit gesorgt. Die kritischen Betriebsprüfer Heuer, Meyer-Spiess und Halpaap und die Kölner Staatsanwältin Brorhilker kommen erst nach der Wahl. Die Beamten Sell und Möhlenbrock aus Scholz' Finanzministerium sind sogar erst für nächstes Jahr terminiert. In den Wochen bis zur Wahl treten lediglich die Beamten auf, die einst direkt eingebunden waren in die Entscheidung, von Warburg die Millionen nicht zurückzufordern – und sich womöglich selbst belasten würden, wenn sie ihr Tun hinterfragen.

An diesem Tag sagt Angela Nottelmann aus, die ehemalige Chefin der Steuerverwaltung. Im Vorfeld hat es schon einiges an Aufregung gegeben. Das *manager magazin* und der *Spiegel* haben berichtet, dass die Abgeordneten in den Unterlagen der Finanzbehörde das Schreiben von Olearius an den damaligen Finanzsenator und heutigen Bürgermeister gefunden haben. Auf das Papier hatte Tschentscher damals mit grüner Tinte den Hinweis »Bitte Informationen zum Sachstand« geschrieben. Erfahrene Hamburger Spitzenbeamte sagen: Das könne man durchaus so verstehen, dass der Finanzsenator seinen Mitarbeitern damit den freundlichen Hinweis gegeben hat, die Forderungen der Bank in dem Argumentationspapier sehr, sehr ernst zu nehmen. Verstärkt wird dieser Eindruck dadurch, dass in dem Schreiben einige Passagen akkurat unterstrichen sind, etwa »Sachverhalt noch nicht ausermittelt«, »Rücknahme« und »Existenzgefährdung«.

Das Heikle an den Unterstreichungen: ihre Farbe. Sie sind ebenfalls grün. Und das Recht, in offiziellen Dokumenten mit grünem Stift zu arbeiten, hat in einer Behörde oder einem Ministerium in Deutschland traditionell nur eine Person: der oberste Chef. Das ist auch in der Geschäftsordnung der Hamburger Finanzbehörde festgelegt, die als Finanzministerium oberste Instanz in Steuerfragen der Hansestadt ist. Grüne Farbe durfte dort also nur Peter Tschentscher benutzen.

Hat Tschentscher seinen Mitarbeitern mit den Unterstreichungen klargemacht, welche Entscheidung die Politik im Fall Warburg erwartet? Davon ist die Opposition überzeugt. Es sei »eindeutig belegt, dass es eine politische Einflussnahme auf die Entscheidungen der Finanzbehörde und des Finanzamts gegeben hat«, sagt der Linken-Obmann Norbert Hackbusch vor der Sitzung. Und CDU-Obmann Richard Seelmaecker äußert, Tschentscher und Scholz hätten den Beamten »die Richtung für eine Entscheidung« in Sachen Warburg »vorgegeben«.

Doch die Aufregung verpufft schnell. Im Ausschuss tritt nach Nottelmann die Finanzbeamtin Brigitte Birkenberger auf. »Ich habe einen grünen Textmarker genommen und ein paar Worte unterstrichen«, erklärt sie. »Ich ärgere mich jetzt auch, dass ich diesen Stift genommen habe.«

In den Hamburger Behörden lösen Birkenbergers Aussagen Erstaunen aus – über die Zustände in der Finanzbehörde unter Tschentscher. Es sei eigentlich ausgeschlossen, dass ein Beamter versehentlich irgendwo etwas mit einem grünen Stift markiert. In einer hierarchischen und risikoaversen Organisation wie der Finanzbehörde und besonders bei einem derart heiklen Papier sei es zumindest sehr ungewöhnlich, dass jemand außer dem Senator mit einem grünen Stift in den Akten arbeite und damit die Gefahr von Missverständnissen oder Kompetenzüberschreitung provoziere. Und auch Angela Nottelmann, Chefin der Finanzverwaltung, zeigt sich im Ausschuss hoch irritiert über die Markierungen. Als ihr die Dokumente gezeigt werden, erklärt sie, die Farbe Grün sei grundsätzlich der Behördenleitung vorbehalten. Von den Einlassungen ihrer ehemaligen Mitarbeiterin weiß sie noch nichts.

In den lokalen Medien und auf Twitter überlagert die grüne Tinte nun alles. Dabei reden die befragten Beamtinnen im Ausschuss noch über weitere interessante Aspekte. Es sei sehr ungewöhnlich, dass ein Senator in konkreten Steuerfällen Papiere in den Apparat gebe, erklärt Angela Nottelmann. Sie berichtet zudem, dass Tschentscher bereits Wochen vor dem Brief über den Fall informiert wurde – und sie auch mehrfach mit ihm über das Verfahren gesprochen habe. Tschentscher war also viel tiefer involviert als bisher bekannt.

Klar wird aus den Aussagen der Beamtinnen zudem, dass der von Tschentscher weitergeleitete Brief in der Behörde durchaus einige Aktivität auslöste. Kenner wundert das nicht. Thomas Eigenthaler, Chef der Deutschen Steuergewerkschaft und damit oberster Sprecher der deutschen Finanzbeamten, sagt: »Eine grüne Gesprächsbitte bedeutet vor allem in Promifällen das Signal, nicht mehr selbstständig zu entscheiden, sondern sich mit oben abzustimmen.« Das taten die Beamtinnen auch – erklären aber im Ausschuss: Eine politische Einflussnahme sei das nicht gewesen.

Klar wird in den Aussagen zudem, wie schlecht die Behörde in Sachen Cum-ex aufgestellt ist. Die Verwaltung sei personell »zusammengestampft« worden, erzählt Referentin Birkenberger. »Die Folge ist eben, dass wir nicht immer unbedingt das Personal haben in der Quantität, aber auch gegebenenfalls in der Qualität, die wir bräuchten, um diese Fälle wirklich ordnungsgemäß aufzuklären.« Es habe an Personal gefehlt, um die Verfahren »wirklich vorrangig fortzutreiben und tiefer einzusteigen«. Was sie auf ihrer Stelle allein leiste, werde in Hessen von vier Kollegen erledigt. »Ich habe nicht die Zeit, mich in alles so tief reinzuknien, wie es im Zweifel erforderlich wäre.«

Schon die Aussage der Beamtin Birkenberger ist ein Schlag ins Gesicht für Peter Tschentscher, der die Effektivität und Genauigkeit der Hamburger Steuerverwaltung immer wieder gerühmt hat. Und dann muss auch noch Angela Nottelmann einräumen, dass »aus Haushaltsgründen« ausgerechnet das Referat abgeschafft wurde, das für Cum-ex zuständig war. Zudem habe sie sich beim Thema Cum-ex auf die Expertise ihres Abteilungsleiter Michael Wagner verlassen. »Herr Wagner ist ein sehr anerkannter Experte gerade in diesen Fragen«, erklärt Nottelmann. »Ich bin auf seine Expertise zwingend angewiesen gewesen.« Verwundert ist sie außerdem, dass vom Finanzamt niemals geprüft wurde, ob die Bank wirklich hätte pleitegehen können. »Jeder Steuerpflichtige oder beinahe jeder, bei dem Zahlungsverjährung droht, versucht uns zu erzählen, dass er nicht zahlen kann, insofern klärt man erst mal auf, was unsere eigene Einschätzung dazu ist.«

Doch all das geht an diesem Tag unter. Ebenso wie eine erstaunliche Formulierung in einer Pressemitteilung der Finanzbehörde zur »grünen Tinte«. Darin wird der Brief der in Bedrängnis befindlichen Banker völlig ironiefrei als »gutachterliche Stellungnahme« bezeichnet. Das lässt tief blicken und passt auch zum Verhalten in der Behörde. Der von Tschentscher in die Behörde eingespeiste Brief scheint nach den bisherigen Aussagen tatsächlich als neutrale Argumentationsgrundlage angesehen worden zu sein – und nicht als Verteidigungspapier der Haupteigentümer der Bank, gegen die damals bereits die Staatsanwaltschaft ermittelte.

26

Dienstag, 7. September 2021

Olaf Scholz kann aufatmen. Drei Wochen vor dem Wahltermin stellt Korruptionsstaatsanwältin Kathrin Köpke die Vorermittlungen gegen ihn ein. Ihre Begründung ist 35 Seiten lang. Zusammengefasst lautet sie: Es hätten sich keine zureichenden Verdachtsmomente für Straftaten ergeben.

Bei ihrer Entscheidung folgt Köpke den Argumenten des Anwalts von Scholz: Zeuginnen aus dem Finanzamt hätten im Untersuchungsausschuss bestätigt, dass es keinen politischen Einfluss gegeben habe. Bei Scholz fehlten jegliche Anhaltspunkte dafür, dass er auf die Entscheidung eingewirkt habe. Auch der damalige Finanzsenator und heutige Bürgermeister Peter Tschentscher habe sich nur informieren lassen. Und selbst wenn Tschentscher als zuständiger Senator eingegriffen hätte, schreibt Köpke, wäre das nicht strafbar gewesen.

Besonders ausführlich beschäftigt sich die Korruptionsstaatsanwältin mit der möglichen Untreue durch Finanzbeamte. Ihr Ergebnis: Es gebe keinen Anfangsverdacht und also keinen Grund zur weiteren Ermittlung. Die Cum-ex-Geschäfte von Warburg seien im Jahr 2016 nicht zweifelsfrei nachzuweisen gewesen, es hätten lediglich Indizien vorgelegen, die Rechtslage sei nicht eindeutig gewesen. Es ist exakt die Argumentation, die auch die Beamten selbst im Ausschuss vortragen.

Die Ausführungen der Staatsanwältin enthalten einige gravierende Fehler. So argumentiert sie, dass die Zahlungen gar nicht verjährt waren, weil für Steuerhinterziehung gemäß §228 Abgabenordnung (AO) eine längere Frist von zehn Jahren galt. Das ist falsch. Denn: Diese Regelung wurde erst am 25. Juni 2017 eingeführt und damit nach der Entscheidung m Jahr 2016, die Rückzahlungsansprüche der Behörde verjähren zu lassen. Das wurde auch im Ausschuss besprochen. Aber das weiß Köpke nicht. Sie hat sich die Protokolle nicht besorgt, sondern sich offenbar vor allem auf die Angaben des Scholz-Anwaltes und auf die Berichterstattung des *Abendblatts* verlassen. Zudem argumentiert Köpke, das Finanzamt sei 2016 davon ausgegangen, die Zahlungen seien gar nicht verjährt gewesen. Auch das ist falsch. Svenja Pannhusen hat im Ausschuss das Gegenteil ausgesagt.

Mit Blick auf Scholz folgt Köpke ebenfalls weniger einer scharfen Logik denn dem, was die Anwälte von Scholz, Warburg und Olearius sagen. Aus den Tagebucheinträgen ergebe sich kein Verdacht, schreibt sie. Mit der Aussage »zurückhaltendes Verhalten« stehe dort sogar, dass Scholz gerade keine Zusage abgegeben habe, den Bankern zu helfen. Die entsprechende Formulierung im Tagebuch ist allerdings keinesfalls so eindeutig, wie sie die Staatsanwältin auslegt. Zurückhaltend bedeutet nicht ablehnend. Das zweite, eigentlich entscheidende Treffen ohne Zeugen erwähnt Köpke in ihrer Einstellung nicht einmal.

Den Anzeigeerstattern teilt die Staatsanwältin in einem zweiseitigen Schreiben mit, dass sich den vorliegenden Unterlagen keine Anhaltspunkte für eine vorsätzlich begangene Untreue entnehmen ließen, die die Einleitung eines förmlichen Ermittlungsverfahrens rechtfertigen würden. Es bestünden keine Anhaltspunkte für eine Straftat – weder gegen Scholz noch gegen Tschentscher noch gegen die Finanzbeamten.

Am nächsten Tag wird in der Hamburger Justizbehörde die zuständige Senatorin Anna Gallina (Grüne) über die Entscheidung der Staatsanwaltschaft informiert. 400 Kilometer südwestlich sitzt unterdessen Anne Brorhilker an ihrem Computer und tippt einen Vermerk. Sie hat weiterermittelt – und sieht vieles deutlich anders als ihre Hamburger Kollegin.

Im Vorjahr ist Brorhilker bei ihren Untersuchungen gegen Svenja Pannhusen sowie gegen Johannes Kahrs und dessen Mentor Alfons Pawelczyk von ihrem Hauptabteilungsleiter Torsten Elschenbroich ausgebremst worden. Am Ende entschieden die Fachleute im Justizministerium von NRW jedoch, dass sie weiter ermitteln darf. Und auch den Machtkampf gewann sie eindeutig: Mittlerweile hat ihr Elschenbroich nichts mehr zu sagen. Vor einigen Monaten wurde Brorhilker befördert, sie ist nun selbst Hauptabteilungsleiterin. Für ihre Ermittlungen in Cum-ex-Verfahren stehen ihr 20 Staatsanwälte sowie 80 Steuerfahnder und Polizisten zur Verfügung.

Ohne Wissen über die Hamburger Einstellung führt Brorhilker auf 37 Seiten aus, welche Verdachtsmomente sich gegen die drei Hamburger ergeben haben. Dazu zählt Pannhusens Entscheidung, das Geld nicht zurückzufordern. Die Betriebsprüfer des Finanzamts hätten schon im Mai 2016 den Sachverhalt und die rechtliche Argumentation auf den Punkt gebracht. Fraglich erscheint ihr, warum Pannhusen später von dieser Linie abwich.

Ein besonderer Verdachtsmoment ergibt sich für Brorhilker vor allem aus der Sitzung in der Hamburger Finanzbehörde. Aus einem Vergleich der Argumentation in Pannhusens Papier vom Oktober 2016 und ihrem Vermerk zur Sitzung in der Finanzbehörde ergäben sich tatsächliche Anhaltspunkte für eine unsachliche, bewusst zugunsten der Warburg-Bank getroffenen Entscheidung. Der Vermerk im November falle in der Argumentationstiefe deutlich ab, die umfangreichen Indizien aus dem Oktober würden in so nicht nachvollziehbarer Weise abgewertet.

Auf mehreren Seiten zerpflückt die Kölner Staatsanwältin die Argumente der Hamburger Finanzbeamten gegen eine Rückforderung. Ungeachtet der Frage, welche Entscheidung letztlich steuerrechtlich nach damaligem Wissensstand korrekt gewesen sei, sei zusammenfassend kaum erklärlich, warum mit den dürftigen, einseitigen und weitgehend nicht neuen Argumenten die in dem Schreiben vom 5. Oktober 2016 durchgeführte dezidierte Prüfung und Indizienwürdigung aufgegeben wurde.

Dürftige, einseitige, weitgehend nicht neue Argumente – der Vermerk vernichtet geradezu die Begründungsversuche der Hamburger Finanzbeamtin Svenja Pannhusen. Und sie kommt zu einer für eine Staatsdienerin fatalen Einschätzung: Pannhusen berücksichtige sowohl bei der Steuerentscheidung als auch bei den Verhandlungen über eine Tatsächliche Verständigung in auffälliger Weise allein die Interessen der Bank und nicht die der Steuerzahler.

Für die Staatsanwältin ist der Fall strafrechtlich relevant. Sie hegt den Verdacht, Pannhusen habe sich der Begünstigung, Untreue, Strafvereitelung im Amt und der Geldwäsche schuldig gemacht. Für diese Taten drohen bis zu zehn Jahren Gefängnis.

Anders als ihre Hamburger Kollegin hat die Kölner Staatsanwältin also große Zweifel an der Entscheidung der Finanzverwaltung. Und auch eine Einflussnahme durch die Politik hält sie für gut möglich. Christian Olearius habe laut seinen Tagebuchaufzeichnungen »auffällig synchron« zu Entscheidungen des Finanzamts intensive Kontakte zu den SPD-Politikern Johannes Kahrs und Alfons Pawelczyk gepflegt. Es ergäben sich Anhaltspunkte, dass die Bank über diese Kontakte Einfluss auf politische Entscheidungsträger genommen habe. Dadurch hätten sich die beiden SPD-Politiker für Brorhilker womöglich der Begünstigung schuldig gemacht.

In ihrem Vermerk hebt Brorhilker hervor, dass sich die Ermittlungen noch auf weitere Personen ausdehnen könnten. Sie erwähnt die Namen der Beamten, die in die Entscheidungen eingebunden waren, wie auch die »Beteiligung des damaligen Ersten Bürgermeisters« an der Weiterleitung der »Schutzschrift« der Bank an »den damaligen Finanzsenator Peter Tschentscher«.

Wegen Verstrickungen in Cum-ex-Geschäfte ermittelt Brorhilker in mehreren Dutzend Verfahren gegen mehr als 1000 Personen. Doch dieser Fall in Hamburg lässt sie nicht los. Sie will in den nächsten Wochen die Razzia durchführen, die sie bereits vor einem Jahr geplant hatte: bei Pannhusen und Kahrs, außerdem im Finanzamt für Großunternehmen und in der Finanzbehörde. Ebenso will sie ihre Fahnder und Computer-Experten nach Altenholz bei Kiel zu dem IT-Dienstleister Dataport schicken, weil sich die Firma seit 2013 um die elektronischen Daten der Hamburger Finanzverwaltung kümmert.

Brorhilker hat Erfahrung mit der Organisation großer Razzien, im Oktober 2014 hatte sie Hunderte Durchsuchungen weltweit koordiniert, sogar in Steueroasen wie den Britischen Jungferninseln, Malta und Luxemburg kooperierten damals die Fahnder. Doch dieses Mal hat sie ein besonderes Problem: Brorhilker will auf keine Kräfte aus Hamburg zurückgreifen, die Kollegen dort nicht einweihen. Das Risiko erscheint zu groß, dass etwas durchsickert. Im Landeskriminalamt in Düsseldorf wird deshalb eine Ermittlungskommission gegründet, der neben Staatsanwälten auch eine Reihe von Steuerfahndern und Polizeibeamten angehören. Die Einheit bekommt den Namen »Alster«. Brorhilker legt in ihrem Vermerk auch einen Termin für den Beginn der Razzien in Hamburg fest: den 27. September 2021. Das ist exakt einen Tag nach der Bundestagswahl.

Donnerstag, 9. September 2021

Während für Olaf Scholz das juristische Problem mit der Hamburger Staatsanwaltschaft erledigt zu sein scheint, tut sich in Berlin ein neues auf. Und diesmal erzeugt es einiges an öffentlicher Aufmerksamkeit. Die Staatsanwaltschaft Osnabrück lässt gut zwei Wochen vor der Wahl die beiden SPD-geführten Bundesministerien für Finanzen und Justiz durchsuchen. Hintergrund sind Ermittlungen gegen die Zentralstelle für Finanztransaktionsuntersuchungen. Dabei handelt es sich um eine Sammelstelle des Zolls für Geldwäschehinweise, intern nur FIU genannt, Financial Intelligence Unit. Die Behörde untersteht der Aufsicht des Ministeriums von Scholz.

Die Staatsanwaltschaft vermutet, dass Beamte der Spezialeinheit im Jahr 2018 geschlampt, wichtige Hinweise nicht oder nicht rechtzeitig an Polizei und Justiz weitergeleitet und so wichtige Geldwäsche-Ermittlungen verhindert haben. Mit den Durchsuchungen will sie herausfinden, ob Verantwortliche in den Ministerien sowie vorgesetzte Dienststellen in Entscheidungen der FIU eingebunden waren. Die Ermittlungen richteten sich nicht gegen Ministeriumsmitarbeiter. Die Ministerien betonen zudem, vollumfänglich mit der Staatsanwaltschaft zu kooperieren. Man habe alle gewünschten Dokumente übergeben.

Die Razzia im Ministerium löst im Wahlkampf Hektik aus. Von der Opposition hagelt es Kritik. »Klar ist schon jetzt: Die Financial Intelligence Unit ist nach Jahren unter Olaf Scholz in einem schlechten Zustand, denn er hat sie wie ein Stiefkind behandelt«, erklärt Florian Toncar von der FDP. Die Durchsuchung zeige, dass »Olaf Scholz seinen Geschäftsbereich überhaupt nicht im Griff hat«.

Scholz selbst reagiert verstimmt auf die Aktion der Staatsanwaltschaft Osnabrück. In einem Statement betont er, wie viel er für den Ausbau der Finanzbetrugseinheit getan habe. Die Staatsanwaltschaft hätte ihre Fragen »auch schriftlich stellen können«, sagte er. »Das mag jeder für sich selbst bewerten.« Seine Partei vermutet ein Foulspiel. Bereits unmittelbar nach den Ermittlungsmaßnahmen streut Scholz' Team unter Journalisten, dass die Durchsuchung vom CDU-geführten Justizministerium in Niedersachsen politisch beeinflusst worden sei. Zudem sei der zuständige Staatsanwalt der ehemalige Chef des CDU-Stadtverbandes Cloppenburg.[69]

Der guten Stimmung bei den Genossen soll die Durchsuchung unterdessen keinen Abbruch tun. Am Abend ist Olaf Scholz bei einem Event der Funke-Mediengruppe zu Gast. Gegenüber Journalisten gibt er sich zuversichtlich, sieht Parallelen zu Wahl in Hamburg 2011: »Es fühlt sich so an, dass wir gewinnen werden. Die Reaktionen der Menschen sind wie damals.«

Freitag, 10. September 2021

Der Cum-ex-Skandal spielt im Bundestagswahlkampf bislang kaum eine Rolle. Einige Mitglieder des Finanzausschusses möchten, dass sich das ändert. Scholz' Aussagen vor dem Bundestagsgremium im Sommer 2020 stehen im Widerspruch zu seinen später öffentlich im Parlament und im Hamburger Untersuchungsausschuss getätigten Schilderungen, er könne sich an nichts erinnern, weder an Inhalte seiner Gespräche mit Olearius noch an die Treffen selbst.

Seine Aussagen vor dem Finanzausschuss sind protokolliert. Aber die Abgeordneten können aus diesem relevanten Widerspruch, den man

---

69 Anders als zunächst das Finanzministerium legt das Justizministerium Beschwerde gegen die Durchsuchung ein. Im Februar 2022 gibt das Landgericht der Beschwerde statt und hebt den Durchsuchungsbeschluss des Amtsgerichts nachträglich mit der Begründung wieder auf, die Durchsuchung sei »nicht erforderlich« gewesen. Nach dem Erfolg des Justizministeriums legt auch das Bundesfinanzministerium Beschwerde ein, über die bei Redaktionsschluss dieses Buches noch nicht entschieden ist.

auch als Lüge eines Kanzlerkandidaten ansehen kann, politisch kein Kapital schlagen. Die Sitzung war als VS-vertraulich deklariert und das Protokoll darüber liegt in der Geheimschutzstelle im Bundestag. Dort können es die Abgeordneten nach Voranmeldung unter Aufsicht einsehen, dürfen sich aber keine Notizen machen und auch sonst nicht in ihrer parlamentarischen Arbeit daraus zitieren. Andernfalls würden sie sich des Geheimnisverrates schuldig machen. Und anders als Scholz-Intimus Schmidt, der aus dem Zusammenhang gerissene Teile des Protokolls an Journalisten verschickt hat, verzichten die Abgeordneten darauf, eine Straftat zu begehen.

Stefan Liebich von den Linken versucht es auf legalem Wege und hat vor ein paar Tagen beim Sekretariat des Finanzausschusses schriftlich die »Entstufung« des VS-Protokolls beantragt. Die Leitung des Sekretariats sandte den Antrag an das Bundesfinanzministerium weiter und fragte, ob es dagegen Bedenken gebe. Ebenso schnell kam die Antwort aus dem Ministerium, telefonisch. Der zuständige Referent bat um mehr Zeit: Die Prüfung sei sehr zeitaufwendig und rechtlich komplex. Es müssten sowohl die Steuerabteilung IV als auch die für verfassungsrechtliche Fragestellungen zuständige Abteilung V des Ministeriums eingebunden werden.

Per E-Mail klären die Obleute des Finanzausschusses das weitere Vorgehen. Schnell sind sich die Abgeordneten der Oppositionsparteien und der CDU einig: Das Bundesfinanzministerium möge die Entstufung des geheimen Protokolls prüfen. Für die Antwort setzen sie eine Frist von fünf Tagen.

Abends erscheint im *Spiegel* ein Leitartikel, der Scholz' Wahlkampf analysiert. Der Kandidat mache gerade keine Fehler. Tue nichts, was gegen ihn verwendet werden könne. »Mit lächelnder Langeweile steigen Scholz und seine SPD beständig nach oben, was auch an einer klugen Strategie liegt: In dieser krisenhaften Zeit symbolisiert Scholz Beständigkeit, er wirkt wie Baldrian in diesem Wahlkampf der Aufgeregtheiten. Damit befriedigt er ein Bedürfnis nach Ruhe, das offenbar viele Menschen haben.« 12 Euro Mindestlohn, das Renteneintrittsalter nicht erhöhen, ansonsten bleibe Scholz bei Floskeln und Gemeinplätzen. »Seine Überzeugungskraft liegt in der persönlichen Glaubwürdigkeit und dem abstrakten Versprechen, dass die Welt weitgehend so bleibt, wie sie ist.«

Sonntag, 12. September 2021

Die Razzia in seinem Ministerium schlägt sich bislang nicht negativ auf Scholz' Umfragewerte nieder. Zwei Wochen vor der Wahl hat der SPD-Kandidat die Nase vorn, seine Kontrahenten straucheln weiter. Baerbock wird ihre Plagiatsaffäre nicht los, Laschet die Fernsehbilder mit seinem Lachen nach der Flutkatastrophe im Ahrtal. Abends trifft Scholz in einer gemeinsamen Sendung von ARD und ZDF auf die beiden. Zur besten Sendezeit sollen die Spitzenkandidaten 95 Minuten lang live unter dem Titel »Das Triell – der Dreikampf um das Kanzleramt« streiten, diskutieren und ihre Positionen darstellen. Geleitet wird die Sendung von ARD-Chefredakteur Oliver Köhr und der ZDF-Moderatorin Maybritt Illner.

Bei RTL und ntv sind sich die drei Spitzenkandidaten vor zwei Wochen erstmals in diesem Format begegnet: »Das Triell: Baerbock, Laschet, Scholz«. Moderiert von Pinar Atalay und Peter Kloeppel entpuppte sich das Triell allerdings schnell als ein Duell zwischen Baerbock und Laschet. Während sich die beiden zwei Stunden lang über Themen wie Afghanistan-Einsatz, Corona-Politik und Klimawandel stritten, hielt sich Scholz zurück. Sein Kalkül ging auf: Die Zuschauer sahen sein Auftreten als Ausdruck von Souveränität. Hinterher kürten repräsentative Umfragen ihn zum Sieger des Aufeinandertreffens.

An diesem Sonntag soll es ein echter Dreikampf werden, zumindest haben sich das die Moderatoren zum Ziel gesetzt. Gleich zu Beginn konfrontiert Maybrit Illner Scholz mit den jüngsten Ereignissen. »Es ist alles auf Sie zugeschnitten in diesem Wahlkampf – wie gefährlich könnte dann Ihrer Partei werden, dass es in Ihrem Ministerium eine Razzia gegeben hat?«

Scholz erklärt, nichts mit dem Versagen der Finanzaufsicht zu tun zu haben, und zählt auf, welche Maßnahmen er in seiner Behörde umgesetzt habe, um Geldwäsche zukünftig effektiver nachverfolgen zu können. »Ich halte das für eine ganz beeindruckende Leistung«, lobt er sich selbst.

»Halten Sie das auch für eine ganz beeindruckende Leistung?«, fragt Oliver Köhr Armin Laschet. Die Union liegt in den Umfragen rund fünf

Prozentpunkte hinter der SPD, Laschet geht entsprechend in die Offensive. »Es ist schon ein Wunder«, sagt er an Scholz gerichtet, »wie Sie selbst in diesem Fall, wenn eine Staatsanwaltschaft in Ihr Ministerium kommt und Untersuchungen durchführt, eine solche Schönrednerei an den Tag legen können.« Scholz habe als Finanzminister die Verantwortung dafür, dass die Finanzaufsicht so wenig Geldwäsche-Fälle aufklärt, dass die Staatsanwaltschaft Untersuchungen durchführt. Zudem sei dies nicht der einzige Fall, in dem Scholz »keine Verantwortung übernehmen« wolle, sagt Laschet – und kommt auf Cum-ex zu sprechen.

Doch der CDU-Kandidat kennt die Materie offenbar nur oberflächlich. Jedenfalls bleibt Laschet vage. »Jetzt wird darüber gestritten, ob Sie den Bankier getroffen haben oder nicht. Das kann ich nicht beurteilen, das soll der Untersuchungsausschuss klären«, sagt er und fordert stattdessen allgemein, Scholz solle Verantwortung für die ausgebliebenen Rückforderungen der Hamburger Behörden übernehmen. Auch Baerbock äußert sich auf die anschließende Nachfrage der Moderatoren zunächst nicht konkret zu den Vorwürfen gegen Scholz. Das könne sie von außen nicht beurteilen, sagt sie und merkt lediglich allgemein an, dass dem Staat jährlich 50 Milliarden Euro durch Steuerbetrug und Geldwäsche »durch die Lappen gehen«. Doch dann wird sie konkreter. Sie verstehe nicht, warum das Finanzministerium die Veröffentlichung des Protokolls der geheimen Finanzausschusssitzung vom 1. Juli 2020 blockiert.

Was Scholz zu Baerbocks Kritikpunkt sage, will Moderatorin Illner wissen. Scholz geht darauf nicht ein, stattdessen richtet er sich an Armin Laschet. Dieser verdrehe »ganz bewusst« Dinge, sagt er nun schärfer im Ton, »das müssen Sie sich vorwerfen lassen, sehr klar«. Laschet verbreite Unwahrheiten, falsche Behauptungen und Gerüchte, man habe Scholz nie Fehlverhalten nachweisen können. Als Illner fragt, was der Steuerzahler davon zu halten habe, dass der Eindruck entstehe, der Finanzminister gehe zu lax mit dem Thema Finanzkriminalität um, hält Scholz wieder einen Vortrag über all die »dramatischen, entscheidenden Veränderungen«, die er in seiner Behörde durchgeführt habe. »Das ist meine Leistungsbilanz, auf die ich in dieser Frage auch sehr stolz bin.«

Also sei mal wieder »alles in Ordnung«, kommentiert Laschet höhnisch Scholz' Redeschwall. Nun bringt sich Baerbock noch einmal ein.

Sie wolle noch zwei Punkte ansprechen. Zum einen eine »ganz offene und ehrliche« Frage: »Wird das Protokoll des Finanzausschusses offengelegt, noch vor der Wahl?« Doch anstatt Scholz antworten zu lassen, hält sie zum anderen noch einmal einen Vortrag über die Wichtigkeit, Geldwäsche effektiv zu bekämpfen. Ihre Frage bleibt unbeantwortet. Moderator Oliver Köhr geht abrupt dazwischen und stellt Laschet eine Frage zu einem anderen Thema.

Fast elf Millionen Menschen verfolgen die Live-Sendung. Baerbocks Fragen zu der Offenlegung des Protokolls müssen Wolfgang Schmidt keine Sorgen machen. Die wenigsten Zuschauer dürften verstanden haben, was sich dahinter verbirgt. Schmidt stören jedoch Laschets Attacken wegen der Razzia. Sie könnten an Scholz haften bleiben und zu einer Belastung im Endspurt des Wahlkampfs werden.

Schmidt entscheidet sich zum Gegenangriff. »Und noch ein paar Fakten, lieber @ArminLaschet«, twittert er. »Die Staatsanwaltschaft in Osnabrück hat eine Pressemitteilung herausgegeben, die mit dem Durchsuchungsbeschluss des Amtsgerichts eher wenig zu tun hat.« Dazu veröffentlicht er einen Screenshot von zwei Absätzen aus dem Durchsuchungsbeschluss, den die Staatsanwaltschaft Osnabrück für die Razzia im Finanzministerium bei Gericht erwirkt hatte. Daneben stellt er einen Ausriss aus der Pressemitteilung der Staatsanwaltschaft zu ihrer Maßnahme. Darin heißt es, es solle »unter anderem untersucht werden, ob und gegebenenfalls inwieweit die Leitung sowie Verantwortliche der Ministerien sowie vorgesetzte Dienststellen in Entscheidungen der FIU eingebunden waren«. Die Pressemitteilung insinuiere, es werde gegen Scholz selbst ermittelt. Das sei durch den Beschluss nicht gedeckt.[70]

Am nächsten Tag leitet die Staatsanwaltschaft Osnabrück ein Ermittlungsverfahren gegen den Scholz-Vertrauten ein. Die Behörde sieht

---

70 Anders als das Finanzministerium klagt das Justizministerium erfolgreich gegen die Pressemitteilung der Staatsanwaltschaft Osnabrück vor dem Verwaltungsgericht. Die Pressemitteilung habe den unwahren Eindruck erweckt, dass tatsächlich Räumlichkeiten des Justizministeriums durchsucht worden seien. Tatsächlich seien die Unterlagen jedoch ausgehändigt worden. Zudem sei der falsche Anschein erweckt, dass auch gegen leitende Verantwortliche des Ministeriums ermittelt wird.

in der Twitter-Veröffentlichung den Anfangsverdacht von »Verbotenen Mitteilungen über Gerichtsverhandlungen« gegeben. Das sei ein Verstoß gegen Paragraf 353d des Strafgesetzbuches. Dafür droht bis zu einem Jahr Gefängnis oder eine saftige Geldstrafe. Noch am selben Tag gibt die Staatsanwaltschaft das Verfahren an ihre Kollegen in Berlin ab.

Schmidt verteidigt sich auf Twitter. Es sei in der »Öffentlichkeit der Eindruck entstanden, dass gegen Beschäftigte von Bundesministerien ermittelt werde. Dieser falsche Eindruck machte es nötig, dass sich die Öffentlichkeit selbst ein Bild von den Fakten machen kann. Ich bin zuversichtlich, dass sich die Vorwürfe schnell ausräumen lassen werden. Im Übrigen: Ich formuliere meine Tweets selber und binde dabei niemanden ein ...«

Scholz wird nun öffentlich auf Schmidts Twitterverhalten angesprochen. »Der Staatssekretär twittert viel«, sagt der Kanzlerkandidat im ZDF. »Ich kann kaum noch nachvollziehen, was er da im Einzelnen macht.« Auf die Aussagen reagiert auf Twitter unter anderem der FDP-Politiker Volker Wissing: »Ein wild twitternder Staatssekretär und ein Minister, der das hilflos hinnimmt. Ein Dreamteam für das Bundeskanzleramt?«

Mittwoch, 15. September 2021

Das Gezerre um das Protkoll geht weiter. Der zuständige Referatsleiter aus dem Finanzministerium meldet sich um 11:55 Uhr beim Sekretariatsleiter des Finanzausschusses. Geschickt spielt der Ministerialbeamte den Ball zurück: Der Finanzausschuss sei selbst für die Entstufung des VS-Protokolls zuständig, nicht das Ministerium. Dazu übermittelt der Referatsleiter eine deutliche Warnung. »Im konkreten Fall sind insbesondere die Grundrechte der betroffenen Personen und Unternehmen wie etwa ihre Persönlichkeitsrechte und ihr Recht auf Schutz von Betriebs- und Geschäftsgeheimnissen in diese Abwägung einzustellen.« Gleichwohl unterstütze das Ministerium die Entstufung »gerne«, man werde »einen Vorschlag für Schwärzungen« vorlegen. »Die dazu notwendige Prüfung ist zeitaufwendig, da jeder Satz differenziert betrachtet und hinsichtlich der rechtlichen Belange abgewogen werden muss.«

Ab 13:30 Uhr tagen die Obleute des Finanzausschusses anderthalb Stunden. Ergebnis: Das Ministerium soll spätestens in fünf Tagen eine Vorlage bereitstellen. Es ist ein Ultimatum, Begriffe wie »dringend« und »rechtzeitig« fallen. In fünf Tagen, am 20. September, ist eine Sondersitzung des Finanzausschusses angesetzt. Olaf Scholz ist vorgeladen, er soll persönlich Auskunft über die Durchsuchung im Bundesfinanzministerium geben. Und bei dieser Gelegenheit wollen die Abgeordneten ihn mit seinen Aussagen aus dem VS-Protokoll konfrontieren.

Samstag, 18. September 2021

In acht Tagen ist Wahl, und die schlechten Nachrichten für Scholz reißen nicht ab. Der Youtuber Rezo hat sich auf seinem Kanal in zwei Folgen mit den Verfehlungen der CDU beschäftigt, nun kommt Scholz an die Reihe. »Mit Abstand der krasseste Krimi in diesem Video«, sagt Rezo zur Einführung in das Thema »Scholz & Cum Ex«.

Bevor es darum geht, holt Rezo jedoch weit aus, spricht das vielleicht dunkelste Kapitel in der Karriere des Kanzlerkandidaten an: »Olaf Scholz, der Kanzlerkandidat der SPD, war schon in so ein paar ziemlich ungeile Sachen drin verwickelt. Zum Beispiel hat er mal in Hamburg eingeführt, dass die Polizei Menschen zwingen darf, Brechmittel zu nehmen. Was halt total mit deinem Körper fickt und du halt kotzen musst«, erklärt der Youtuber. »Davor sagte die Innenbehörde und ein Gericht, dass es unnötig zur Beweissicherung wäre, dass es gegen die Menschenwürde geht und medizinisch war völlig klar, dass man davon sterben kann. Auch die Hamburger Ärztekammer meinte, dass das aufgrund dieser Lebensgefahr natürlich nicht zu verantworten wäre. Olaf Scholz meinte aber: ›Nee, das ist gesundheitlich unbedenklich.‹ – was natürlich die Unwahrheit war. Und na ja. Danach wurde ein Teenager in Hamburger gegen seinen Willen Brechmittel so reingepumpt, dass er daran gestorben ist. Seine letzten Worte waren: ›Ich werde sterben.‹ Und trotzdem fand Olaf Scholz diese Methode danach immer noch richtig, hat sie verteidigt. (…) Also, und das ist jetzt nur eine nüchterne Tatsache: Olaf Scholz hat mit nachweislichen Unwahrheiten eine menschenrechtswidrige Sache eingeführt, durch die ein Teenager getötet wurde. Ich werte das jetzt nicht, das sind nur Fakten.« Danach kommt er zu seinem eigentlichen Thema: Cum-ex.

Fast 4 Millionen Menschen schauen sich das Video auf Youtube an – kaum eine Politiksendung im deutschen Fernsehen hat so eine Quote. Wolfgang Schmidt ist gefordert. In seiner Verteidigung zieht er alle Register. »Scholz hat damit nichts zu tun«, behauptet er auf Twitter. Es folgen alle üblichen Argumente. Schmidt hat eigens eine Collage gebastelt oder basteln lassen, mit Headlines von Medien, die Scholz angeblich entlasten: »Finanzbeamtin weist Einflussnahme in Cum-ex-Skandal zurück«, »Finanzamtsleiterin entlastet Scholz und Tschentscher«, »Abteilungsleiter: Keine Zusage bei Scholz-Warburg-Treffen«.

Sonntag, 19. September 2021

Weil Olaf Scholz am nächsten Tag im Finanzausschuss erwartet wird, bleibt Sarah Ryglewski (SPD), der Parlamentarischen Staatssekretärin im Finanzministerium, nichts anderes übrig, als am Sonntag zu arbeiten. Die 38-Jährige schickt am Tag vor Ablauf der Frist für die Schwärzungen ein fünfseitiges Schreiben an Katja Hessel (FDP), die Vorsitzende des Finanzausschusses. Ryglewski ist merklich angefressen über die Ultimaten und dreht den Spieß um: In ihrem Schreiben schiebt auch sie die Verantwortung für die Entstufung des VS-Protokolls dem Bundestag zu. Der sei dafür verantwortlich, nicht das Ministerium. Letztlich müsse die Ausschussvorsitzende persönlich für die Risiken einstehen.

Die Staatssekretärin holt weit aus, referiert ungefragt die Auftritte von Scholz im Finanzausschuss und bestreitet ausdrücklich, dass er dort Fragen nach weiteren Treffen mit »den Herren Olearius und Warburg nicht wahrheitsgemäß beantwortet« habe. Scholz habe seine Kalender damals nicht herangezogen, das sei aus heutiger Sicht ärgerlich, denn »es hätte vermutlich einige Aufregung erspart, wenn er dies gleich veranlasst hätte«. Nach der unverhohlenen Warnung und dem langen Exkurs schreibt Scholz' Staatssekretärin: Das Ministerium sei bereit, bei der Veröffentlichung zu helfen.

Auf Twitter liefert sich Wolfgang Schmidt unterdessen wieder wilde Schlachten zum Thema Cum-ex, unter anderem mit Fabio De Masi. »Du schuldest mir Antwort auf eine Frage – seit Monaten weichst Du auf Twitter aus! Wer hatte Recht? BMF mit der Weisung oder Senat Hamburg! Du sagst Hamburg hat richtig gehandelt!«, twittert De Masi und bringt das VS-vertraulich eingestufte Papier ins Spiel: »Sollten wir mal mit Geheimprotokoll abgleichen oder wird Antwort von Deinem Chef dazu geschwärzt.«

Schmidt antwortet: »Lieber Fabio, ich schulde dir gar nichts«, schreibt er in einem 5-teiligen Thread auf Twitter. »Olaf Scholz hat bei seiner Zeugenaussage Ende April ausführlich dazu und zu den Anwürfen, er hätte etwas verschwiegen, berichtet. Die sind einfach Quatsch und werden auch durch dein Geraune über ›Geheimprotokolle‹ nicht richtiger. Das wird man dann ja demnächst hoffentlich alles einsehen und selber beurteilen können. Und dann kannst du ja mal über eine Entschuldigung nachdenken.«

Es folgt eine Beteuerung des Staatssekretärs, sich im Umgang mit vertraulichen Dokumenten stets an Gesetz und Ordnung zu halten: »Ich darf zu Steuer-Vorgängen des BMF nichts sagen. Und das weißt du auch. Da gilt das Steuergeheimnis. Daran halte ich mich. Auf Twitter habe ich zu Warburg immer die öffentlich bekannten Fakten genutzt. Das ›Geheimprotokoll‹ ist ein Protokoll des Bundestages. Es gilt die Geheimschutzordnung des Bundestages. Die Vorsitzende des Finanzausschusses hat die Sitzung am 1.7.20 als vertraulich eingeladen und dann später die Einstufung des Protokolls der Sitzung als VS-Vertraulich gewählt, weil schützenswerte Inhalte enthalten seien. Ihr könntet es veröffentlichen – macht euch dann halt strafbar.«

27

Montag, 20. September 2021

Um 10 Uhr trifft sich der Finanzausschuss des Bundestags im Saal E 400 des Paul-Löbe-Hauses zur Sondersitzung. Wegen Corona ist aus jeder Fraktion nur ein Teil der Ausschussmitglieder persönlich präsent, die anderen sind per Video zugeschaltet.

Vor der Eingangstür des Sitzungssaals sind Kameras aufgebaut. Kommt Scholz, oder kommt er nicht? Der Finanzminister hat angekündigt, sich nur digital zuschalten zu lassen. Die anderen Parteien versuchen, daraus für den Wahlkampf Kapital zu schlagen. Hans Michelbach von der CSU beschwert sich, dem Minister sei der Wahlkampf wichtiger als die Vorwürfe aufzuklären, in seiner Amtszeit sei in Sachen Geldwäschebekämpfung so gut wie nichts passiert. FDP-Finanzexperte Florian Toncar schimpft, ein persönliches Erscheinen sei wohl der Sache angemessen.

Während die Vertreter der anderen Parteien ihre Statements abgeben, schlüpft Scholz durch den Hintereingang in den Sitzungssaal. Die draußen mosernden Parlamentarier sind blamiert. Ihr Versuch, Scholz mit der Vorladung vorzuführen, ist ins Leere gelaufen. Der Minister freut sich sichtlich.

Scholz nimmt Platz. Rechts von ihm sitzt seine Staatssekretärin Sarah Ryglewski, links die Ausschussvorsitzende Hessel von der FDP. Coronakonform bleibt der Platz zwischen ihnen frei. Neben seinem Sprecher Hebestreit wird Scholz begleitet von seinem langjährigen Weggefährten Staatssekretär Rolf Bösinger sowie von Rolf Möhlenbrock, dem obersten Steuerbeamten im Finanzministerium.

Die Stimmung im Ausschuss ist nach dem Trick mit dem Hintereingang angespannt. Gegen den Protest der SPD setzen die anderen Parteien durch, dass Scholz von den Fraktionen einzeln befragt wird. Normalerweise werden Fragen eingesammelt, gebündelt vorgetragen und en bloc beantwortet. Doch die Finanzausschussmitglieder wissen mittlerweile, dass Scholz bei diesem Prozedere schlicht nur auf die Fragen eingeht, die ihm ins Konzept passen, andere ignoriert er. Und die Abgeordneten können nicht nachhaken, weil sie nicht dran sind. Diesmal soll es anders laufen: Jede Fraktion erhält fünf Minuten für Frage und Antwort. Ist die Runde durch, geht es von vorne los.

Scholz beginnt mit einem Statement. Bevor er näher auf die »Durchsuchung bei nichtverdächtigen Dritten« eingehe, wolle er die Gelegenheit nutzen, einleitend ein paar Worte zur »Bekämpfung und Verhinderung von Geldwäsche« und zur FIU zu sagen. Zwei Stunden sind für die Befragung angesetzt. Je länger Scholz redet, desto weniger Zeit bleibt den Abgeordneten, um Fragen zu stellen.

Scholz schildert seine vermeintlichen Erfolge als Finanzminister. Die Bekämpfung von Geldwäsche und Terrorismusfinanzierung habe für ihn höchste Priorität, erklärt er langatmig. Er habe sich daher entschieden, die Defizite gezielt anzugehen. Das Thema habe man im Ausschuss auch mehrfach miteinander erörtert. Scholz liest vom Blatt ab, listet auf, wann wie viele Planstellen geschaffen wurden. Er habe den Eindruck, dass auch die härtesten Kritikerinnen und Kritiker anerkennen müssten, dass hier beim nötigen Personal die richtigen Entscheidungen getroffen worden seien. Als Scholz auch noch auf den Ausbau der IT eingeht, schauen einige Abgeordnete genervt auf die Uhr. Katja Hessel unterbricht ihn schließlich, bittet, endlich zum Thema zu kommen: die Durchsuchung im Ministerium.

Scholz lässt sich durch die Ausschussvorsitzende nicht beirren. Er werde gleich ausführlich darauf eingehen, verspricht er. Es dauert noch eine Weile, bis Scholz zu seinem Punkt 4 kommt, »Ermittlungsverfahren der Staatsanwaltschaft«. Er wolle »kurz die wichtigsten Dinge rekapitulieren«. Die Abgeordneten wissen, was das bedeutet: Scholz fängt bei Adam und Eva an. Ausschweifend äußert er sich zu den Ermittlungen, die er bereits öffentlich mit der herablassenden Bemerkung kritisiert hat, die Staatsanwaltschaft hätte auch einfach anrufen können, um die Auskünfte zu erhalten. Vor den Abgeordneten gibt er sich konziliant, alles sei sehr kollegial verlaufen, lediglich fünf elektronische E-Mail-Postfächer von Beamten seines Ministeriums seien beschlagnahmt worden, außerdem ein Postfach eines FIU-Mitarbeiters. Seit nun mehr als 14 Monaten ermittle die Osnabrücker Staatsanwaltschaft. Bislang gegen »Unbekannt«. Keinem seiner Beamten der FIU werde konkret etwas vorgeworfen.

Die Sitzung läuft seit 50 Minuten, als die FDP mit ihrer ersten Fragerunde an der Reihe ist. Der Abgeordnete Markus Herbrand will wissen, ob Scholz schon einmal bei der FIU in Köln gewesen ist. Immerhin ist die Ermittlungseinheit seiner Aufsicht unterstellt.

Scholz wird plötzlich schmallippig: »Nein!«

Als die FDP das nächste Mal an der Reihe ist, ergreift Florian Toncar das Wort. Er fragt Scholz, ob er »vor dem heutigen Tag« überhaupt schon einmal persönlich Kontakt zu FIU-Chef Christof Schulte gehabt hat. Schulte sitzt im Raum, ist extra für die Sitzung angereist. Scholz weicht aus. Der FIU-Chef habe Kontakt mit seinem zuständigen Staatssekretär und den anderen zuständigen Mitarbeitern im Ministerium. Toncar lässt nicht locker: »Haben Sie vor dem heutigen Tag Christof Schulte schon einmal persönlich getroffen?«

Scholz verneint. Dies sei mit dem Staatssekretär so abgestimmt, schiebt er hinterher. Toncar hebt süffisant hervor, dass Scholz an diesem Tag zum ersten Mal seinem FIU-Chef begegnet ist: »Ich stelle fest«, sagt der FDP-Mann, »dass der Finanzausschuss heute also bereits Positives bewirkt hat.«

Dass Scholz einen seiner Spitzenbeamten in fast vier Jahren Amtszeit als Finanzminister noch nie persönlich getroffen hat, findet per SMS seinen Weg nach draußen zu einigen Hauptstadtjournalisten. Die sitzen in dem Moment nur einen Steinwurf entfernt in der Bundespressekonferenz im Schiffbauerdamm. Die Konferenz dort neigt sich schon dem Ende zu, als ein Journalist noch einmal eine Frage an Dennis Kolberg richtet, den Sprecher des Finanzministeriums. Scholz habe seinen Informationen nach den FIU-Chef Schulte bisher noch nie getroffen, bis heute, sagt der Journalist. »Wie kommt das?«

Kolberg überlegt kurz, bevor er antwortet: »Der Minister gibt ja gerade Auskunft im Finanzausschuss und auch da hat er ihn getroffen und viele Male davor. Also kann es sich nur um eine Ente handeln.«

»Da sind Sie sich sicher?«

»Er trifft gerade mit ihm zusammen, ist gerade mit ihm im Ausschuss!«

Im Ausschuss mühen sich die Abgeordneten, von Scholz mehr über die Razzia zu erfahren. Der verweist auf die laufenden Ermittlungen der Staatsanwaltschaft. Die Ermittlungsbehörde dürfe nicht den Eindruck bekommen, dass er das Verfahren durch seine Äußerungen beeinträchtigt. Der CDU-Abgeordnete Matthias Hauer lenkt das Thema schließlich auf das Ermittlungsverfahren gegen Wolfgang Schmidt, der Teile des Durchsuchungsbeschlusses auf Twitter veröffentlicht hat. Hauer macht auf naiv: ob Scholz bestätigen könne, dass gegen seinen Staatssekretär Ermittlungen laufen? Schmallippig antwortet Scholz: »Ja!«

Hauer gibt sich weiter arglos. Ob es richtig sei, dass es bei den Ermittlungen gegen Schmidt um die Veröffentlichung wesentlicher Teile des Durchsuchungsbeschlusses gehe?

Scholz bleibt nichts anderes übrig, als auch dies zu bejahen.

Nun will Hauer wissen, ob die Veröffentlichung mit Scholz abgesprochen war.

Scholz weiß um die Gefährlichkeit der Frage. Nein, antwortet er knapp, um schnell nachzuschieben: Er genehmige die Twitter-Einträge seines Staatssekretärs nicht. Er selbst twittere nicht persönlich und verfolge die Aktivitäten auf Twitter auch nicht.

Der Durchsuchungsbeschluss wurde indes nicht nur in Auszügen auf Twitter veröffentlicht, sondern kursiert längst auch in Journalistenkreisen. Hauer hakt nach: Hat das Ministerium oder Schmidt den Durchsuchungsbeschluss darüber hinaus weitergegeben?

Er könne dazu nichts sagen, antwortet Scholz. Die Frage werde geprüft. Schmidt habe selbst darum gebeten.

Hauer gibt sich damit nicht zufrieden. Ob Scholz mit Schmidt über diesen Vorgang gesprochen habe?

Er habe mit Schmidt darüber gesprochen, dass der Vorgang überprüft werden müsse, sagt Scholz. Weitere Diskussionen habe er mit ihm darüber nicht geführt.

Hauer will wissen, ob Scholz Schmidt gefragt habe, ob der den Durchsuchungsbeschluss darüber hinaus weitergegeben habe?

Scholz: Nein!

Das Ministerium hat den Obleuten des Finanzausschusses Tage zuvor die Bitte abgeschlagen, ihnen den Durchsuchungsbeschluss zu überlassen. Hauer findet das despektierlich gegenüber dem Ausschuss. Lakonisch sagt er zu Scholz, Schmidt dürfe dieses Papier eigenmächtig veröffentlichen, während Mitgliedern des Bundestages die Möglichkeit verwehrt werde, es einzusehen. Er fragt, wie Scholz das Verhalten von Schmidt finde.

Statt auf die Frage zu antworten, sagt Scholz: Er freue sich, dass – auch auf Initiative von Staatssekretär Schmidt selbst – der Vorgang nun intern überprüft werde.

Hauer fasst noch einmal nach. Kritisieren Sie das Vorgehen von Schmidt?

Schmidt habe die Überprüfung auf den Weg gebracht und dies sei genau das, was jetzt passieren müsse, sagt Scholz. Es werde eine dienstrechtliche Überprüfung des Vorgangs erfolgen. Schmidt habe das selbst veranlasst.

Der Staatssekretär ist gerade noch aus einem anderen Grund ein Problem für Scholz. Am Vortag der Ausschusssitzung wurden auf Twitter die Auszüge aus dem VS-vertraulich eingestuften Protokoll veröffentlicht, die Schmidt abfotografiert und geleakt hatte. In diesem Zusammenhang wurde auch eine Anfrage des *manager magazin* an das Bundesfinanzministerium bekannt, die seit Monaten nicht beantwortet wurde. Darin geht es um Schmidts Kontakt zu dem Warburg-Anwalt Kury. Und es geht um die Durchstecherei der vertraulichen Protokollauszüge durch Schmidt: »War dieses Vorgehen mit Minister Scholz oder anderen Personen abgestimmt?«, will das Magazin wissen. »Wie ist dieses Verhalten mit Ihrer Position als Staatssekretär in Einklang zu bringen?«

Schon früh am Morgen hat Fabio De Masi in einer Mail an den Ausschuss auf die Twitter-Veröffentlichung aufmerksam gemacht. »Ich hatte dies auch bereits zu Beginn der Konstituierung der Sitzung des Finanzausschusses im September 2020 mit einem Zwischenruf thematisiert (der jedoch nicht im Protokoll der damaligen Sitzung enthalten ist)«, schreibt De Masi. Weil man seit Monaten über den Umgang mit dem vertraulichen Protokoll streitet, hat er seine Ausschusskollegen in der Mail gebeten, den Tweet und die unbeantwortete Anfrage an das Finanzministerium in der Sitzung zu thematisieren und von Scholz und dem Ministerium eine Stellungnahme einzufordern.

De Masi ist per Video zugeschaltet, sitzt mit frisch gebügeltem Hemd in Verona vor seinem iPad. Nun meldet er sich zu Wort, erwähnt den Tweet und wendet sich direkt an Scholz: Er will wissen, ob der Finanzminister Kenntnis von diesen Vorgängen hat.

Scholz ist Jurist. Gegen Schmidt wird bereits wegen der Veröffentlichung des Durchsuchungsbeschlusses ermittelt. Dafür droht ihm eine saftige Geldstrafe, schlimmstenfalls ein Jahr Gefängnis. Die Durchstecherei eines VS-vertraulich eingestuften Protokolls wiegt noch schwerer. Wer als Amtsträger ein Dienstgeheimnis verrät, riskiert bis zu fünf Jahren Gefängnis.

Schmidt hat also ein Problem. Und mit ihm Scholz. In den vergangenen Monaten gab es zahlreiche Zeitungsberichte über die herausgehobene Position Schmidts in seinem Wahlkampfteam. Meist hat Schmidt selbst seinen Stellenwert für Scholz mit kernigen Zitaten verdeutlicht. Und allen Berichterstattern ist klar, sollte Scholz ins Kanzleramt einziehen, wird ihn sein langjähriger Weggefährte und Spindoktor begleiten, vermutlich als Kanzleramtsminister.

Bemüht gelassen beantwortet Scholz die Frage des Linken-Abgeordneten: Er habe keine Kenntnis von einer Tätigkeit Staatssekretär Schmidts in Bezug auf das eingestufte Protokoll. Dazu könne er aus eigenem Wissen nichts sagen.

Danach hat es Scholz plötzlich eilig. Er sei der Einladung in den Finanzausschuss gefolgt und habe sich die versprochene Zeit genommen, sagt er. Diese Zeit sei nun bereits überschritten. Er habe außerdem den Eindruck, dass alle Fragen bereits gestellt seien. Zum Abschied verspricht er, sein Ministerium werde »so schnell wie möglich« einen Schwärzungsvorschlag für das VS-Protokoll vorlegen. Er werde das BMF nach dieser Sitzung noch einmal bitten, so viel Tempo wie möglich zu machen.

Nach dem überhasteten Abgang von Scholz sieht sich Axel Troost veranlasst, seine Frage schriftlich einzureichen. Der Abgeordnete der

Linken will vom Finanzministerium wissen, ob man dort Untersuchungen gegen Schmidt eingeleitet hat wegen des Verdachts der Durchstecherei des eingestuften Protokolls. Er bekommt auch eine Antwort von Scholz' zweiter Parlamentarischer Staatssekretärin Bettina Hagedorn – allerdings erst fünf Tage nach der Bundestagswahl. Hagedorn hat sich in der Sache für Nichtstun entschieden. Begründung: Dem Finanzministerium lägen »keine zureichenden Anhaltspunkte vor, die weitergehende Untersuchungen rechtfertigen würden«.

Donnerstag, 23. September 2021

Es sind noch drei Tage bis zur Wahl und Sarah Ryglewski hat alle Hände voll zu tun, um das Versprechen ihres Ministers einzulösen, dem Finanzausschuss »so schnell wie möglich« einen Vorschlag für Schwärzungen zu unterbreiten, damit das Protokoll veröffentlich werden kann. Aber nun ist es aus Sicht der Parlamentarischen Staatssekretärin vollbracht. Sie informiert die Ausschussvorsitzende Hessel, die Abgeordneten könnten nun in der Geheimschutzstelle den Schwärzungsvorschlag des Finanzministeriums anschauen. Ryglewski betont, die Einschätzung des BMF sei nur zur Orientierung. Die alleinige Verantwortung für eine Veröffentlichung trage Hessel. »Die konkrete Abwägung der Interessen macht die Ausübung der Einschätzungsprärogative durch die Ausschussvorsitzende erforderlich. Die Ausübung dieser Aufgabe kann nicht delegiert werden.« Abschließend weist Scholz' Staatssekretärin die FDP-Abgeordnete darauf hin, dass »nach meiner Kenntnis der Deutsche Bundestag noch nie ein geheim eingestuftes Protokoll entstuft hat und diesem Vorgang eine Signalwirkung zukommen könnte«.

Am nächsten Tag gehen mehrere Abgeordnete in die Geheimschutzstelle, darunter Lisa Paus von den Grünen. Sie ist von der Durchstecherei des Protokolls persönlich betroffen. Bei den öffentlich gewordenen Auszügen handelt es sich um Passagen ihrer Befragung von Scholz: »Auf Frage von Abg. Lisa Paus (B90/GR) erläutert BM Scholz (BMF), er sei Christian Olearius im Laufe seines Lebens mehrfach begegnet, zumeist bei größeren Veranstaltungen, beispielsweise in der Elbphilharmonie.«

Gegenüber Journalisten war damit der Spin gesetzt worden, dieses Zitat rechtfertige den öffentlich erhobenen Vorwurf von Paus nicht, Scholz habe gelogen und im Ausschuss seine weiteren Treffen mit dem Privatbankier im Rathaus bewusst verschwiegen. Paus wurde danach schwer angegangen, Journalisten behaupteten, sie habe gelogen, als sie behauptete, Scholz sei ein Lügner.

Die Grünen-Abgeordnete erhofft sich durch die Veröffentlichung ein Stück weit Rehabilitierung. Nachdem sie sich den Schwärzungsvorschlag angeschaut hat, ist sie ernüchtert. Das 19-seitige Protokoll sieht aus, als sei es in ein großes Tintenfass gefallen. Auf Twitter postet Lisa Paus: »Heute ist sprichwörtlich ein schwarzer Tag. Olaf Scholz verhindert weiter, dass die Wahrheit ans Licht kommt.« Die Schwärzungen seien »noch umfangreicher als befürchtet«, beträfen auch Passagen, die offensichtlich nichts mit dem Steuergeheimnis zu tun haben. »Gleichzeitig verteilt anscheinend Scholz' Staatssekretär selbst Ausschnitte an ausgewählte Journalisten«, schreibt Paus. Sie kündigt an, man werde sich dies nicht gefallen lassen. Es sind noch zwei Tage bis zur Bundestagswahl.

Sonntag, 26. September 2021

Deutschland wählt, Wolfgang Schmidt geht in einem Berliner Park kicken. Er hat sich ein St.-Pauli-Shirt übergezogen. Für den Hamburger Verein brennt er wie sonst nur für Politik und Olaf Scholz. Schmidt lässt sich von Reportern der *Zeit* begleiten und gibt sich cool. »Vom Feeling her hab' ich ein gutes Gefühl«, zitiert er Ex-Fußballnationalspieler Andy Möller, Weltmeister von 1990. Der Wahltag sei der entspannteste Tag im Wahljahr. Nun könne man nichts mehr tun, sagt Schmidt.

Den Kick im Park verliert sein Team 2:3. Mit dem Handy leiht er sich einen E-Roller für den Heimweg. Zu Hause wolle er Rezo noch eine E-Mail schreiben und dem blauhaarigen Youtuber erklären, was alles falsch ist an der Kritik, die er in seinem Video an der Rolle von Olaf Scholz im Cum-ex-Skandal geübt hat. »Wir sind im regen Austausch«, erzählt Schmidt dem *Zeit*-Journalisten. Das wird Rezo später auf Twitter öffentlich bestreiten. Es gebe zudem keine Fehler in seinem Video.

Um 18 Uhr dann schließlich die Überraschung. Es ist so gekommen, wie Schmidt es seit Jahren immer wieder prognostiziert hat: Die SPD steht in den Hochrechnungen vor der Union. Doch wird das so bleiben?

Scholz tritt um 19 Uhr mit seiner Frau und den beiden Parteivorsitzenden unter großem Jubel auf die Bühne des Willy-Brandt-Hauses. »Ich freue mich über das Wahlergebnis, das die Bürgerinnen und Bürger dieses Landes gewählt haben«, sagt Scholz. »Sie haben entschieden, dass die Sozialdemokratische Partei bei allen Balken nach oben geht – und das ist ein großer Erfolg.« Es sei klar, dass viele Bürger ihr Kreuz bei der SPD gemacht hätten, »weil sie wollen, dass es einen Wechsel in der Regierung gibt. Und weil sie wollen, dass der nächste Kanzler dieses Landes Olaf Scholz heißt«, sagt Olaf Scholz.

Wenig später gibt er ein Fernsehinterview. »Die Bürgerinnen und Bürger haben eine klare Botschaft hinterlassen: Sie wollen, dass die Sozialdemokratische Partei eine Regierung bildet«, sagt er. Der Reporter widerspricht vorsichtig, das Ergebnis von Union und SPD liege doch recht nah beieinander.

Um 20:01 Uhr bricht es schließlich auch aus Schmidt heraus: »Yes! Yes!! Yes!!!« Der Scholz-Intimus ballt seine Hand zur Becker-Faust. Scholz selbst hat gerade die Huldigung seiner Anhänger entgegengenommen, als Schmidt realisiert, dass der Vorsprung in den Hochrechnungen nun einen Prozentpunkt beträgt. Der Wahlsieg ist der SPD nicht mehr zu nehmen. Schmidt greift zur Bierflasche. »Wieso denn alkoholfrei, es gibt doch was zu feiern?«, sagt jemand. »Später!«, antwortet Schmidt.

Am Ende wird die SPD die Wahl mit mageren 25,7 Prozent gewinnen, der Vorsprung auf die CDU beträgt 1,6 Prozent. Das ist kein Erdrutschsieg. Drei von vier Wählern haben Olaf Scholz nicht gewählt, rechnet man die Nichtwähler mit ein, haben sogar vier von fünf Wahlberechtigten ihn nicht gewählt. Aber es dürfte reichen, um Bundeskanzler zu werden. Die Idee des Respekts hat viele Wähler abgeholt. Scholz wirkte wie jemand, der einen Plan hat für das Land. Laschet nicht. Und am Ende trat genau der Effekt ein, den Scholz und Schmidt prognostiziert haben: Die entscheidende kleine Menge Wähler glaubte, Scholz zu kennen, vertraute ihm. Scholz und Schmidt haben recht behalten und alle Skeptiker Lügen gestraft.

Montag, 27. September 2021

Bevor sie am Nachmittag nach Hamburg aufbrechen, treffen sich die Fahnder der Ermittlungskommission (EK) »Alster« zur Einsatzbesprechung im Landeskriminalamt Düsseldorf, Dezernat 12, Wirtschaftskriminalität. Schon vor fünf Tagen, am 22. September, hat das Amtsgericht Köln grünes Licht für die Razzia bei Johannes Kahrs, in der Finanzverwaltung und in Pannhusens Privatwohnung gegeben. Auf elf Seiten listet Richterin Isabel Jens noch einmal alle Fakten und Auffälligkeiten auf.

Über Svenja Pannhusen schreibt sie, die Beamtin habe ab 2016 Überlegungen, die mehr und mehr auf eine Beteiligung der Warburg-Bank an strafbaren Cum-ex-Geschäften hinwiesen, in Abstimmung oder auf Veranlassung der Finanzbehörde bewusst außer Acht gelassen. Sie habe im Rahmen ihrer Möglichkeiten dazu beigetragen, die Warburg-Bank zu schonen.

Anne Brorhilker ist skeptisch, ob sie bei Pannhusen, in der Finanzverwaltung oder bei Kahrs überhaupt noch Beweise finden wird. Vor einigen Monaten hat der Rechercheverbund aus *Süddeutscher Zeitung,* WDR und NDR über die verhinderte Razzia von vor einem Jahr berichtet. Dabei wurde auch verraten, dass Brorhilker gegen »Finanzbeamte und Akteure im politischen Bereich« ermittelt und ihre Fahnder in die Finanzverwaltung habe schicken wollen. Die Verdächtigen waren also gewarnt und hätten genügend Zeit gehabt, Beweise wie Terminkalender und Handnotizen verschwinden zu lassen oder E-Mails zu löschen.

Aber Brorhilker hat keine andere Wahl. Ihr läuft die Zeit davon. Fünf Jahre nach der fatalen Entscheidung von 2016, die Millionen-Ansprüche an die Privatbank aus damaliger Sicht verjähren zu lassen, droht der Vorwurf der »Begünstigung« nun selbst zu verjähren. In weniger als zwei Monaten kann sie nicht mehr gegen die Verdächtigen vorgehen und durchsuchen. Zumindest eine Razzia bei Kahrs wäre dann nicht mehr möglich.

Während der Vorbereitung zu den geplanten Maßnahmen in Hamburg hat es nicht wenige Stimmen gegeben, die dafür plädierten, auch die anderen Teilnehmer der November-Sitzung in der Finanzbehörde in den Beschuldigtenstatus zu erheben. Selbst bei Tschentscher sahen einige der Fahnder ausreichend Indizien, um ihn in den Kreis der Verdächtigten aufzunehmen.

Brorhilker ist nicht bekannt dafür, zimperlich zu sein. In den vergangenen acht Jahren hat sie sich mit der mächtigen Cum-ex-Industrie angelegt, keinen Kampf mit Kollegen oder Politik gescheut. Doch in diesem Fall will sie sich nicht dem Vorwurf aussetzen, eine politische Agenda zu verfolgen. Obwohl die Durchsuchungsbeschlüsse schon seit Tagen auf ihrem Tisch liegen, hat sie beschlossen, nicht vor der Bundestagswahl zuzuschlagen.

Und sie hat weder Scholz noch Tschentscher zu Beschuldigten gemacht. Da der Erkenntnishorizont von Herr Tschentscher unklar sei, schreibt Brorhilker in einem internen 66-seitigen Vermerk, bestünden derzeit keine zureichenden tatsächlichen Anhaltspunkte für strafrechtlich relevantes Verhalten.

Brorhilker sieht allerdings auch so Chancen, die Rolle des amtierenden Hamburger Bürgermeisters in dem Skandal weiter auszuleuchten. Sie will Tschentschers Postfach beschlagnahmen. Ihre Begründung: Da Tschentscher nach dem aktuellen Ermittlungsstand in die Entscheidung zur Rückforderung von Steueranrechnungsbeträgen der Warburg-Bank »tatsächlich eingebunden« gewesen sei, bestehe im Hinblick auf seine E-Mail-Korrespondenz ebenfalls eine Auffindewahrscheinlichkeit für möglicherweise beweisrelevante Kommunikation. Diese könnte Aufschluss darüber geben, wer auf Ebene der Finanzbehörde dafür verantwortlich gewesen sei, dass die ursprünglich durch das Finanzamt Hamburg vorgeschlagene Steuerrückforderung gestoppt wurde und aus welchen Motiven heraus dies geschah.

Brorhilker bewegt sich hier auf juristisch sicherem Terrain. Paragraf 103 der Strafprozessordnung (»Durchsuchung bei Dritten«) erlaubt ihr auch Durchsuchungen bei Personen, die selbst nicht einer Straftat beschuldigt sind. Normalerweise müsste Tschentscher zunächst angefragt werden, ob er freiwillig Unterlagen oder sein E-Mail-Postfach herausrückt. Erst wenn er dies ablehnt, dürfte Brorhilker durchsuchen und sich die Dokumente selbst beschaffen. Aber im konkreten Fall ist sich Brorhilker mit der zuständigen Ermittlungsrichterin einig, dass eine vorherige Anfrage wenig sinnvoll ist. Eine Razzia in Behördenräumen sei in

Fällen auch ohne vorheriges Herausgabeverlangen zulässig, wenn Behördenangehörige selbst als Teilnehmer einer Straftat verdächtig sind, begründet Brorhilker ihren Plan. Schließlich liege es auf der Hand, dass in einem solchen Falle das vorherige Herausgabeverlangen die Gefahr der Verdunkelung birgt.

Um in den Garten der Deutschen Parlamentarischen Gesellschaft (DPG) zu gelangen, müssen die Abgeordneten des Bundestages nur einmal quer über den Parkplatz schlendern. Am Abend nach dem Wahlsieg der SPD feiert hier der Seeheimer Kreis. Die »Seeheimer« sind ein Zusammenschluss konservativer SPD-Bundestagsabgeordneter, sie sind neben der Parlamentarischen Linken und dem Netzwerk Berlin eine der drei politischen Strömungen innerhalb der SPD-Bundestagsfraktion, benannt nach ihrem langjährigen Tagungsort Seeheim an der Bergstraße in Südhessen.

Viele Jahre war Johannes Kahrs einer der drei Sprecher der Seeheimer. Obwohl er seit seinem Ausscheiden aus dem Bundestag nicht mehr zu dem Kreis gehört, ist Kahrs unter den etwa 500 Gästen. Die Örtlichkeit kennt er gut. Sein Amt als Schatzmeister der DPG ist eines der ganz wenigen Ämter, die er nach seinem Ausscheiden aus der Politik nicht niedergelegt hat. Als Kahrs im Frühjahr 2019 den Privatbankier Olearius mit dem damaligen Staatssekretär Kukies zu einem Frühstück zusammenbrachte, hatte er einen Tisch in der DPG reserviert.

Für die Wahlfeier hat der Seeheimer Kreis die komplette DPG gebucht, aber die Party in den Garten der Parlamentarierloge verlegt und dort ein Festzelt errichtet. Natürlich macht auch Olaf Scholz den Seeheimern an diesem Abend seine Aufwartung. Er präsentiert sich als strahlender Wahlsieger. Unter lautem Applaus betritt er um 19:14 Uhr im Festzelt die Bühne. »Schönen Dank für den netten Empfang. Ich glaube, dass wir alle im Augenblick eine gute Stimmung haben«, sagt Scholz. »Und das können wir auch. Und die Bürgerinnen und Bürger haben uns ein sehr, sehr starkes Mandat gegeben.«

Er spricht neun Minuten lang, mahnt die Genossen eindringlich, Zeitungen nichts aus den anstehenden Koalitionsverhandlungen zu stecken.

Wenig später verlässt Scholz die Wahlparty. 25 Stunden nach Ende der Wahl ist das Rennen ums Kanzleramt noch nicht entschieden Das »sehr, sehr starke Mandat« ist eigentlich nur ein dünner Vorsprung. Grüne und FDP werden entscheiden, wer Kanzler wird. Und Armin Laschet, der in Nordrhein-Westfalen mit Christian Lindner schon einmal eine Koalition geschmiedet hat, gibt das Kanzleramt noch nicht auf. »Wer Platz 2 hat, hat keinen Anspruch«, hat er Stunden zuvor gesagt. Aber man habe eine Situation, wo der eine 24 und der andere 25 Prozent hat. Laschet signalisiert »Regierungsbereitschaft«.

Scholz will nun öffentlich gegenhalten. Er geht ins nur 400 Meter entfernte ARD-Hauptstadtstudio. Dort herrscht immer noch Ausnahmezustand. Die »Tagesthemen« senden nicht wie sonst üblich aus Hamburg, sondern vom Hauptstadtstudio aus. Und ausnahmsweise mit zwei Moderatoren: Caren Miosga und Ingo Zamperoni. Nach einer Reihe von Beiträgen über die schwierige Konstellation nach der Wahl ist Scholz dran. Miosga beginnt: »Herr Scholz, wie ist das: das Kanzleramt in greifbarer Nähe und trotzdem könnte es sein, dass sie draußen bleiben?«

Scholz wiegt den Kopf, zögert einen Moment, bevor er betont gelassen antwortet: »Ich bin eigentlich ganz zuversichtlich. Die Wählerinnen und Wähler haben ein sehr klares Votum abgegeben. Sie haben drei Parteien zusätzliche Stimmen gegeben. Der SPD sehr viel, wir sind stärkste Partei geworden. Den Grünen und der FDP …«

Miosga geht dazwischen: »Sie sind weniger als 1 Prozent, gut 1 Prozent mehr …«

Scholz, Medienprofi, weiß, dass er Miosga jetzt vor einem Millionen-Publikum nicht weiter Ausführungen zu dem knappen Ergebnis machen lassen darf: »… bei der CDU ist es kräftig nach unten gegangen«, unterbricht er die Moderatorin. »Das ist ein sehr klares Votum, dass die beiden Parteien, CDU und CSU, aus Sicht der Wählerinnen und Wähler abgewählt sind. Nun, deshalb ist es die Aufgabe derjenigen, die zusätzlich so viele Stimmen bekommen haben, eine gemeinsame Regierung zu bilden. Mit genügend Pragmatismus und großer Kooperationsbereitschaft wird das auch gelingen.«

Miosga lässt Scholz ausreden, dann hakt sie nach: »Aber mich interessiert, wie sich das anfühlt. Es sind nicht Sie, der eine Koalition bildet, sondern es sind die Grünen und die Freien Demokraten, die sich jetzt ...«

Scholz fällt ihr wieder ins Wort: »... und die SPD ...«

Miosga lässt sich diesmal nicht aus dem Konzept bringen und bringt ihren Satz zu Ende: »... die sich jetzt einen Kanzler aussuchen. Die fangen jetzt an zu verhandeln. Und dann sagen sie ihnen, ob Sie der nächste Kanzler werden sollen.«

Scholz tut jetzt, was er bei Interviews meistens macht, wenn ihm die Frage oder Ausführung nicht gefällt. Er ignoriert sie. »Ich glaube, dass es gute Gespräche geben wird«, sagt er. Es folgt eine Eloge auf sich und die SPD, es fallen Begriffe wie »Vertrauen« und »Respekt« und mit Verweis auf die schwarz-gelbe Regierungszeit von 2005 bis 2009 Begriffe wie »Gurkentruppe«.

Zamperoni versucht, das Gespräch auf eine Sachebene zu bringen. Scholz könnte nun über die Herausforderungen sprechen, über die Pandemie, die Klimakatastrophe und wie eine Regierung unter seiner Führung dies meistern will. Aber Scholz redet über Macht und Machterhalt. Noch nicht zum Kanzler gewählt, denkt er bereits an die nächste Wahl: »Wer zusammen eine Regierung bildet, sollte am Ende auch das Ziel haben, gemeinsam wiedergewählt zu werden. Und das habe ich auch vor!«

Während Scholz zur Prime-Time im Fernsehen davon träumt, für mindestens zwei Legislaturperioden ins Kanzleramt einzuziehen, feiert Kahrs mit seinen früheren Abgeordnetenkollegen bis spät in die Nacht. An eine Rückfahrt nach Hamburg ist nicht zu denken. Kahrs übernachtet in seiner Berliner Wohnung.

28

Dienstag, 28. September 2021

Um 8:30 Uhr klingeln drei Ermittler aus Nordrhein-Westfalen an der Tür von Johannes Kahrs' Hamburger Wohnung. Der ehemalige Bundestagsabgeordnete wohnt seit Jahren mit seinem Ehemann in einem Altbau im Stadtteil St. Georg. Als er noch auf Twitter aktiv war, postete Kahrs gelegentlich Fotos von sich im Ohrensessel oder von seinen Pflanzen auf dem kleinen Balkon. Die Gegend unweit des Hauptbahnhofs gehört nicht gerade zu den feinen Adressen der Hansestadt. Wettbüros, Dönerbuden und Drogendealer prägen das Viertel. Auf mehrfaches Klingeln und Klopfen reagiert niemand, also rufen die Beamten einen Schlüsseldienst.

Ebenfalls um 8:30 Uhr stehen ein Staatsanwalt und drei Polizisten vor dem Reihenhaus von Svenja Pannhusen in einer kleinen Stichstraße am Rand von Blankenese. Nach mehrmaligem Läuten öffnet Pannhusens Lebensgefährte, auch der erwachsene Sohn ist da. Drei weitere Beamte betreten das riesige Gebäude der Finanzbehörde am Gänsemarkt. Ein anderes Team verlangt Einlass bei der IT-Firma Dataport im schleswig-holsteinischen Altenholz bei Kiel. Die Ermittler gehen minutiös nach einem »Einsatz- und Kommunikationsplan« vor. Je nachdem, was sie vorfinden, kann es notwendig werden, während der laufenden Razzia weitere Beschlüsse bei der Amtsrichterin zu beantragen, um zusätzliche Örtlichkeiten durchsuchen zu dürfen.

Anne Brorhilker nimmt sich zusammen mit der Einsatzleiterin und drei Polizeibeamten der EK »Alster« das Finanzamt für Großunternehmen in der Nordkanalstraße vor. Während die Einsatzleiterin mit der

Durchsuchung beginnt, sucht Brorhilker den Leiter des Finanzamtes auf, den Nachfolger der inzwischen pensionierten Karin Ohse-Griem, gegen die sie wegen Falschaussage vor Gericht ermittelt. Das Vorgehen ist eigentlich Routine. In den vergangenen Jahren hat Brorhilker unzählige Razzien im In- und Ausland durchgeführt. Doch diese Durchsuchung ist anders. Schließlich durchsucht Brorhilker nicht bei Mitarbeitern oder Inhabern von Banken oder Fondsgesellschaften, sondern bei Beamten einer Finanzverwaltung und bei einem namhaften SPD-Politiker.

Nachdem Brorhilker den Finanzamtsleiter über ihre Maßnahmen informiert und ihm den Durchsuchungsbeschluss ausgehändigt hat, erkundigt sie sich nach dem Arbeitsplatz von Svenja Pannhusen. Als sie Büro 7.306 in der siebten Etage des Gebäudes betritt, sitzt die Finanzbeamtin an ihrem Schreibtisch. Sie bleibt auch sitzen, als die Fahnder beginnen, das Büro auf den Kopf zu stellen. Normalerweise tun sich Beschuldigte das nicht an und verlassen das Zimmer. Die Ermittler sichern zwei Aktenordner, einen Laptop, eine Sicherungs-CD und weitere Schriftstücke.

Auch die Handtasche der Beamtin durchwühlen sie. Zum Vorschein kommt ein Handy. Bereitwillig gibt Pannhusen Brorhilker den Entsperrungs-Code. Das Handy ist offenbar nagelneu, viele Programme sind noch gar nicht eingerichtet. Später werden IT-Experten aber die WhatsApp-Nachrichten von Pannhusen rekonstruieren können.

Während Brorhilker das Handy inspiziert, durchsucht das Team in Blankenese das Privathaus der Beamtin. Die Ermittler werden von zwei Spezialisten einer IT-Firma begleitet, die für sie die Datensicherung und Durchsuchung übernehmen. Die Beamten finden zwei iPads, einen Laptop, mehrere Speichermedien und externe Festplatten, die sie sofort sichern lassen. Auf einem Stuhl im Esszimmer liegt ein weiterer Laptop. Der Lebensgefährte von Pannhusen erklärt, dies sei sein alter Laptop, der nicht mehr funktioniere. Den benutze seine Partnerin nicht. Als die Datenspezialisten den Rechner aufklappen, bemerken sie allerdings, dass der Benutzername der gekürzte Vorname von Pannhusen ist. Schließlich stellen sie sogar fest, dass sich verfahrensrelevante Daten zu Cum-ex auf dem Computer befinden. Sie nehmen ihn mit.

In Köln verrichtet an diesem Morgen Staatsanwältin Stephanie Kerkering Hintergrunddienst. Die Gruppenleiterin in der Schwerpunktabteilung zur Bekämpfung von Steuerstraftaten ist die Ansprechpartnerin für die Kollegen bei der Razzia in Hamburg. Falls es die Situation erfordert, kann sie schnell weitere Beschlüsse beim Amtsgericht beantragen. Nun erhält Kerkering eine Nachricht von dem Team, das Johannes Kahrs' Wohnung durchsucht. Die Ermittler haben Unterlagen gefunden, aus denen hervorgeht, dass er noch weitere Wohnungen hat, eine in Bremen und eine in Berlin.

Um 9:16 Uhr sendet Kerkering eine E-Mail an die Kölner Amtsrichterin Isabel Jens: »Eilige Anschlussdurchsuchung« steht im Betreff. Kurz schildert sie den Sachverhalt, bittet um einen weiteren Beschluss, schickt Entwurf und Faxnummer des Ansprechpartners beim LKA mit. Gegen 9:40 Uhr erstellt die Richterin neue Durchsuchungsbeschlüsse und sendet sie an das LKA in Düsseldorf. Die Beamten bitten Kollegen in Berlin um Amtshilfe.

Umgehend fahren drei Beamte des Berliner LKA zu der Wohnung im Stadtteil Prenzlauer Berg. Die Klingel funktioniert nicht, also klopfen sie. Kahrs' Ehemann öffnet die Tür, er ist gerade auf dem Sprung. Kahrs selbst ist schon unterwegs, der Ehemann versucht, ihn auf dem Handy zu erreichen. Nach zehn Minuten hat er Erfolg. Er reicht den Telefonhörer an den LKA-Mann weiter. Der Beamte informiert Kahrs über die Tatvorwürfe und belehrt ihn über seine Rechte. Der ehemalige Bundestagsabgeordnete hat noch nicht mitbekommen, dass auch seine Wohnung in Hamburg durchsucht wird. Er habe keine Erfahrung mit der Polizei oder Strafverfahren, sagt Kahrs. Weitere Angaben macht er nicht. Er stimmt aber zu, dass sein Ehemann über die Vorwürfe informiert werden und als Zeuge der Maßnahmen fungieren darf.

Dann durchsuchen die Beamten die Räume, allerdings mit wenig Erfolg. Die Wohnung sei nur mit wenigen, aber augenscheinlich hochwertigen Einrichtungsgegenständen ausgestattet, vermerkt ein Beamter später im Protokoll. Außer einem Laptop und etwas Kleidung finden sich zum Erstaunen der Beamten keinerlei persönliche Gegenstände oder Unterlagen. Den Tresor im Wohnzimmer lassen die Beamten öffnen. Er ist leer.

Der Informations- und Kommunikationsdienstleister Dataport hat seinen Hauptsitz in einem vierstöckigen, lang gezogen Flachbau. Neben den Daten für die Steuerverwaltungen in Mecklenburg-Vorpommern und Niedersachsen speichert das Unternehmen in seinen Rechenzentren die Daten der Bundesländer Schleswig-Holstein, Bremen, Sachsen-Anhalt und Hamburg. Dataport ist eine Anstalt des öffentlichen Rechts, ihre Kunden sind auch Träger der Einrichtung, Hamburg hält mit 29,4 Prozent den größten Anteil.

Unter den städtischen Bediensteten hat das Unternehmen einen miserablen Ruf. In vergangenen Jahren ist es darüber hinaus immer wieder in den Schlagzeilen gewesen. Einmal fand der Hamburger Datenschutzbeauftragte heraus, dass durch einen nicht beauftragten Massentest für automatische Bankauszahlungen an BAföG-Empfänger empfindlich gegen Sicherheitsvorschriften verstoßen wurde und es zudem zu unberechtigten Auszahlungen über drei Millionen Euro gekommen war. Ein anderes Mal kritisierte der Hamburger Rechnungshof, dass Dataport den »Nutzungs- und Überlassungsvertrag« mit der Finanzbehörde Hamburg unzureichend zum Nachteil der Hansestadt umgesetzt habe.

Das Ermittlungsteam besteht aus einem Kriminalbeamten und zwei IT-Experten. Nachdem der Kriminalbeamte einem Geschäftsführer von Dataport den Durchsuchungsbeschluss des Amtsgerichts Köln übergeben hat, verlangt er Kopien von 19 E-Mail-Postfächern, unter anderem von den acht Finanzbeamten, die im November 2016 an der fragwürdigen Entscheidung beteiligt waren, sowie das Postfach von Peter Tschentscher.

Der Geschäftsführer von Dataport organisiert eine Videokonferenz mit allen Verantwortlichen, sechs Personen sind neben den drei Ermittlern dabei. Die Mitarbeiter der EK »Alster« spulen ihre Standardfragen ab: Wie sind Ihre Back-up-Routinen? Wann und wie oft werden Sicherungskopien von den E-Mail-Postfächern und sonstigen Unterlagen gemacht? Wie weit reichen Sicherungskopien zeitlich zurück? Durch einen Abgleich der Sicherungskopie mit dem aktuellen Postfach kommt man schnell zu der Erkenntnis, ob und wann jemand E-Mails gelöscht hat.

Die Antwort der Dataport-Mitarbeiter überrascht die Ermittler: Schon seit Jahren werden in der Hamburger Finanzverwaltung keine Sicherungskopien mehr erstellt. Was gelöscht ist, wird lediglich 30 Tage gesichert, danach ist es ein für alle Mal gelöscht. Eine Archivierung gebe es nicht.

In der Finanzbehörde am Gänsemarkt klingeln die drei Ermittler an der Sicherheitstür zum Senatorentrakt. Staatsrätin Bettina Lentz führt sie in ihr Büro. Der Staatsanwalt und der Kriminalbeamte zeigen ihr den Beschluss des Amtsgerichts Köln: eine Durchsuchung nach Paragraf 103, »Durchsuchung bei Dritten«. Bislang ist kein Mitarbeiter der Finanzbehörde beschuldigt, aber das kann sich ändern: Der Verdacht auf Beteiligung an verfahrensgegenständliche Steuerhinterziehungstaten richtet sich auch gegen »möglicherweise weitere unbekannte Mitarbeiter der Finanzverwaltung Hamburg«, heißt es im Antrag der Staatsanwaltschaft.

Lentz holt Steuerchef Ernst Stoll hinzu. Die Ermittler wollen Organigramme des Amtes, Telefonlisten, Geschäftsordnungen, Unterlagen zu Verantwortlichen und die Akten zu den Warburg-Sachverhalten. Und sie erklären, dass parallel die Postfächer diverser Beamter direkt beim IT-Dienstleister sichergestellt würden. Die Staatsrätin und ihr Steuerchef äußern sich skeptisch, ob das Vorgehen rechtens ist. Sie verweisen auf das Steuergeheimnis und legen Beschwerde gegen die Durchsuchung ein, aber sagen trotzdem Kooperation zu.

Die Fahnder dürfen sich im Besprechungsraum 07 im Erdgeschoss der Behörde einrichten. Zunächst übergeben die Finanzbeamten die Akten, die auch der Untersuchungsausschuss bekommen hat. Doch die Ermittler bemerken schnell, dass darin wesentliche Teile geschwärzt sind. Also fordern sie die ungeschwärzten Akten an, die sie am späten Nachmittag schließlich in drei Kartons und zwei Stehordnern erhalten. Außerdem übergeben die Finanzbeamten einen USB-Stick mit allen Akten aus dem Archivierungssystem.

In der Wohnung von Johannes Kahrs in St. Georg finden die Fahnder unterdessen den Schlüssel für ein Schließfach in einer Bankfiliale um die Ecke. Sofort unterrichten die Ermittler Anne Brorhilker, schicken ein Foto vom Schlüssel und einem Mietvertrag nach Köln. Um 12:09 Uhr sendet Staatsanwältin Kerkering die Unterlagen weiter ans Amtsgericht und beantragt eine weitere Durchsuchung.

Richterin Jens stimmt zu. In ihrem Beschluss listet sie auf, wie Kahrs für Olearius Kontakt zu Scholz hergestellt hat und versuchte, bei BaFin und BMF zugunsten von Warburg zu intervenieren, obwohl er wusste, dass gegen die Bank längst ermittelt wurde. Für die Ermittlungsrichterin steht auch fest, dass Kahrs als Abgeordneter Kenntnis von der Problematik Cum-ex hatte, zumal sich der Bundestag in einem Untersuchungsausschuss damals eingehend mit dem Thema beschäftigte. Es bestünden zureichende tatsächliche Anhaltspunkte dafür, dass der Beschuldigte Kahrs Kontakte zu den politischen Entscheidungsträgern wie etwa dem damaligen Ersten Bürgermeister Olaf Scholz vermittelt haben könnte. Am Ende habe er der Bank jedenfalls in billigender Inkaufnahme von Straftaten geholfen, ihre Vorteile aus den Cum-ex-Taten zu behalten.

Nachdem der Beschluss in Hamburg eingetroffen ist, gehen um 14:15 Uhr zwei Polizeibeamte und ein Staatsanwalt zur Sparkassen-Filiale in St. Georg. Sie bitten den Filialleiter, sie zum Schließfach mit der Nummer 10606 zu führen. Ein Kriminalbeamter öffnet das Fach mit dem Schlüssel aus der Wohnung und zieht eine Plastikkassette heraus. Darin befindet sich Bargeld. Viel Bargeld. Mithilfe einer Maschine wird es gezählt. Es sind 2055 100-Euro-Scheine, vier 200-Euro-Scheine, 17 500 Euro-Scheine. Insgesamt 214 800 Euro und 2400 US-Dollar.

Die Beamten wundern sich über die enorme Summe. Beweise, dass das Geld mit ihrem Fall zusammenhängt, haben sie nicht. Sie halten kurz Rücksprache mit Brorhilker, fotografieren Geldbündel, Kassette und Schließfach. Dann legen sie das Geld zurück und nehmen den Schlüssel für das Schließfach zu den Asservaten.

Mittwoch, 29. September 2021

Die Beamten der Ermittlungsgruppe »Alster« haben in Hamburg übernachtet. Am zweiten Tag der Razzia schaut Brorhilker in der Finanzbehörde vorbei. Sie lässt sich Eldorado erklären, das elektronische Ablagesystem der Behörden in Hamburg.

Das Wort Aktenordnung klingt nach trockenstem Bürokratieschwarzbrot. Doch so öde das Thema ist, so wichtig ist es. Ordentliche Aktenführung ist eine der wesentlichen Grundlagen einer demokratischen Verwaltung. Nur wenn sich die Entstehung von Entscheidungen nachvollziehen lässt, wenn Verwaltungshandeln zurückzuverfolgen ist, lässt sich sicherstellen, dass eine Entscheidung im Sinne des Gemeinwesens getroffen wurde und kein Willkürakt war.

Für Beamte heißt das, sie müssen relevante Vorgänge ablegen – also auch E-Mails und Gesprächsnotizen. Explizit nicht nur die zur Entscheidung, sondern auch die zur Entscheidungsfindung. In der Hamburger Aktenordnung heißt es dazu wörtlich: »Aktenwürdig ist Schriftgut, das erforderlich und geeignet ist, die getroffenen Entscheidungen sowie den maßgeblichen Entscheidungsprozess einschließlich der beteiligten Stellen jederzeit nachvollziehbar und überprüfbar zu machen.«

Im Fall Warburg wundern sich bereits seit Monaten die Abgeordneten im Untersuchungsausschuss, dass zu der Entscheidung der Finanzverwaltung nahezu keine Mails in den Akten abgelegt wurden. Wer sich wann mit wem ausgetauscht hat und warum es zu dem Meinungsumschwung kam, ist nicht nachzuvollziehen. Dabei hätten die Finanzbeamten ihre E-Mails oder Vermerke über ihre Diskussionen in dem elektronischen Ablagesystem archivieren müssen.

Nun geht es den Ermittlern ähnlich wie den Abgeordneten. Sie klicken sich durch Eldorado, geben Suchbegriffe wie »Warburg« oder »Cum-ex« ein und stellen schon auf den ersten Blick überrascht fest, wie wenig E-Mails und Vermerke es aus den entscheidenden Wochen gibt. Aber ihnen wird auch klar, was in dem elektronischen Ablagesystem schlummert. Im Zusammenhang mit Warburg gibt es dort auch Vorgänge zu sogenannten Cum-cum-Geschäften. Diese Aktiengeschäfte haben eine etwas andere Mechanik als Cum-ex-Deals, führen jedoch zum gleichen Ergebnis: Banken lassen sich Steuern erstatten, auf die sie keinen Anspruch haben. Der Schaden, den Banken über die Jahre mit Cum-cum-Geschäften angerichtet haben, ist sogar noch weit größer als die 7,5 Milliarden Euro durch Cum-ex. Allein in Deutschland sollen dem Fiskus in den letzten 20 Jahren durch Cum-cum 28,5 Milliarden Euro entgangen sein.

Die Beamten überlegen, ob sie das gesamte Ablagesystem beschlagnahmen sollen. Allerdings wären das gigantische Datenmengen. Zudem wären wohl 80 Prozent für die Ermittlungen nicht relevant. Die Verhältnismäßigkeit stimmt nicht. Also weist Brorhilker – qua Amt – die Hamburger Finanzverwaltung an, alle Einträge in Eldorado nach bestimmten Suchbegriffen zu durchforsten und Trefferliste wie auch Kopien der Einträge nach Köln zu übermitteln. Damit sie nicht nur Korrespondenz und Vermerke zu Cum-ex-, sondern auch zu Cum-cum-Geschäften bekommt, gibt Brorhilker als Suchbegriff allein die Silbe »Cum« vor.

Trotz der ernsten Lage ist die Stimmung zwischen den Ermittlern und den Finanzbeamten gelöst, es gibt Kaffee, Wasser und man spricht freundlich miteinander. Das ändert sich erst, als die Ermittler anfangen, die vorgelegten Papierakten in mitgebrachte Umzugskartons zu packen. Die Akten lägen digitalisiert in Eldorado vor und müssten also nicht konfisziert werden, protestieren die Finanzbeamten. Doch die Ermittler bleiben hart: Die Akten sind beschlagnahmt. Eine Kriminalbeamtin der EK »Alster« wird die Papierakten Wochen später mühsam einscannen und mit den elektronischen Akten abgleichen – und zu einer erstaunlichen Feststellung kommen: Es gibt Unterschiede.

Freitag, 1. Oktober 2021

Kaum zurück in Köln erhält Brorhilker einen Anruf von einer Kollegin aus Hamburg. Die Korruptionsstaatsanwältin Kathrin Köpke ist am Apparat. Sie hat erst vor gut drei Wochen entschieden, keine Ermittlungen gegen Scholz, Tschentscher oder andere Personen einzuleiten. Brorhilker weiß das. Bevor sie in Hamburg zuschlug, hatte sie Köpke angerufen. Ohne der Kollegin etwas von der geplanten Razzia zu verraten, wollte sie wissen, ob die Hamburger Staatsanwaltschaft in der Causa etwas gegen Scholz, Tschentscher oder andere Personen unternimmt. Als Köpke ihr von der Einstellung berichtete, hatte Brorhilker freie Bahn. Die Gefahr einer unzulässigen Doppelbefassung war gebannt.

Nun sorgen sich umgekehrt Köpke und ihre Behördenleitung, Brorhilker könnte Scholz und Tschentscher im Visier haben. Über die Einstellung der Vorermittlungen gegen Scholz musste Köpke die Anzeigeerstatter unterrichten, einige davon wollen die Entscheidung nicht hinnehmen und haben beim Generalstaatsanwalt Beschwerde eingelegt. Sollte nun bekannt werden, dass Köln ermittelt, während Köpke dies nicht für nötig erachtete, könnte das unangenehm werden. Zumal Generalstaatsanwalt Fröhlich und Köpkes Behördenleiter Anders sich in großer Abneigung zugetan sind.

Natürlich interessieren sich die Ermittler aus NRW auch für die Rolle von Scholz und Tschentscher. Sie wissen aus den Akten, dass beide in den Fall eingebunden waren. Beweise, dass sie sich dabei strafbar gemacht haben, haben sie allerdings noch nicht. Wahrheitsgemäß teilt Brorhilker Köpke daher mit, dass sie derzeit keine Ermittlungsverfahren gegen die beiden Politiker führe. Viel mehr kann sie vier Tage nach der Razzia ohnehin nicht sagen. Es wird noch Wochen dauern, bis die Auswertung der beschlagnahmten Daten erste Ergebnisse hervorbringt. Zudem sind die Ermittler aus NRW zurückhaltend gegenüber den Hamburger Kolleginnen und Kollegen. In der Vergangenheit hat sich bei Cum-ex auch die Staatsanwaltschaft in Hamburg eher durch Wegschauen und Nichtstun hervorgetan.

Köpke verfasst über ihr Telefonat mit Brorhilker einen ausführlicheren Vermerk für die Akte: Die Staatsanwaltschaft Köln sehe einen Anfangsverdacht bei Pannhusen und unbekannten Mitarbeitern der Finanzbehörde, dass beim Verzicht auf die Steuerrückforderung 2016 auch sachfremde Erwägungen zugrunde gelegen haben könnten. Ein Anfangsverdacht gegen Tschentscher und Scholz bestehe laut Brorhilker nicht, schreibt Köpke. Für die Staatsanwaltschaft Hamburg sei daher nichts zu veranlassen. Wegen des Verbots der Doppelverfolgung muss sich die Hamburger Staatsanwaltschaft bei den Ermittlungen gegen Pannhusen und weitere Finanzbeamte heraushalten. Anders verhält es im Fall von Tschentscher und Scholz. Hier könnte Hamburg aktiv werden. Doch Köpke betont, gegen die beiden SPD-Spitzenpolitiker liege kein Anfangsverdacht der Begünstigung vor. Damit lautet die Nachricht von Köpke an ihre Chefs: Die Akte Scholz bleibt geschlossen.

In der Hamburger Steuerverwaltung löst die Durchsuchung einiges an Nervosität aus. Nachdem die Ermittler wieder abgereist sind, schickt der ehemalige Cum-ex-Experte und heutige IT-Mann Kai Siegel-Röhn eine Termineinladung an Steuerchef Stoll und an diverse andere Führungskräfte. Der Termin solle dazu dienen, »die inneren Landkarten hinsichtlich dessen, was die letzten beiden Tage passiert ist, zu synchronisieren« und das weitere Vorgehen abzustimmen.

Finanzsenator Andreas Dressel gibt sich nach außen betont gelassen. In einem Fernsehinterview mit dem »Hamburg Journal« vermittelt er den Eindruck, ihn gingen die schweren Vorwürfe gegen eine Hamburger Finanzbeamtin nichts an. Bei seinen Ausführungen bezieht er sich allein auf die Durchsuchung seiner Finanzbehörde: »Wir sind aber in diesem Fall Dritte, nicht selber Beschuldigter«, sagt Dressel. »Wir haben selbstverständlich da voll kooperiert, wie auch bisher wir gegenüber den Justizbehörden in Nordrhein-Westfalen und dem Untersuchungsausschuss alles vorgelegt haben, tun wir natürlich das jetzt auch.«

Nach innen vertritt Dressel aber eine andere Sichtweise auf die Kooperation mit den Justizbehörden aus Nordrhein-Westfalen. Er lässt seine Hausjuristen beim Amtsgericht in Köln Beschwerde gegen die Durchsuchung und Beschlagnahmung durch Brorhilker einlegen. Nachdem das Gericht diese abgeschmettert hat, zieht die Finanzbehörde vors Landgericht. Auch dort erleidet sie eine Niederlage: Die Razzia und die Beschlagnahmung der Daten von Tschentscher und den Finanzbeamten sind aus der Sicht der Richter rechtens und auch verhältnismäßig. Aus Sicht der Gerichte sind die Verdachtsmomente gegen die Beschuldigten erdrückend und es ist legitim, auch im Postfach von Tschentscher nach Hinweisen zu suchen, aus welchem Motiv einst die Steuerrückforderung gestoppt wurde und ob sich dabei noch weitere Personen etwas zuschulden kommen lassen haben.

29

Montag, 4. Oktober 2021

Im Berliner Regierungsviertel gerät ein anderer Aspekt des Cum-ex-Skandals erneut in den Blick der Abgeordneten. Bei seiner letzten Sitzung vor der Wahl hat sich der Finanzausschuss mit dem offenen Geheimnis beschäftigt, dass Wolfgang Schmidt Teile des VS-Protokolls Journalisten zugespielt hat, um Scholz zu entlasten.[71] Das Finanzministerium lehnte eine Untersuchung ab. Nun beschließt der Finanzausschuss: Es dürfen keine als geheim eingestuften Ausschuss-Dokumente mehr im Bundesfinanzministerium aufbewahrt werden. »Es gibt ein Datenleck«, erklärt die Ausschussvorsitzende Katja Hessel (FDP) die Maßnahme in der *Wirtschaftswoche*. »Das ist eine politische Backpfeife!«, kommentiert das Magazin und geht ausführlich auf die Rolle von Schmidt ein.

Fabio De Masi hat bei der Bundestagswahl nicht mehr kandidiert. Bis zur Konstituierung des neuen Bundestages ist er formal allerdings noch Abgeordneter. Via Twitter gießt er Öl ins Feuer: »Das BMF wollte bei der Entstufung des geheimen Protokolls einer Cum-ex Warburg Befragung von Scholz zig Schwärzungen vornehmen. Staatssekretär von Olaf Scholz soll Auszüge hingegen (sinnentstellend) an Journalisten verbreitet haben. Strafbar!«

Im Taunus verfolgt ein Rechtsanwalt die Berichterstattung. Am 6. Oktober 2021 erstattet er per Einschreiben Strafanzeige bei der Gene-

---

71 Auf eine Anfrage zu dem Thema hat Wolfgang Schmidt nicht geantwortet.

ralstaatsanwaltschaft in Berlin gegen den designierten Kanzleramtsminister. Sein Vorwurf: »Verletzung von Privatgeheimnissen u. a.« Auf fünf eng bedruckten Seiten legt der Jurist seine Gründe dar. Bei dem Protokoll handele es sich um eine »Verschlusssache«, »selbst Abgeordnete« dürften nicht darüber sprechen, »es existiert bekanntlich eine entsprechende Strafandrohung«. Und für Schmidt sei das VS-Protokoll »ein fremdes Geheimnis, betraf und betrifft es doch nicht seine Person«.

Der Vorgang erhält das Aktenzeichen 237 Js 2343/21.

Donnerstag, 14. Oktober 2021

Die Ermittler in Düsseldorf fordern die Hamburger Finanzbehörde noch einmal offiziell auf, ihnen weitere Akten zu schicken, diesmal auch zum Thema Cum-cum. Bei dieser Form des Steuerbetrugs soll die Warburg-Bank ebenfalls dabei gewesen sein, sogar deutlich länger als bei Cum-ex-Geschäften. Die Staatsanwaltschaft interessiert sich vor allem dafür, was die Hamburger Beamtinnen und Beamten über diese Form der Geschäfte wussten.

Doch Steuerchef Ernst Stoll will die Unterlagen nicht herausgeben. Er diskutiert die Sache mit zahlreichen Mitarbeitern, unter anderem seinem Stellvertreter Karsten Dames. Er ist der Lebensgefährte der ehemaligen Finanzamtschefin Ohse-Griem, gegen die von der Staatsanwaltschaft Köln wegen Falschaussage ermittelt wird. Stoll hat Angst vor Klagen, wenn Cum-cum-Fälle in den Unterlagen auftauchen, die nichts mit Cum-ex zu tun haben. Stoll schlägt vor, entweder die Herausgabe zu verweigern oder zumindest dagegen Beschwerde einzulegen. Jedenfalls will der Hamburger Steuerchef die Unterlagen nur »unter Protest« nach Köln schicken und sie mit einem Passwort verschlüsseln, das der Staatsanwaltschaft erst nach einer Ablehnung der Beschwerde kommuniziert werden soll.

Die Runde kommt offenbar zu einer Lösung, die später einmal von der Staatsanwaltschaft in Köln als »Verabredung zum Löschen« erachtet wird. Jedenfalls landet die Sache bei Kai Siegel-Röhn, dem ehemaligen Cum-ex-Experten der Behörde, der inzwischen für IT zuständig ist. Am

18. Oktober sendet er eine Mail an die Beamten: »Ihr müsst das Tool PDF24 bei Euch auf Euren Rechnern haben. Damit müsste das Löschen einzelner Seiten gehen: Hier eine kleine Anleitung.«

Mittwoch, 27. Oktober 2021

Drei Wochen nach der Anzeige gegen Wolfgang Schmidt lehnt die Staatsanwaltschaft Berlin Ermittlungen ab. Staatsanwalt Holger Brocke schickt eine dreiseitige Begründung an den Anzeigeerstatter. Es bestehe kein Anfangsverdacht. »Auf Grundlage der vorhandenen Erkenntnisse liegen keine ausreichend konkreten Anknüpfungstatsachen vor, dass der Angezeigte tatsächlich Auszüge aus einem als ›VS‹ eingestuften Protokoll des Deutschen Bundestags an Journalisten versandt hat.« Allein der »(behauptete) Umstand«, dass das Protokoll als VS eingestuft war, reiche nicht, weil »nicht beurteilt werden kann, welche Inhalte konkret mitgeteilt worden sein sollen«. Er könne nicht beurteilen, »ob überhaupt fremde Geheimnisse betroffen sind«.

Zusammengefasst: Der Staatsanwalt erklärt, er habe keine Ahnung, ob die auf Twitter veröffentlichten Passagen überhaupt aus einem geheimen Protokoll stammen. Auf die Idee, sich das Protokoll einfach zu besorgen und die veröffentlichten Passagen danebenzulegen, kommt der Staatsanwalt nicht.

Freitag, 5. November 2021

Michael Wagner macht aus seiner Abneigung gegen Anne Brorhilker kein Geheimnis. Im Untersuchungsausschuss der Hamburger Bürgerschaft lässt der Abteilungsleiter aus der Finanzbehörde kein gutes Haar an der Kölner Staatsanwältin. Er erinnere sich gut an das Treffen im Bundesfinanzministerium, als die Hamburger mit der Bemerkung »Machen Sie den Sack zu!« angewiesen wurden, die Millionen zurückzuholen, erzählt Wagner. Bei diesem Treffen habe er Brorhilker getroffen – »zum ersten und ich hoffe auch zum einzigen Mal«.

Wagner war neben Svenja Pannhusen der zentrale Entscheider in Sachen Warburg, das wissen die Abgeordneten inzwischen. Steuerchefin Angela Nottelmann hat ihnen berichtet, sie habe sich bei dem Thema voll auf ihn verlassen. Was die Abgeordneten allerdings noch nicht wissen: Wagner hat vor vielen Jahren vor seiner Karriere als Finanzbeamter mit Olearius zusammen in einer Bank gearbeitet, kennt ihn daher persönlich.

Im Ausschuss gibt sich der Spitzenbeamte sehr selbstbewusst. Es gebe mehrere Hunderttausend Steuerfälle im Jahr in Hamburg, erklärt er und sagt zum Fall Warburg: »Wir haben ganz viel gewichtigere Fälle mit sehr viel höheren Auswirkungen.« Für Wagner, so hat er es bereits vor einem Jahr in der Sondersitzung des Haushaltsausschusses deutlich gemacht, ist nichts schiefgelaufen in dem Fall. Die zentrale Frage sei gewesen: »Gehen wir das Risiko ein, dass wir eine Bank so stark strapazieren, dass sie von dritter Seite, sprich vom Bundesaufsichtsamt, geschlossen wird?« Man könne einer Bank mit einer falschen Entscheidung den Todesstoß versetzen.

»Sie wissen, Hamburg war mal ein bedeutender Bankenstandort. Das ist heute nicht mehr der Fall«, belehrt der Finanzbeamte den Ausschuss. »Die Banken, die noch da sind, ich habe das immer so gesehen, dass man dafür sorgen muss, dass die möglichst in Hamburg bleiben und dass dieser Bankenstandort nicht ganz in der Bedeutungslosigkeit verschwindet.« Und bei einer Entscheidung müsse man auch Nerven haben. »Es war in dem Moment, denke ich, allen Beteiligten klar, wenn wir nichts unternehmen, dann kommt es zur Verjährung. Und das muss man dann eben auch aushalten, wenn man dann dafür kritisiert wird.«

Wagner tritt ganz anders auf als die bislang befragten Hamburger Beamten. Wer einmal länger mit einem der vielen Cum-ex-Anwälte gesprochen hat, fühlt sich eher an diese erinnert. Die Hamburger Beamten hätten eine »knallharte Rechtsentscheidung« getroffen, erklärt Wagner. Andere Meinungen? Sind offenbar nicht genügend durchdacht.

Ein Amtsgericht stelle schnell mal einen Durchsuchungsbeschluss aus. »Das hat in der Sache noch gar nichts zu bedeuten.«

Das Finanzgericht Hessen habe in seinem wegweisenden Urteil 2016 »nicht unentscheidende Denkfehler« gemacht.

Der Mannheimer Professor Spengel, der als einer der Ersten kritisch zu Cum-ex publiziert hat, sei kein Jurist. »Das Differenzierungsvermögen, was Sie in einer langen juristischen Ausbildung erlernen, das vermisse ich bei ihm etwas.«

Die Betriebsprüfer, die im Fall Warburg so kritisch waren, hätten »sicherlich nach bestem Wissen und Gewissen versucht aufzuklären«, aber dann fällt er vor den Abgeordneten ein vernichtendes Urteil über Mitarbeiter der Hamburger Finanzverwaltung: »Wenn ein Auto nur 130 Stundenkilometer fahren kann und es soll 160 fahren, dann geht das eben nicht.«

Der Bund habe den Hamburgern 2017 ja eine »Kriegserklärung« geschickt. Die Weisung, das sei kein normaler Ablauf, er vermute politische Hintergründe.

Brorhilker habe auch nur »vage Hinweise« präsentiert, sie habe ihn nicht überzeugt. »Ja, ich will es mal dabei bewenden lassen.«

Ohnehin sei er verwundert gewesen über die »ungewöhnliche Härte«, mit der gegen Warburg vorgegangen werde.

Insgesamt gebe es viel »öffentliche Meinungsmache«. Vor dem Hintergrund wisse er nicht, ob der Bundesfinanzhof »so entscheidet, wie er eigentlich entschieden hätte, wenn es das alles nicht gegeben habe«. Denn: »Auch die Richter sind nur Menschen und wollen natürlich nicht als diejenigen dastehen, die die Cum-ex-Geschäfte unterstützen.«

Was Wagner über seine Arbeitsweise berichtet, ergibt ein bizarres Bild von den Zuständen in der Hamburger Verwaltung. Freimütig erzählt er, dass er »in keinem Fall Unterlagen veraktet« habe. »Das haben, wenn dann meine Mitarbeiter gemacht und deswegen kann ich Ihnen dazu nichts sagen.« Zu vielen Themen seien sehr viele E-Mails ausgetauscht worden, das finde sich nicht alles in den Akten. Er habe auch selten Vermerke über Gespräche geführt. Das sei auch »eine Zeitfrage«, wenn »Sie eine dünne Personaldecke haben«. An viele Gespräche habe er wegen der langen Zeitdauer aber keine Erinnerung.

Es klingt, als wäre die Hamburger Aktenordnung in Peter Tschentschers Finanzbehörde sehr großzügig ausgelegt worden. Weil die Beteiligten sich an zahlreiche Termine nicht erinnern, von Gesprächen keine Vermerke gemacht wurden und Mails nicht mehr vorhanden sind, ist gerade das nicht mehr möglich, was die Akten leisten sollen: Entscheidungen der Verwaltung und ihre Entstehung nachvollziehbar machen.

Doch das ist nicht das Einzige, was die Abgeordneten an der Aussage von Wagner erstaunt. Die Grünen-Abgeordnete Zohra Mojadeddi spricht den Beamten auf seine Aussage über Brorhilker an: »Sie haben vorhin auch betont, Sie möchten am liebsten Frau Brorhilker nicht noch einmal sehen. Sie haben sich einmal getroffen, und das reicht auch?«

Wagner: »Ja, wissen Sie warum? Weil Frau Brorhilker ja auch die Durchsuchung in den Privaträumen von Frau Pannhusen vorgenommen und veranlasst hat, und ich möchte nicht, dass es bei mir dazu kommt, das ist der Grund.« Er habe »ein bisschen das Gefühl, dass die Justiz inzwischen Hausdurchsuchungen als Art Bestrafungsaktion durchführt«. Da sei einfach mal eine Hausdurchsuchung gemacht worden, ohne zu ahnen, was man da eigentlich finden könne. Das widerspreche jeglichen Grundsätzen der Unschuldsvermutung. »Das hat mit Rechtsstaat wenig zu tun«, sagt Wagner. »Glauben Sie, man hat bei Frau Pannhusen einen Scheck von Warburg über 50 000 Euro gefunden, oder was haben die sich gedacht, was die da finden werden? Also, es ist ja absurd, warum macht man sowas?«

Warum die Ermittler seiner Meinung nach bei den Finanzbeamten nichts finden werden, das hat Wagner schon vor Monaten in einer E-Mail an Senator Andreas Dressel geschrieben. Darin echauffierte sich der Beamte über die geplatzte Durchsuchung bei der Hamburger Finanzbehörde, über die Medien damals berichtet hatten. Er fühle sich »unmittelbar betroffen« von den Durchsuchungsplänen und könne das Ansinnen von Brorhilker »nur als durchgeknallt bezeichnen«. Weder er noch die Kollegen würden jetzt jeden Morgen mit dem Gefühl aufstehen wollen, gleich gebe es eine Wohnungsdurchsuchung. »Es ist auch klar, dass – wenn es etwas Belastendes gäbe – dieses spätestens nach den Abendblatt-Berichten geschreddert worden wäre.«

Auch im Ausschuss berichtet er, dass er sich an Dressel gewandt habe. »Ich habe Herrn Dressel schon gebeten, doch mal zu seinen Kollegen in Nordrhein-Westfalen Kontakt aufzunehmen, und habe ihm auch gesagt, wenn jemand da etwas hätte, was ihn belasten könnte, dann wäre das in der Folgenacht im Schreddergerät verschwunden.« Und freimütig fährt er fort: »Und jetzt ist das Ganze etliche Monate her, jetzt wäre erst recht nichts mehr da. Bei mir war nie etwas.«

Richard Seelmaecker von der CDU wird hellhörig. Er hakt nach: »Haben Sie noch Ihren Terminkalender von damals?«

Wagner: »Nein!«

»Haben Sie nicht mehr?«

»Nein«, sagt Wagner. »Der ist definitiv geschreddert.«

Nach seinem Auftritt im Untersuchungsausschuss geht Wagner für viele überraschend mit 64 Jahren in den Ruhestand. Er lebt nun in Italien.

Mittwoch, 17. November 2021

Katharina Ludwig ist für sechs Monate zur Erprobung bei der Generalstaatsanwaltschaft in Hamburg. Normalerweise kümmert sich die junge Staatsanwältin in der nachgeordneten Behörde um Fälle von Kindesmissbrauch. Jugendstrafsachen. In der Hamburger Staatsanwaltschaft gilt Ludwig als ehrgeizig, von ihren Vorgesetzten wird sie protegiert und ins Rampenlicht geschoben. Für die ZDF-Reihe »37 Grad« durfte sie sich von einem Kamerateam bei ihrer Arbeit begleiten lassen. Der Titel der Fernsehdokumentation lautet: »Der Wahrheit auf der Spur«.

Nun muss Ludwig nach zahlreichen Beschwerden prüfen, ob ihre Kollegin Köpke, die erfahrene Korruptionsstaatsanwältin, sauber gearbeitet hat. Ludwig ruft bei der Staatsanwaltschaft Köln an, spricht mit einer Kollegin aus dem Team von Anne Brorhilker. Und sie erfährt: In Köln bestehe weiter kein Anfangsverdacht gegen Scholz und Tschentscher.

Zwölf Tage später schreibt Ludwig im Namen der Hamburger Generalstaatsanwaltschaft an die Anzeigeerstatter, die sich wegen der Einstellung der Ermittlungen gegen Scholz und Tschentscher beschwert haben. Sie argumentiert wie die Hamburger Finanzbehörde: Die Beweis- und Rechtslage habe sich 2016 deutlich anders dargestellt als heute, es hätte das Risiko einer Klage bestanden. Bei Tschentscher und Scholz hätten sich ungeachtet dessen erst gar keine Anhaltspunkte gefunden, dass diese Einfluss auf die Entscheidung genommen hätten.

An der Entscheidung der Staatsanwaltschaft sei daher nichts zu beanstanden, schreibt Ludwig. Dem Sachverhalt sei kein pflichtwidriges Verhalten der Finanzbeamten oder der Politiker zu entnehmen. »Von der Einleitung eines förmlichen Ermittlungsverfahrens« gegen Scholz und Tschentscher sei abzusehen – ebenso gegen »Verantwortliche der Hamburger Finanzverwaltung«.

Mittwoch, 24. November 2021

»Die Ampel steht«, verkündet Olaf Scholz im Berliner Westhafen. Nach knapp einem Monat Verhandlungen haben SPD, Grüne und FDP einen Koalitionsvertrag ausgehandelt. »Mehr Fortschritt wagen – Bündnis für Freiheit, Gerechtigkeit und Nachhaltigkeit«, heißt das Dokument.

Freitag, 3. Dezember 2021

Im Festsaal des Hamburger Rathauses nimmt jene Frau auf dem Zeugenstuhl Platz, vor der sich Banker, Anwälte und Superreiche weltweit fürchten – und auch eine Reihe von Finanzbeamten und SPD-Politikern in Hamburg. Erst vor zwei Tagen wurde Anne Brorhilker von der US-amerikanischen Nachrichtenagentur Bloomberg ausgezeichnet. Bloomberg zählt die Kölner Staatsanwältin zu den 50 Menschen, deren Handeln 2021 für die Weltwirtschaft von besonderer Bedeutung war. Gegen mehr als 1300 Personen ermittelt sie mittlerweile wegen Verstrickungen in kriminelle Cum-ex-Geschäfte. Die Beschuldigen sitzen an den Handelstischen oder in den Vorstandsetagen großer Investmentbanken in Frankfurt, London oder Melbourne. Manche haben sich aus Angst vor den Konsequenzen abgesetzt.

Brorhilker ist vorsichtig. Sie hat nicht vor, sich im Untersuchungsausschuss in die Karten schauen zu lassen, zumal auch die Anwaltsriege von Warburg und Olearius fast komplett anwesend ist und auf Fehler lauert. Immer wieder verweist Brorhilker in der fast fünfstündigen Anhörung auf ihre »eingeschränkte Aussagegenehmigung«, da es »um laufende Ermittlungsverfahren« gehe. Es gibt aber noch einen anderen Grund für sie, größtmögliche Zurückhaltung zu üben, auch im nicht öffentlichen Part ihrer Zeugenanhörung. Ihre Ermittler und IT-Experten arbeiten mit Hochdruck an der Auswertung der Asservate, die ihr Team bei der Razzia sichergestellt hat. Und weil derart wenige Dokumente zum Fall Warburg vorhanden sind, haben die Beamten einen Verdacht: Entweder wurden bewusst schriftliche Akten vermieden – oder Mails gelöscht.

Die Abgeordneten bohren jedoch nach. Sie wollen wissen, was die Ermittlerinnen und Ermittler bei der Razzia gefunden haben. »Ja, es ist tatsächlich schwer zu sagen. Wir haben noch nicht alle Beweismittel ausgewertet«, sagt Brorhilker und sie könne »wirklich nicht sagen, wie lange das noch dauert«.

Wenn es darum geht, die Entscheidung der Finanzverwaltung vom Jahr 2016 zu bewerten, lässt sie bei aller Vorsicht allerdings keinen Interpretationsspielraum. Sie könne sich angesichts der »dubiosen Umstände« und der Art des Geschäftsgebarens nicht vorstellen, wie man davon ausgehen konnte, dass es sich um seriöse Geschäfte handele, erklärt Brorhilker. Aus ihrer Sicht wäre schon 2016 eine Rückforderung möglich gewesen. »Die Rücksichtnahme auf die finanziellen Interessen« der Bank sei für sie »nicht nachvollziehbar«. Eine Bank sei nicht anders zu behandeln als jeder andere Steuerpflichtige. »Das bedeutet, ich muss eigentlich alle gleichbehandeln, alle Steuerpflichten. Und mir wäre es jetzt neu, dass ein Finanzamt darauf Rücksicht nimmt, dass ich meine Einkommenssteuernachzahlung gar nicht leisten kann, weil ich lieber in den Urlaub gefahren bin.« Die Aussagen der Kölner Staatsanwältin sind eine massive Klatsche für die Hamburger Verwaltung.

Montag, 6. Dezember 2021

Seit Tagen versuchen Wolfgang Schmidt und sein Anwalt, das Strafverfahren wegen der Veröffentlichung des Durchsuchungsbeschlusses auf Twitter loszuwerden. Sollte es bis zu Schmidts Ernennung zum Kanzleramtschef nicht eingestellt sein, würde wohl zum ersten Mal in der Geschichte der Bundesrepublik jemand Mitglied einer Bundesregierung, gegen den staatsanwaltschaftliche Ermittlungen laufen. Zu befürchten hätte Schmidt trotzdem nichts. »Ob ein Ermittlungsverfahren wegen eines Delikts nach dem Strafgesetzbuch einer Ernennung zur Bundesministerin oder zum Bundesminister entgegensteht, ist keine rechtliche, sondern eine vornehmlich politische Frage«, erfährt der *Tagesspiegel* aus dem Kanzleramt.

Entsprechend gelassen gibt sich der Scholz-Vertraute. Auf Twitter hat er bereits sein Profil geändert: »Staatsrat und Staatssekretär a.D. (Hier privat unterwegs)« steht dort nun. Es folgt ein Link zu seinem Wikipedia-Eintrag. Über sein Foto hat er eine Zeile aus dem Song »Junkies und Scientologen« des Musikers Thees Uhlmann gestellt: »Aber die Zukunft ist ungeschrieben/Die Zukunft ist so schön vakant/Und ich komm dich besuchen/Egal ob Stammheim oder Bundeskanzleramt.«

Für 10 Uhr hat Scholz die Hauptstadtpresse ins Willy-Brandt-Haus bestellt. Er will das Geheimnis lüften, wer die Ministerposten bekommt, die laut Koalitionsvertrag der SPD zustehen. Einige Fernsehstationen übertragen die Ernennung der Ministerriege live.

Eine wichtige Entscheidung trifft an diesem Tag gerade rechtzeitig auch die Berliner Staatsanwaltschaft. Sie stellt gegen eine Geldauflage von 5000 Euro die Ermittlungen gegen Wolfgang Schmidt wegen der Veröffentlichung des Durchsuchungsprotokolls ein.

Die Vorstellung der SPD-Minister und des Kanzleramtschefs ist für Scholz eine Machtdemonstration. Wie zehn Jahre zuvor in Hamburg hat er sich lange Zeit gelassen, fast niemanden näher eingeweiht. Scholz zeigt, dass er sich nicht reinreden lässt bei der Auswahl seines Spitzenpersonals.

Scholz holt einen seiner künftigen SPD-Minister nach dem anderen auf die Bühne. Es sind drei Männer und drei Frauen. Scholz betont die Diversität seiner Auswahl, bevor er zur letzte Postenvergabe heute kommt: »Und dann gehört zu einer richtigen Regierung auch ein Chef des Bundeskanzleramtes. Das wird, wie niemanden überraschen wird, Wolfgang Schmidt sein. Ich muss und will an dieser Stelle gerne sagen, dass ich mich bedanke für die langjährige Zusammenarbeit, die wir bisher hatten. Und dass ich weiß, dass das leise Geschäft, das dort betrieben wird, auch von Wolfgang Schmidt gut vorangetrieben wird«, sagt er. »Ich bin dankbar, dass er diese Aufgabe wahrnehmen will.«

Die wenigsten im Willy-Brandt-Haus wissen in dem Moment, dass das Verfahren gegen Schmidt eingestellt wurde. »Auch ich bin natürlich dankbar und freue mich darauf, die Aufgabe des Chefs Bundeskanzleramtes mitzuhelfen, dass die Regierung gut arbeiten kann«, sagt Schmidt. Mit Blick ins Foyer zu den Vertretern der Hauptstadtpresse kündigt er an, auch die Kooperation mit den Ministern der Grünen und der FDP, mit dem Bundestag, dem Bundesrat und den 16 Ländern voranzutreiben zu wollen. Zum Schluss wendet sich Schmidt seinem langjährigen Chef und Förderer zu: »Und ich will dafür sorgen, dass Olaf Scholz den Rücken frei hat, damit er das machen kann, was er versprochen hat: ordentlich zu regieren.«

Auch die weiteren Teammitglieder fürs Kanzleramt hat Scholz längst ausgewählt – es sind viele alte Vertraute dabei. Regierungssprecher wird Steffen Hebestreit. Benjamin Mikfeld leitet wie bereits im Finanzministerium die Abteilung für Politische Planung. Zum engsten Kreis gehört auch wieder Jeanette Schwamberger. Scholz, Schmidt, Mikfeld, Schwamberger sind der engste Kreis, zum erweiterten Zirkel wird Jörg Kukies gezählt, den Scholz ebenfalls aus dem Finanzministerium mitnimmt. Er wird als Staatssekretär Scholz' wichtigster Wirtschaftsberater.

Mittwoch, 8. Dezember 2021

Olaf Scholz wird mit 395 von 707 abgegebenen Stimmen zum Bundeskanzler gewählt. Für die Wahl erforderlich waren 369 Stimmen. Abends, direkt nach der »Tagesschau«, ist Scholz in der ARD-Sendung »Farbe bekennen« mit Tina Hassel und Oliver Köhr.

»Guten Abend Herr Bundeskanzler«, beginnt Köhr das Interview. »Wir wollen etwas emotional in die Sendung starten. Und weil wir nicht ganz sicher waren, ob das bei ihnen klappt, haben wir heute auf der Zuschauertribüne ihren Vater befragt.«

Für einen kurzen Moment schwindet das Lächeln aus dem Gesicht des neu gewählten Kanzlers. »Das ist ein ganz stolzes Gefühl«, sagt Scholz'

Vater. »Ich habe drei Söhne, die sind alle erfolgreich.« Scholz verzieht keine Miene. Gerhard Scholz hat diesen Satz auch der *Bild*-Zeitung gesagt, mit der spitzen Bemerkung, dass Olaf als Bundeskanzler trotzdem weniger verdiene als seine Brüder. Im Fernsehen gibt Vater Scholz zu erkennen, welche Position in seiner Gunst zu den drei Söhnen nun Olaf Scholz einnimmt: »Er ist jetzt die Krönung.«

30

Freitag, 14. Januar 2022

Die EK »Alster« hat eine erste heiße Spur. Kriminalkommissar Sven Nordheim (Name geändert) hat sich das Handy von Svenja Pannhusen genauer angeschaut. Gestolpert ist er dabei über einen WhatsApp-Chat der Finanzbeamtin mit einer Kollegin aus der Finanzbehörde. Die beiden sind offenbar befreundet. In ihren Chats lästern sie über Kolleginnen und Kollegen in den Behörden, die sie als »komisch«, »merkwürdige Zeitgenossen«, »total überfordert« oder »Totalausfälle« beurteilen oder einfach für »doof« halten. Und sie echauffieren sich, dass die Presse über das Warburg-Verfahren berichtet.

Spannend ist für die Ermittler aber vor allem eine Nachricht vom 17. November 2016, also jenem Tag, als die Finanzbeamten entschieden, die Millionen von Warburg nicht zurückzufordern. Nach der Sitzung in der Behörde schrieb Pannhusen ihrer Freundin: »Mein teuflischer Plan ist aufgegangen (mit freundlicher Unterstützung von S1) und zu großen Freude von 5.« Dahinter setzte sie einen lachenden Smiley. S1, das ist im Behördenjargon die Leiterin des Finanzamts, Karin Ohse-Griem. 5 ist die damalige Steuerchefin Nottelmann.

Die Freundin schien von der Nachricht nicht überrascht, die beiden Beamtinnen haben in letzter Zeit mehrfach länger telefoniert. Sie antwortete: »Also verjähren lassen?« Und Pannhusen: »Ja, wenn nicht noch etwas kommt.« Danach tauschten die beiden sich noch darüber aus, dass mehrere Personen in der Runde die Sache offenbar gar nicht verstanden hatten.

Freitag, 4. Februar 2022

Der Untersuchungsausschuss der Bürgerschaft hat die obersten deutschen Steuerbeamten als Zeugen eingeladen: den Steuerchef des Bundesfinanzministeriums, Rolf Möhlenbrock, und seinen Vorgänger Michael Sell. Sell berichtet: »Wir waren mehr als erstaunt, dass Hamburg immer wieder Bedenken äußerte.« Diese seien ungewöhnlich und nicht schlüssig gewesen. »Das ist die Argumentation vielleicht des Steueranwalts des Steuerpflichtigen.« Er sei befremdet gewesen. Solch einen Streit könne ein Gericht entscheiden, eine Millionensumme verjähren zu lassen, sei nicht der richtige Weg.

Sells Nachfolger Rolf Möhlenbrock erklärt dem Ausschuss, aus seiner Sicht sei die Beweislage schon 2016 gut genug gewesen, um das Geld zurückzufordern. »Der Ermittlungsstand der Hamburger Kollegen war ausreichend.« Der Fall sei insgesamt sehr eindeutig gewesen. Aber: »Die Hamburger Kollegen hatten ihre eigene Rechtsauffassung zum Thema Cum-ex.« Der Abstand zur Auffassung des Bundesministeriums sei »so groß, so ungewöhnlich groß« gewesen, dass das Ministerium schließlich nur noch das Mittel der Weisung gesehen habe.

Die Aussagen der Berliner Spitzenbeamten sind alles andere als schmeichelhaft für die Hamburger Kollegen. Die SPD bemüht sich wieder als Anwalt der städtischen Behörde. SPD-Obmann Milan Pein versucht mit einem Taschenspielertrick den Eindruck zu erwecken, dass die Beamten aus Berlin lügen. 2016 seien nämlich auch sie über die Warburg-Geschäfte informiert worden und hätten nicht reagiert. Pein konfrontiert Möhlenbrock und Sell mit einem Schreiben aus jenem Jahr, in dem das Bundesfinanzministerium über den Fall unterrichtet wird. Er lässt sowohl Möhlenbrock als auch Sell die erste Seite vorlegen und gibt sich theatralisch verwundert, dass die beiden das Schreiben nicht kennen. Später stellt sich heraus: Auf der zweiten Seite, die Pein den Zeugen vorenthalten hat, steht deutlich, dass es sich nur um einen Entwurf handelt, der niemals nach Berlin geschickt worden ist. Das Bundesfinanzministerium hat also erst 2017 von dem Fall erfahren.

Zum Schluss der Sitzung, als fast alle Journalisten bereits gegangen sind, berichtet Michael Sell dem Ausschuss von den Briefen, die er nach der Weisung von Warburg-Mitinhaber Christian Olearius erhalten habe. Er sei verwundert gewesen, dass die Bank überhaupt von der Weisung erfahren habe, erklärt Sell. Solche behördlichen Vorgänge seien vertraulich.

Aus einem Schreiben vom Februar 2018 zitiert Sell. Darin fragt Olearius ihn, ob das Bundesfinanzministerium die Finanzbehörde angewiesen habe, das Geld zurückzufordern, und ob diese Weisung aufrechterhalten werde. »Wir behalten uns vor, uns in dieser Angelegenheit auch unmittelbar an den Bundesminister für Finanzen zu wenden«, liest Sell vor. Das Pikante daran: Damals galt Olaf Scholz schon als nächster Finanzminister. Als er wenige Monate später tatsächlich im Amt war, versetzte er Steuerabteilungsleiter Sell in den Ruhestand.

Der Linken-Abgeordnete Norbert Hackbusch fragt Sell, ob seine Versetzung in den Ruhestand etwas mit den Briefen zu tun haben könnte. »Ich weiß es nicht«, sagt Sell. Er habe mit Scholz nie ein Einzelgespräch über seine Versetzung geführt. »Sie müssten ihn fragen. Aber mir wurde jedenfalls einmal signalisiert, dass es nicht aus fachlichen Gründen war. Das hat mich gefreut. Aus welchen Gründen auch immer, aber es war jedenfalls nicht wegen sozusagen erwiesener Dummheit oder so.«

Und auch den Verweis der Hamburger Finanzbehörden, die Senatoren hätten sich nur informieren lassen – und ansonsten keinen Einfluss genommen –, bewertet Sell mit seiner jahrzehntelangen Erfahrung in der Verwaltung: »In dem Moment, wo ein Behördenleiter sich mit Einzelthemen befassen lässt, ist es sein Thema«, erklärt er den Abgeordneten. Die Anweisung »Berichten Sie zu XY« zu geben, sei das gute Recht jedes Ministers. »Aber, dann ist es eben auch Ihr Thema, was immer da rauskommt.«

Dienstag, 15. Februar 2022

Gerhard Strate spielt gern auf großer Bühne. Ex-Volkswagen-Primus Ferdinand Piëch mandatierte ihn in der Dieselaffäre, für den Finanzunternehmer Carsten Maschmeyer stritt er gegen die Bank Sarasin, gegen Dirk Jens Nonnenmacher, einst Chef der Skandalbank HSH Nordbank, stellte er selbst Anzeige. Nun hat sich Strate wochenlang in die Warburg-Affäre eingearbeitet – und ist sicher: Scholz und Tschentscher sollten sich auch juristisch verantworten müssen.

Der Anwalt stellt bei der Staatsanwaltschaft Hamburg Strafanzeige gegen Peter Tschentscher und Olaf Scholz. Auf 38 Seiten mit 44 Fußnoten analysiert er den Fall – und kritisiert die Einstellung des Verfahrens. Die Entscheidung der Hamburger Finanzverwaltung, im Jahr 2016 auf die Steuerrückzahlung von Warburg zu verzichten, sei ein »Willkürakt« gewesen, schreibt Strate. Scholz und Tschentscher hätten ihre »schützende Hand« über die Bank gehalten. Die Politiker hätten sich zu »Gehilfen der Steuerhinterzieher aus der Warburg-Bank gemacht«.

Kern von Strates Argumentation: Alle wesentlichen Informationen, die 2020 zum Urteil des Bonner Landgerichts geführt hätten, seien der Finanzbehörde vier Jahre zuvor schon bekannt gewesen. Schon 2016 habe »die kriminelle Einbettung« der Geschäfte »auf der Hand gelegen«, schreibt er. Strate dreht außerdem die Verteidigungslinie der SPD um. Die hat stets behauptet, Tschentscher habe keinen Einfluss genommen. Strate sagt nun: Tschentscher hätte Einfluss nehmen müssen. Er hätte 2016 als Finanzsenator die verfassungsrechtliche Pflicht gehabt, die Entscheidung seiner Finanzverwaltung zu stoppen.

Auch gegen Scholz argumentiert Strate scharf. Der sei entgegen seinen Angaben von Anfang an über den Hintergrund der Gespräche aufgeklärt gewesen und habe gewusst, dass die Kölner Staatsanwaltschaft bereits gegen die Banker ermittelte, als er sie insgesamt dreimal in seinem Bürgermeisterzimmer empfangen habe. »Eine völlige Erinnerungslosigkeit – wie sie Olaf Scholz für sich in Anspruch nimmt – ist eine Erscheinung, die in der Aussage- und Gedächtnispsychologie nur im Rahmen einer sogenannten Posttraumatischen Belastungsstörung gelegentlich diagnostiziert wird«, schreibt Strate. »Dafür gibt es hier keine Anhaltspunkte.«

Die Hamburger Staatsanwaltschaft braucht dieses Mal gerade vier Wochen, um Strates Eingabe abzuschmettern. Auf die zahlreichen erwähnten Dokumente geht die Behörde nicht ein. Stattdessen wählt sie ein formales Argument: Die Steuerhinterziehung sei 2011 mit der Abgabe der Steuererklärung und der Auszahlung der Millionen geschehen, die Entscheidung der Finanzbeamten, das Geld trotz neuer Beweise 2016 nicht zurückzufordern, könne also gar keine Beihilfe zur Steuerhinterziehung sein. Und zu Scholz schreibt die Staatsanwaltschaft lapidar: Erinnerungslücken und -schwächen seien »ein häufig diagnostiziertes Problem«. Für Scholz sei das Thema Warburg-Bank angesichts seines Lebenslaufs und der vielen anderen drängenden Themen wohl nicht so herausragend gewesen.

Strate gibt sich damit nicht zufrieden. Schon das formale Grundargument der Staatsanwaltschaft sei vom Bundesgerichtshof anders beurteilt worden, erklärt er. Zudem habe die Steuerauszahlung bis Ende 2016 eben unter Vorbehalt gestanden. Er veröffentlicht die von ihm gestellte Anzeige und den Brief der Staatsanwaltschaft. »So kann sich jeder Bürger selbst ein Bild davon machen, mit welchem Wohlwollen die Staatsanwaltschaft die fehlenden Erinnerungsleistungen des ehemaligen Bürgermeisters Olaf Scholz beurteilt.«

Schließlich legt er Beschwerde ein und stellt die Anzeige noch einmal – bei der Staatsanwaltschaft Köln. Anne Brorhilker legt die Anzeige nicht so schnell zur Seite, sondern legt eine Akte an. Der amtierende Bürgermeister Hamburgs erhält das Aktenzeichen 213 Js 16/22. Für den amtierenden Bundeskanzler verhält es sich etwas komplizierter. Weil Scholz auch gewählter Abgeordneter ist, genießt er Immunität. Dies stehe der Einleitung eines Js-Verfahrens derzeit entgegen, heißt es in einem Vermerk. Aber Brorhilker weiß einen Ausweg. Gegen den Bundeskanzler leitet sie ein Prüfverfahren ein, wofür kein umständlicher Antrag auf Aufhebung der Immunität gestellt werden muss. Das Aktenzeichen lautet 213 AR 14/22.

Mittwoch, 23. Februar 2022

Olaf Scholz' Ehefrau Britta Ernst hat Geburtstag. Sie wird 61 Jahre alt. Zur Feier des Tages geht das Paar essen in ein Potsdamer Edelrestaurant. Den großen Speisesaal hat das Paar für sich allein, die drei Bodyguards sitzen im Nebenraum. Scholz schaut ständig auf sein Handy, checkt die Nachrichten. Die Situation in der Ukraine spitzt sich immer weiter zu. Ein paar Stunden später überfallen russische Truppen das Land. Am Morgen des 24. Februar 2022 erhält Scholz gegen 5 Uhr eine SMS aus dem Lagezentrum des Kanzleramtes: Der Krieg hat begonnen. Eine Stunde später telefoniert er mit dem ukrainischen Präsidenten Wolodymyr Selenskyj und sichert ihm Solidarität zu.

Sonntag, 27. Februar 2022

Um 8:16 Uhr postet der *Spiegel* auf seiner Webseite einen Kommentar mit der Überschrift »Schämen Sie sich, Herr Scholz!«. Der Kanzler verhindere ein konsequentes Vorgehen der EU gegen das Regime des russischen Präsidenten Putin. In der *Welt am Sonntag* begründet Rechtsanwalt Strate seine Strafanzeige gegen Scholz und Tschentscher in der Causa Warburg.

Um 11 Uhr steht Scholz am Rednerpult im Plenum des Bundestages, den er für eine Sondersitzung einberufen lassen hat: »Wir erleben eine Zeitenwende. Und das bedeutet: Die Welt danach ist nicht mehr dieselbe wie die Welt davor.« Der Begriff »Zeitenwende« soll hängen bleiben – und tut es auch. »Überfall«, »Angriffskrieg«, »menschenverachtend«, »völkerrechtswidrig« lauten die Schlüsselbegriffe in der Rede von Scholz. Und eben »Zeitenwende«. Den prägnanten Begriff hat Scholz aus seinem 2017 erschienenen Buch *Hoffnungsland* recycelt.

Damals stand »Zeitenwende« noch für etwas anderes. Jetzt steht sie für Krieg in Europa und für ein Sondervermögen von 100 Milliarden Euro, mit dem Scholz den Bundeshaushalt 2022 ausstatten will, um die Bundeswehr besser ausrüsten zu können. »Wir werden von nun an Jahr für Jahr mehr als zwei Prozent des Bruttoinlandsprodukts in unsere Verteidigung investieren«, überrascht Scholz die Bundestagsabgeordneten, auch die aus seiner eigenen Partei. Selbst SPD-Fraktionschef Rolf Mützenich hat erst 30 Minuten vor der Sondersitzung von dem Plan erfahren. Ausgeheckt hat ihn Scholz in der Nacht zuvor mit seinen Vertrauten im Kanzleramt: mit seinem Pressesprecher Hebestreit, seinem Kanzleramtschef Schmidt, seiner Büroleiterin Schwamberger sowie seinem außenpolitischen Berater Jens Plötner, einem Zögling von Bundespräsident Frank-Walter Steinmeier aus dessen Zeit als Außenminister. Gewählte Abgeordnete oder gar Minister waren an der »Zeitenwende« nicht beteiligt.

Mittwoch, 2. März 2022

Kommissar Nordheim von der EK »Alster« hat nun die digitalen Postfächer der Finanzbeamten sowie von Peter Tschentscher ausgewertet. Dabei hat sich der erste Eindruck bestätigt: Es sind kaum E-Mails zum Fall Warburg aus der tatrelevanten Zeit zu finden. Es gebe insgesamt sehr wenige E-Mails zum Thema Cum-ex, selbst bei Personen, die nachweislich sehr stark in die Sachverhalte eingebunden waren, hält Nordheim in einem Vermerk fest. Dies deute darauf hin, dass E-Mails nicht grundsätzlich nach einer bestimmten Zeit gelöscht werden, sondern dass die Löschung manuell erfolge. Es mache den Anschein, dass die hier vorliegenden E-Mail-Postfächer gefiltert worden sind.

Doch bis auf den Verdacht haben die Beamten bisher nichts in der Hand. Kann es sein, dass einfach so wenig über das Thema kommuniziert wurde? Wurde zu vergleichbaren Themen ähnlich wenig E-Mails ausgetauscht? Die Ermittler machen die Gegenprobe. Sie versuchen es mit dem Naheliegenden: ihren eigenen Razzien in Hamburg. Neben Warburg hat die Staatsanwaltschaft weitere Hamburger Banken im Visier, die HSH Nordbank und die Varengold Bank am Fischmarkt. Treffer!

Als dort durchsucht wurde, wurde Finanzsenator Peter Tschentscher direkt informiert. Und es gab regen Austausch innerhalb der Behörde. Auch zu anderen Finanzthemen wurde in der Behörde reichlich diskutiert, etwa zu den »Panama Papers«. Sogar Olaf Scholz und Peter Tschentscher tauschten sich darüber kleinteilig per Mail aus. Als bekannt wurde, dass das Bundeskriminalamt die »Panama Papers« von einem Whistleblower erhalten hatte und sie nach verdächtigen Konten von Firmen und Privatpersonen im Steuerparadies durchforsten ließ, meldete sich Scholz bei seinem Finanzsenator. Er fragte, ob die Hamburger Behörden die »Panama Papers« ebenfalls auswerten. »Gibt es Bezüge zu Hamburg? Sagen wir öffentlich etwas dazu? Gruß Olaf.« Tschentscher meldete sich umgehend von seinem iPhone beim Bürgermeister: »Ich melde mich, wenn wir dazu etwas haben.«

Scholz fürchtete offensichtlich, dass auch die landeseigene HSH Nordbank in den »Panama Papers« vorkommt. Nur 29 Minuten später schrieb er: »Fein. Vielleicht fragen wir intern vorsorglich auch mal die HSH, ob sie uns in diesem Zusammenhang noch was zu sagen hat. Olaf.« Spät abends meldete sich Tschentscher und gab Entwarnung: Der Chef der HSH Nordbank habe »heute bekräftigt, dass die HSH keine weiteren Themen im Keller habe«.

Angesichts des lebhaften Austauschs zu diesen Themen fragen sich Nordheim und seine Kollegen von der EK »Alster«: Warum gibt es keine Mails zu Warburg? Die Ermittler haben noch eine Idee, wie sie das Rätsel lösen können. Gelöschte Mails gehören für sie zum Alltag. Aber nicht immer sind Profis am Werk. Und auch in Hamburg haben sie Glück: Zwar gibt es keine Mails mehr, aber in den Postfächern finden sich erstaunlich viele Kalendereinträge zu dem Thema. So gab es diverse Besprechungen zum Fall Warburg, außerdem mehrfach Krisensitzungen, nachdem Medien wieder Teile des Puzzles enthüllt hatten.

Und die Ermittler haben eine weitere Idee: Sie beantragen die Beschlagnahmung zusätzlicher Postfächer. Es sind die Postfächer der engsten Mitarbeiter von Tschentscher und von weiteren Führungspersonen in der Finanzbehörde, unter anderem Senator Andreas Dressel, Staatsrätin Bettina Lentz und Steuerchef Ernst Stoll. Das Amtsgericht wird ihnen die Maßnahme einige Wochen später erlauben. Es sei aufgefallen, dass nur noch vereinzelte E-Mails aus dem tatrelevanten Zeitraum vorhanden waren, schreibt die Richterin in ihrer Begründung. Dies könne darauf zurückzuführen sein, dass »eine koordinierte Löschung von E-Mails« vorgenommen wurde oder dass »Führungspersonen bewusst von Verantwortung freigehalten werden sollten, indem diese nicht per E-Mail kontaktiert wurden«.

Dienstag, 15. März 2022

Kriminaloberkommissar Max Recks (Name geändert), einer der jüngsten Beamten der EK »Alster«, durchforstet weitere E-Mails, darunter das digitale Postfach von Peter Tschentscher und das von dessen einstigem persönlichen Referenten – und stößt auf einen interessanten Hinweis. Am 1. September 2020 hat sich der damalige Referent des Bürgermeisters an den IT-Service der Stadt gewandt. Kurz zuvor waren Anfragen von Journalisten bei Scholz im Bundesfinanzministerium sowie bei Tschentscher im Rathaus eingegangen. Darin wurden die beiden SPD-Politiker mit den bis dato unbekannten Treffen von Scholz und Olearius im Jahr 2016 konfrontiert. Von Tschentscher wollten die Journalisten wissen, ob er damals als Finanzsenator über die Treffen im Bilde war.

Recks entdeckt nun, dass Tschentschers Referent wenige Stunden nach Eingang der Anfragen den Kalender von Olaf Scholz als Bürgermeister einsehen wollte. Bei Dataport wurde das Anliegen geprüft – und es fiel auf, dass ein Fehler passiert war. Scholz hatte sich seine Kalenderdaten vor seinem Rücktritt als Bürgermeister auf einem USB-Stick sichern lassen. Eigentlich sollte das Postfach 30 Tage später gelöscht werden. Doch das sei versäumt worden, schrieb ein Dataport-Mitarbeiter ans Rathaus.

Der Referent informierte Tschentscher über das Malheur und riet davon ab, ohne Rücksprache mit Scholz in dessen alten Kalender zu schauen. Doch das war in diesem Moment offenbar gar nicht Tschentschers vordringliches Interesse. Ihn irritierte vielmehr, dass der Kalender nicht gelöscht war. Unter der Betreffzeile »Scholz Account« schrieb er von seinem iPhone zurück: »Was macht Dataport jetzt, wenn eine Behörde etwas löschen wollte und die Löschung aufgrund eines Fehlers bei Dataport nicht funktioniert hat?«

Oberkommissar Recks liest die Mail – und wittert eine Chance. Dass es sich bei dem Postfach um das ehemalige Mailkonto des Bundeskanzlers handelt, schreckt ihn nicht. Er ruft bei Dataport an und fragt, ob das Postfach olaf.scholz@sk.hamburg.de[72] noch vorhanden ist. Der Betriebs-

---

72 Das sk steht für Senatskanzlei.

manager von Dataport braucht etwas Schriftliches, um nachforschen zu können. Um 14:41 Uhr schickt Oberkommissar Recks eine E-Mail: »Wie gerade telefonisch besprochen: Ich bitte um Überprüfung, ob dieses Postfach noch existiert oder bereits gelöscht ist.«

Recks hat Glück. Am nächsten Morgen bekommt er um 8:59 Uhr eine Nachricht von Dataport: »Das Postfach existiert noch. Es ist im Adressbuch nicht mehr sichtbar, weil mit dem Attribut ›versteckt‹ versehen.« Umgehend informiert Recks die Staatsanwaltschaft. Kaum 40 Minuten später meldet sich Oberstaatsanwältin Sarah Hanner bei dem Betriebsmanager: Recks habe sie informiert, dass noch ein Postfach der Senatskanzlei existiere. »Ich bitte Sie, diese Daten nicht zu löschen.« Sie wolle das Postfach sicherstellen. Ein richterlicher Beschluss werde nachgereicht.

Kaum ist der Beschluss des Amtsgerichts Köln da, schreitet Recks zur Tat. Der Vorgang ist wohl beispiellos in der Geschichte der Bundesrepublik: Ein Polizist beschlagnahmt ein früheres Postfach des amtierenden Bundeskanzlers. Fündig wird Recks allerdings nicht. Nur noch ein Restbestand der Scholz-Daten ist vorhanden, darunter keine einzige E-Mail, lediglich einige Kalendereinträge. Aber Recks gibt nicht auf.

Donnerstag, 21. April 2022

Nur wenige Wochen, nachdem er das alte Postfach von Scholz hat sichern lassen, schafft es Oberkommissar Recks ins Vorzimmer des Kanzlers. Für seine Razzia reist er allerdings nicht mit großer Mannschaft nach Berlin. Er schreibt eine E-Mail an den IT-Dienstleister der Bundesregierung. »Bitte behandeln Sie die Angelegenheit streng vertraulich, da es sich um eine verdeckte polizeiliche Maßnahme handelt«, mahnt der Kriminalbeamte darin. Er hat sein Anliegen bereits telefonisch angekündigt, nun schickt er einen Beschluss des Amtsgerichts Köln. Es erlaubt dem LKA, das Postfach der Scholz-Vertrauten Jeanette Schwamberger aus deren gemeinsamen Zeit im Bundesfinanzministerium zu beschlagnahmen. In dem Postfach, begründet das Gericht die Maßnahme, könnten sich relevante Mails zur Vorbereitung der Zeugenaussage von Olaf Scholz im Parlamentarischen Untersuchungsausschuss zur Cum-ex-Affäre in Hamburg finden. Die Maßnahme sei verhältnismäßig wegen des gewaltigen Steuerschadens.

Recks bitte um Sicherstellung der Daten und Besprechung der Übergabemodalitäten. Anders als im elektronischen Postfach von Scholz stößt er bei Schwamberger auf eine Spur. Er findet die E-Mail an den Scholz-Intimus Schmidt. Nach der Anfrage des Untersuchungsausschusses wegen der Kalenderdaten von Scholz über Treffen mit Kahrs, Pawelczyk und Olearius hatte Schwamberger Schmidt geschrieben. Sie empfahl, »mit Olaf zu diskutieren«, welche Kalenderdaten man für das Gremium »einsortieren« solle. Das Wort »einsortieren« hatten sie in Anführungszeichen gesetzt. Recks wie auch der Staatsanwaltschaft kommt das verdächtig vor.

Freitag, 6. Mai 2022

Die bessere Hamburger Gesellschaft hat sich auf Einladung des Übersee-Clubs im Rathaus versammelt. 100 Jahre alt wird der exklusive Verein, der 1922 von Bankier Max M. Warburg mit den Worten gegründet wurde: »Bei uns bestand von jeher die Einheit wirtschaftlichen und politischen Handelns, dienten dieselben Persönlichkeiten, die in der Wirtschaft führend waren, zugleich dem öffentlichen Wohl. Und deshalb darf und muss sich heute Hamburg berufen fühlen, mit der Einheit seiner politischen und wirtschaftlichen Auffassungen das Reich zu durchdringen.«

Während draußen in der Welt die Kritik an Scholz' zögerlicher Ukrainepolitik wächst, wird der Kanzler und ehemalige Bürgermeister hier noch immer verehrt. Für viele der Gäste ist Scholz einer von ihnen, einer, der denkt und handelt wie ein Kaufmann. Und sie sind stolz, dass er ihnen heute als Kanzler die Ehre erweist.

Um kurz vor elf Uhr betritt Scholz das Rathaus. Begleitet von Peter Tschentscher und Michael Behrendt, dem Präsidenten des Übersee-Clubs, trägt er sich ins Goldene Buch der Stadt ein. Dann schreiten sie durch den vollen Festsaal, nehmen in der ersten Reihe Platz. Kein Tuscheln, kein Wortwechsel. Die Situation wirkt angespannt. Für Tschentscher steht am Nachmittag ein unangenehmer Termin an, den Scholz ihm eingebrockt hat: die Aussage im Untersuchungsausschuss.

Um 11:25 Uhr tritt Scholz ans Rednerpult. »Es ist eine große Ehre für mich«, sagt er. »Ohne den Übersee-Club wäre Hamburg eine andere Stadt.« Dann spricht er über die weltpolitische Situation, die »Zeitenwende«, die »radikal neue Wirklichkeit«, die Putin geschaffen habe. »Putin darf diesen Krieg nicht gewinnen und er wird ihn nicht gewinnen.« Weiter müsse die Welt auf eine »kluge, nachhaltige, solidarische Globalisierung« setzen, denn Deglobalisierung funktioniere nicht, darauf habe Max Warburg schon vor 100 Jahren hingewiesen.

Die Gäste sind begeistert, es gibt langen Applaus. »Das war ein Zeichen, dass wir hinter Ihnen stehen«, sagt Michael Behrendt. Scholz nimmt sich Zeit, zahlreiche Gäste wollen Selfies mit ihm machen. Tschentscher steht etwas abseits, im Rummel um den Kanzler wirkt er fast etwas verloren. Doch sein Auftritt kommt noch.

Um 14:05 Uhr beginnt die Sitzung des Untersuchungsausschusses, er tagt im Plenarsaal der Bürgerschaft. »Herr Bürgermeister, danke, dass Sie heute gekommen sind«, begrüßt Mathias Petersen Peter Tschentscher. Dann bittet er ihn um seine Angaben zur Person. Peter Tschentscher, 56, Beruf Arzt, antwortet der Bürgermeister.

Er beginnt mit seinem Statement. »Als Zeuge vor diesem Untersuchungsausschuss wurde ich soeben vom Steuergeheimnis befreit, sodass es mir zum ersten Mal möglich ist, zu den Vorwürfen konkret Stellung zu nehmen«, erklärt er. Es habe im Lauf der medialen Berichterstattung Anschuldigungen gegen die Hamburger Steuerverwaltung gegeben, die »völlig haltlos sind und richtiggestellt werden müssen«. Er habe die Finanzen der Stadt in einer desolaten Lage geerbt, sie über Jahre saniert. Es wäre »in einer solchen Lage völlig abwegig« gewesen, auf Steueransprüche im Millionenumfang zu verzichten. Er habe sich immer dafür eingesetzt, Steuerbetrug aufzudecken.

Tschentscher ist hervorragend vorbereitet, anders als bei seinen letzten Äußerungen zum Thema bleibt er souverän und ruhig. Die Hamburger Steuerverwaltung sei eine der »besten in Deutschland«, der ehemalige

Abteilungsleiter Michael Wagner gehöre »zu den besten Steuerrechtsexperten Deutschlands«. Und er stellt sich auch hinter Scholz: Er habe mit ihm eine klare Verständigung gehabt, dass er das Steuergeheimnis einhalte. »Er soll sich raushalten. Wenn ihn jemand anspricht, kann er gerne die Leute zu mir schicken, ich schick sie an die Steuerverwaltung.« Und den Brief von Olearius, den habe er lediglich an die aktenführende Stelle weitergeleitet, um ihn nicht zu vernichten.

In seiner Selbstwahrnehmung muss sich Tschentscher gar nicht die Frage stellen, ob auf die Entscheidung der Finanzverwaltung politischer Einfluss ausgeübt wurde, wie es im Untersuchungsauftrag heißt. Für ihn steht das Ergebnis fest. Der Ausschuss hat ihn und die Beamten zu rehabilitieren. »Um den Ruf und das Ansehen der Hamburger Steuerverwaltung zu verteidigen, bin ich heute gerne hier. Und das ist auch die Pflicht dieses Ausschusses, am Ende des Verfahrens den guten Ruf der Hamburger Steuerverwaltung wiederherzustellen. Herzlichen Dank!«

Mittwoch, 29. Juni 2022

Die Verfügung mit dem Aktenzeichen 213 Js 100/21 der Kölner Staatsanwaltschaft ist nüchtern gehalten. Eben in der Sprache von Staatsanwälten. Es geht um die Ermittlungen gegen Johannes Kahrs, Alfons Pawelczyk und Svenja Pannhusen wegen des Verdachts der Begünstigung und Beihilfe zur Steuerhinterziehung. Es geht aber auch um eine »außergewöhnlich enge Zusammenarbeit« zwischen der Finanzbehörde und der Warburg-Bank, um rätselhafte Leerstellen in Postfächern und Kalendern der Hamburger Finanzverwaltung. Und später um einen offenbar »engen Austausch« zwischen den Verantwortlichen der Hamburger Finanzbehörde und Scholz' Staatsrat Rolf Bösinger.

Auf 78 Seiten hat Staatsanwältin Saskia Steinebach haarklein aufgeschrieben, auf welche verdächtigen Spuren sie und ihre Ermittlungskollegen von der EK »Alster« gestoßen sind – und auf welche Ungereimtheiten. Für die Ermittler ist belegt, dass sich Scholz wegen der HSH Nordbank schon lange vor seinen Treffen mit den Warburg-Bankiers intensiv mit dem Thema Cum-ex auseinandergesetzt hat, gemeinsam mit Tschentscher. Die Staatsanwältin attestiert den »Herren Scholz und Tschentscher« ein klares Verständnis von Cum-ex-Geschäften und deren strafrechtlicher Relevanz und wundert sich, dass dies im Umgang mit der Warburg Bank nicht zum Tragen kam. Sie betont die langjährige »Bekanntschaft« von Scholz und Olearius. Und immer wieder hebt sie auf die Treffen des Bankiers mit dem heutigen Bundeskanzler ab, sie seien »beweiserheblich«. Ebenso die »direkten Kontakte der Beschuldigten Kahrs und Pawelczyk mit Olaf Scholz«.

Offiziell ermitteln die Staatsanwaltschaft und die LKA-Beamten der EK »Alster« nicht gegen Scholz – und doch zeigt das Papier der Staatsanwältin, dass sie ihm immer näher kommen. In einer Verfügung fassen Staatsanwälte und Ermittler die Zwischenstände ihrer Ermittlungen zusammen. Oft sind diese dann Grundlage für Durchsuchungsbeschlüsse. Diesmal ist die Verfügung aber vor allem ein Augenöffner für die Mitglieder des Hamburger Untersuchungsausschusses, der das Papier in wenigen Wochen bekommen wird. Statt sich durch Tausende von Seiten von teils geschwärzten Akten quälen zu müssen, erhalten die Abgeordneten die Essenz einer mehrjährigen Ermittlung präsentiert.

Staatsanwältin Steinebach macht anhand der noch aufgefundenen E-Mails und Kalendereinträge deutlich, wie die Abgeordneten bei ihren Aufklärungsversuchen hinters Licht geführt werden. Wie kaum ein anderes Dokument zeigt die Verfügung der Kölner Staatsanwaltschaft, mit welchen Tricks und Täuschungen die Rolle von Scholz in diesem Steuerskandal verschleiert werden soll. Und es steht die Frage im Raum: Sind in dem Fall brisante Daten verschwunden? Die Antwort von Staatsanwältin Steinebach ist eindeutig: Vieles deute auf eine gezielte Löschung hin.

EPILOG

Freitag, 19. August 2022

Olaf Scholz ist fast pünktlich. Um 14:02 Uhr betritt der Bundeskanzler den holzvertäfelten Plenarsaal der Hamburgischen Bürgerschaft. Freundlich lächelnd begrüßt er alte Bekannte, den Ausschussvorsitzenden Mathias Petersen, den CDU-Obmann Richard Seelmaecker. Dann nimmt er auf dem schweren Lederstuhl rechts vom Präsidium Platz, an dem ein Schild steht: »Olaf Scholz, Zeuge«.

Den Stuhl mit der abgeblätterten Farbe an den Armlehnen kennt Scholz sehr gut. Wenn die Bürgerschaft tagt, ist hier der Platz des Ersten Bürgermeisters. Als Scholz zum letzten Mal hier saß, galt er als »König Olaf«, die unangefochtene Nummer eins der Hamburger Politik. Nun ist er die Nummer eins der Bundespolitik, aber alles andere als unangefochten

Scholz, der sich früher gerne rühmte, jedes Thema bis zum Ende durchdacht zu haben, dessen Erfolgsmodell es war, jedes Detail zu kennen, wirkt zunehmend überfordert mit der Menge, der Komplexität und der Geschwindigkeit der Themen im Kanzleramt. Der russische Angriffskrieg und die Frage der Waffenlieferungen an die Ukraine; die durch den Konflikt verursachte Energiekrise; die galoppierenden Preissteigerungen in allen Lebensbereichen – Scholz scheint keine Antworten zu finden, und wenn doch, hagelt es Kritik, wie undurchdacht die Lösungen sind.

Der Kanzler fand große Worte wie die »Zeitenwende«, aber es folgte keine große Politik. Scholz' Selbstinszenierung als der besonnene Macher, der sich nicht von den Untiefen der Tagespolitik beirren lässt, sondern mit klarer Führung die Einhaltung der großen Linien überwacht, steht immer öfter im seltsamen Kontrast zur Geschwindigkeit der Ereignisse. Wie in der G-20-Nacht wirkt Scholz überfordert von der Dynamik. Er reagiert öffentlich gereizt, kommt beratungsresistent rüber, unverbesserlich.

Und dann ist da auch noch Cum-ex. Scholz wird die Affäre nicht los. In den vergangenen Wochen sind zahlreiche Ermittlungsergebnisse aus den Akten der Staatsanwaltschaft durchgesickert. Die Nachricht vom »teuflischen Plan«, die Svenja Pannhusen an eine Kollegin schrieb. Die mehr als 200 000 Euro im Bankschließfach von Johannes Kahrs. Der Verdacht der Ermittler, dass in Hamburg gezielt Mails gelöscht worden sein könnten.

Obwohl unklar ist, ob das Geld im Postfach überhaupt mit dem Fall zu tun hat, obwohl es bei der Nachricht von Pannhusen keine Verbindung zu Scholz gibt, obwohl sich der Verdacht, dass im großen Stil Mails gelöscht wurden, vor allem gegen die Hamburger Verwaltung richtet, erreicht der Skandal das Kanzleramt mit voller Wucht. Es geht nun nicht mehr um das komplexe Thema Cum-ex, sondern um eine Krimigeschichte, in die auch der Kanzler involviert ist. Und es stellen sich Fragen an Scholz: Warum hat er mutmaßliche Steuerbetrüger überhaupt mehrfach ins Rathaus eingeladen, um über ihre Steuerprobleme zu reden? Warum hat er ihnen noch Tipps gegeben, wie sie mit dem Fall umgehen sollen? Warum hat er nicht gleich reinen Tisch gemacht? Und ist es wirklich möglich, solche Treffen komplett zu vergessen?

Scholz' alte Regel – nicht jammern, nicht erklären und die Themen aussitzen – funktioniert nicht mehr. In der Bundespressekonferenz hat er es zunächst locker versucht. Als eine *Bild*-Journalistin fragte, was er über das Geld im Schließfach von Johannes Kahrs wisse, antwortete der Kanzler: »Nichts.« Und als die Journalistin nachsetzte, was Scholz glaube, wo das Geld herkomme, sagte Scholz spitzbübisch: »Keine Ahnung. Ich nehme an, Sie wissen es eher als ich.«

Wenig später hakte allerdings der holländische Journalist Rob Savelberg noch einmal nach: »Nach Ihrer Anweisung, nachdem Sie den Mann doch getroffen haben mehrmals, woran Sie sich erst mal nicht erinnern konnten, jetzt doch, danach durfte er das von seiner Bank geklaute Geld behalten. Das ist auch so eine Tatsache, das sind Fakten, das ist bewiesen«, sagt der Journalist, als ihm Scholz ins Wort fällt.

»Nein, das ist keine Tatsache«, sagt er. »Sie können sich darauf verlassen, dass ich nicht zu den Leuten zähle, die so etwas machen. Aber Sie würden diese Tatsachenbehauptung nicht erhärten können.« Scholz blickt nun sehr streng, macht eine kleine Pause, betont noch einmal: »Wenn Sie es müssten.«

Der Moderator ruft bereits die nächste Frage auf, als Scholz noch einmal Savelberg fixiert und droht: »Sie würden sie nicht erhärten können, wenn Sie es müssten. Bedenken Sie das, wenn Sie so etwas sagen.«

Verlassen kann sich Scholz weiterhin auf seine Hamburger Behörden. Kurz vor seinem Auftritt im Untersuchungsausschuss ist bekannt geworden, dass die Generalstaatsanwaltschaft Hamburg die Beschwerde von Rechtsanwalt Strate gegen die Ablehnung seiner Anzeige abgeschmettert hat. Sie schließt sich vollumfänglich der Staatsanwaltschaft an. Doch auch das hat nicht die gewünschte Entlastung gebracht. Den meisten Journalisten ist inzwischen klar, dass der Maßstab für das Handeln eines Bundeskanzlers nicht allein das Strafrecht ist. Nur weil Scholz bei seinen Treffen und dem Telefonat mit Christian Olearius nach Ansicht der Hamburger Staatsanwaltschaft nicht gegen Gesetze verstoßen hat, ist er nicht entlastet. Von einem Kanzler erwarten die Bürger einen moralischen Kompass, mit wem man sich einlässt und mit wem nicht.

Auch Wolfgang Schmidt versucht in bewährter Art, Unbill von seinem Chef fernzuhalten. Als Kanzleramtsminister ist er nicht mehr so aktiv auf Twitter wie früher, im Hintergrund agitiert er dagegen weiter. Als ihm vor wenigen Tagen mehrere Medien Fragen zugeschickt und zugleich weitere Enthüllungen auch zum Kanzler angekündigt haben, wendete er sich mit langen Nachrichten an die Chefredaktionen. Darin unterstellte er den Autoren dieses Buches Falschbehauptungen und verzerrte Darstellungen, schreckte vor Diffamierungen nicht zurück. Versuchte mit »Verwirrung durch Komplexität« die Texte zu verhindern oder zu verwässern.

Doch die Methode Schmidt funktioniert nicht mehr. Die Chefredakteure haben sich nicht beirren lassen und selbstverständlich wie immer alle Fakten ausgiebig gecheckt. Einen Tag vor Scholz' Auftritt haben

Stern und *manager magazin* eine weitere große Recherche veröffentlicht. Darin haben sie enthüllt, dass Scholz sich in der VS-vertraulichen Sitzung des Bundestages sehr wohl noch an Inhalte des Treffens erinnern konnte. Und sie haben berichtet, dass die Ermittler das Postfach von Scholz' Büroleiterin Jeanette Schwamberger durchsucht haben und im Finanzministerium offenbar diskutiert wurde, wie man Termine mit Pawelczyk und Kahrs einsortiert.

Die Warburg-Affäre ist nun omnipräsent, auch international. Die *New York Times* hat berichtet, der britische *Guardian*. Am Morgen hat die *Bild*-Zeitung noch einmal alle wesentlichen Tagebucheinträge von Olearius zusammengestellt: »Erinnern Sie sich JETZT, Herr Bundeskanzler?«, fragt das Blatt und fordert in einem Kommentar von Scholz endlich »Mut zur Wahrheit«. Parallel hat das Meinungsforschungsinstitut Civey eine Umfrage veröffentlicht: 72 Prozent der Deutschen finden, Scholz hat nicht genug getan, um die Cum-ex-Affäre aufzuklären. 79 Prozent wünschen sich, dass er mehr zur Aufklärung beiträgt.

Olaf Scholz gibt sich trotzdem betont locker. »Ich freue mich, nach langer Zeit wieder in Hamburg zu sein, ganz besonders an diesem Platz«, sagt er zur Begrüßung im Untersuchungsausschuss. Er werde sein Eingangsstatement auch kürzer halten als beim letzten Mal. Dann liest der Bundeskanzler eine Erklärung vom Blatt ab.

Wesentlich Neues ist nicht dabei. Er habe sehr, sehr viele Gespräche mit Vertretern der Stadtgesellschaft geführt, sagt Scholz. »Es hat keine Vorzugsbehandlung von Herrn Warburg oder Herrn Olearius gegeben.« Er habe keine konkrete Erinnerung an die Treffen, aber: »Ich habe auf das Steuerverfahren Warburg keinen Einfluss genommen.« Das hätten auch alle Zeugen im Ausschuss bestätigt. Scholz, das wird durch den Vortrag klar, hält sich für das Opfer dieses Skandals. Am Ende seiner 20-minütigen Rede sagt er: »Ich hege die leise Hoffnung, dass die Unterstellungen nun enden.«

Die Befragung durch den Ausschuss beginnt.

»Daran habe ich keine konkrete Erinnerung.«

»Keine Ahnung.«

»Das weiß ich nicht mehr.«

»Ausgeschlossen für mich ist, mich daran zu erinnern.«

»Ich kann nichts Neues sagen zu dem, was ich bisher gesagt habe.«

»Ich habe weder an das Erste, noch an das Zweite, was Sie gefragt haben, eine Erinnerung.«

»Ich bin froh, dass meine Kalenderdaten vorliegen, sonst könnte ich Termine heute gar nicht bestätigen.«

Die Abgeordneten fragen, Scholz berichtet von Erinnerungslosigkeit in allen Facetten. Es ist ein unwürdiges Spiel. Der Ton zwischen den Abgeordneten und dem Bundeskanzler wird im Lauf der Befragung zunehmend spitzer. Der Linken-Abgeordnete Norbert Hackbusch wirft Scholz Anmaßung vor, weil er auf Basis von Presseberichten versuche, das Ergebnis der Untersuchung vorwegzunehmen. Die Untersuchung zu beenden und ein Fazit zu ziehen, das sei Aufgabe des Ausschusses. Dann spricht er Scholz auf die Widersprüche in seinen Aussagen an, über die am Vortag *manager magazin* und der *stern* berichtet haben. Demnach hat sich Scholz im Juli 2020 im Finanzausschuss des Bundestags noch an die Treffen erinnert, die er nun vergessen haben will.

»Was die Erinnerung angeht, wird es natürlich immer schwerer«, erklärt Scholz. »Konkret an die Sitzung des Ausschusses und deren Verlauf kann ich mich nicht erinnern.« Scholz hat also nicht nur die Begebenheiten von vor sechs Jahren vergessen, er hat angeblich auch keine Erinnerung mehr an die extra angesetzte und im Hochsicherheitsraum abgehaltene Finanzausschusssitzung von vor gerade einmal zwei Jahren. Hackbusch versucht, die Erinnerung des Kanzlers mit den in der Presse erwähnten Zitaten aufzufrischen. Doch Scholz bleibt cool. »Ich kenne den Text, der dort teilzitiert wird, nicht.« Er bittet Hackbusch, ihm den Text vorzulegen. Doch genau das darf der Abgeordnete nicht, weil das Protokoll vertraulich ist.

Die Abgeordneten tun sich schwer mit Scholz, aber sie geben nicht auf. Frage um Frage prasselt auf den Kanzler ein. Scholz wirkt nun zunehmend gereizter.

»Ich habe alle Fragen, die mir gestellt wurden, beantwortet.«

»Es hat doch keinen Sinn, wenn wir hier gemeinsam spekulieren.«

Schon als Bürgermeister hat er die Hamburgischen Parlamentarier oft von oben herab behandelt. Seine Geringschätzung kann er immer weniger verbergen. Als der CDU-Abgeordneten Richard Seelmaecker, wie

Scholz Jurist, den Kanzler fragt, warum er die »Anhörung« von Christian Olearius nicht in den Akten vermerkt hat, greift Scholz ihn an, das sei nun wirklich keine Anhörung gewesen. Er echauffiert sich über den Abgeordneten. »Da kommt man nicht mal als Referendar mit durch.«

Als der CDU-Abgeordnete Götz Wiese, ebenfalls Jurist und außerdem Steuerprofessor, den Kanzler fragt, ob nicht schon sein Rat an Olearius, das Schreiben zur Lage der Bank an den damaligen Finanzsenator und heutigen Bürgermeister Tschentscher zu schicken, eine Einflussnahme gewesen sei[73], verneint Scholz.

»Können Sie das begründen?«, fragt Wiese.

»Das muss ich nicht«, antwortet Scholz.

»Ich bitte Sie darum«, setzt Wiese nach.

»Ich will nicht«, antwortet Scholz.

Trotz der Hartnäckigkeit der Abgeordneten fördert die Sitzung wenig Neues zutage. Scholz berichtet, dass er »lange ein gutes Verhältnis zu Herrn Olearius« gehabt habe, dass Warburg sich hohe Verdienste für die Stadt erworben habe, dass er ein »sehr gutes Verhältnis« zu Herrn Pawelczyk habe. Er kann sich nicht erinnern, wo er 2016 Urlaub gemacht hat. Er erzählt, dass seine Büroleiterin Frau Schwamberger die Entscheidung über die Terminauswahl für den Ausschuss eigenverantwortlich gefällt habe. Und er erklärt, dass er Mails auf seinem privaten Account immer sofort lösche.

Auf der Pressetribüne ist die Stimmung nach Ende der Befragung einhellig: Erschrecken über einen Kanzler, der angeblich massiv vergesslich ist, gleichzeitig aber mit größter Arroganz gegenüber dem Parlament auftritt. »Kanzler Weißnix«, wird die *Bild* am nächsten Tag titeln. »Meister der Gedächtnislücken«, schreibt die *Zeit*.

Die Umfragen sehen katastrophal aus für Olaf Scholz. 62 Prozent der Deutschen geben an, nicht mit seiner Arbeit zufrieden zu sein, ermittelt das Meinungsforschungsinstitut Insa. Wäre am Sonntag Bundestags-

---

73 So hatte es einige Tage zuvor der ehemalige Finanzsenator Wolfgang Peiner (CDU) im Ausschuss gesagt.

wahl, käme Scholz' SPD weit abgeschlagen hinter CDU und Grünen auf nicht einmal mehr 20 Prozent der Stimmen. Auch seine persönlichen Beliebtheitswerte sind abgerauscht, Robert Habeck hätten die Deutschen lieber als Kanzler. Und beim Meinungsforschungsinstitut Kantar geben 70 Prozent der Befragten an, dass sie Scholz seine Gedächtnislücken nicht abnehmen. Selbst eine Mehrheit der SPD-Anhänger glaubt Scholz nicht mehr.

Aber Scholz bleibt Scholz. Er macht, was er immer getan hat, wenn es eng wurde: einfach immer weiter. Es ist sein Erfolgsmodell. Vielleicht gerät auch dieser Skandal in Vergessenheit. Die nächste reguläre Bundestagswahl wird erst in drei Jahren sein, bis dahin kann viel passieren.

Nach seiner Aussage im Ausschuss tritt der Kanzler für ein knapp einminütiges Statement vor die Kameras. 91 Journalisten sind für die Anhörung aus dem In- und Ausland angereist. Fragen sind nicht zugelassen, obwohl Scholz genügend Zeit hätte. »Ich gebe zu, ich hatte mich darauf eingerichtet, dass es länger dauert«, sagt er über die dreieinhalbstündige Anhörung. »Aber die Tatsache, dass es ganz schnell und zügig war, spricht auch für die Tatsache, dass alles mittlerweile auf dem Tisch liegt.« Daraus lasse sich eine klare Schlussfolgerung ziehen: »Da war nichts. Es hat keine Einflussnahme gegeben. Schönen Dank.« Scholz nickt. Und geht.

NACHWORT

Die Recherchen zu diesem Buch begannen am 19. November 2019. Es meldete sich Benjamin Frey, Kronzeuge der Kölner Staatsanwaltschaft und früherer Kanzleipartner von Hanno Berger, Initiator unzähliger Cum-ex-Geschäfte. Frey hatte eine Information, die gleichermaßen irritierte und elektrisierte: Olaf Scholz sei in einen Cum-ex-Skandal verstrickt, dafür gebe es zwei voneinander unabhängige Quellen.

Es kostete Monate, bis wir einen ersten Beleg in den Händen hielten: Auszüge der Tagebücher von Christian Olearius, Mitinhaber von M.M. Warburg. Sie zeigten, dass sich Scholz während des Steuerverfahrens der Bank mit Olearius getroffen hatte. Fortan ließ uns diese Geschichte nicht mehr los. Es folgten Dutzende von Berichten, meist im *manager magazin,* aber auch im ARD-Magazin »Panorama«, in der *Zeit,* in *Cicero* oder im *stern.* Es folgten ebenso juristische Attacken und Diffamierungskampagnen gegen uns. Der Bundestag beschäftigte sich mit unseren Rechercheergebnissen, in Hamburg führten sie zur Einsetzung des Parlamentarischen Untersuchungsausschusses »Cum-Ex Steuergeldaffäre«.

Investigativer Journalismus ist keine exakte Wissenschaft, sondern der Versuch, sich der Wahrheit so weit als möglich anzunähern. Wir haben für dieses Buch Dutzende Interviews und Hunderte vertrauliche Gespräche geführt und Zehntausende Dokumente ausgewertet: Steuer- und Ermittlungsakten, Vermerke, Notizen, Wortprotokolle, E-Mails und Aufzeichnungen von Telefonaten. Zitate, Dialoge und Gedanken der beschriebenen Personen stammen aus den Unterlagen, aufgezeichneten Interviews oder Gesprächen oder wurden mit den beteiligten Personen nachträglich für dieses Buch rekonstruiert. Ebenso griffen wir auf Veröffentlichungen anderer Medien und auf Bücher zurück. Alle Details, Daten oder Zitate wurden von einem Faktenchecker überprüft, der sich dafür jegliche Quellen vorlegen ließ.

Neben Olaf Scholz wurde allen entscheidenden Personen, die in den Steuerskandal verwickelt sind, Gelegenheit zur Stellungnahme gegeben.

Dieses Buch ist das Ergebnis von fast drei Jahren Recherche. Möglich machten es Menschen, denen wir zu unendlichem Dank verpflichtet sind – für ihr Vertrauen und ihren Mut, ihr Wissen mit uns zu teilen. Es sind stille Helden, die wir aus nachvollziehbaren Gründen nicht beim Namen nennen können.

Aber es gibt darüber hinaus eine ganze Reihe von Menschen, denen wir auch namentlich herzlich danken möchten. Sie haben in unterschiedlichen Funktionen und Phasen mit uns recherchiert, an Texten und Filmen gearbeitet, unsere Fakten gecheckt, uns vor juristischem Ärger bewahrt und vieles mehr. In alphabetischer Reihenfolge:

Lutz Ackermann, Dennis Barg, Christof Blome, Nadja Caspar, Sven Oliver Clausen, Manuel Daubenberger, Britta von der Heide, Willem Konrad, Wigbert Löer, Karsten Polke-Majewski, Alexander Marguier, Jörg Nabert, Sascha Sajuntz, Christian Salewski, Jonas Schreijäg, Jörg Schmitt, Gregor Peter Schmitz, Klaus Siekmann, Holger Stark, Volker Steinhoff, Ulrich Thiele, Marc Widmann.

Doch niemandem sind wir zu größerem Dank verpflichtet als unseren Liebsten: Anna Maria, Dorothee, Jonathan und Luisa mussten drei Jahre lang auf zu viel verzichten.

Oliver Schröm
Die Cum-Ex-Files
Der Raubzug der Banker,
Anwälte und Superreichen –
und wie ich ihnen auf
die Spur kam

4. Auflage
368 Seiten, Broschur
ISBN 978-3-96289-123-7
18,00€ (D) · 18,50€ (A)

Es ist der größte Steuerraub der Geschichte: Über Jahre ließen sich Banken und reiche Anleger mithilfe skrupelloser Anwälte Steuern vom Finanzamt erstatten, die sie nie gezahlt hatten. Mit anderen Worten: Sie stahlen unser aller Geld. Allein in Deutschland waren es circa 36 Milliarden, weltweit etwa 150 Milliarden Euro. Oliver Schröm hat die schmutzigen Investments von Finanzjongleuren wie Carsten Maschmeyer aufgedeckt und die internationale Investigativkooperation »CumEx-Files« ins Leben gerufen. Hier erzählt er exklusiv von seinen oft abenteuerlichen Recherchen, bei denen er selbst zum Gejagten wurde.

»Die *Cum-Ex-Files* lesen sich (...) wie das Drehbuch
eines Thrillers, nicht wie ein Sachbuch.«
Marcus Jung, *Frankfurter Allgemeine Zeitung*

www.christoph-links-verlag.de